D1673282

Fernanda Pedrina

*Mütter und Babys
in psychischen Krisen*

In den letzten Jahrzehnten ist dem Thema der nachgeburtlichen Krisen in der psychiatrischen und psychotherapeutischen Literatur zunehmend größere Aufmerksamkeit gewidmet worden. Die Häufigkeit der mütterlichen Depression als ein Ausdruck solcher Krisen und deren Folgen für die kindliche Entwicklung haben vielfältige therapeutische Bemühungen ausgelöst.

Pedrina beschreibt in ihrem Buch ein neues therapeutisches Konzept der kombinierten Gruppentherapie der Mütter mit ihren Babys. Diese Therapie strebt aufgrund ihrer Niederschwelligkeit die Früherfassung und Frühbehandlung von Krisen an und will Fehlentwicklungen vorbeugen. Die Anwendung der gruppenanalytischen Methode bei der Leitung einer solchen Gruppe, in der Gesprächsthemen und Aktivitäten mit den Babys weitgehend von den Teilnehmerinnen bestimmt werden, ist noch selten. Wenig bekannt ist insbesondere die Auswirkung des Einbeziehens der Babys als vollwertige Individuen in die Gruppe. Herausragend ist die Reaktion der noch kleinen Babys auf die atmosphärischen Spannungen in der Gruppe, die sie in den Worten einer Mutter als kleine »Seismographen« wirken lässt.

Der neue Therapieansatz einer psychoanalytisch fundierten Eltern-Baby-Gruppentherapie erweist sich als erfolgreich für die Mütter, um ihre psychische Gesundheit wiederzuerlangen, sowie für die psychische Prophylaxe der Babys.

Fernanda Pedrina, Dr. med., habil., Kinder- und Jugendpsychiaterin und -psychotherapeutin (FMH), Psychoanalytikerin (PSZ), Kinderanalytikerin (ACP). Arbeitet in freier Praxis in Zürich. Klinische Arbeit mit psychoanalytisch orientiertem Therapieangebot. Lehrbeauftragte bei verschiedenen psychotherapeutischen Ausbildungscurricula; Lehraufträge an der Universität Kassel. Forschungsprojekt: Früherfassung und Frühbehandlung der postpartalen Depression. Artikel und Buchbeiträge u.a. zur psychoanalytischen Arbeit mit Kindern im Alter 0 bis 3 Jahren und zur Psychotherapie mit Migranten. Buchveröffentlichungen, zuletzt: Beziehung und Entwicklung in der frühen Kindheit – psychoanalytische Interventionen in interdisziplinären Kontexten (2001). Schweizer Präsidentin der Gesellschaft für die seelische Gesundheit in der frühen Kindheit (GAIMH).

Fernanda Pedrina

Mütter und Babys
in psychischen Krisen

Forschungsstudie
zu einer therapeutisch geleiteten
Mutter-Säugling-Gruppe
am Beispiel postpartaler Depression

Brandes & Apsel

Sie finden unser Gesamtverzeichnis mit aktuellen Informationen im Internet unter: *www.brandes-apsel-verlag.de*
Wenn Sie unser Gesammtverzeichnis in gedruckter Form wünschen, senden Sie uns eine E-Mail an: *brandes-apsel@doodees.de* oder eine Postkarte an:
Brandes & Apsel Verlag, Scheidswaldstr. 33 D–60385 Frankfurt am Main

1. Auflage 2006
© Brandes & Apsel Verlag GmbH, Frankfurt am Main
Satz: Antje Tauchmann, Frankfurt am Main
Umschlag: Druckerei Braun & Sohn, Maintal, Anja Köcher, unter Verwendung eines Bildes von Paul Klee: *Dieser Stern lehrt beugen*, 1940. Kleisterfarbe auf Papier, 37 x 41 cm, Bern.
Druck: Tiskarna Ljubljana d.d., Ljubljana, Printed in Slovenia
Gedruckt auf säurefreiem, alterungsbeständigem und chlorfrei gebleichtem Papier.

Bibliografische Information *Der Deutschen Bibliothek:*
Die Deutsche Bibliothek verzeichnet diese Publikation in der Deutschen Nationalbibliografie; detaillierte bibliografische Daten sind im Internet über http://dnb.ddb.de abrufbar

ISBN 3-86099-818-8

Inhalt

Vorwort

In den letzten Jahrzehnten ist dem Thema der postpartalen Krisen in der psychiatrischen und psychotherapeutischen Literatur zunehmend größere Aufmerksamkeit gewidmet worden. Die kombinierten Eltern-Säugling-Therapien haben sich dabei als bedeutende Behandlungsmethode etabliert. Sie fanden zunächst als Arbeit mit der individuellen Mutter-Kind-Dyade oder mit der Kernfamilie (Mutter – Vater – Kind) statt. In diesem Buch wird ein Pilotprojekt beschrieben, mit dem die Durchführbarkeit, die Funktionsweise und die Wirksamkeit einer Gruppenarbeit mit Müttern und ihren Babys untersucht wird. Dabei soll geprüft werden, wieweit diese Gruppentherapie eine Verarbeitung und Überwindung postpartaler Krisen leisten kann. Die gruppenanalytische Methode bei der Leitung einer solchen Gruppe wird heute erst selten angewendet. Eine weitere Besonderheit ist das Einbeziehen der Babys in die Gruppenarbeit. Auch hierzu gibt es erst wenige Projekte, die sich aber in ihrer Schwerpunktsetzung vom vorliegenden unterscheiden.

Anliegen dieses Buches ist es, die Ergebnisse des Projektes einem Fachpublikum vorzustellen. Die ermutigenden Resultate mögen dazu einladen, weitere Erfahrungen mit einer derartigen Gruppenbehandlung zu sammeln und die Wirksamkeit breiter abzustützen. Des Weiteren gibt das Projekt Anlass, die vielfältigen Entwicklungsprozesse während der postpartalen Zeit in ihrem sozialen Umfeld als eine eigene Kultur der frühen Kindheit zu thematisieren und auf ihren beschränkten Platz im öffentlichen Raum hinzuweisen. Die postpartalen Krisen sind auffallend häufig. Die Vermutung liegt nahe, dass der Psychotherapie eine Aufgabe zufällt, die zum Teil von der Gesellschaft erfüllt werden sollte, indem sie der sozialen Leistung junger Eltern bei der Betreuung kleiner Kinder eine höhere Wertschätzung entgegenbringen und bessere Rahmenbedingungen ermöglichen würde.

Die Darstellung der Auswertung des Projektes ist in zwei klar getrennte Abschnitte unterteilt, die den zwei verschiedenen wissenschaftlichen Konzeptualisierungen der Auswertung entsprechen. Die diagnostische Auswertung orientiert sich an individualpsychologischen Kategorien, und zwar sowohl jenen der psychiatrischen wie jenen der psychoanalytischen Diagnostik. Auf dieser Basis werden die individuellen Bedingungen für die postpartale Dekompensation, deren Formen und Entwicklungen beschrieben. Darüber hinaus werden interindividuelle und individuell-diachronische Vergleiche angestellt, um auf dieser Grundlage die Formulierung einer allgemeinen, zusammenfassenden Aussage zur Psychodynamik der postpartalen Krise zu versuchen. Die Auswertung der therapeutischen Prozesse hingegen, die im Verlauf der Gruppensitzungen stattgefunden haben, folgt der gruppenanalytischen Sichtweise. Der Schwerpunkt wird hierbei darauf gelegt, die latenten und manifesten Gruppenphänomene und die Entwicklungen bei den einzelnen Gruppenteilnehmerinnen und -teilnehmern, die nur vom Gruppengeschehen her verstanden werden können, zu erfassen. Anschließend werden unter dem Begriff der »Gruppenkultur« einige spezifische Züge, die zum Zusammensein von Müttern und Babys gehören, zusammengefasst und Gedanken dazu formuliert, wie den Bedürfnissen von Familien mit Neugeborenen im gesundheitspolitischen Umfeld besser Rechnung getragen werden könnte.

Der Aufbau dieser Schrift widerspiegelt den Entstehungsprozess des Projekts und den Weg, den die Projektleiterin aufgrund ihrer therapeutischen Erfahrungen mit Müttern und Babys ging. Am Anfang standen Behandlungen der einzelnen Mutter-Kind-Dyaden bei postpartaler Depression, die sich als sehr fruchtbar erwiesen. Die Limitierungen dieser Behandlungsform warfen aber die Frage auf, wie eine breitere Nutzung der Erfahrungen aus der langjährigen therapeutischen Praxis möglich wäre. Dies führte zur Konzipierung eines therapeutischen Gruppenangebotes, das schließlich als Pilotprojekt realisiert werden konnte. Diese Entstehungsgeschichte nachzeichnend, werden im ersten Kapitel des Buches die Entwicklung der Mutter-(Eltern-)Baby-Therapien sowie die sie begleitende Fachdiskussion zur postpartalen Depression dargestellt. Da die bisherige Entwicklung von therapeutischen Konzepten ebenso wie die Diskussion zur postpartalen Depression auf individualpsychologischer Sichtweise beruht, gehört ihre Darstellung erkenntnislogisch zum ersten Teil der Auswertung.

Das Projekt entstand aus dem Bedarf in der Praxis und wurde im Rahmen des bestehenden institutionellen Praxisfeldes durchgeführt. Es erfasst eine kleine Zahl von Probanden. Schwerpunktmäßig wurde die Untersuchung als eine qualitative Psychotherapiestudie angelegt; sie möchte prozesshafte Veränderungen erfassen und zu einem besseren Verständnis der postpartalen Psychodynamik – ihrer Krisen und deren Verarbeitung – beitragen. Die Verortung der Studie im Kontext der aktuellen Psychotherapieforschung sowie methodische Fragen werden in einem eigenen Kapitel diskutiert.

Die beschriebenen Abschnitte des Buches können unabhängig voneinander gelesen werden. Der Leser kann sich von seinem Interesse für Fragen, die die Therapieindikation und das Therapieergebnis betreffen, leiten lassen; er kann sich aber auch zuerst der Darstellung der therapeutischen Prozesse, die sich im Verlaufe des Gruppengeschehens bei den Müttern und ihren kleinen

Kindern einstellten, zuwenden; oder er kann mit den Zusammenfassungen ausgewählter Kapitel der psychotherapeutischen Literatur beginnen, falls diese ihm noch nicht geläufig sind.

An dieser Stelle sei all jenen gedankt, die sich mit ihren wertvollen Beiträgen am Zustandekommen und an der Durchführung dieser Arbeit beteiligt haben. Sie werden nachfolgend gemäß der chronologischen Ordnung ihrer Einflussnahme genannt: Prof. Dr. med. Dieter Bürgin, Basel, hat den Wunsch der Projektleiterin für eine Praxisstudie wohlwollend aufgenommen und die Ausarbeitung eines ersten Forschungsplans wesentlich unterstützt. Als nächster Schritt musste die Finanzierung der Projektdurchführung gesichert werden. Ohne einen namhaften finanziellen Beitrag des Vereins Mütterhilfe dank dem Einsatz seiner Präsidentin lic. phil. Claudine Bolay wäre die Arbeit nicht möglich gewesen. Weitere finanzielle Beiträge wurden vom Psychoanalytischen Seminar Zürich über einen Beschluss seiner Teilnehmerversammlung, von der Lusser-Stiftung Zug dank der Vermittlung von Dr. med. Bernadette Lusser sowie vom Förderverein Kinderpsychoanalyse, präsidiert von Dr. phil. Roland Müller, beigesteuert. Dr. phil. Wolfgang Roell hat die weitere Ausarbeitung des Projektes und die Einführung zu den Methoden der qualitativen Forschung angeregt sowie die bereits während der Durchführungsphase angelaufene diagnostische Auswertung methodisch begleitet. Die praktische Durchführung des Projektes erfolgte in Zusammenarbeit mit der Mütter- und Väterberatung der Stadt Zürich unter der Leitung von Annalies Dürr; die Mitarbeiterinnen dieser Institution waren in entscheidender Weise an der Rekrutierung der Gruppenteilnehmerinnen beteiligt, die Gruppensitzungen konnten in den Räumlichkeiten einer der städtischen Mütterberatungsstellen stattfinden. Claude Zangger, Mütterberaterin, war an den Vorbereitungen für die Gruppentherapie und am ganzen Gruppenverlauf als Co-Therapeutin mitbeteiligt; sie legte darüber hinaus die sehr aufwändigen Forschungsprotokolle für jede Sitzung an und beteiligte sich an der Herstellung der Vergleichsprotokolle. Lic. phil. Maria Mögel hat als zweite Untersucherin die im Forschungsplan vorgesehenen Familiengespräche vor und nach der Gruppenintervention durchgeführt und sich an diesem Teil des Auswertungsprozesses beteiligt. Dr. phil. Veronika Munz begleitete und unterstützte die Gruppenleiterinnen als gruppenanalytische Supervisorin. Sie steuerte bei der Auswertung der therapeutischen Prozesse wichtige Impulse und Literaturhinweise bei. Bei der Verfassung des Auswertungsberichtes half Prof. Dr. phil. Hilde Kipp, Kassel, mit vielen Diskussionen mit, die unterschiedlichen epistemologischen Referenzen, die in diese Arbeit involviert sind, zu klären. Sie las außerdem kritisch die endgültige Fassung des Buches und machte auf immer noch vorhandene Widersprüche aufmerksam. Ihrem hartnäckigen Nachfragen ist zu verdanken, dass viele Zusammenhänge deutlicher ausgearbeitet wurden und der Inhalt des Buches für den Leser leichter zugänglich wurde. Der Korrektorin Frau Andrea Leuthold Keller sei für die geduldige Bereinigung des Textes gedankt. Herr Roland Apsel hat die Buchpublikation seitens des Brandes & Apsel Verlages betreut und letzte wertvolle Hinweise im Hinblick auf die bessere Verständlichkeit auch für ein nicht fachlich eingeweihtes, interessiertes Publikum gegeben.

Schließlich danke ich Peter Nobs und Fiora Pedrina für ihre stille Unterstützung über die ganze Zeit von der Projektdurchführung bis zum Abschluss des Buches. Ohne ihr Interesse und großzügige Toleranz wäre diese Arbeit nicht möglich gewesen.

1. Problemgeschichte und Grundlagen des Projektes

Der therapeutische Zugang zu psychischen Problemen in Familien mit Babys erfuhr seit Anfang der Achtzigerjahre eine starke Entwicklung. In dieser Zeit nahm der interdisziplinäre Austausch zwischen Psychoanalytikern mit klinischer Erfahrung in der Behandlung von sehr kleinen Kindern und ihren Eltern und Säuglingsforschern mit ihren phänomenologisch erhobenen Daten zur frühen Entwicklung so zu, dass der gegenseitige Einfluss auf die Weiterentwicklung des Denkens und Handelns auf beiden Seiten deutlich erkennbar wurde. Die Psychoanalytiker lernten, die Frage der Übereinstimmung zwischen ihren Vorstellungen zur frühen Eltern-Kind-Situation, die sie aus der Rekonstruktion späterer Behandlungen hergeleitet hatten, und aktuelle Beobachtungen genauer zu reflektieren, und sie revidierten Hypothesen über die frühe Entwicklung, die den Befunden der Säuglingsforschung zuwiderlaufen. Ebenso ließen sie sich von den Interaktionsbeobachtungen zu einer neuen Gewichtung des interpersonalen Austausches anregen und wurden sensibler für diesen Aspekt der Beziehung, auch bezüglich späterer Entwicklungsabschnitte. Viele Säuglingsforscher haben nun begonnen, ihre therapeutischen Vorschläge um psychodynamische Gesichtspunkte zu ergänzen.

Die psychoanalytische Therapie mit kleinen Kindern, die auf einer langen Tradition basiert, konnte dadurch, dass sie die Interaktion in ihre Konzepte einbezog, beachtliche klinische Erfolge vorweisen. Die ersten Erfahrungen mit den neuen Eltern-Säugling-Therapien ließen den Eindruck aufkommen, dass kurze und sehr wirksame Interventionen möglich sind. Bezeichnend dafür ist der berühmte Ausspruch von Selma Fraiberg, der Pionierin auf diesem Gebiet: »You have God on your side.« Dieser Optimismus ist aber nicht in jedem Fall gerechtfertigt. Weitere Arbeiten zeigen inzwischen, dass es schwer wiegende und schwer beeinflussbare Krankheitsverläufe gibt, bei denen die Eltern-Säugling-Therapie nicht genügt. Wenn man aber diese Einschränkung im Auge behält, ist die Feststellung weiterhin gültig, dass frühe psychoanalytisch orientierte Eltern-Baby-Interventionen viel bewirken können.

Eine zweite Erkenntnis, die aus der Praxis dieser Form der Säuglingsbehandlung gewonnen wurde, betrifft die Bedeutung der mütterlichen Depression. Auch dieses Gebiet fand in den Achtzigerjahren, sowohl bei Fachleuten wie in der Öffentlichkeit, große Beachtung. Epidemiologische Studien belegten die hohe Prävalenz der postpartalen Depression und untersuchten deren Auswirkungen auf die kindliche Entwicklung und auf die Familie, und eine feministisch inspirierte öffentliche Bewegung wandte sich gegen die Tabuisierung der postpartalen Depression. Dadurch wurden zwar bessere Voraussetzungen geschaffen, um diese Problematik anzusprechen, es gilt aber nach wie vor als entwertend, davon betroffen zu sein. Für Mütter in postpartaler Krise existieren heute zwar einige therapeutische Angebote, aber keineswegs in genügendem Ausmaß. Zudem ist es für die betroffenen Mütter immer noch schwierig, psychotherapeutische Hilfe in Anspruch zu nehmen.

Aus diesen Erkenntnissen, die wesentlich auch auf der Erfahrung der Projektleiterin (FP) mit psychoanalytischen Behandlungen von Babys und Eltern im Einzelsetting beruhen, entstand die Idee des Pilotprojektes. Aus dem Interesse, die depressiven Mütter möglichst früh zu erreichen, wurde das Konzept der Gruppe als ein niederschwelliges therapeutisches Angebot entwickelt. Es sollte eine Gruppe sein, in der ein Austausch unter Frauen mit ähnlichen Sorgen und Lebensaufgaben stattfinden konnte. Die neue Therapieform sollte darüber hinaus das bereits erprobte und Erfolg versprechende Einbeziehen der Mutter-Kind-Interaktion gewährleisten. Die Einschränkung der Indikation auf die postpartale Depression erwies sich nachträglich als zu eng. Schon zu Beginn des Projektes zeigte sich, dass unter den Frauen, die sich für eine therapeutische Mütter-Baby-Gruppe interessierten, auch Mütter waren, die mit anderen Schwierigkeiten als einer Depression zu kämpfen hatten. Mehr noch, ein Teil der Frauen wehrte sich später ausdrücklich gegen die fachliche Diagnostik, was dazu führte, die Möglichkeit des Zugangs zu psychischen Problemen in Familien mit Babys gründlich zu überdenken. Jedoch ändert es nichts an der Tatsache, dass das Projekt als Beitrag zur Behandlung der postpartalen Depression und zur Behandlung von dadurch belasteten Mutter-Kind-Beziehungen initiiert wurde.

Im Folgenden werden die Entwicklung und der Stand der Forschung in den zwei erwähnten Themenbereichen, dem der psychoanalytischen Eltern-Säugling-Therapie und dem der postpartalen Depression, dargelegt, bevor die Konzeption des Projektes, die Gruppenintervention, im Vergleich mit anderen ähnlichen Interventionsansätzen vorgestellt wird. Nach der Diskussion der Fachliteratur zur postpartalen Depression wird die Auseinandersetzung mit den Gruppenteilnehmerinnen in Bezug auf ihre zum Teil divergenten Selbsteinschätzungen dargestellt, da ihre Sichtweise in der Präzisierung der Fragestellung und im Auswertungsprozess aufgenommen wurde.

1.1. Theoriegeschichte und Entwicklung der psychoanalytisch fundierten Eltern-Baby-Therapie

Die heutige Mutter-(Eltern-)Baby-Therapie schälte sich in einem langen Zeitraum aus dem psychoanalytischen Behandlungsspektrum heraus und wurde als eigenständige Behandlungsform weiterentwickelt. Sie ist dadurch charakterisiert, dass die Mutter – heute oft auch beide Eltern – und ihr Säugling an der Therapiesitzung teilnehmen und dass die Beziehung zwischen allen dreien im Zentrum der Behandlung steht. Diese Schwerpunktsetzung gründet in der ausgeprägten gegenseitigen psychischen Abhängigkeit zwischen Mutter/Vater und Kind in den ersten Lebensmonaten sowie in den Besonderheiten der in dieser Zeit wirksamen Kommunikation. Diese ist durch verschiedene averbale Modalitäten geprägt und wird erst im direkten Miterleben erfassbar.

1.1.1. Frühe Arbeiten zur psychischen Entwicklung von Säuglingen in ihrer Umwelt

Für die Psychoanalyse, die die Ursache vieler psychischer Leiden in schlecht gelösten kindlichen Konflikten sieht, stellte sich von Beginn an die Frage der Ontogenese solcher intrapsychischen Konflikte und der Fähigkeit zur Konfliktverarbeitung. Im Zusammenhang damit wurde der Anspruch erhoben, psychische Störungen präventiv schon bei Kindern zu behandeln.

Margaret E. Fries, die in der New Yorker »Well Baby Clinic« als Kinderärztin tätig war, befasste sich als eine der Ersten in diesem Sinne mit den allerjüngsten Kindern, mit Säuglingen. Sie startete bereits 1928 ein Projekt, das die physische Fürsorge für Baby und Mutter um die psychische Fürsorge erweitern sollte. Sie führte nach der Geburt ausgedehnte Beobachtungen in der Klinik durch, die in regelmäßigen Hausbesuchen fortgesetzt wurden. In einer der Klinik angeschlossenen Spielgruppe wurde das Entstehen von Beziehungen unter den Kindern und zwischen Kindern und Erwachsenen weiterverfolgt. Die Beobachtungen wurden später bis in die Adoleszenz fortgesetzt und auch auf die Schwangerschaftszeit ausgedehnt. Zu den seinerzeit revolutionären Ergebnissen der Fries'schen Forschungen gehörte die Feststellung, dass die Beziehung zwischen Mutter und Kind mit der Empfängnis beginnt und dass durch unbewusste Haltungen der Mutter bereits Schwangerschaft und Geburt beeinflusst werden. Fries stellte bereits auch die weit reichenden Folgen von Störungen in den frühen Beziehungen auf die physische und psychische Entwicklung des Kindes fest und dass bei unsicheren, emotional instabilen Eltern das Risiko einer pathologischen Kindesentwicklung erhöht, aber auch der Einfluss in umgekehrter Richtung von Bedeutung ist: Aufgrund konstitutioneller Unterschiede in der neuromuskulären Aktivität wie im Schreiverhalten stellen Neugeborene sehr unterschiedliche Anforderungen an ihre Eltern. Fries entwickelte ein »psychoanalytic preventive mental health program«, in das alle Berufsgattungen, die mit dem Baby zu tun hatten und zur Früherkennung psychischer Belastungen beitragen konnten, einbezogen wurden. Bei Bedarf wurden psychoanalytische Therapien für Kinder vom Kleinkindalter an angeboten (Malcove, 1945; Fries, 1977).

Ein weiterer wichtiger Vordenker der Mutter-(Eltern-)Baby-Therapien innerhalb der psychoanalytischen Denktradition ist *René A. Spitz,* ein Schüler von M. Fries. Seine Beschreibungen des klinischen Verlaufes des durch totalen oder partiellen Entzug der affektiven Zuwendung durch die Mutter hervorgerufenen Hospitalismus (Spitz, 1945) und der anaklitischen Depression des Säuglings (Spitz, 1946) wurden über die Fachwelt hinaus bekannt. Er vermittelte damit der Leserschaft starke Bilder des psychisch leidenden Säuglings und unterstrich die lebensnotwendige Bedeutung der Mutter-Säugling-Beziehung für die psychische und physische Entwicklung des kleinen Kindes. Spitz interessierte sich auch für die Bedingungen anderer psychosomatischer Krankheitsbilder im Säuglingsalter und stellte fest, dass sie mit psychischen Qualitäten der mütterlichen Fürsorge korrelieren. So postulierte er aufgrund seiner Beobachtungen einen kausalen Zusammenhang etwa zwischen der ängstlich übertriebenen Besorgnis der Mutter und der Dreimonatskolik, zwischen einer ängstlich-feindseligen Haltung und dem Säuglingsekzem oder zwischen der oszillierenden, mal verwöhnenden, mal feindseligen Haltung der Mutter und dem Verhaltensmuster zwanghafter Schaukelbewegungen beim Säugling (Spitz, 1965). Spitz hat das Verdienst, spezifische Formen des Dialogs und der Dialogentgleisung zwischen Mutter und Baby beschrieben zu haben, mit denen er spätere Kenntnisse über Interaktionen und Interaktionsstörungen bereits vorwegnahm (Spitz, 1964). Zugleich gibt es aber anderorts in seinen Schriften auch fragwürdige Aussagen zur »psychotoxischen« Wirkung der mütterlichen Einstellung auf den Säugling, mit denen er zu dem auch von der Psychoanalyse genährten Bild der schuldigen Mutter beigetrug. Spitz' therapeutische Vorschläge für die Störungen in der frühen Kindheit waren noch beschränkt auf die Einzelpsychotherapie oder -psychoanalyse für die Mutter (Spitz, 1950).

Über seine Beiträge zur Psychopathologie des Säuglings hinaus führte Spitz auch systematische Beobachtungen an durchschnittlich gesunden Kindern durch, um die frühen Stadien der Mutter-Kind-Beziehung sowie die Phänomenologie der frühen Kommunikation genauer zu erfassen. Dazu setzte er zum Teil auch Filmdokumentationen ein. Die bekannten Befunde aus diesen Forschungen sind die Erwiderung des Lächelns im dritten Lebensmonat, die Achtmonatsangst (die heute nicht mehr als obligater Entwicklungsschritt angesehen wird) sowie das Nein in Gebärde und Wort zu Beginn des zweiten Lebensjahres. Spitz betrachtete sie als allgemein vorkommende Phänomene, die jeweils eine neue Stufe in der Beziehungsentwicklung anzeigen und die zugleich durch die neuen Qualitäten, die sie in die Interaktion mit der Umwelt einführen, eine wichtige Organisations- und Integrationsfunktion in der psychischen Entwicklung ausüben. Von der hypothetischen Annahme eines undifferenzierten Anfangszustandes ausgehend, konzentrierte Spitz sich auf die Beschreibung der Vorgänge, die zur Konstitution des Objektes führen: auf die Bildung von Objekt-Vorläufern, auf den Übergang von einer eher rezeptiven zu einer aktiven Objektbeziehung und auf die fortwährende Integration von Ich-Fähigkeiten im Kontext dieser Beziehung, bei der Affekte eine entscheidende Rolle spielen. Spitz bewegte sich in seiner Konzeptualisierung zwischen Beobachtungsbefunden und dem Erklärungsrahmen der psychoanalytischen Theorie, die er entsprechend seinen Beobachtungen präzisierte und weiter ausbaute. Seine Arbeit gab wichtige Impulse sowohl für weitere Interaktionsforschungen (die bekanntesten sind diejenigen von Robert N. Emde, der die Arbeit von Spitz in Denver fortsetzte) wie auch für den Ausbau der psychoanalytischen Baby-Beobachtung; beide Wissens- und Erfahrungsgebiete gingen in die heutige Eltern-Säugling-Therapie ein.

Zu gleicher Zeit wie Spitz befasste sich *John Bowlby* in England mit der Bedeutung realer Umwelteinflüsse auf die frühe Entwicklung. Er erkannte die traumatischen Auswirkungen einer unvermittelten Trennung zwischen Eltern und Kind etwa bei einer Hospitalisation (Bowlby, Robertson & Rosenbluth, 1952) und war der Auffassung, dass es eine biologisch angelegte motivationale Grundlage der Bindung geben müsse. Ethologische Forschungsergebnisse bestätigten in seinen Augen diese Auffassung (Bowlby, 1958, 1969), aber bei den Psychoanalytikern seiner Zeit stieß er damit auf Kritik und Ablehnung, da sie die damals vorherrschende Theorie, nach der die Bindung zwischen Mutter und Kind durch die Befriedigung von Triebbedürfnissen (insbesondere die Befriedigung oraler Bedürfnisse durch das Stillen) zu Stande käme, in Frage gestellt sahen. Bowlby engagierte sich aufgrund seiner Überzeugung im Bereich der institutionellen Kleinkinderbetreuung. So kämpfte er dafür, dass mit den Besuchsregelungen in Spitälern die Bindungsbedürfnisse von Kindern respektiert werden. Nach dem Zweiten Weltkrieg erhielt er dank eines Auftrages der WHO, die emotionalen Bedürfnisse heimatloser und verwaister Kinder zu erforschen, die Chance, mit seinen Einsichten und Vorschlägen weltweiten Einfluss zu gewinnen (Bowlby, 1988). Die Ideen Bowlbys fanden eine bedeutsame Weiterentwicklung in den Arbeiten einer frühen Mitarbeiterin, Mary Ainsworth. Sie erarbeitete aufgrund von Längsschnittbeobachtungen bei Müttern und Säuglingen eine standardisierte Testsituation, die »fremde Situation«, mit der Bindungs- und Trennungsverhalten von kleinen Kindern studiert werden konnte (Ainsworth & Witting, 1969). Die wissenschaftlichen Arbeiten von Bowlby und Ainsworth waren grundlegend für die Entwicklung der Bindungstheorie, die große Verbreitung in der akademischen Entwicklungspsychologie fand. In der Psychoanalyse wurde das Interesse erst wieder im Zusammenhang mit den Eltern-Säugling-Therapien und dem interdisziplinären Austausch mit der Interaktionsforschung geweckt.[1]

Den Weg von der kindlichen Psychopathologie zum Interesse an der Erforschung der normalen Entwicklung ging auch *Margareth Mahler*. In ihrer klinischen Arbeit befasste sie sich eingehend mit der frühkindlichen Psychose. Dabei entdeckte sie, dass neben den bereits bekannten autistischen Formen, die laut Mahler als Abwehr von sehr engen Beziehungswünschen verstanden werden können, auch symbiotische Zustandsbilder vorkommen. Die Symbiose und die psychischen Akte, die aus der Symbiose herausführen, wurden zum Zentrum ihres Interesses. Sie beschrieb den psychologischen Separations- und Individuationsprozess mit seinen Phantasmen und Konflikten, der notwendig war, damit Entwicklung in der Therapie stattfinden konnte (Mahler, 1968). Mahler erkannte die wesentliche Bedeutung der Mutter-Kind-Beziehung im Falle einer psychotischen Entwicklung und nahm an, dass diese in sehr frühen Stadien entsteht. Ausgehend von der These, dass alle Menschen am Anfang des psychischen Lebens eine autistische und eine symbiotische Phase durchlaufen, wollte sie mit ihren ab 1959 experimentell angelegten Beobachtungen der Mutter-Kind-Interaktion und den begleitenden Elterngesprächen Separation und Individuation in der normalen psychischen Entwicklung verfolgen. Sie führte ihre Beobachtungen zuerst mit Kindern ab dem Alter von neun Monaten durch; es zeigte sich aber bald, dass zahlreiche Zeichen von Eigenständigkeit schon früher zu beobachten sind, sodass sie Kinder ab dem Alter von vier Monaten in ihre Studien einbezog. Mahlers Befunde und ihre theoretischen Folgerungen wurden als wichtiger Beitrag zur

---

[1] Einzelne Aspekte der Bindungstheorie sind in der psychoanalytischen Reflexion zur frühen Entwicklung von verschiedenen Autoren aufgenommen worden (z.B. Stern, 1985; Lichtenberg, Lachmann & Fosshage, 1992). In Säuglings-Eltern-Therapien wurden bindungstheoretische Konzepte seit Beginn der Neunzigerjahre eingeführt (Zeneah, Mammen & Liebermann, 1993; Brisch, 1999; Hédervari-Heller, 2000). Im Verständnis psychoanalytisch orientierter Therapien sind sie jedoch wegen der unterschiedlichen wissenschaftlichen Diskurse und Erfahrungsgrundlagen nicht ohne weiteres integrierbar (Wiegand, 2001). Die Entwicklung von Konzepten, die die gegenseitigen Bezüge zwischen Bindung, emotionalem Austausch und Bildung innerer psychischer Strukturen einbeziehen sowie den Zusammenhang mit klinischen Zustandsbildern herstellen wird zur Zeit vertieft weitergeführt (Fonagy et al., 2002).

psychoanalytischen Entwicklungspsychologie aufgenommen (Mahler, Pine & Bergman, 1975). Obwohl ihre Annahme, dass das Kind vor dem vierten Monat eine autistische und eine symbiotische Phase durchlaufe, später kritisiert und widerlegt wurde, sind ihre feinen Beschreibungen über die durch Entdeckungs- und Funktionslust geprägten Distanz suchenden Bewegungen des Kindes nach dem achten Monat und die Wiederannäherungen im zweiten Lebensjahr – beides im Rahmen der emotionalen Verfügbarkeit der Mutter – wertvolle Beiträge. Bemerkenswert ist auch, dass Mahler in der Arbeit mit psychotischen Kleinkindern eine kombinierte Therapie einführte, die sie als »tripartites Modell« (Mutter, Kind und Therapeut) bezeichnete. Ihr Ziel war, dem Kind eine korrektive emotionale Erfahrung zu ermöglichen. Für die Mutter war es keine Behandlung, sondern sie sollte mitwirken, indem sie bessere Kontaktmöglichkeiten zu ihrem Kind fand.

Die Beiträge von *Donald W. Winnicott* haben einen anderen klinischen Erfahrungshintergrund als die bisher diskutierten Arbeiten. Als praktizierender Kinderarzt und Psychoanalytiker hatte er stets die Wechselwirkung zwischen innerer Welt und äußerer Realität im Blick, insbesondere bei seiner lebenslangen Beschäftigung mit der frühen Kindheit. Berühmt geworden ist sein Ausspruch »There is no such thing as a baby«, mit dem er zum Ausdruck bringen wollte, dass ein Baby nicht isoliert betrachtet werden kann, sondern notwendigerweise als Teil einer Beziehung anzusehen ist. Winnicott hob die Abhängigkeit des Babys von seiner Umgebung hervor und interessierte sich für die Eigenschaften dieser Umgebung, die die Entfaltung des Potentials des Babys ermöglichen soll (Winnicott, 1958, 1965a). Das ist am Anfang die Mutter, die selbst eine vorübergehende psychische – in mancher Hinsicht psychotisch anmutende – Veränderung durchmacht (er nennt sie »primäre Mütterlichkeit«), welche sie befähigt, auf die averbal mitgeteilten Bedürfnisse des Babys einzugehen. Ihre Zuwendung setzt sie vor allem in Form von Pflege um, und durch Pflegehandlungen werden Erfahrungen von Frustration und Wuncherfüllung, Erfahrungen von Ich und Nicht-Ich sowie Angebote zur Erforschung der weiteren Umgebung vermittelt. Winnicott schuf auf originelle Weise Begriffe, die sowohl das Verhalten wie auch die innere Disposition der Mutter beinhalten: »holding«, »handling«, »object presenting«. Bei der weiteren Entwicklung des Kindes und seiner psychischen Verselbstständigung misst Winnicott dem Spiel große Bedeutung bei. Das Spiel entfaltet sich in einem »potential space« (einem Möglichkeitsraum), der zwischen äußerer und innerer Realität steht und in dem äußere Phänomene mit Gefühlen und subjektiven Bedeutungen besetzt werden, ohne dass über deren Wert oder Schicksal entschieden werden muss. Im »Übergangsobjekt« und in den Übergangsphänomenen, die vom Säugling manchmal als Ersatz für die abwesende Mutter eingesetzt werden, sieht Winnicott Vorläufer des kreativen, mit inneren Phantasien bereicherten Spieles (Winnicott, 1971).

Mit der Bedeutung, die Winnicott der frühen Objektbeziehung zuschrieb, setzte er sich von Melanie Klein ab. Er hielt ihr entgegen, dass Säuglinge nicht unabhängig von der betreuenden Person verstanden werden könnten. Dennoch übernahm er einige ihrer psychodynamischen Hypothesen und sah diese in seiner klinischen Arbeit bestätigt, zum Beispiel das Vorhandensein destruktiver Elemente in der Objektbeziehung, die Fähigkeit zur Besorgnis und die depressive Reaktion. Winnicott hat, anders als Melanie Klein, Babys auch behandelt. In seinem berühmten Artikel über das Spiel mit dem Spatel (Winnicott, 1941) beschreibt er die erfolgreiche Behandlung eines sieben Monate alten Säuglings mit Asthmaanfällen. Er beobachtete während der Konsultation, wie der drohende Anfall mit einem Moment des Zögerns im Spiel zusammenhing, der seiner Meinung nach einen Konflikt signalisierte, und er machte sich Gedanken über die dazugehörige Phantasie. Die therapeutische Sitzung, so Winnicott, sollte es dem Kind ermöglichen, das Spiel zu Ende zu führen und somit aus der konflikthaften Situation herauszufinden. Für ihn gab es also keinen Zweifel, dass Babys Phantasien haben, und er suchte den therapeutischen Zugang primär in der Beziehung zum Säugling. Fragen zur Entstehung von Phantasien, zur Entwicklung der Symbolisierungsfähigkeit und zum Zeitpunkt ihres Auftretens wurden später, aufgrund des Interesses, im interdisziplinären Austausch Begriffe zu verwenden, die für alle Diskussionspartner die gleiche Bedeutung haben, genauer untersucht.

1.1.2. Selma Fraiberg und die Eltern-Baby-Therapie

Die eigentliche Begründerin der Mutter-Baby-Therapien war die Amerikanerin *Selma Fraiberg* mit ihren Pionierleistungen. Ihr 1980 erschienenes Buch »Clinical Studies in Infant Mental Health« (Fraiberg, 1980) fasst die Erfahrungen des 1972 von ihr initiierten, multidisziplinären »infant mental health program« zusammen und ist so reich an Einsichten und Vorgehensvorschlägen, dass es viele Nachfolgearbeiten auf diesem Gebiet beeinflusste. Die grundlegenden Ideen ihres Interventionsprogramms entwickelte sie in ihrer Arbeit mit Säuglingen, die von Geburt an blind waren (Fraiberg & Freedman, 1964). Fraiberg hatte festgestellt, dass sowohl die psychische Belastung der Eltern als auch die infolge der Behinderung erschwerte Kommunikation die Entwicklung dieser Kinder beeinträchtigt, und hatte Möglichkeiten gefunden, wie die Eltern-Kind-Beziehung mit fachlicher Begleitung unterstützt werden kann. Diese bei blinden Kindern und ihren Eltern erprobten Interventionsmethoden wollte sie in einer neu geschaffenen Einrichtung des Gesundheitsdienstes auf breiterer Basis, bei Kindern mit Entwicklungsbeeinträchtigungen unterschiedlichster Art, anwenden. Es kam aber anders, als sie und ihre Mitarbeiter erwartet hatten. Sie wurden überrascht vom Schweregrad sowohl der kindlichen wie auch der familiären Pathologie der zugewiesenen Patienten und waren genötigt, neue Strategien zu entwickeln. In der Tat sind die Komplexität und die Vielschichtigkeit der Probleme der klinischen Falldarstellungen beeindruckend, ebenso wie Selma Fraibergs Fähigkeit, selbst in trostlosen Situationen Ansätze von Hoffnung und Motivation zu finden, die sie nutzen konnte, um eine therapeutische Beziehung anzuknüpfen. Die Momente der Hoffnung liegen im Wesen des Babys und in der Motivation seiner Eltern, die das Beste für ihr Kind wollen – auch wenn sie sonst nichts mehr vom Leben erwarten. Fraiberg wies auf die ungewöhnliche Schnelligkeit therapeutischer Veränderungen in Mutter-Baby-Therapien hin und legte überzeugend dar, dass die Anwesenheit des Babys als Katalysator solcher Veränderungen unabdingbar ist. Zudem plädierte sie für eine frühe Mutter-Kind-Intervention, auch wenn es offensichtlich sei, dass eine psychische Belastung der Eltern das Hauptproblem darstelle. Das Baby könne mit seiner Entwicklung nicht warten, bis die Neurose der Mutter oder des Vaters kuriert ist.

Fraiberg erarbeitete auf der Grundlage ihrer klinischen Erfahrungen wichtige Konzepte zum psychoanalytischen Verständnis pathologischer Vorgänge in der frühen Mutter-Kind-Beziehung. Sie erkannte die Bedeutung unbewusster elterlicher Phantasien über das Baby, die auf das Baby projiziert werden und oft in seiner Symptomatologie einen Ausdruck finden. Diese unheilvollen Phantasien, die, wenn sie erkannt und gedeutet werden, eine Verbesserung der Beziehung zum Kind zur Folge haben, sind seither als »Geister in der Kinderstube«, wie sie sie nannte, bekannt (Fraiberg, Adelson & Shapiro, 1975). Selma Fraiberg schnitt damit bereits auch die Frage der transgenerationalen Transmission in der Psychopathologie an.

Für die therapeutische Arbeit schlug Fraiberg drei Ansätze vor: die kurze Kriseninterventionen, die stützende Entwicklungsberatung und die psychodynamische Eltern-Baby-Therapie. Die Wahl der Methode soll von der Art und Dauer der Probleme und von den psychischen Fähigkeiten und Bedürfnissen der Eltern abhängig gemacht werden. In Bezug auf das Setting der uns interessierenden Eltern-Baby-Therapie ist es bemerkenswert, dass Selma Fraiberg sich nicht an die psychoanalytische Lehrmeinung und die übliche Praxis hielt. In vielen Fällen hielt sie einen Hausbesuch, die Begleitung der Familie in Alltagsgeschäften oder aktives Eingreifen bei der Betreuung des Babys für notwendig und diktiert von den Lebensumständen der Babys. Dabei verlor sie aber niemals die therapeutische Beziehung und den Therapieprozess in ihren verschiedenen Manifestationen im Mehrpersonensetting aus den Augen.

1.1.3. Psychoanalytischer Ansatz und Interaktionsforschung

Die Achtzigerjahre waren für die Weiterentwicklung des gesamten Gebietes der seelischen Gesundheit in der frühen Kindheit bestimmend. In dieser Zeit begann auf breiter Basis die Auseinandersetzung zwischen Fachleuten verschiedener Disziplinen, die im Bereich der Grundlagenforschung oder in sozialen und klinischen Projekten tätig waren. Parallel dazu entstanden disziplinübergreifende Fachgesellschaften, durch die die Entwicklung wesentlich befördert und unterstützt wurde. Ein erstes Forum für Psychiater und Psychoanalytiker war ab 1980 die »World Association for Infant Psychiatry and Allied Disciplines« (WAIPAD), die nach der Fusionierung mit der vorwiegend amerikanischen »International Association for Infant Mental Health« (IAIMH) 1992 zur »World Association for Infant Mental Health« (WAIMH) wurde. Im deutschen Sprachraum wurde 1996 die Tochtergesellschaft »Gesellschaft für Seelische Gesundheit in der Frühen Kindheit e.V.« (GAIMH) gegründet, die regional dem fachlichen Austausch, der Entwicklung neuer Arbeitsansätze, der anwendungsorientierten Forschung sowie der Auseinandersetzung mit Fragen der Aus- und Weiterbildung für diesen Bereich großen Auftrieb gegeben hat.

Zwei Aspekte dieser Auseinandersetzung, die einander bedingen, sollen hier hervorgehoben und diskutiert werden. Zum einen geht es um Entwicklungen der psychoanalytischen Theorie, die durch die Ergebnisse aus anderen Forschungsrichtungen angeregt wurden. Zum anderen um die zunehmende Bedeutung der Interdisziplinarität der Arbeit im Bereich der frühen Kindheit, die für den Psychotherapeuten eine Herausforderung im Hinblick auf seine behandlungstechnische Orientierung und seine therapeutische Identität darstellt.

Durch die phänomenologische Säuglings- und Interaktionsforschung hat die Eltern-Baby-Therapie ein sehr viel breiteres und genaueres Fundament an Kenntnissen erhalten, das zum Teil psychoanalytische Auffassungen korrigiert. Dazu gehören die Untersuchungen, die mit ihrem breiten Beobachtungsspektrum die Vielfalt des frühen interaktionellen Austausches erfassen. Sie verfolgten genau die durch Blick, Stimme und Körperhaltung vermittelte Kommunikation zwischen Baby und Betreuer und untersuchten die verschiedenen Zustände des Wachseins und der Aufmerksamkeit beim Baby, die ihre eigenen Rhythmen haben, in Bezug auf Synchronie und Kontingenz im Dialog mit seinem Interaktionspartner. Diese Studien ergaben, dass Säuglinge schon von den ersten Lebenstagen an über bis dahin nicht vermutete Fähigkeiten verfügen. Sie können früh präzise Wahrnehmungsleistungen – visuelle, auditive, solche des Geruchs und intermodale – sowie komplexe Diskriminierungsleistungen vollbringen. Sie drücken in den ersten Lebensmonaten mit ihrer Mimik zunehmend differenzierte Affekte aus. Darüber hinaus haben sie spezifische präverbale Kompetenzen für einen Dialog und gestalten die Interaktion mit dem Partner aktiv mit. Für diese neue Sicht bürgerte sich die Bezeichnung »kompetenter Säugling« ein (Stone, Smith & Murphy, 1973). Dank des Einsatzes von Videotechnik und der Mikroanalyse von Beobachtungssequenzen konnte eindrucksvoll gezeigt werden, wie Säuglinge ein Interaktionsangebot aufnehmen oder eine Interaktion initiieren, wie sie sich auf einen Dialog mit dem Partner einlassen oder sich zurückziehen und wie verschieden auch die Antwort der Mutter sein kann, die damit die Fortführung des Dialogs von ihrer Seite her beeinflusst.

Der Säuglingsforscher und Psychoanalytiker *Daniel Stern* geht in seinen Arbeiten über das phänomenologische Konzept des »kompetenten Säuglings« insofern hinaus, als er dem Selbstgefühl des Kindes eine entscheidende Bedeutung beimisst. Er interpretiert die Befunde der Säuglingsbeobachtung unter diesem Aspekt. Für Stern ist das Selbstgefühl, für das er eine stufenförmige Entwicklung annimmt, das Organisationsprinzip, das es dem Säugling ermöglicht, sich und die Welt in zunehmend umfassenderer Weise zu erfahren und zu ordnen (Stern, 1985). Er relativiert damit – im Sinne der Position, die schon Erik Erikson (Erikson, 1950), John Bowlby (Bowlby, 1969) und Donald Winnicott (Winnicott, 1971) mit anderen Schwerpunkten vertraten – die dominante Bedeutung, die die Psychoanalyse lange Zeit den Lust- und Frustrationserfahrungen des Säuglings im Zusammenhang mit seinen Triebwünschen zuschrieb. Stern argumentiert, dass die seit dem Beginn des Lebens nachweisbaren Fähigkeiten zur amodalen und zur physiognomischen Wahrnehmung sowie die Vitalitätsaffekte beim Säugling ein auftauchendes Selbstempfinden begründen. Er nimmt an, dass der Säugling schon mit drei bis vier Monaten ein Kernselbstempfinden hat, das seinen Erfahrungen, dass er etwas anstellen kann, dass er Gefühle empfindet und dass er erste Erinnerungen hat, entspringt. Weiter geht Stern davon aus, dass der Säugling auch Erlebnisse des Zusammenseins mit einem Anderen hat, ohne dass er dabei seine Grenzen verliert, und dass im Erleben des Zusammenseins Intensität und Qualität emotionaler Erfahrungen und auch somatisch begründete Spannungen reguliert werden. Mit sieben bis neun Monaten, so Stern, nimmt er die anderen als Personen mit einem eigenen psychischen Leben wahr; er erfährt, dass eigene psychische Zustände dem Anderen mitgeteilt werden können und dass ein Austausch emotionaler Befindlichkeiten stattfinden kann. Ein eindrucksvolles Phänomen in dieser Phase ist die von Stern beschriebene affektive Einstimmung (»affect attunement«), bei der die Mutter ein Verhalten ihres Kindes in seinem emotionalen Gehalt aufnimmt und weiterführt, ohne das Verhalten direkt zu imitieren. Sie signalisiert dem Kind auf diese Weise, dass sie seine innere Regung erkannt hat. Das ist der Beginn von intersubjektiven Erfahrungen und der des subjektiven Selbstempfindens.

Mit dieser Konzeption der Selbstentwicklung postuliert Stern – entgegen psychoanalytischen Annahmen –, dass von Anfang an eine Trennung von Selbst und Objekt besteht und dass es frühe Erfahrungen vom Selbst mit dem Objekt gibt.

Bei einem weiteren Fragenkomplex, dem nach der Fähigkeit des Säuglings zur Verarbeitung seiner Wahrnehmungen und affektiven Erfahrungen zu inneren Repräsentanzen, stellten die Forschungsergebnisse zur kognitiven Entwicklung psychoanalytische Auffassungen in Frage. In der psychoanalytischen Theorie wird aufgrund der Betonung der frühesten Beziehungserfahrungen angenommen – etwa von Edith Jacobson –, dass schon vor einem Alter von 18 Monaten Selbst- und Objektrepräsentanzen ausgebildet werden (Jacobson, 1964). Die Annahme einer so frühen Existenz psychischer Repräsentanzen lässt sich nach Stern nicht aufrechterhalten. Er hält, gestützt auf die moderne Gedächtnisforschung, eine neue Konzeptualisierung, die auch die Genese miteinbezieht, für erforderlich. Das leistet sein Konzept der präsymbolischen Prozesse, das er folgendermaßen beschreibt: Das Baby kann eine gelebte Interaktionsepisode mit den dazugehörigen Wahrnehmungen und Affekten erinnern; aber nur die häufige Wiederholung ähnlicher Episoden, die diese Erinnerung hervorrufen, verbindet diese zu einer generalisierten Interaktionsrepräsentanz. In der Terminologie von Stern sind es RIGs,»representations of interactions that have been generalized«. Diese bewirken Erwartungen bei der nächsten Interaktion, färben diese ein und können ihrerseits durch die neue Erfahrung modifiziert werden. Jedenfalls bleibt das Erleben des Babys eine Zeit lang sehr nahe an und abhängig von der aktuellen Interaktionserfahrung und scheint weniger von der intrapsychischen Dynamik innerer Vorstellungen bestimmt zu sein.

Zu den Beiträgen, die Stern zu der sich erst entwickelnden Eltern-Baby-Therapie leistete, gehören auch wichtige klinische Vorschläge (Stern, 1995). Stern weist nachdrücklich – wie früher Winnicott – auf die besondere Verfassung und die besondere psychische Lebensaufgabe der Mutter in der Zeit um die Geburt und nach der Geburt hin. Er hat dafür den Begriff der »Mutterschaftskonstellation« geprägt und gibt an, dass sie Monate bis Jahre dauert. Die beherrschende Achse, die die mütterlichen Beschäftigungen organisiert und um die sich ihre Beschäftigungen drehen, ist die Triade »Mutter der Mutter – Mutter des Babys – Baby«, während die ödipalen Triaden vorübergehend in den Hintergrund gedrängt werden. Die Themen, die für die Mütter in dieser Zeit aktuell werden, betreffen ihre Fähigkeit, für das Leben und das Wachstum des Babys zu sorgen, mit dem Baby eine Beziehung einzugehen, für es eine unterstützende Umgebung aufzubauen und schließlich, ihre Identität als Mutter zu reorganisieren. Die therapeutische Intervention soll in dieser Zeit auf die situative Aufgabe konzentriert sein. Der Wunsch der Mutter, durch eine mütterliche Figur in ihrem Bestreben, das Baby gut zu betreuen, unterstützt zu werden, soll Vorrang haben, und gleichzeitig soll es möglichst vermieden werden, ihr Verhalten zur Klärung neurotischer Verstrickungen zu hinterfragen. Auch Stern ist der Auffassung, dass es häufig um kurze Behandlungen geht, die jedoch gelegentlich Wiederholungen erfordern (»serial brief treatment«). Die Wiederholungen sind aber nicht wegen unvollständiger Erstbehandlung notwendig, sondern sie entsprechen den neu auftauchenden Bedürfnissen in der Mutterschaftsentwicklung. Um den Müttern diese erneuten Konsultationen zu erleichtern, soll auf die Aufrechterhaltung eines positiven therapeutischen Bündnisses geachtet werden.

Serge Lebovici, der als Vaterfigur der französischen Kinderanalyse gilt, setzte sich eingehend mit den Befunden der empirischen Beobachtungen der Mutter-Kind-Interaktion auseinander und wurde dadurch angeregt, das Studium der Interaktion aus psychoanalytischer Sicht voranzutreiben (Lebovici, 1983). In zahlreichen klinischen Beobachtungen konnte festgehalten werden, wie sich elterliche Phantasien in Bezug auf das Kind entwickeln und in welcher Weise die Phantasien, das heißt die intrapsychische Ebene und die interpersonelle, interagieren. Lebovici bezog den Therapeuten in seine Beobachtungen ein und stellte fest, dass auch er bei der Interaktionsbeobachtung unvermittelt phantasmatische Sinnzusammenhänge sehen kann, die seine therapeutische Intervention leiten. Diese bezieht sich dann direkt auf die aktuelle affektgeladene Szene und hat zugleich weit tragende Folgen im intrapsychischen Haushalt. Lebovici führte – in Analogie zur phänomenologisch beobachtbaren Eltern-Kind-Interaktion – den Begriff der »phantasmatischen Interaktion« ein, der den immer stattfindenden Austausch zwischen den inneren Bildern der Eltern, den sich bildenden inneren Bildern des Säuglings und anderer Anwesender bezeichnet. Die phantasmatische Interaktion zwischen Eltern und Baby beginnt lange vor der Geburt. Einige Bilder über das eigene Baby wurzeln im Kinderwunsch und in dessen unbewussten ödipalen Hintergründen, andere entsprechen konkreteren vorbewussten Wünschen oder Ängsten. Nach der Geburt treten sie in Beziehung zu den Vorstellungen, die sich im Umgang mit dem realen Kind einstellen. Französische Autoren haben die Konflikthaftigkeit dieser notwendigen Anpassung innerer Vorstellungen als Hintergrund postpartaler Krisen aufgezeigt.[2]

Die Untersuchung der Dialektik zwischen interpersonalen und intrapsychischen Vorgängen wurde am konsequentesten von *Bertrand Cramer* weitergeführt. Ausgebildet in den USA, baute er seit den Siebzigerjahren in Genf ein universitäres Forschungs- und Behandlungszentrum zur frühen Kindheit auf.

---

[2] entsprechende Ausführung dazu S. 46

Er nahm in seine Arbeit Ansätze aus unterschiedlichen psychotherapeutischen Traditionen aus dem angelsächsischen Raum und Frankreich auf. Sein im deutschen Sprachraum wenig bekanntes Buch »La pratique des psychothérapies mères-bébés«[3] enthält eine profilierte Weiterentwicklung der psychoanalytischen Mutter-Baby-Behandlungstechnik und gilt als der Klassiker der Neunzigerjahre (Cramer & Palacio-Espasa, 1993). Cramer und Palacio-Espasa fassen die psychische Funktionsweise der Eltern in der postpartalen Zeit als eine eigenständige, neu geschaffene Struktur auf. Dadurch, dass die Eltern das Baby in ihr psychisches Leben einbeziehen, sind sie in grundlegender Weise damit konfrontiert, ihre narzisstischen und libidinösen Besetzungen neu zu verteilen. Nach der Geburt werden Impulse, die bis dahin auf intrapsychische Objekte und Selbstaspekte gerichtet waren, auf das interpersonale Beziehungsfeld mit dem Baby – das reale und phantasmatische Interaktionskomponenten umfasst – gerichtet. Für die Mutter existiert das Baby vorübergehend zwischen intrapsychischem und extrapsychischen Raum, was Projektionen begünstigt und auch leicht Verwirrung in Bezug auf ihre Selbstgrenzen zur Folge haben kann. Die Erfahrung, dass Konflikte, die zuvor latent und intrapsychisch waren, in der Beziehung zum Baby manifest werden können – ein Vorgang, den die Autoren »Materialisation« nennen –, ist eine spezifische Quelle psychischer Verunsicherung und Angst in dieser Zeit. In der normalen Entwicklung bildet sich diese Struktur einer Entgrenzung langsam zurück, doch das Kind wird in seinem Individuationsprozess immer von Spuren der elterlichen Projektionen begleitet sein. In späteren Publikationen haben diese Autoren die Dynamik der mütterlichen Identifikationen (Cramer, 1996) und deren Beziehung zur Entwicklung kindlicher Repräsentanzen (Palacio-Espasa, 1996) präziser herausgearbeitet. Bei der Mutter finden Identifikationen mit den eigenen Eltern und gleichzeitig Identifikationen mit dem Baby als Stellvertreter der eigenen frühesten Erfahrungen statt. Dazu gesellen sich komplementäre projektive Identifikationen: Die Mutter schreibt sich Eigenschaften zu, die das Gegenstück zu denjenigen sind, die sie dem Baby zuschreibt. Je nach Beschaffenheit ihrer Identifikationen können die projektiven Identifikationen in ihren Wirkungen auf das Kind empathisch unterstützend oder aber einschränkend oder sogar deformierend sein. Im guten Fall begünstigen die projektiven Identifikationen die affektive Einstimmung und damit Interaktionen, die Sicherheit und Befriedigung gewähren. Wenn ungünstige projektive Identifikationen überwiegen, ergeben sich Elternschaftskonflikte mit neurotischem oder Borderline-Charakter, die das Kind einbeziehen. Das Kind bringt seinerseits sein Temperament, seine affektiven Qualitäten und seine Frustrationstoleranz ins Spiel. Es wird sich ei-

---

[3]   Dieses Buch wurde in Zusammenarbeit mit Francisco Palacio-Espasa verfasst.

nigen Erwartungen der Mutter, die sie in von ihr bevorzugten Interaktionen zum Ausdruck bringt, anpassen; es wird aber auch mit eigenem Verhalten und später mit ersten intrapsychischen Abwehrmechanismen reagieren und Symptome entwickeln. Diese Forschungsarbeiten erweitern und differenzieren die von Selma Fraiberg mit dem Bild der »Geister, die in die Kinderstube einbrechen« erfassten transgenerationalen Einflüsse, die die Eltern-Kind-Beziehung bedrohen. In ihrem therapeutischen Vorgehen stützen sich Cramer und Palacio-Espasa sowohl auf die im Gespräch und im therapeutischen Kontakt gewonnenen Einblicke als auch auf die gleichzeitig vorgenommenen Interaktionsbeobachtungen. Ihre Behandlungstechnik besteht darin, Konflikte zu deuten und in einer Weise zu intervenieren, die die Zurücknahme der Projektionen und eine Anpassung der emotionalen Besetzung fördert.

Die Frage, ob der Fokus der therapeutischen Arbeit mit Eltern und ihren Babys mehr auf den psychodynamischen Hintergrund mit entsprechender Deutung der Konflikte oder mehr auf die Realität der Interaktionen und deren Beeinflussung gerichtet sein sollte, ist lange diskutiert worden. In Genf wurde dazu eine breit angelegte Studie durchgeführt, mit der die Wirksamkeit von kurz dauernden Mutter-Kind-Behandlungen bei funktionellen und Verhaltensstörungen von Kindern unter 30 Monaten untersucht werden sollte (Cramer et al., 1990; Robert-Tissot et al., 1996). Das Projekt war als Vergleichsstudie zwischen zwei therapeutischen Methoden angelegt: zum einen der von Cramer und seinem Mitarbeiter entwickelten psychodynamisch fundierten Therapie, zum anderen der von Susan McDonough entwickelten Technik der interaktionellen Begleitung (»interaction guidance«) (McDonough, 1993), die Stern in Genf eingeführt hatte. Mit beiden Therapieformen wurden gleich gute Ergebnisse erzielt. Die funktionellen Symptome der Kinder verschwanden schnell, die Interaktionen wurden harmonischer, die Mütter fühlten sich selbstsicherer und sahen ihre Kinder positiver. Daniel Stern (Stern, 1995) erklärt diesen Befund mit der Dynamik der Rückkopplungsprozesse in den Beziehungen unter allen Personen, die in das therapeutische Setting einbezogen sind, und darüber hinaus mit der Rückkoppelung zwischen Verhalten und Repräsentanzen bei jedem Individuum. Die verschiedenen Therapien setzen an verschiedenen Orten ein; sie beabsichtigen entweder, die Repräsentanzen der Eltern zu verändern – seien es diejenigen, die ihre Elternschaft im Allgemeinen betreffen, seien es diejenigen, die spezifischer das Baby und die elterliche Beziehung mit dem Baby betreffen – oder die interaktiven Verhaltensweisen zu beeinflussen, die der Mutter oder des ganzen Familiensystems. Durch die lebendige Verbindung jedes Elementes mit dem ganzen System führt potentiell jeder Impuls zu einer Veränderung des Ganzen.[4]

---

[4]   Auch außerhalb der geschilderten interdisziplinären Diskussion, insbesondere inner-

1.1.4. Entwicklungen im deutschsprachigen Raum

Eines der ersten Zentren, die sich im deutschsprachigen Raum mit der therapeutischen Aufgabe im Bereich der frühen Kindheit befassten, war die Münchner Poliklinik für Kinder- und Jugendlichenpsychotherapie unter der Leitung von *Jochen Stork*. Stork machte die Beiträge der kleinianischen Schule zur frühen Kindheit sowie die Arbeiten mit Säuglingen von Lebovici und seinem Kreis in Deutschland zugänglich (Stork, 1986a, 1986b, 1990).

Die zweite Institution, die früh einen Schwerpunkt in der Erforschung der frühen Kindheit setzte, war die kinderpsychiatrische Poliklinik der Universität Basel mit *Dieter Bürgin*. In ihrer Längsschnittstudie zur Kindesentwicklung und zur Entwicklung von Familienbeziehungen standen Triangulierungsprozesse im Mittelpunkt des Interesses. Ebenso, wie in den Achtzigerjahren die Erforschung der dyadischen Interaktionen mit Hilfe von Videoaufnahmen Aufsehen erregte, sorgten Anfang der Neunzigerjahre systemische Säuglingsforscher mit ihren Beobachtungen der Interaktionen in der Triade für Aufsehen. Antoinette Corboz-Warnery und ihre Mitarbeiter (Corboz-Warnery et al., 1993) entwickelten eine Methode, das »Lausanner triadische Spiel«, mit dessen Hilfe sie die Kommunikation in der Familie, den triadischen Dialog, beobachten und nach definierten Kriterien erfassen konnten. Bürgin und später *Kai von Klitzing* setzten diese Methode in Verbindung mit Gesprächen, die schon während der Schwangerschaft geführt wurden, ein, um den Einfluss der elterlichen Vorstellungen auf die späteren familiären Interaktionen zu erfassen (von Klitzing et al., 1995; von Klitzing et al., 1999). In den Gesprächen waren die zukünftigen Eltern gefragt worden, welche Vorstellungen sie in Bezug auf die triadische Beziehung hätten; es wurde insbesondere darauf geachtet, ob sie sie positiv werten oder ob sie negative Erwartungen haben. Die Untersuchung zeigte, dass es eine hohe Übereinstimmung zwischen den pränatalen elterlichen Vorstellungen und der Qualität ihrer triadischen Interaktionen mit dem vier Monate alten Säugling gab. Eine gute Vater-Kind-Beziehung scheint davon abhängig zu sein, ob die Mutter in ihren Vorstellungen dem Vater den Platz einer wichtigen Bezugs-

---

halb der postkleinianischen Schule, gibt es psychoanalytische Ansätze der Arbeit mit Eltern und Kindern ab frühestem Alter. Vorläufer dieser Entwicklung sind die psychoanalytischen Baby-Beobachtungen, die als Bestandteil der Ausbildung zum Kinderpsychoanalytiker eingeführt wurden. In Frankreich entwickelte *Didier Houzel* ein klinisches Projekt für Familien mit einem autistischen Kind. Die Behandlung besteht in regelmäßigen Hausbesuchen, bei denen der Therapeut als wichtigstes Instrument seine Fähigkeit zur Empathie und seine Gegenübertragungsgefühle nutzt, um daraus Anhaltspunkte für seine therapeutische Haltung zu gewinnen, die äußerst zurückhaltend bleibt (Houzel, 1994). In der gleichen Tradition steht eine neuere Arbeit des Schweden Johan Norman (Norman, 2001).

person einräumt. Aufgrund dieser Forschungsergebnisse setzten sich die Autoren dafür ein, dass bei therapeutischen Interventionen früh die Bedeutung des Vaters für die kindliche Entwicklung berücksichtigt wird (von Klitzing, 1998a, 1998b).[5]

Außerhalb der universitären klinischen Forschung begannen ab den Achtzigerjahren einzelne Psychoanalytikerinnen und Psychoanalytiker aufgrund ihrer Rezeption der englischen, angloamerikanischen und französischen Literatur, in der privaten psychotherapeutischen Praxis Säuglinge zu behandeln. Für den deutschen Sprachraum bedeutete dies einen Vorstoß in therapeutisches Neuland, verbunden mit der Notwendigkeit, behandlungstechnische Fragen in der Arbeit mit dem konkreten Fall zu lösen und damit zur Entwicklung der Behandlungstechnik beizutragen. Dazu gehören die eigenen Arbeiten der Projektleiterin *Fernanda Pedrina*. Erste Patienten waren psychosomatisch schwer erkrankte Säuglinge – so ein sieben Monate altes Kind mit schwerer Neurodermitis. Der Schwerpunkt der Intervention lag – in Anlehnung an Winnicott – darin, eine direkte Beziehung mit dem entrückten Kind aufzunehmen (Pedrina, 1984). Das Indikationsspektrum erweiterte sich zunehmend. Die Psychoanalytikerin wurde darauf aufmerksam, dass in gewissen Fällen die Sorge der Mutter über ihren Umgang mit dem Baby und ihre Vorstellungen vom Baby Ausdruck einer behandlungsbedürftigen frühen Beziehungsstörung sind, die im kombinierten Setting der Mutter-Kind-Therapie angegangen werden soll. Später behandelte sie mit diesem Vorgehen Eltern, die selber um die Zeit der Geburt unter psychischen Störungen litten, wenn ihre Belastung sich zu sehr auf die Beziehung mit dem Baby auswirkte. Die aktive Herstellung einer Beziehung zum Kind erwies sich in der kombinierten Eltern-Baby-Therapie als fruchtbares Moment der therapeutischen Arbeit – auch dann, wenn das Leiden des Kindes nicht im Vordergrund stand. Die Erkenntnisse der neueren Säuglingsforschung regten nicht nur die zunehmende Anwendung der Eltern-Säugling-Therapie an, sondern veränderten die Behandlungstechnik dahingehend, dass das Zusammenspiel von intrapsychischen und interaktionellen Momenten ins Zentrum der Aufmerksamkeit gerückt wurde. Pedrina verbindet dies in den Eltern-Säugling-Therapien damit, sich bei Bedarf als Therapeutin mit eigener Akti-

---

[5] Neben den therapeutischen Konzepten und Untersuchungen, die die Bedeutung des Vaters als über die Mutter vermittelt erfassen, gibt es wenige Therapiestudien, die die Möglichkeit, dass vom Vater direkt pathogene Einflüsse auf das Kind ausgehen, untersuchten. Paul Barrows Beitrag zeigt, wie Konflikte des Vaters, die er auf das Kind projiziert, wirksam werden (Barrows, 1999). James Herzog beschreibt spezifische Störungen als Folge frustrierender Erfahrungen mit dem Vater, die schon ab 18 Monaten auftreten (Herzog, 1980).

vität – die auf der pädiatrischen Erfahrung im Umgang mit Babys beruht – in die Interaktion mit dem Säugling einzubringen. Wichtig ist dabei, die beim Kind und bei den Eltern damit ausgelösten Wirkungen im Hinblick auf ihre therapeutische Funktion genau im Auge zu behalten (Pedrina, 1997); (Brazelton & Cramer, 1990).[6] Das zunehmende Erkennen und Behandeln von mütterlicher Depression im Postpartum führte zur Entwicklung einer für diese Gruppe spezifischen Therapie im Eltern-Kind-Setting (Pedrina, 1998a) und zur Ausarbeitung des Konzeptes für das vorliegende gruppentherapeutische Projekt (Pedrina, 2000).

Die Entwicklung im deutschsprachigen Raum wurde ab 1996 durch den Erfahrungsaustausch innerhalb der Fachgesellschaft GAIMH (s. auch unter 1.1.3.) wesentlich vorangetrieben und bereichert. Unter den Mitgliedern ist ein breites Spektrum unterschiedlicher fachlicher Orientierungen vertreten, nur ein kleiner Teil kommt aus psychoanalytisch ausgerichteten Praxisfeldern. Zu den Arbeiten, die einen nennenswerten Beitrag zur Entwicklung der Eltern-Säugling-Beratung oder -Therapie geleistet haben, gehören: der Aufbau der ersten spezialisierten Beratungsstelle für Eltern mit Säuglingen »MenschensKind« in Hamburg von Renate Barth (Barth, 1998); die langjährigen Forschungsarbeiten von Hanus und Mechthild Papousek über die vorsprachliche Kommunikation des Kindes und über intuitive elterliche Kompetenzen, die diese Autoren in das inzwischen verbreitete Praxismodell einer »Sprechstunde für Schrei-, Schlaf- und Fütterstörungen« umgesetzt haben (H. Papousek & Papousek, 1994; M. Papousek, 1994); die Längsschnittstudie zur »Bindung« von Klaus und Karin Großmann und die Entwicklung bindungstheoretisch begründeter Ansätze für die klinische Arbeit (Brisch, 1999) sowie die Anwendung interaktionsorientierter Interventionen bereits in der Neonatologie durch Marguerite Dunitz und Peter Scheer (Dunitz & Scheer, 1998). In dem multidisziplinären Umfeld der GAIMH ist es möglich geworden, Vorgehensweisen und Resultate jeweils anderer fachlicher Ausrichtungen näher kennen zu lernen und von gegenseitiger Beeinflussung zu profitieren. Das gilt auch für die psychoanalytischen Psychotherapeuten, die inzwischen, nach anfänglicher Zurückhaltung, die von ihnen in den verschiedensten Praxisfeldern entwickelten Behandlungsansätze offensiver vor- und zur Diskussion stellen. Einige der Arbeiten sind in dem Sammelband »Beziehung und Entwicklung in der frühen Kindheit: Psychoanalytische Interventionen in interdisziplinären Kontexten« vertreten (Pedrina, 2001a).

---

[6] In einer anderen frühen Arbeit diskutierte Pedrina die Anwendung der für Kleinkinder üblichen Behandlungstechnik im Einzelsetting mit einem erst zweijährigen an Neurodermitis leidenden Kind, dessen Mutter depressiv war. Die in der Arbeit mit dem Kind erarbeiteten Erkenntnisse wurden in der begleitenden Elternarbeit fokal eingesetzt (Pedrina, 1991b).

Die Entwicklung im deutschsprachigen Raum wurde ab 1996 durch den Erfahrungsaustausch innerhalb der Fachgesellschaft GAIMH (s. auch unter 1.1.3.) wesentlich vorangetrieben und bereichert. Unter den Mitgliedern ist ein breites Spektrum unterschiedlicher fachlicher Orientierungen vertreten, nur ein kleiner Teil kommt aus psychoanalytisch ausgerichteten Praxisfeldern. Zu den Arbeiten, die einen nennenswerten Beitrag zur Entwicklung der Eltern-Säuglings-Beratung oder -Therapie geleistet haben, gehören: der Aufbau der ersten spezialisierten Beratungsstelle für Eltern mit Säuglingen »MenschensKind« in Hamburg von Renate Barth (Barth, 1998); die langjährigen Forschungsarbeiten von Hanus und Mechthild Papousek über die vorsprachliche Kommunikation des Kindes und über intuitive elterliche Kompetenzen, die diese Autoren in das inzwischen verbreitete Praxismodell einer »Sprechstunde für Schrei-, Schlaf- und Fütterstörungen« umgesetzt haben (H. Papousek & Papousek, 1994; M. Papousek, 1994); die Längsschnittstudie zur »Bindung« von Klaus und Karin Großmann und die Entwicklung bindungstheoretisch begründeter Ansätze für die klinische Arbeit (Brisch, 1999) sowie die Anwendung interaktionsorientierter Interventionen bereits in der Neonatologie durch Marguerite Dunitz und Peter Scheer (Dunitz & Scheer, 1998). In dem multidisziplinären Umfeld der GAIMH wurde es möglich, Vorgehensweisen und Resultate jeweils anderer fachlicher Ausrichtungen näher kennen zu lernen und von gegenseitiger Beeinflussung zu profitieren. Das galt auch für die psychoanalytischen Psychotherapeuten, die nach anfänglicher Zurückhaltung die von ihnen in den verschiedensten Praxisfeldern entwickelten Behandlungsansätze offensiver vor- und zur Diskussion stellten. Einige dieser Arbeiten sind in dem Sammelband »Beziehung und Entwicklung in der frühen Kindheit: Psychoanalytische Interventionen in interdisziplinären Kontexten« vertreten (Pedrina, 2001a).

In den letzten Jahren sind im Umfeld psychoanalytischer Institute – sei es auf Initiative von interdisziplinär eingebetteten GAIMH-Mitgliedern, sei es als Weiterentwicklung aus der Baby-Beobachtung-Tradition – einige psychotherapeutische »Baby-Ambulanzen« entstanden. So wurden unter anderen in Frankfurt (Éva Hédervári-Heller, Martin Dornes, später Angela Köhler-Weisker[7]), in Stuttgart (Barbara Hirschmüller, Maria Knott[8]), in Freiburg (Christiane Wiesler, Barbara von Kollreuth), in Kassel (Gisela Wiegand), in Zürich (Claudine Bolay, Egon Garstick) Baby-Ambulanzen gegründet. Auch Hochschulen und Universitätskliniken erweitern ihre Dienstleistung mit einem gezielten Angebot für Eltern mit Babys: in Berlin-Potsdam (Christiane Ludwig-Körner), in Heidelberg (in der Abteilung von Manfred Cierpka), in

---

[7] s. auch Köhler-Weisker & Wegeler-Schardt, 2004
[8] s. auch Hirschmüller, 2000; Knott, 2003

St.Gallen (im Dienst von Ruedi Zollinger). Die Zusammenarbeit zwischen den Psychotherapeuten, die schon über längere Zeit Erfahrungen mit Eltern-Säugling-Therapien gesammelt haben und psychoanalytisch orientierten Institutionen hat sich in Zusammenhang mit ersten Weiterbildungsprojekten im Bereich der psychoanalytischen Psychotherapie für die frühe Kindheit verstärkt. Erste Curricula sind breit diskutiert worden und einige werden bereits durchgeführt: bei der Münchener Arbeitsgemeinschaft für Psychoanalyse in München (Leitung Peter Bründl), bei der Fachhochschule Potsdam (Leitung Christiane Ludwig-Körner). Ein Psychotherapiecurriculum wird neu als Ergänzung zum schon länger bestehenden Curriculum für Beratung im Kinderzentrum München (Leitung Mechthild Papoušek) angeboten. Nach psychodynamischen Grundsätzen geführten Gruppen wie sie in dieser Forschungsstudie entwickelt wurden, werden von Fachpsychologinnen in der kantonalen Kleinkindberatung Zürich unter der Leitung von Maria Mögel[9] angeboten.[10] Zusammenfassend lässt sich sagen, dass die aus verschiedenen Disziplinen stammenden Kenntnisse zur Entwicklung und Pathogenese bei Babys und Eltern in der frühen Kindheit im Rahmen eines psychoanalytisch orientierten Modells soweit integriert sind, dass sie therapeutisches Handeln begründen können. Es werden zunehmend Projekte zur Behandlung früher Krisen umgesetzt und das Wissen, das zu deren Behandlung befähigt, wird ausformuliert und weitervermittelt.

1.2. Die postpartale Depression in der fachlichen und in der öffentlichen Wahrnehmung

1.2.1. Psychopathologische und epidemiologische Arbeiten zu den psychischen Störungen im Postpartum

Die psychopathologischen Störungen in der postpartalen Zeit sind eines der umstrittensten Kapitel der psychiatrischen Literatur. Obwohl sie seit langer

---

[9]   Mitarbeiterin des vorliegenden Forschungsprojektes
[10] Hier wird nicht näher auf die Entwicklung im stationären Bereich eingegangen, da diese von multimodalen Behandlungskonzepten ausgehen, deren Besprechung den Rahmen dieser Arbeit sprengen würde. Während zuerst Mutter-Kind-Stationen in Institutionen der Erwachsenenpsychiatrie oder im Allgemeinspital aufgebaut wurden, in denen die Betreuer bezüglich der Bedürfnisse der Babys sensibilisiert werden mussten, kamen bald solche als Abteilungen pädiatrischer Einrichtungen dazu, die direkt aus dem Gedanke, die Eltern-Kind-Interaktion in die Behandlung einzubeziehen entstanden sind.

Zeit bekannt sind, herrscht über ihre Bedeutung als eigenständiges Krankheitsbild bis heute keine Einigkeit. Ein erster bemerkenswerter Beitrag zur Erforschung der postpartalen Syndrome stammt vom französischen Arzt Louis Victor Marcé, der in seinem 1858 erschienenen Buch bereits das Ineinandergreifen psychischer Symptome und körperlicher Veränderungen, die nach der Geburt auftreten können, beschrieb (Marcé, 1858). Während die Kindbettpsychose von jeher in der Geburtsmedizin etabliert ist, ist die postpartale Depression erst Mitte des letzten Jahrhunderts als verbreitete Störung erkannt worden. Sie wurde aber zunächst noch nicht weiter erforscht. Dafür ist nicht zuletzt der Umstand verantwortlich, dass die von ihr aufgeworfenen Fragen zu zwei Fachgebieten – der Psychiatrie und der Geburtshilfe – gehören. Es war lange Zeit einzelnen Ärzten und Ärztinnen wie James A. Hamilton in San Francisco (Hamilton, 1962) und Katharina Dalton in London (Dalton, 1980) überlassen, aufgrund ihrer klinischen Erfahrungen gegen die Vernachlässigung des Themas und die herrschende Unwissenheit zu kämpfen. 1980 fand dann in Manchester ein interdisziplinärer Kongress statt, auf dem sich Fachleute aus der Psychiatrie, der Gynäkologie, der Endokrinologie sowie Mitarbeiter aus pflegerischen und sozialarbeiterischen Berufen über die Erkenntnisse und Entwicklungen in den jeweiligen Bereichen austauschten. Im Anschluss daran gründete eine Gruppe von Psychiatern eine Fachgesellschaft, die nach dem französischen Pionier Marcé-Gesellschaft benannt wurde.

Durch die zahlreichen Studien, die im Sinne der Marcé-Gesellschaft in den letzten 20 Jahren durchgeführt wurden, wurden die postpartalen psychischen Störungen definitorisch festgelegt und konnten so auch epidemiologisch erfasst werden. Sie werden in drei Kategorien unterteilt, die sich nach dem Schweregrad der psychischen Störung und der Häufigkeit ihres Auftretens unterscheiden (Kumar & Brockington, 1988; Hamilton & Harberger, 1992):

1. die leichte depressive Reaktion, »Baby-Blues« (bei etwa 50 % der Gebärenden). Diese tritt in den ersten zwei Wochen nach der Entbindung auf und dauert einige Tage bis wenige Wochen. Häufige Symptome sind Weinen, Angst, Verwirrung und somatische Beschwerden.
2. die postpartale Depression (bei 10 bis 15 % der Gebärenden). Sie kann drei Wochen bis einige Monaten nach der Geburt des Kindes auftreten. Es gibt leichtere bis sehr schwere Formen. Erstere sind durch Stimmungsschwankungen, Reizbarkeit, exzessive Müdigkeit, Weinen und somatische Beschwerden charakterisiert. Bei den schwereren Zuständen kommen Selbstzweifel, Schuldgefühle, Selbstverletzungen, suizidale Gedanken oder Suizidhandlungen dazu, die unter Umständen eine Hospitalisation erforderlich machen.

3. die postpartale Psychose (bei 1 bis 2 ‰ der Gebärenden). Sie beginnt kurze Zeit nach der Entbindung und ist eine schwere psychische Störung, für die meist stationäre Behandlung notwendig ist. Sie kann sich unter anderem durch manische oder schwer depressive Zustände, Halluzinationen, Wahnideen, bizarres oder aggressives Verhalten manifestieren.

Diese Klassifikation, die einerseits von großem Nutzen ist, hat anderseits aber den Nachteil, dass sie die Sichtweise festigt, wonach die postpartale Psychopathologie eine abgrenzbare Symptomatik mit einer einfachen Untergliederung ist. Als Folge davon sind weitere Störungen, die in der postpartalen Zeit auftreten, hier aber nicht eingeordnet werden können, lange Zeit vernachlässigt worden. Heute werden sie zwar aufmerksamer registriert, aber ohne dass nach ätiologischen Zusammenhängen gefragt wird. Sie werden auf der Grundlage der heute vorherrschenden internationalen Klassifikationsmanuale als Panikstörungen, andere Angststörungen, Zwangsstörungen und sexuelle Funktionsstörungen erfasst (Brockington, 1996). In jüngster Zeit wird ein besonderes Störungsbild in Zusammenhang mit dem Geburtsvorgang, die posttraumatische Belastungsstörung, als abgegrenztes bedeutsames Syndrom hervorgehoben (Ballard, Stanley & Brockington, 1995).

Eine eigenständige Kategorie der postpartalen Depression, wie sie in der oben wiedergegebenen Klassifikation definiert ist, kommt in den internationalen Klassifikationsmanualen nicht vor. Im Manual der WHO, dem ICD-10, gibt es lediglich eine Kategorie »psychische oder andere Verhaltensstörungen im Wochenbett«, die eine Restkategorie für anderorts nicht einzuordnende Störungen darstellt (Dilling, Mombour & Schmidt, 1991). Das ist der Stand der Diskussion gegen Ende der Achtzigerjahre. Nach der einflussreichen Arbeit von Brice Pitt 1968 (Pitt, 1968) hielt man zwar die Depression im Postpartum für eine (spezifische) atypische Form von Depression, die besonders durch neurotische Symptome wie Angst und Reizbarkeit ausgezeichnet wäre. Aber sorgfältige Nachuntersuchungen, in denen eine Reihe einzelner Symptome analysiert wurden, konnten keine Unterschiede zwischen depressiven Frauen nach der Geburt und in der allgemeinen Population feststellen (Cooper et al., 1988). Die meisten Experten sprechen deshalb heute der postpartalen Depression eine spezifische Symptomatik ab.

Eine ähnliche Diskussion wird in Bezug auf die epidemiologischen Untersuchungsergebnisse geführt. Bei der puerperalen Psychose wird eine dramatisch erhöhte Inzidenz[11] in den ersten drei Monaten nach der Geburt ver-

---

[11] Die Inzidenz gibt an, wie viele Neuerkrankungen in der angegebenen Zeit auftreten. Die Prävalenz gibt an, wie viele Fälle in einem bestimmten Zeitraum vorkommen. Die Unterscheidung ist beim Studium der postpartalen Störungen wichtig, um die Rolle der Geburt als ätiologischen Faktor untersuchen zu können.

zeichnet, und sie bleibt höher als die vorgeburtliche Rate für einen Zeitraum von mindestens zwei Jahren (Kendell, Chalmers & Platz, 1987). Eine hohe Inzidenz haben auch die vorübergehenden dysphorischen Episoden von »Baby-Blues« (G. Stein, 1982). Bei der postpartalen Depression hingegen unterscheidet sich die Prävalenz nicht wesentlich von der Depressionsrate für schwangere Frauen und Frauen in anderen Lebensphasen. Zugleich stellen gezieltere Studien eine leicht erhöhte Inzidenz während der ersten Wochen nach der Geburt fest (Kumar & Robson, 1984; Cooper et al., 1988; Cox, Murray & Chapman, 1993). Diese Diskrepanz wird dadurch erklärt, dass unmittelbar nach der Geburt häufiger kurz dauernde depressive Episoden auftreten würden, die in Prävalenzstudien nicht erfasst werden.

Zur Frage der Dauer der postpartalen Depression ist festgestellt worden, dass sich bei etwa zwei Dritteln der betroffenen Frauen die depressive Symptomatik innerhalb von drei Monaten zurückbildet (O'Hara, Neunaber & Zekoski, 1984; Cooper et al., 1988; Cox, Murray & Chapman, 1993). Bei Müttern, die schon vor der Geburt an Depression litten, dauert die postpartale Episode länger als drei Monate (Cooper & Murray, 1995). Etwa 15 % aller betroffenen Mütter leiden länger als sechs Monate und weitere 5 % länger als elf Monate an der Depression (Cooper et al., 1988).

Insgesamt zeigen die Studien, dass bei Frauen im reproduktiven Alter eine hohe Prävalenz depressiver Störungen von 10 bis 15 % (nach Angaben von einigen Autoren sogar 20 %) und in den ersten Wochen nach der Geburt eine erhöhte Anfälligkeit für kurz dauernde depressive Episoden besteht. Abgesehen von der puerperalen Psychose gibt es nach den Untersuchungen, die den allgemein gültigen Depressionsbegriff zu Grunde legen, keine Anhaltspunkte dafür, dass das Puerperium mit einer besonderen Anfälligkeit für Depressionen verbunden ist. Die oben aufgeführten Untersuchungsergebnisse legen es nahe, auf einen eigenständigen Begriff der »postpartalen Depression« zu verzichten. Das ist aber weder notwendig noch sinnvoll, vielmehr sollte der Begriff – gegenüber dem im Fachbereich Psychiatrie gebrauchten – mit einem neuen erweiterten Verständnis gefüllt werden. Denn aus der Sicht der psychotherapeutischen Erfahrung handelt es sich bei der postpartalen Depression sehr wohl um eine spezifische Störung, die von den sonstigen Depressionen zu unterscheiden ist. Ihre Besonderheit zeigt sich allerdings erst, wenn man den Blick auf die psychodynamischen Konflikte und ihre Einbettung in spezifische soziale Problemlagen richtet.

Bei der Suche nach Anhaltspunkten für die Häufigkeit des Auftretens von postpartaler Depression sind Merkmale wie das Alter der Mutter, die Geburtenfolge, der Zivilstand und die sozioökonomischen Bedingungen untersucht worden (Übersicht in O'Hara & Zekoski, 1988). Die Ergebnisse dieser Untersuchungen sind widersprüchlich und enthalten keine brauchbaren Hinweise auf ätiologische Faktoren. Darüber hinaus haben sich auch keine eindeutigen Zusammenhänge zwischen spezifischen Umständen der Geburt wie Schwangerschaftskomplikationen, geburtshilflichen Eingriffen, hormoneller Situation und dem Auftreten mütterlicher Depression nachweisen lassen. Die letzten Befunde entsprechen nicht den Erwartungen; eine Erklärung könnte darin liegen, dass die bisher durchgeführten Untersuchungen ausschließlich Querschnittsstudien sind und diese nicht ausreichen, um Zusammenhänge aufdecken zu können. Für andere Bereiche dagegen gibt es bedeutsame Befunde. So sind psychiatrische Störungen, oft depressiver Art, in der Vorgeschichte der Mütter sowie psychiatrische Störungen in der Verwandtschaft mit dem Auftreten von Depression nach der Geburt verbunden. Belastende Ereignisse während der Schwangerschaft und frühen Mutterschaft, fehlende soziale Unterstützung und Beziehungsprobleme der Mutter mit den relevanten Bezugspersonen – dazu gehört auch das neugeborene Kind – sind unzweifelhaft Risikomomente für die postpartale Depression. Es ist keine Frage, dass moderne Behandlungskonzepte diese psychosozialen Aspekte einbeziehen müssen.

Neben den Untersuchungen, die nach der mütterlichen Gesundheit beziehungsweise der postpartalen Pathologie fragen, sind die Folgen der mütterlichen Depression für das Baby und für die Familie von Interesse. Zu diesem Thema haben die Kenntnisse in den letzten 20 Jahren zugenommen. In Artikeln, die epidemiologische Studien zusammenfassen, wird festgestellt, dass Kinder depressiver Eltern allgemein ein erhöhtes Risiko haben, selbst an einer depressiven Störung zu leiden. Auch andere psychiatrische Störungen scheinen bei Kindern depressiver Eltern vermehrt aufzutreten (Übersicht in Gelfand & Teti, 1990) und (Manzano, 1998). Bei den Symptomen, die Kinder unter dieser Belastung ausbilden, handelt es sich um Störungen, die für die jeweilige Altersstufe typisch sind. So stellte man bei kleinen Kindern unsichere Bindung an die Eltern, Sprachentwicklungsverzögerung, Schwierigkeiten in der Regulierung des emotionalen Ausdrucks und Aggressionen fest. Bei Schulkindern fand man einen erhöhten Anteil an sozialen und Lernschwierigkeiten, bei Adoleszenten überproportional häufig affektive Störungen. Viele dieser Untersuchungen enthalten keine genauen Angaben über den Zeitpunkt, zu dem die Depression der Mutter aufgetreten ist, über die Dauer und andere möglicherweise bedeutsame Umständen, sodass es schwierig ist, die Auswirkungen der postpartalen Depression auf das kleine Kind genauer zu bestimmen. Deshalb wurde in weiteren Studien versucht, durch retrospektive Befragung der Mütter und gleichzeitige Untersuchung ihrer noch kleinen Kinder oder durch früh begonnene und über einen längeren Zeitraum wiederholte Nachuntersuchungen betroffener Kinder dieser Frage nachzugehen. Sie ergaben unerwartet, dass das Miterleben der mütterlichen Depression im ersten Lebensjahr nicht signifikant mit Verhaltensstörungen im Vorschulalter korreliert (Caplan et al., 1989). Hingegen gibt es Hinweise, dass die kognitive Entwicklung und die Mutter-Kind-Beziehung beeinträchtigt werden (Cogill et al., 1986; A. Stein et al., 1991; Hay et al., 2001). Die postpartale Depression scheint also nicht alle Aspekte der Kindesentwicklung gleich zu beeinträchtigen. Die zuletzt erwähnten Befunde wurden in sorgfältig angelegten prospektiven Studien bestätigt. Bei Kindern im Alter von 18 Monaten sind insbesondere das Erreichen der Objektpermanenz (nach Piaget) und die Bindungsqualität betroffen, womit möglicherweise Voraussetzungen geschaffen sind, die die spätere Entwicklung psychischer Schwierigkeiten begünstigen können (Murray, 1992; Manzano, Righetti & Conne-Perreard, 1995). Auch wenn die Untersuchungsergebnisse die Bedeutung der kurz dauernden depressiven Episode der Mutter für die längerfristige Entwicklung des Kindes relativieren, berechtigt das nicht dazu, diese Form der vorübergehenden Depression zu vernachlässigen und den Wert einer therapeutischen Intervention für die Prävention von negativen Einflüssen auf die Entwicklung des Kindes gering einzuschätzen.

Mit Hilfe von experimentellen Studien wurde versucht, weiter in den subtilen Bereich der Interaktionsprozesse zwischen Mutter und Kind vorzudringen, um die pathogenetischen Mechanismen der Interaktionsstörung in Zusammenhang mit der mütterlichen Depression zu erforschen. Dazu wies man in der als »face to face«-Interaktion bekannten Forschungssituation die Mütter an, sich in Mimik und Haltung depressiv zu geben (»still face condition«), um die Reaktionen der Babys zu erfassen (Cohn & Tronick, 1983). Die so getesteten gesunden Babys veränderten ihr Verhalten in dieser Interaktionssituation stark: Sie zeigten sich misstrauisch, wandten den Blick ab, protestierten und versuchten, die Aufmerksamkeit der Mutter zu erregen. Demgegenüber gab es bei Kindern depressiver Mütter weniger Anzeichen dafür, dass die »still face«-Situation sie in Alarmbereitschaft versetzt. In vergleichenden Untersuchungen an klinischen Fällen (Field, 1984; Cohn et al., 1990) zeigte sich, dass Babys, die mit ihrer depressiven Mutter leben, in ihren spontanen Interaktionen weniger lebhaft sind, weniger vokalisieren, weniger positive und mehr negative Gesichtsausdrücke aufweisen als Babys nicht depressiver Mütter. Diese Befunde besagen, dass Babys in den ersten drei Monaten sehr sensibel die Stimmungen ihrer Mutter wahrnehmen und diskriminieren können. Sie neigen dazu, das Verhalten der Mutter zu spiegeln und einen passiven-depressiven Interaktionsstil zu entwickeln.

Untersuchungen zur Qualität des mütterlichen Verhaltens im Dialog mit dem Baby haben Folgendes ergeben: Depressive Mütter reagieren langsamer auf Vokalisationen des Kindes, die Modulation ihrer eigenen Sprache ist weniger ausgebildet und der kindlichen Ausdrucksweise weniger angepasst, als es bei nicht depressiven Müttern der Fall ist (Bettes, 1988). Einige Autoren stellen fest, dass bei depressiven Müttern neben der verminderten Reaktivität auf das Kind auch vermehrt negatives und feindseliges Verhalten vorkommt (Cohn et al., 1990). Bei älter werdenden Säuglingen ändern sich die Voraussetzungen insofern, als die Kinder weniger ausschließlich auf die Mutter bezogen sind. Sie entwickeln zusätzlich ein Interesse an der Erkundung der Umwelt, sie wenden sich neuen Erfahrungen zu, sie greifen und manipulieren und sind weniger engagiert im direkten Blickkontakt mit der Mutter. Und sie erkunden weitere Kommunikationsmöglichkeiten. Die Frage, wieweit die beeinträchtigte Zuwendung, die Kinder depressiver Mütter erfahren, sich auf die Eroberung der Umwelt bei dem sich entwickelnden Kleinkind auswirkt, ist schwer zu beantworten. Bisher gibt es nur die Vermutung, dass die Breite und der Reichtum der Erfahrungen dieser etwas älteren Säuglinge – sowohl mit der physischen Umwelt wie mit den Beziehungen – durch die Beziehung mit der depressiven Mutter eingeschränkt sind (Murray, 1988).

Die langfristigen Auswirkungen einer schon früh beeinträchtigten Mutter-Kind-Beziehung wurden ebenfalls untersucht. Ein alarmierendes Ergebnis ist, dass auch in den Fällen, in denen die Mutter sich bereits von der Depression erholt hat, noch längere Zeit danach Beeinträchtigungen der Mutter-Kind-Interaktion nachweisbar sind (A. Stein et al., 1991). Bei chronisch verlaufender postpartaler Depression der Mutter hat die Untersuchung bei den Kindern im Alter zwischen einem und vier Jahren ergeben, dass ihre Bindung an die Eltern konflikthaft ist und der emotionale Austausch gestört. Ihre Mütter zeigen sich im Umgang mit Konflikten in besonderem Maße unsicher (Übersicht in Hammen, 1991).

Eine umfangreiche Literatur befasst sich mit den Auswirkungen der Depression eines Familienmitgliedes auf die anderen, mit den Rückkoppelungsmechanismen in den Fällen, in denen sich dysfunktionale Beziehungen und erschwerte Konfliktlösungsmuster etabliert haben, und mit der Gefahr von Rückfällen. Im Zusammenhang mit der postpartalen Depression interessiert vor allem, wie der Vater zur Verfügung steht. Bisher gibt es nur wenige Daten über die Reaktionen des Vaters in der belastenden Zeit der Depression seiner Frau. Eine Studie, mit der das Auftreten von depressiven Symptomen bei beiden Ehepartnern sowie die Ehebeziehung während der Schwangerschaft und der ersten postpartalen Monate untersucht wurden, ergab, dass die Väter weniger depressiv sind als ihre Partnerinnen, dass ihr Depressionsniveau aber mit demjenigen der Frau korreliert und dass beide eine ähnliche Bewertung der ehelichen Beziehungsstörung haben (O'Hara, 1985). Wenn die Depression nicht überwunden wird, ist es mit zunehmender Dauer der Erkrankung der Frau kaum noch möglich, die Auswirkung der postpartalen Dekompensation zu isolieren, da die möglichen Ursachen und wirksamen Faktoren sich vervielfältigen.

Das uneinheitliche Bild über die Auswirkungen der mütterlichen Depression auf die Kinder, vor allem aber auch die unerwarteten Ergebnisse über positive Entwicklungen bei betroffenen Kindern haben die Aufmerksamkeit auf die Bedeutung von möglicherweise vorhandenen protektiven Faktoren gelenkt. Unter diesem Aspekt wurden in neueren Studien die Interaktionen des Babys mit dem nicht deprimierten Vater oder mit anderen Bezugspersonen untersucht. Die Kinder scheinen das mit der Mutter eingeübte »depressive« Verhalten mit dem Vater nicht zu wiederholen. Das bedeutet, dass ihre Beziehung zu dem nicht deprimierten Elternteil die negativen Auswirkungen der depressiven Interaktion mit der Mutter entschärfen könnte (Hossain et al., 1994). Ähnlich steht es mit der Beziehung zu den Krippenbetreuern/-innen (Pelaez-Nogueras et al., 1994). Verschiedene epidemiologische Untersuchungen zur postpartalen Depression besagen, dass die Qualität der Partnerbeziehung vor der Geburt und die Unterstützung durch den Ehepartner die wichtigsten Hilfen gegen das psychische Dekompensieren darstellen (A. Stein et al., 1989; Campbell et al., 1992).

Wegen den starken Hinweisen auf die Bedeutung psychologischer und sozialer Faktoren für die Entstehung der postpartalen Depression sowie auf ihren Verlauf und Langzeitauswirkungen hat sich das Interesse der Fachleute in den letzten Jahren auf die Entwicklung verschiedener psychotherapeutischer und psychosozialer Interventionen zur Prävention und Behandlung der postpartalen Störungen verlegt. Die Resultate vergleichender Analysen verschiedener Interventionsansätze sind noch selten und lassen keine eindeutige Schlüsse bezüglich der Überlegenheit einer Methode zu (Robert-Tissot et al., 1996; Cooper & Murray, 1997; Murray et al., 2003).

1.2.2. Theoretische Modelle der Depression und Behandlungsansätze

Zum Verständnis der Depression gibt es ein breites Spektrum von theoretischen Konzepten, die von neurobiologischen, psychologischen und sozialen Gesichtspunkten ausgehen. Alle beleuchten wichtige Aspekte, aber keines kann für sich beanspruchen, in umfassender Weise die Behandlung zu begründen. Es besteht unter Fachleuten vielmehr Konsens darüber, dass in der Behandlung jeweils unterschiedliche, dem Einzelfall angepasste Ansätze herangezogen werden sollen (Nissen, 1999; Hoffmann & Schauenburg, 2000) (Hell, Böker & Marty, 2001). Im Folgenden sollen diejenigen theoretischen Modelle vorgestellt werden, die als Grundlage für das Verständnis der postpartalen Depression, das anschließend dargelegt wird, dienen und den Bezugsrahmen für die therapeutische Strategie des Projektes bilden. Die ersten hypothetischen Entwürfe zur Depression sind die der Psychoanalyse.[12] *Karl Abraham* (Abraham, 1912 (1982) und *Sigmund Freud*, die die heute als Depression bezeichneten psychischen Leiden unter dem Begriff der Melancholie gefasst haben, haben ein Verständnis der Psychodynamik der Depression auf triebtheoretischer Grundlage entwickelt. Freuds Aufsatz »Trauer und Melancholie« (Freud, 1917) gilt als Meilenstein in dem Bemühen um Aufklärung der Depression. In dieser Arbeit versucht Freud, das Wesen der Depression vom Vergleich mit dem Verlauf der normalen Trauer her zu erhellen. Als auslösendes Moment sieht er den Verlust einer geliebten Bezugsperson oder auch – bewusst oder gar unbewusst – eines lebensbestimmenden Ideals an. Im Unterschied zum Trauernden stellt er beim schwer Depressiven einen nicht nur vorübergehenden Rückzug von der Welt fest und eine Verminderung des Selbstwertgefühls. Die depressive Person scheint »leer geworden«, empfindet sich als unwürdig und leistungsunfähig, macht sich Vorwürfe und erwartet Ausstoßung und Strafe. Als Erklärung dieser Erlebensweise postuliert Freud, dass die durch den Verlust hervorgerufenen, unerträglichen Hassgefühle eine Identifizierung mit dem verlorenen Objekt herbeigeführt haben, mit der Folge, dass die Person die Aggression nun gegen sich selbst wendet. Dieses Konzept dient heute noch zum Verständnis bestimmter klinischer Beobachtungen. In einer neuen Arbeit zur therapeutischen Begleitung von Trauerprozessen nach dem Tod einer nahe stehenden Person spricht Beutel zum Beispiel von undifferenzierten, globalen Identifikationen mit einem ambivalent besetzten Objekt, die disruptiv wirken, und stellt sie den selektiven Identifikationen mit den positiven Eigenschaften des Verstorbenen gegenüber, die zur Bewältigung des Verlustes dienen (Beutel, 2000).

In Übereinstimmung mit Freud sieht auch *Sandor Rado* (Rado, 1927) die Verminderung des Selbstwertgefühls als Kern der Depression an. Er hat zudem beobachtet, wie vor dem Einsetzen der depressiven Phase eine kurze Periode von Verbitterung und Auflehnung vorkommt. Das typische Verhalten des Depressiven im Umgang mit seinem Liebesobjekt besteht darin, dass er versucht, es zu kontrollieren, da er auf seine fürsorgliche Haltung angewiesen ist. Wenn er die ihm notwendige Liebe und Ermutigung vermisst, setzt eine Abfolge von Wut, Schuldgefühlen und Selbstbestrafung ein und darauf folgend wieder Hoffnung auf Sühne, Verzeihung und Rückgewinnung der Zuwendung. Rado vergleicht diese Situation mit dem Verhältnis des kleinen Kindes zu seinen Eltern, dessen Selbstwert von ihrer Anerkennung abhängig ist. Seine Annahme ist, dass die Depression und die ihr eigene Psychodynamik auf der Internalisierung enttäuschender Beziehungserfahrungen mit ver-

---

[12] Ausführliche Darstellungen der psychoanalytischen Theorien zur Depression finden sich in Eicke (Eicke, 1977) und Böker (Böker, 2000).

nachlässigenden, zurückweisenden, vorwiegend bestrafenden Eltern beruhen. In Übereinstimmung mit der zu seiner Zeit entwickelten Strukturtheorie wird der nun internalisierte Konflikt als intrapsychischer Konflikt zwischen Über-Ich und Ich-Ideal einerseits und Ich anderseits konzeptualisiert. In das Über-Ich sind die positiven Anteile des Objekts, ist die elterliche Zuwendung aufgenommen, während das Ich die bösen Anteile introjiziert hat. Demzufolge werden als Auslöser der Depression nicht nur Verlusterfahrungen angenommen, sondern auch Enttäuschungen, Desillusionierungen, Kränkungen und das Scheitern an Leistungsanforderungen. Verschiedene von Rado aufgegriffene Themen, insbesondere der Aspekt der Abhängigkeit und Machtlosigkeit, wurden von späteren Autoren weiterentwickelt.

Melanie Klein suchte die psychischen Voraussetzungen depressiver Entwicklungen in den frühen Objektbeziehungen. Sie nahm an, dass diese in der normalen Qualität der Mutter-Kind-Beziehung im ersten Lebensjahr, und nicht notwendigerweise in frühen Traumatisierungen, liegen. Aufgrund ihrer therapeutischen Erfahrung mit Kindern (allerdings nicht mit Säuglingen) beschrieb sie die von ihr so genannte depressive Position. Es ist eine komplexe und differenzierte Hypothese zur Psychodynamik in der Beziehung des Kindes zur Mutter, die sie in verschiedenen Schriften ausbaute und die zu einer einflussreichen Orientierung für das therapeutische Vorgehen wurde (Klein, 1935, 1940, 1952). Die Konzeptualisierung besteht aus anschaulichen Metaphern, die sich an die Entwöhnungssituation des Säuglings im vierten bis sechsten Lebensmonat anlehnen und auch Vorstellungen zu unbewussten Phantasien enthalten, von denen Klein annimmt, dass sie die emotionalen Bewegungen des Säuglings begleiten. Doch gerade diese rekonstruktive Verortung im ersten Lebensjahr wird heute von zahlreichen Forschungen zur Wahrnehmungs- und Symbolisierungsfähigkeiten des Säuglings in Frage gestellt. Baumgart, der Kleins Theorien kritisch würdigt, schlägt vor, diese Vorstellungen nicht als Stationen der normalen Entwicklung, sondern als spätere Symbolisierungen (nach dem zweiten Lebensjahr) von aktuellen und aber auch von schon früheren averbalen Erfahrungen – wahrscheinlich doch traumatischer Natur – anzusehen (Baumgart, 1991, 1994). Die Beschreibung der Psychodynamik der depressiven Position bleibt von dieser Einschränkung unberührt. Nach Melanie Klein mobilisiert die Verunsicherung in der Beziehung zu einem wichtigen Objekt beim Kind Ängste und eine Ambivalenz, die als erste Abwehrmaßnahme Spaltungsmechanismen in Gang setzen. Das Objekt wird nicht mehr als Ganzheit erfahren, sondern aufgespalten in Teilobjekte mit guten beziehungsweise bösen Eigenschaften. Die Angst vor dem verfolgenden Aspekt der Bezugsperson wird durch die manische Abwehr in Schach gehalten, die darin besteht, das böse Teilobjekt zu verleugnen und das gute zu idealisieren und zu kontrollieren. Diese Kontrolle kann in sadistisch gefärbte Demütigung des anderen und in Triumph umschlagen, was zu einem Risiko für die Fortsetzung der Trauerarbeit werden kann. Allmählich, und zwar in Momenten, in denen die manische Abwehr sich als erfolglos erweist, werden Wiederholungen verschiedener Reparationsversuche als zwanghafter Zug sichtbar. Nach der auf diesem Wege erfolgenden Abschwächung der ursprünglichen Affekte wird der Eintritt in die eigentliche depressive Position durch die Fähigkeit eingeleitet, das Objekt wieder als Ganzheit wahrzunehmen. Das Kind realisiert, dass die Person, die es aus Enttäuschung angegriffen hat, die gleiche ist, die ihm Liebe gibt, und es beginnt, sowohl Sehnsucht nach ihr – das heißt zugleich Trennungsangst – als auch Sorge und Schuldgefühle – das heißt zugleich Wunsch nach Wiedergutmachung – zu empfinden. Dadurch wird die Identifikation mit dem Objekt als Ganzem möglich, und das schließt die stabile Introjektion guter Anteile mit ein, die eine Bereicherung der inneren Vorstellungswelt und eine Vertiefung der Beziehungsfähigkeit mit der Möglichkeit der Versöhnung bedeuten. Die depressive Position wird im Laufe des kindlichen Lebens mehrmals aktiviert und durchschritten und trägt wesentlich zur Entwicklung der Persönlichkeit bei. Für Klein kehren diese Gefühle, Ängste und Wünsche in dem klinischen Bild der Depression bei Erwachsenen wieder. Sie nimmt an, dass die misslungene Verarbeitung der depressiven Position im Kindesalter zur depressiven Erkrankung prädisponiert. Die sehr viel stärker disruptiven psychodynamischen Vorgänge, die in der psychotisch gefärbten Depression vorkommen, führte Melanie Klein in analoger Weise auf Vorgänge in der frühen Beziehung des Kindes zur Mutter zurück, welche sie im Konzept und in der Beschreibung der paranoid-schizoiden Position zusammenfasste (Klein, 1946, 1957, 1960). Danach können – anders als bei der erwähnten dichotomen Spaltung, mit dem oben skizzierten Verlauf – auch desintegrierende Spaltungsprozesse stattfinden, die einen Zustand der Verwirrung verursachen. Die Verwirrung kann Gefühle betreffen oder sich im Verlust persönlicher Grenzen ausdrücken. Das Kind kann die Eltern nicht mehr unterscheiden, sich selbst nicht mehr von den Bezugspersonen unterscheiden und die Differenzierung in innere und äußere Welt nicht mehr aufrechterhalten. Das muss als psychischer Tod verstanden werden; die Fähigkeit zu dichotomer Spaltung und die Verfolgungsangst erscheinen aus dieser Sicht als erste Zeichen einer psychischen Strukturierung. Zum Zustand der Verwirrung tragen Mechanismen der Projektion und Introjektion bei. Melanie Klein führte den Begriff der projektiven Identifizierung ein, der später zu einem wichtigen Instrument für das Verständnis und die Handhabung von Übertragungs- und Gegenübertragungsphänomenen in der Therapie schwerstgestörter Persönlichkeiten weiterentwickelt wurde (Bion, 1967). Sie wies zudem auf die Bedeutung von Neid, der in diesen psychischen Situationen als heftiges und potentiell verwirrendes Gefühl auftritt, hin. Neid ist deshalb gefährlich, weil er (anders als Gier oder Eifersucht) das begehrte gute Teilobjekt zu zerstören versucht. Er kann geschwächt werden durch Erfahrungen von Bedürfnis- oder Wunscherfüllung, die Dankbarkeit erzeugen.

In heutigen Therapien kann auf die differenzierte und reiche Darstellung möglicher psychodynamischer Szenarien der depressiven Erlebensweise, die nicht nur intrapsychische Vorgänge betreffen, sondern auch die Interaktionen einbeziehen, zurückgegriffen werden. Dieser Aspekt ist von *Donald W. Winnicott* betont worden, der der mütterlichen Fürsorge in den ersten Lebensmonaten eine konstitutive Bedeutung für die kindliche Entwicklung zuschrieb (s. auch unter 1.1.1.). Für die Ausarbeitung einer Theorie der Depression ist sein Konzept des »wahren Selbst«, das Selbstkohärenz im Erleben des Subjekts begründet, von Bedeutung (Winnicott, 1965b). Der Prozess, den er beschreibt, ist weit gehend der der »depressiven Phase« Melanie Kleins, wobei der darüber hinausgehende Beitrag von Winncott gerade in der Konzeptualisierung des Interaktionsgeschehens und der aktiven Rolle der Mutter besteht. Winnicott unterscheidet zwei Aspekte der mütterliche Versorgung: die »Umwelt-Mutter«, die das Baby mit Sinnlichkeit und zeitlicher Kontinuität betreut, und die »Objekt-Mutter«, die das Ziel seiner triebhaften Regungen ist. Wenn eine hinreichend empathische Mutter zur Verfügung steht, sind die Voraussetzungen dafür gegeben, dass das Kind sich in seiner Kontinuität erleben kann und dass sich sein wahres Selbst entwickelt. In einer Phase der Ich-Integration realisiert das Kind, dass die fürsorgliche Mutter die gleiche ist, die es in seinen erregten Momenten seiner Meinung nach beschädigt. Das Kind ist dabei auf das aktive Entgegenkommen und eine hinreichend gute psychische Verfassung der Mutter angewiesen, um die Erfahrung einer »unversehrten« Mutter machen zu können. Winnicott bezeichnet diese Phase als Stadium der Besorgnis (»concern«), die die Fähigkeit zu Schuldgefühlen mit sich bringt. Er wendet sich gegen die von Melanie Klein gewählte Bezeichnung der depressiven Phase, um den Begriff Depression für klinisch-pathologische Zustände zu reservieren. Das gesunde Kind kann mit Hilfe der »Umwelt-Mutter« das Schuldgefühl aushalten und die Gelegenheit entdecken und nutzen, die die Mutter ihm anbietet, um zu geben und wieder gutzumachen. Die klinische Depression sieht Winnicott als Folge der Entwicklung eines falschen Selbst an, das mit Entfremdungsgefühlen sowie Hoffnungslosigkeit in Bezug auf Objektbeziehungen einhergeht.

Die Ich-Psychologie stellte das Gefühl der Hilflosigkeit und Machtlosigkeit und die Unfähigkeit des Ichs, seinen Zielen nachzukommen, als wirksame Momente ins Zentrum des Verständnisses der Depression. *Edith Jacobson* schildert die intrapsychische Dynamik, die durch das Gefühl der Hilflosigkeit ausgelöst wird (Jacobson, 1971). Sie bezieht sich dabei auf ihre Beschreibung der kindlichen Entwicklung als eines Prozesses zunehmender Differenzierung von Selbst- und Objektrepräsentanzen innerhalb der Beziehungen zu den Eltern. Wenn die Zuwendung der Eltern zureichend und die Frustrationen für das Kind erträglich sind, sind am Schluss diese Repräsentanzen deutlich getrennt und ausgewogen positiv besetzt. Eine zu frühe oder zu starke Enttäuschung am Objekt führt zur Entwertung der Objektrepräsentanz, zur Regression auf einer Stufe der ungenügend differenzierten Selbst-Objektrepräsentanzen und so auch zur Entwertung der Selbstrepräsentanz. Ein weiterer Faktor bei der Regulation des Selbstgefühls sind Über-Ich und Ich-Ideal. Ein zu strenges Über-Ich und überhöhte Ich-Anforderungen tragen zur Selbstentwertung bei. Doch genau diese Entwicklung wird auch durch die Enttäuschung ausgelöst; denn indem versucht wird, durch die Introjektion idealisierter Bilder die Kränkung in Schach zu halten, kommt es zu einem Gefühl des Versagens gegenüber den Idealen. Auch bei Jakobson bedeutet eine belastete Beziehungserfahrung mit den primären Bezugspersonen eine Vulnerabilität für die geschilderten Reaktionen. Sie nimmt in ihren Überlegungen Bezug auf die Arbeiten von *Margareth Mahler*, die die Phase der Wiederannäherung in dem von ihr beschriebenen Prozess der Separation und Individuation als besonders kritisch für eine künftige Depressionsgefährdung betrachtet. Das Kleinkind nimmt seine Beschränkungen besser wahr, muss auf eine gewisse Grandiosität verzichten, erkennt mit ambivalenten Gefühlen seine Abhängigkeit vom Betreuer und wendet sich zugleich zaghaft neuen Herausforderungen zu. Seine Erfahrungen in dieser Zeit sind für die Entwicklung des Selbstwertgefühls ausschlaggebend. Die Fokussierung sowohl auf den Beziehungsaspekt als auch auf die Internalisierung der Objektrepräsentanz und auf entstehende innere Konflikte hat sich als fruchtbar erwiesen und ist die Grundlage eines entwicklungspsychologisch fundierten, zirkulären Depressionsmodells.

Die psychoanalytische Theoriebildung konzentrierte sich einerseits auf die Bedeutung früher traumatisierender Beziehungserfahrungen für die Entstehung der Vulnerabilität für Depression, andererseits beschrieb sie verschiedene Auslösungsmomente und Verarbeitungswege des depressiven Erlebens. In der zweiten Hälfte des letzten Jahrhunderts wurden andere psychologische Modelle entwickelt, die sich eher den Mechanismen, die zur Aufrechterhaltung und Verstärkung der depressiven Stimmungslage mittels Rückkoppelungssystemen beitragen, zuwenden.[13]
In kognitiven Depressionsmodellen sind Verzerrungen des Denkens gegenüber der eigenen Person und der Umwelt das Wesentliche der depressiven

---

[13] Auch diese Modelle sind in Böker (Böker, 2000) zusammengestellt. Siehe auch Hoffmann und Schauenburg (Hoffmann & Schauenburg, 2000).

Störung, wobei die Beschreibung der Inhalte von Gedanken und Gefühlen mit psychoanalytischer Beobachtung übereinstimmt. Depressive Menschen haben dysfunktionale Meinungen über sich selbst und ihre Beziehung zur Welt. Sie machen sich grundlos Selbstvorwürfe, haben negative Erwartungen gegenüber ihrer Umgebung und sind extrem pessimistisch in Bezug auf die Zukunft. Ihre Ansichten werden in einer Art zirkulärer Beweisführung untermauert, indem selektive Abstraktionen, Übergeneralisierungen, emotional diktierte Begründungen vorgenommen werden. Für Aaron T. Beck, einen namhaften Vertreter dieser Richtung, sind die kognitiven Verzerrungen sogar der Ursprung der Störung (Beck et al., 1979); unbewusste Strukturen und Konflikte werden nicht in Betracht gezogen. Dementsprechend schlägt er ein verhaltenstherapeutisches Programm vor. Dabei soll der Depressive im Gespräch mit dem Therapeuten die dysfunktionalen Gedankengänge mit ihren entwertenden Schlussfolgerungen erkennen und neue Problemdefinitionen und Formen der Informationsverarbeitung erschließen.

In den interaktionstheoretischen Modellen steht – anders als in den bisher vorgestellten psychoanalytischen Theorien – nicht die Beziehung zur primären Bezugsperson, sondern die Beziehungen mit Personen des aktuellen sozialen Umfeldes (»significant others«, Coyne, 1976) im Zentrum.[14] Nach J. C. Coyne sorgt die depressive Person bei den Personen, mit denen sie Interaktionen unterhält, immer wieder dafür, dass sie sowohl deren Unterstützung verliert als auch Reaktionen hervorruft, die sie in ihrer depressiven Sicht bestätigen. Sie setzt damit eine Spirale in Gang, deren negative und selbstbeschränkende Komponenten L. B. Feldman für den Kreislauf depressiver Interaktionen in der Ehebeziehung beschreibt (Feldman, 1976). Einige Autoren zeigen, dass depressives Verhalten innerhalb eines Paares als Folge unerfüllter affektiver Bedürfnisse auftreten kann (Hinchliffe, Hooper & Roberts, 1978). In der neueren »life event«-Forschung und der nachfolgenden »social support«-Forschung wird hingegen untersucht, wie soziale Beziehungen – dazu gehören vor allem diejenigen mit den unmittelbaren Angehörigen – eine Stützfunktion bei der Genese und Bewältigung der Depression erfüllen können.

Im Hinblick auf die Problematik depressiver Mütter mit Babys weist die ethologisch-soziale Theorie der Depression auf den wichtigen Aspekt der sozialen Ohnmacht hin. In diesem Ansatz wird die Ursache von Depression – und darin steht er der ich-psychologischen Auffassung von Jacobson nahe – vorwiegend in der sozialen Machtlosigkeit gesehen (Gilbert, 1992). Die soziale Stellung und das Verhalten der Person in ihrem Umfeld bedingen die eigene soziale Einordnung, die die Erfüllung von zwei Grundbedürfnissen ermöglichen soll: das Bedürfnis nach Zugehörigkeit und dasjenige nach so-

---

[14] Zusammenfassende Darstellung in Sander (Sander, 1993).

zialer Wirksamkeit. Das Selbstwertgefühl hängt eng damit zusammen, ob die Person sich frei fühlen kann, sich im sozialen Umfeld zu betätigen, und mit ihrem Handeln akzeptiert ist. Die Gefahr von Depression droht, wenn das Zusammenspiel von Persönlichkeit und sozialer Gruppe die Person in eine Position bringt, die als erzwungene Unterordnung empfunden wird und in der die Person sich selbst als sozial ohnmächtig erlebt. In der Therapie wird der Thematisierung der sozialen Situation und den Aspekten von Wirksamkeit und Zugehörigkeit besondere Aufmerksamkeit geschenkt.

Auf die extensive neurobiologische und pharmakologische Forschung kann in Zusammenhang mit dieser Arbeit nicht eingegangen werden. Die antidepressive Medikation hat jedoch einen wichtigen Stellenwert in der integrativen Behandlung dieser Störung eingenommen. Bei Schwangeren und Müttern, die ihren Säugling stillen besteht angesichts der möglichen direkten Beeinflussung des Kindes eine gewisse Hemmung, Psychopharmaka zu verabreichen. Spezifisch für die postpartale Zeit ist zudem die Diskussion über die Anwendung von Hormonen für die Depressionsbehandlung, die jedoch noch beschränkt im Rahmen gezielter Studien eingesetzt werden. Bei keiner der Gruppenteilnehmerinnen des Projekts erwies sich eine Medikation als nötig.

Bevor ein für das gruppenanalytische Projekt relevantes Modell der postpartalen Depression skizziert werden kann, müssen die psychodynamischen Prozesse der Elternschaft erörtert werden, da diese, wenn sie nicht bewältigt werden, spezifische Gefährdungen der psychopathologischen Entgleisung in sich bergen.

1.2.3. *Prozesse der Elternschaftsentwicklung und psychoanalytische Hypothesen zur postpartalen Depression*

Die emotionalen und phantasmatischen Prozesse während der Schwangerschaft und frühen Elternschaft sind ein Interessengebiet der Psychoanalyse. Dazu sind auch in der frühen psychoanalytischen Literatur neben klinischen Arbeiten prospektive Studien zu finden, die die Charakterisierung der komplexen psychodynamischen Entwicklungen in normalen Familien zum Gegenstand haben. Bemerkenswert ist, dass schon lange vor der Aufwertung der Interaktion, die sich in den Eltern-Baby-Therapien später als ebenso wichtig wie das subjektive Erleben erwies, die Bedeutung der realen Bezugspersonen nicht nur für das Baby, sondern auch reziprok – prä- und postnatal – für die werdenden Eltern erkannt und reflektiert wurde.

Unter den ersten Autoren, die sich mit der Elternschaftsentwicklung befassten, sind *Grete Bibring* und ihre Mitarbeiter (Bibring et al., 1961). Zu ihrer Untersuchung wurden sie durch zufällige Beobachtungen im Umgang mit Schwangeren angeregt, die auf eine besondere psychische Funktionsweise hinwiesen. Bei einer schwangeren Stationsschwester zum Beispiel stellten sie als Folge einer kleinen wohlwollenden Bemerkung eine völlige Verhaltensänderung fest. Ich zitiere einen Satz aus ihrer Arbeit, der die Verwunderung zum Ausdruck bringt: »What puzzled us was the effect of this innocuous intervention – if one can give it this title at all« (Was uns perplex und neugierig machte, war die Auswirkung dieser harmlosen Intervention, wenn man sie überhaupt so nennen darf). Diese prospektive, auf psychoanalytische Fragestellungen angelegte Studie umfasst 51 klinisch nicht auffällige Frauen vom ersten Schwangerschaftstrimenon bis zum ersten Jahr nach der Geburt. In deren Auswertung erweist sich, dass die beginnende Mutterschaft die spezifische Aufgabe beinhaltet, eine Verschiebung der emotionalen Besetzung in der Beziehung zum Selbst und zu den Objekten – dem werdenden Kind und dem Partner – leisten zu müssen. Gemäss diesen Bewegungen wird die Zeit vor der Geburt in verschiedene Phasen eingeteilt. Zuerst lässt sich die Frau auf eine enge Objektbeziehung mit dem Partner ein. Nach der Empfängnis akzeptiert sie allmählich, dass der Fötus als Repräsentant des Liebesobjektes zu einem Teil ihrer selbst wird, was mit einer Erhöhung der Selbstbesetzung einhergeht. Mit dem Fortschreiten der Schwangerschaft beginnt die Wahrnehmung des Babys als eigenständiges Wesen, und um die Geburt ist die Mutter bereit, mit ihm eine neue Objektbeziehung einzugehen. Die durch die neue Situation erforderten Veränderungen können in allen aktuellen Beziehungen alte Konflikte wiederbeleben, mit der Chance, zu einer besseren Lösung zu finden, wie auch mit dem Risiko der psychischen Dekompensierung.

In einer weiteren prospektiven Studie verfolgte *Judith Ballou* (Ballou, 1978) die Entwicklung der werdenden Mutter mit besonderem Augenmerk auf ihre Beziehungen zur eigenen Mutter, zum eigenen Vater und zum Partner. Der beeindruckendste Befund war für sie das Thema des Strebens nach Versöhnung mit der eigenen Mutter. Mit fortschreitender Schwangerschaft sieht die Frau ihre Mutter zunehmend als gut und gebend; gleichzeitig erinnert sie ihre eigene Kindheit zunehmend als befriedigend. Diese Entwicklung ist häufig gekoppelt mit Abhängigkeitsmotiven. Die Frau scheint fähiger, während der Schwangerschaft Abhängigkeitsgefühle zu tolerieren, wobei dies leichter möglich ist, wenn auch der Partner zum Teil mütterliche Funktionen übernehmen kann. Dann ist diese emotionale Neigung auf mehrere Personen verteilt und die damit verbundene Ambivalenz kommt gar nicht zum Vorschein, wogegen sie bei belasteten Schwangerschaften in der Regel zum großen Problem wird. Es besteht zudem eine Parallele zwischen der Fähigkeit, die Abhängigkeit von der eigenen Mutter (oder der Umgebung) zu akzeptieren, und der, die Abhängigkeit des eigenen Babys entgegenzunehmen. Die Versöhnung mit der Mutter bedeutet auch die positive Identifikation mit ihr, was zum Selbstvertrauen als Mutter beiträgt. Gelingt diese Versöhnung nicht, dann bleibt – so zeigen Fallbeispiele – die mütterliche Kompetenz geschwächt. Das Interessante an dieser Untersuchung ist der Hinweis, dass es eine anscheinend immanente Tendenz der werdenden Mutter gibt, eine positive mütterliche Identifikationsfigur zu bilden, was ein wichtiger Aspekt therapeutischer Strategien ist.

Für die Eltern-Kind-Therapien im ersten Lebensjahr, in denen der Therapeut manchmal selbst in das Kreuzfeuer massivster projektiver Vorgänge gerät, gab die Untersuchung des italienischen Psychoanalytikers *Franco Fornari* (Fornari, 1981) Anregungen. Er arbeitete mit Frauen auf der Entbindungsstation und erschloss aus der Analyse von Träumen der Schwangeren und aus den Äußerungen dieser Frauen während der Geburt ihre unbewussten Phantasien. Während der Eröffnungsphase stellten Fornari und seine Mitarbeiter Verfolgungsängste mit dem Inhalt »Das Kind tötet mich« fest. Während der Austreibungsphase sind depressive Ängste der Art »Ich schädige das Kind« häufiger. In den Träumen entwickelt sich die Beziehung zur eigenen Mutter vorübergehend derart, dass ihr eine untergeordnete Position zugewiesen wird, der Partner wird sogar gelegentlich ausgeschaltet. Fornari versteht diese unbewusste Tendenz zur Allmacht als Strategie gegen die tiefen Ängste um die Geburt. Die erwähnten Verfolgungs- und Todesängste, die während der Geburt auftauchten, manifestieren sich nach der Geburt nicht in der Beziehung zum Kind, sondern werden auf den Partner übertragen. Diese Verarbeitung des Entbindungsgeschehens nennt der Autor »primäre Paranoia«. In den postnatalen Träumen ist hinter der Entwertung des Partners der Konflikt zwischen Sexualität und Mutterschaft zu erkennen, der sich erst allmählich auflöst. Diese Gefühle und Phantasien kommen in normalen Entwicklungen kaum zum Ausdruck. Sie könnten in postpartalen Krisen mit starken paranoiden Tendenzen oder in Situationen, in denen der Vater von einer engen dyadischen Beziehung ausgeschlossen wird, eine Rolle spielen. Wo sie in psychotherapeutischen Behandlungen auftauchen, wird die Verschiebung der Aggression als Schutzfunktion anerkannt.

Pränatale unbewusste Phantasien in Bezug auf das kommende Baby wurden ausführlich von französischen Psychoanalytikern ausgearbeitet. *Michel Soulé* (Soulé, 1982) fasste diese unter dem Begriff des »imaginären Kindes« zusammen, dessen erste Komponente er im ödipalen Kinderwunsch des kleinen Mädchens und Buben sieht. Dieses erste Bild ist inzestuös und verbunden mit der Idee von Macht, mit der Vorstellung, das Gleiche tun zu können wie die allmächtigen Eltern, Mutter und Vater, und nicht primär mit der Idee, ein wirkliches Kind zu haben. Das Bild wandelt sich in den folgenden Etappen des Lebens bei Frau und Mann auf verschiedene Weise. In der Adoleszenz, mit dem Erreichen der Fortpflanzungsfähigkeit und mit den sexuellen Beziehungen, stellt sich die Notwendigkeit ein, zur Möglichkeit eines realen Kindes Stellung zu beziehen. Das imaginierte Kind nimmt allmählich realistischere Züge an. Dieser Prozess setzt sich fort, wenn die Frau schwanger wird. Die Wahrnehmung des wachsenden Fötus, die manchmal sehr verzögert sein kann, leitet die sukzessive Anerkennung des realen Kindes ein und bedeutet das voraussehbare Ende des imaginären Kindes. Dennoch ist nach der Geburt die Konfrontation mit dem realen Kind ein entscheidender Moment, bei dem noch wirksame frühere Vorstellungen mit aktuellen Wahrnehmungen zusammentreffen. Die libidinöse Besetzung des Neugeborenen und die Entfaltung der Interaktionen mit ihm werden von der Verarbeitung dieser Vorstellungen beeinflusst. Soulé macht vor allem auf die möglichen unbewussten Enttäuschungen aufmerksam, die dann entstehen, wenn die Differenzen zwischen dem imaginären, erwarteten und dem realen Kind nicht überwunden werden können. In anderen Fällen kann die Angst vor dem fremden, unheimlichen Neugeborenen der Mutter zu schaffen machen.

Ergänzend zu den Ergebnissen von Fornari führte der psychoanalytisch orientierte Gynäkologe *Werner Stadlmayr* (Stadlmayr, 2001) eine Studie zum Geburtserleben und der Verarbeitung dieses Erlebens durch. Er führte dazu mit Frauen am dritten bis vierten Tag nach der Niederkunft eingehende Gespräche. Viele Frauen berichten retrospektiv, dass ab einem bestimmten Moment während des Geburtsvorgangs für sie alles anders wurde. Dieses Erlebnis wird als »überrollt werden«, »ertrinken«, »Atemlosigkeit« und dergleichen beschrieben. Das weitere Erleben nach dieser Phase, in der das Körpergeschehen dominant war, ist gekennzeichnet durch ein verschwommenes Zeit- und Raumgefühl, durch die veränderte Wahrnehmung der anwesenden Personen und der Kommunikation. Stadlmayr versteht diese Veränderungen als intrapartale Regression der Erlebensweise mit einer Einbuße der Fähigkeit zur Wahrnehmungsdiskrimination. Sie dient der Integration des überwältigenden Körpergeschehens. Veränderungen im Sinne von Derealisation und Depersonalisation sind hingegen Zeichen, dass diese Integration nicht gelingt, und Kennzeichen eines traumatischen Erlebens. Aus klinischen Berichten wissen wir, dass in der Behandlung von Frauen mit postpartaler Depression ein negativ erlebter Geburtsverlauf sich als schwer wiegende Belastung erweisen kann. In einer breit angelegten Studie zu den Vorläufern und prädiktiven Faktoren der postpartalen Depression haben Juan Manzano und Mitarbeiter (Manzano, Righetti-Valtema & Conne-Perréard, 1996) festgestellt, dass bei einem Drittel der Frauen Belastungen um die Geburt der ausschlaggebende Faktor waren; seien es ein subjektiv schlechtes Geburtserleben, Probleme mit dem Kind oder Trennungen vom Kind unmittelbar nach der Geburt. Den Extremfall bilden Fälle von posttraumatischen Belastungsstörungen in direkter Verbindung mit der Entbindung, wie sie Ballard beschrieb (Ballard, Stanley & Brockington, 1995). Diese Mütter zeigen nach massiven Schmerzerfahrungen rekurrierende Nachhallerinnerungen (»flash backs«), Angstträume, sie sind gefühlsmäßig dumpf und vermeiden Aktivitäten und Kontakte, die sie an das Leiden erinnern könnten, was auch die Interaktion mit dem Baby stark beeinträchtigt.

Untersuchungen über den Verlauf der Elternschaft in der nachgeburtlichen Zeit, ihre entwicklungsfördernden Momente und ihre Risiken, wurden größtenteils bereits in die Darstellung der Erfahrungen aus Eltern-Säugling-Therapien aufgenommen (s. 1.1.). Es sei jedoch auf die noch aktuelle, frühe Arbeit von *Therese Benedek* (Benedek, 1959) hingewiesen, die als Erste psychodynamische Prozesse, die bei den Eltern durch die libidinöse Besetzung des Kindes ausgelöst werden, beschrieb und die Elternschaft als eigenständige Entwicklungsphase definierte. Ihrer Arbeit liegen Analysen von Frauen in postpartaler Depression und von Eltern älterer Kinder zu Grunde. Bei Mutter und Vater werden im empathischen Miterleben der jeweiligen Entwicklungsphasen des Kindes Bedürfnisse und Wünsche angeregt, die ihre entsprechenden eigenen früheren Erfahrungen in Erinnerung rufen. Deshalb sind die früheren Beziehungen mit den eigenen Eltern so wichtig. Belastete Vorerfahrungen können zu negativen Spiralen führen und die aggressive Seite der Beziehung zum Durchbruch bringen. Dabei verwischen sich die Grenzen zwischen aktueller und vergangener Eltern-Kind-Beziehung. Die Eltern erleben in ihrem Kind die Projektion eigener früherer Konflikte. Die Wiederbelebung vergangener elterlicher Konflikte durch spezifische Entwicklungsphasen des Kindes erklärt die Beobachtung, dass manche Mütter mit bestimmten Phasen des Kindes sehr gut zurechtkommen und mit anderen nicht. Selma Fraibergs Metapher von den »Geistern in der Kinderstube« für das Verständnis früher Beziehungsstörungen mit dem Baby knüpft daran an. Bertrand Cramer hält umgekehrt fest, dass eine gestörte Beziehung zum Baby die Entstehung der postpartalen Depression bei der Mutter bedingen kann (Cramer, 1993).

Nach der obigen Darstellung der Elternschaftsentwicklung in der Zeit vor und nach der Geburt soll der Versuch gemacht werden, diese im Hinblick auf eine Theorie der postpartalen Depression mit den im Abschnitt 1.2.2. vorgestellten psychoanalytischen Modellen der Depression in Verbindung zu setzen. Bei diesen Modellen lassen sich einige wiederkehrende Grundhypothesen erkennen: Verlust (von Bezugspersonen oder auch von Illusionen), Trauma und Defizit (verfrühte Trennung oder psychische Belastung in der frühen Eltern-Kind-Beziehung, unerfüllte Grundbedürfnisse) und Machtlosigkeit (Abhängigkeit von Anerkennung in der familiären Beziehung oder soziale Ohnmacht). In welchem Ausmaß sind diese Themen in der Situation vor und nach der Geburt vorhanden und wie gestalten sie sich?

Verlust und Trauer sind in der Lebensphase der frühen Elternschaft konstante Erscheinungen. Die werdende und die junge Mutter ist stets dabei, etwas zu verlieren – zunächst ihr Leben als kinderlose Frau. In den schnellen Veränderungen während der Schwangerschaft verliert sie bald das erhöhte Selbstgefühl, das sich in der Phase der Verschmelzung mit dem ungeborenen Kind einstellte. Mit der Geburt verliert sie das Selbsterleben der Schwangerschaft. Mit jedem Entwicklungsschritt des Babys verliert sie das Baby und die Art der Beziehung zu ihm, wie diese zuvor war. Juan Manzano führte für die sich wiederholenden kleinen Krisen den Ausdruck »Entwicklungstrauer« ein.[15] Sie sind eine Begleiterscheinung der Mutterschaft und begründen noch keine Depression. Sie können aber eine solche auslösen oder verstärken, wenn andere Faktoren dazu beitragen; sie können insbesondere entsprechende spezifische latente Konflikte der Eltern reaktivieren. Auf eine besondere Krise wies Soulé hin, nämlich auf diejenige, die durch den Verlust der Illusionen über das künftige Kind, die vor seiner Geburt noch nicht von der Realität widersprochen wurden, ausgelöst wird. Auch hier kann die Krise gravierend werden, wenn sich das so genannte imaginäre Kind aus Gründen, die in der Geschichte der Eltern liegen, als eine fixierte, wahrnehmungsverzerrende Vorstellung behauptet. Ähnliche Überlegungen können in Bezug auf idealisierte Vorstellungen, wie die Familie funktionieren wird, angestellt werden. Eine andere Ebene, auf der eine Verlusterfahrung möglich ist, betrifft die soziale Rolle. Der Übergang zur Mutterschaft (und zur Vaterschaft) bringt für viele Eltern – entgegen der idealisierten Vorstellung – große Benachteiligung und wenig Anerkennung mit sich.

Frühe traumatische Trennungserfahrungen und ungestillte Bedürfnisse wurden in den allgemeinen Theorien als Hintergrund für spätere depressive Entwicklungen dargestellt. In Zusammenhang mit der postpartalen Depression ist es nahe liegend, anzunehmen, dass die mit dieser Lebensphase verbundenen Konflikte wegen ihrer Ähnlichkeit mit den eventuell belastenden Vorerfahrungen besonders geeignet sind, diese zu reaktivieren. Die Theorie von Benedek, die sich auf den ganzen Elternschaftprozess bezieht, unterstützt diese Hypothese, geht aber weiter. Nicht nur die Trennungs- und Selbstwertkonflikte können sich in der Beziehung mit dem eigenen Kind wieder konstellieren. Es ist vielmehr so, dass alle Konflikte, die mit einer bestimmten Entwicklungsphase des Kindes zusammenhängen, größere Resonanz auslösen, wenn die Eltern mit der gleichen Angelegenheit in ihrer Kindheit und Jugend und in ihrer weiteren Lebenserfahrung nicht klargekommen sind. Ob

---

[15] Mündliche Mitteilung.

der aktivierte Konflikt zur Depression führt, hängt unter anderem von der Verarbeitungsfähigkeit der Eltern ab.

Der Aspekt der *Machtlosigkeit* hat in der postpartalen Phase eine spezifische Färbung. Verschiedene Autoren machen auf die besondere psychische Verfassung der Mutter in dieser Zeit aufmerksam. Sie ist durch die Besorgnis charakterisiert, für das physische und psychische Wohlergehen sowie für die soziale Einbettung ihres Babys einzustehen. Wenn ihr Gefühl der Verantwortung angesichts der Abhängigkeit des Säuglings ins Unermessliche steigt, setzen sie die alltäglichen Aufgaben, die sie ihm gegenüber wahrnimmt, schweren Konflikten aus. Das Selbstwertgefühl leidet dann an der Unfähigkeit, die hoch gesteckten Ziele in der Säuglingsbetreuung zu erfüllen. Ein weiterer spezifischer Aspekt, der die Mutter mit Gefühlen der Machtlosigkeit konfrontieren kann, ist die Wandlung der Identität, die sich dadurch vollzieht, dass sie ihre Identität als Mutter integrieren muss. Einerseits gilt die internalisierte Beziehung mit der eigenen Mutter als prägend für diesen Prozess. Die Identifikation mit ihr beeinflusst den Aufbau einer eigenen Kompetenz und wird vom Bedürfnis begrenzt, sich gegenüber Anteilen dieses übernommenen Mutterbildes zu unterscheiden. Anderseits wird im Laufe der postpartalen Zeit die Suche nach einer persönlich definierten Mutterrolle im Austausch mit dem sozialen Kontext wichtig. Auf dieser Ebene sind in unserer Gesellschaft Erfahrungen der Zurücksetzung und Entwertung häufig.

Wegen der Bedeutung, die der Mutter-Kind-Interaktion in der postpartalen Zeit zukommt, ist neben den geschilderten intrapsychischen Mechanismen zur Entstehung der Depression auch der interpersonale Aspekt besonders wichtig. Die *pathogenetische Wirkung der (gestörten) Mutter-Kind-Beziehung,* ihre Rolle beim Entstehen und Aufrechterhalten der depressiven Verstimmung bei der Mutter wurde von Cramer in der oben erwähnten Arbeit anhand zahlreicher Therapiefälle untersucht. In modernen Therapiekonzepten wird deshalb ausser der Verfassung der Mutter auch der Verbesserung ihrer Beziehung zum Kind sehr viel Beachtung geschenkt.

1.2.4. Einfluss der öffentlichen Meinungsbildung auf den Umgang mit der postpartalen Problematik

In den Siebzigerjahren, mit dem Aufkommen der neuen Frauenbewegung, wurde die Medikalisierung vieler Aspekte des weiblichen Lebens, insbesondere des Gebärens und Stillens, in Frage gestellt. Es entstanden alternative, von Frauen geführte Ambulatorien und Gebärhäuser, die in Abgrenzung zu den damals entmündigend geführten Kliniken die natürlichere Einbettung des Geburtsereignisses in das Familienleben, einen größeren Einfluss der Gebärenden auf den Geburtsverlauf und das als natürlich angesehene Stillen unterstützten. Diese Bewegung hat die öffentliche Meinung und die Erwartungen werdender Eltern stark beeinflusst, sodass auch die Klinikärzte ihre Meinungen und Vorgehensweisen überprüfen und verändern mussten. Das Thema der postpartalen Depression wurde erst in den Achtzigerjahren aufgegriffen, und zwar meist von gebildeten betroffenen Müttern mit journalistischen Fähigkeiten. In einer dieser für die breite Öffentlichkeit bestimmten Publikationen[16] wird festgestellt, wie wenig verbreitet das Verständnis für postpartale Krisen sowohl unter Laien wie unter Fachleuten ist. In der Folge findet die Thematik schnell zunehmende Beachtung in Zeitschriften für Eltern und auch in anderen, an gesellschaftlichen Entwicklungen interessierten Zeitungen sowie in Radio- und Fernsehsendungen. Die Vertiefung der Kenntnisse durch die medizinisch-psychiatrische Forschung entwickelt sich gleichzeitig.

Trotz dieser Entfaltung, der Sensibilisierung der Öffentlichkeit einerseits und der Zunahme an fachlichen Angeboten anderseits, findet immer noch nur ein kleiner Teil der betroffenen Mütter zu einer angemessenen Behandlung. Immer wieder klagen Mütter über einen langen Leidensweg, bis sie zur richtigen Hilfe oder Therapie fanden. Diese Tatsache hat sicherlich vielschichtige Gründe. Eine wichtige Komponente für die Zurückhaltung in der Inanspruchnahme psychiatrisch-psychotherapeutischer Hilfe ist jedoch die Gefahr, dass die Mutter eine (potentiell entwertende) Diagnose erhält, die ihrem Selbsterleben widerspricht. Diese Dimension wurde im vorliegenden Projekt sehr deutlich und wird wegen seiner weit reichenden Folgen im nächsten Abschnitt ausgeführt.

1.3. Postpartale Depression oder postpartale Krise?

Fast zwei Jahre nach der letzten Gruppensitzung erhielt die Projektleiterin (FP) von drei Teilnehmerinnen und einem der an den Vätertreffen beteiligten Partner Briefe, in denen sie die öffentliche Darstellung der gemeinsamen Gruppenarbeit kritisierten und Vorbehalte gegenüber der weiteren Verwendung des dokumentierten Materials machten. Es gab zwei Anlässe für die Kritik. In einem Artikel, der in einer Zeitschrift für Eltern erschienen war, machte die Projektleiterin im Rahmen einer ausführlichen Darstellung von Hilfsangeboten bei postpartaler Depression auch Aussagen über die Projektgruppe und das thera-

---

[16] Ein Beispiel dafür ist das sorgfältig recherchierte Buch von Carol Dix (Dix, 1985), das ein anerkennendes Begleitwort von Prof. Ian Brockington enthält.

peutische Anliegen. Darüber hinaus hatten zwei Mütter an einer Fachveranstaltung teilgenommen, auf der die ersten Resultate aus dem Projekt vorgestellt worden waren. Diesen Müttern ging es in erster Linie darum, die Diagnose der Depression für sich als nicht zutreffend zurückzuweisen. Zudem hatten sie die Gruppengespräche nicht als Therapie aufgefasst und fühlten sich deshalb durch den angewandten Begriff der Gruppentherapie hintergangen. Die Vorwürfe kamen für die beiden Gruppenleiterinnen unerwartet, denn sie waren auf die in den Gruppengesprächen ständig wiederkehrenden Fragen danach, für welche Probleme die Gruppe angeboten werde und hilfreich sein könne und wie die Leiterinnen die Gruppenarbeit sehen würden, immer offen eingegangen – allerdings hatten sie die Fragen in einer allgemeinen Weise beantwortet und ihre Aussagen nicht auf eine bestimmte Teilnehmerin bezogen.

Durch die unerwartete Rückmeldung wurde deutlich, dass die Projektleiterinnen das Interesse der Teilnehmerinnen an der mit dem Projekt verbundenen Forschungsarbeit unterschätzt hatten. Die Mütter waren zwar über die Auswertungsabsichten zu Forschungszwecken informiert worden, im Vordergrund hatte aber das Bemühen gestanden, die Niederschwelligkeit des therapeutischen Angebotes sicherzustellen und alles zu vermeiden, was die durch ihre Schwierigkeiten sehr bedrängten jungen Mütter noch weiter hätte belasten oder sogar abschrecken können. Deshalb waren bei der Ankündigung des Angebotes die Begriffe »Depression« und »therapeutische Gruppe« nicht verwendet worden. Die Projektleiterinnen hatten die Erwartung gehabt, dass die Mütter im Verlaufe ihrer Erfahrungen in der Gruppe die Tabuisierung ihrer postpartalen Schwierigkeiten überwinden würden und es für sie, insbesondere am Ende der Gruppe, annehmbar sein würde, sich als Mütter zu sehen, die von einer psychischen Belastung betroffen gewesen waren und therapeutische Hilfe gebraucht hatten. Das traf nicht zu. Die Konfrontation mit den aus ärztlicher Sicht verfassten Stellungnahmen über ihre Gruppenerfahrungen hatte sie irritiert und die Angst ausgelöst, dass mit dem dokumentierten Material entfremdende Urteile über sie gefällt würden und auch, dass sie entgegen der ursprünglich zugesicherten Diskretion in dem für sie »entstellten« Bild der Gruppenarbeit öffentlich bloßgestellt würden.

Auf die Beschwerdebriefe hin luden die Projektleiterinnen alle Mütter zu einem Treffen ein, um die Vorwürfe zu klären und einen Weg zu finden, wie die Unstimmigkeiten ausgeräumt werden könnten. Zu dem Treffen kamen die drei Mütter, die geschrieben hatten, sowie eine weitere Mutter. Die Diskussion gab den Projektleiterinnen Gelegenheit, die Fragen der Mütter zur Darstellung der Auswertung und der Anonymisierung des Fallmaterials zu beantworten. Dieses Thema wurde bald beiseite gelegt. Die diagnostischen Ausdrücke, die Anstoß erregt hatten, wurden in Begriffen der Alltagssprache erläutert. Darüber hinaus wurde der Sinn eines Berichtes über das Gruppenprojekt an die Fachwelt in der dort eingebürgerten Fachsprache besprochen. Im persönlichen Kontakt bei diesem Treffen konnte ein Teil des Problems bereinigt werden. Den Teilnehmerinnen, die das Bedürfnis hatten, ihre persönliche Diagnose und die Bewertung ihrer Entwicklung in der Gruppe vertraulich zu besprechen, bot die Projektleiterin die Möglichkeit eines Einzelgesprächs an. Dies nahmen zwei Mütter in Anspruch.

Auch wenn aus diesen Erfahrungen die Konsequenz zu ziehen ist, dass auch die Vermittlung der Forschungsergebnisse an die Teilnehmerinnen bei einem derartigen Projekt sehr sorgfältig bedacht und geplant werden muss, ist darin nicht das entscheidende Problem zu sehen. Dieses liegt in einer grundlegenden Differenz zwischen den beiden Sichtweisen, die sich in den Abschlussgesprächen gegenüberstanden: der subjektiven Sicht der Mütter von ihren Schwierigkeiten und ihrem eigenen Weg aus der psychischen Krise heraus auf der einen Seite und der objektivierenden Sicht des Psychotherapeuten auf der anderen. Die Kluft entsteht nicht nur aus dem Umstand, dass die Psychotherapie ein Fachvokabular ausgebildet hat. Sie ist deshalb auch nicht mit der Übersetzung ihrer Begriffe und Konzepte in allgemein verständliche Worte überwindbar. Vielmehr handelt es sich darum, dass die Standpunkte, von denen aus das psychische Funktionieren verstanden wird und auch werden muss, jeweils grundsätzlich verschieden sind: der Standpunkt des Subjekts und der des externen Beobachters und Therapeuten, der interveniert. Die objektivierende, diagnostische Sicht impliziert bereits eine Intervention: Aus der Sicht der betroffenen Frauen bedeutet die Diagnose, dass sie aus dem Kreis der als »gesund« geltenden Mütter ausgegrenzt werden. Damit werden ihnen Anhaltspunkte für ihr Vertrauen in sich selbst entzogen. Das Problem ist umso heikler, als bei der Depression – und bei der postpartalen Krise in noch deutlicherem Ausmaß – gerade der Konflikt zwischen Autonomie und Abhängigkeit im Vordergrund steht und es um die Gefahr des Autonomieverlustes geht. Die Mutter, die nach der Geburt von dem Gefühl bedrängt wird, dass ihr alles davonschwimmt, sucht im Gespräch mit dem Therapeuten eine Unterstützung darin, ihre Probleme zur Sprache zu bringen, sie besser zu verstehen und damit handhabbar zu machen. Für beide handelt es sich dabei um eine Gratwanderung. Die Mutter riskiert, sich umso mehr der therapeutischen Sicht unterwerfen zu müssen, je weniger sie in der Lage ist, ihren eigenen Impulsen und Meinungen zu vertrauen. Der Therapeut, der auf eine fachlich abgestützte Orientierung angewiesen ist, riskiert – wenn er die medizinische Position aktiv einnimmt –, die Therapie zu gefährden und seinen therapeutischen Anspruch zu unterlaufen.

Die Schärfe des Problems wurde erst durch die Konfrontation der Mütter aus der Gruppentherapie mit Publikationen auf der fachlichen Ebene offenkundig. Die Dokumentation des Projektes als eine kontrollierte Psychotherapiestudie, die Fachkollegen erreichen soll und auch Einfluss auf die Entwicklung von Praxisangeboten nehmen möchte, steht unter dem Druck, der fachlichen Logik zu folgen, um Gehör zu finden. Daran gekoppelt ist die Gefahr, die Sprache der Mütter zuzudecken, also gerade die subjektive Sicht, deren Aneignung ihre Autonomie und Kompetenz bedeutet und das Ziel der Therapie war.

Wie ist dann noch eine Dokumentation der Forschung möglich, ohne die therapeutische Arbeit zu zerstören? Anstelle illusionärer Verkennung muss die grundlegende und unaufhebbare Differenz zwischen dem Standpunkt des Subjekts und der objektivierenden diagnostischen Position anerkannt werden und präsent bleiben, um im konkreten Fall einen ethisch vertretbaren Umgang mit der Machtkonstellation und den daraus resultierenden Aporien zu gewinnen.

Im Rahmen der Einzeltherapie hat die diagnostische Einstufung im Arzt-Patienten-Gespräch insofern eine begrenzte Auswirkung, als es um die Klärung eines zielgerichteten Arbeitsbündnisses geht, das in der Behandlungsbeziehung eingebettet ist. Darin werden Vertraulichkeit und Abstinenz erlebt, wobei auch die Verfügung über das eigene Sprechen erfahrbar wird. Der Anspruch der Niederschwelligkeit des gruppentherapeutischen Angebots war mit dem Verzicht auf diese Form des Arbeitsbündnisses verbunden, die die Auseinandersetzung mit der eigenen Diagnose einschließt. Darüber hinaus war es den Müttern überlassen, die Gruppe unter Umständen in der Nähe einer freien Gesprächsrunde unter Müttern anzusiedeln. In Bezug auf diesen zweiten Aspekt erscheint es aus der Rückschau sinnvoll, den therapeutischen Anspruch in Unterscheidung zu anderen Angeboten an Hilfen für junge Mütter deutlich hervorzuheben.

Der Begriff der postpartalen Depression, der im Titel des Projektes stand und den die Mütter so sehr als Fremdbestimmung empfanden, wurde aufgrund des Nachgesprächs nicht länger zur Charakterisierung der Gruppe verwendet. In dem Gespräch stellte sich heraus, dass die Bezeichnung *postpartale Krise* für die Mütter ein annehmbarer Begriff ist, der in ihren Augen die gleiche Idee enthält, aber als offener empfunden wird. Der Ausdruck ist deshalb in den Titel des Projektes übernommen worden. Er ist tatsächlich auch die treffendere Bezeichnung für das Gruppenangebot; denn mit diesem Begriff wird der begründeten Ausweitung des Konzeptes über die mit »postpartaler Depression« nur unzulänglich erfassten postpartalen Störungen hinaus Rechnung getragen. Bereits die Gründe, die zu einer Anfrage für die Teilnahme an der Gruppe führten, waren vielfältiger und zeigten, dass die Einschränkung auf die Diagnose Depression unnötig und eher nachteilig ist. Der von der Mütterberaterin (CZ) vorgeschlagene Titel für das Flugblatt: »So hatte ich es mir nicht vorgestellt« erscheint auch aus fachlicher Sicht als geeignet für die Indikation.

Der Projektbericht versucht in seiner Sprache zwischen kodifizierten medizinisch-psychiatrischen Formulierungen und solchen, die dem aktuellen Erleben näher sind, einen Weg zu finden, bleibt aber in erster Linie ein Diskussionsbeitrag für Fachkollegen. Der medizinische Diskurs ist in den Kapiteln zur Projektplanung und zur diagnostischen Auswertung vorherrschend. Er ist weniger ausgeprägt, wo es darum geht, die noch kaum untersuchten Prozesse der therapeutischen Entwicklung zu erfassen. Da nähert sich die Ausdrucksweise mehr der Sprache in den Gruppendiskussionen, denn die Gruppendiskussion leistete bereits einen wesentlichen Teil der gemeinsamen Verarbeitung und sprachlichen Verdichtung der Erfahrung der Mütter. In der weiterführenden Auswertung wurden in starkem Maße szenische Aspekte – jedoch aus der Sicht und in der Sprache der Beobachter – einbezogen.

1.4. Gruppe für Mütter mit Babys: ein niederschwelliges therapeutisches Angebot

1.4.1. Erfahrungen mit Gruppentherapien bei postpartaler Depression

Die Gruppentherapien mit Müttern und Babys in der postpartalen Zeit sind ein noch junges Gebiet, auf dem es erst wenige Initiativen gibt, die im Sinne von Modellprojekten durchgeführt werden. Die ersten beiden der im Folgenden vorgestellten Projekte haben einen ähnlichen Ansatz wie unser eigenes Projekt. Die weiteren hier aufgenommenen Berichte beziehen sich auf Gruppen, die mit stark strukturierenden Vorgaben arbeiten und in denen neben den therapeutischen ein starkes Gewicht auf die pädagogischen Interventionen gelegt wird. Darüber hinaus gibt es Gruppentherapien mit Müttern ohne ihre Babys, wobei es sich um Frauen mit chronischen oder sehr schweren Depressionen handelt. Auf die Berichte über diese Modellprojekte (Morris, 1987; Klier et al., 2001) wird nicht näher eingegangen, weil sie andere Fragen als die der Mutter-Kind-Therapie aufwerfen.

Joyceline Siksou berichtete 1990 über eine offene Gruppe für Mütter mit ihren Babys, die sie als Psychoanalytikerin zusammen mit einer Hebamme in einer großen Pariser Geburtsabteilung führte (Siksou, 1990). Das Gruppenangebot richtete sich an Frauen, die unmittelbar nach der Geburt Symptome aufwiesen oder sich mit ihrem Baby überfordert fühlten. Einige Frauen nahmen nur an einzelnen Sitzungen teil, andere beteiligten sich regelmäßig über mehrere Monate an den wöchentlich stattfindenden Therapiesitzungen. Diese Gruppenarbeit geht von Fragen der Mütter zum Umgang mit dem Neugeborenen aus. Die Therapeutin achtet auf die Übertragungsbewegungen auf die

Gruppenleiterinnen und auf die Gruppe als Ganzes und verbalisiert deren emotionalen Inhalt, unter anderem die häufig unterdrückten depressiven und aggressiven Regungen. Im Verlauf der Sitzungen werden projektive Identifizierungen klarer erkennbar und angesprochen. Dies unterstützt den Prozess der altersgerechten Trennung vom Kind, die sich auch szenisch darstellt, indem die Mütter ihre Babys zu den anderen Kindern auf den Boden setzen.

Campbell Paul und Frances Thompson-Salo berichteten 1997 über eine seit einigen Jahren in Melbourne (Australien) von ihnen geführte psychoanalytisch orientierte Mutter-Baby-Gruppe, deren behandlungstechnischer Schwerpunkt unserem Zürcher Projekt am nächsten kommt (Paul & Thompson-Salo, 1997). Die Autoren richten ihre Aufmerksamkeit gleichgewichtig auf das Baby wie auf die Mutter und wollen ausloten, wieweit das Baby in die therapeutische Arbeit einbezogen werden kann. Die Indikation für die Gruppentherapie sind Schwierigkeiten des Babys, etwa Schlafstörungen oder Schwierigkeiten beim Füttern sowie schwerer wiegende Zustände wie ein Stillstand im Gedeihen oder massive Blickvermeidung. An der halboffenen Gruppe nehmen vier bis fünf Mütter mit ihren Babys teil. Die Therapiedauer wird vom subjektiven Bedürfnis der einzelnen Mütter bestimmt und beträgt durchschnittlich sechs Monate. Die zwei Gruppenleiter versuchen, einen Raum zu schaffen, in dem die Eigenreflexion und die Suche nach individuellen Antworten begünstigt werden, und bleiben mit direkten Ratschlägen zurückhaltend. Sie legen besonderes Gewicht auf die Kommunikation der Babys und auf die Interaktionen zwischen den Babys und den Müttern sowie auf die Erfahrung der Mutterschaft für die einzelnen Frauen. Paul und Thompson-Salo beschreiben, wie die Babys früh gegenseitige Aktivitäten aufnehmen und wie die Gruppe für sie zum Spiel- und Übungsfeld für ihre jeweiligen Entwicklungsaufgaben wird. Für den Prozess, den die Mütter durchmachen, scheint es wichtig zu sein, dass die Gruppe schwierige und zuweilen gar chaotische Zustände sowohl auf der psychischen wie auch auf der praktischen Ebene ertragen und durchleben kann. Die Therapeuten legen neben anderen Interventionsformen Wert darauf, dass sie sich auf ein »emotional eingestimmtes« Spiel mit den Babys (»attuned play«, in Anlehnung an Sterns Konzept des »affect attunement«) einlassen. Aus ihrer Sicht sind Sequenzen von Einstimmung und auch von Interaktionen, die Erwachsene dem Entwicklungsstand dem Kind entsprechend initiieren, ein unabdingbarer Bestandteil der Arbeit mit Babys.[17]

Zu den stärker strukturierten Gruppenangeboten gehört das von Dawn Gruen (Gruen, 1993). Sie schlägt ein Therapieprogramm vor, das vier Haupt-

---

[17] Erst nach Abschluss des vorliegenden Projektes erfuhr die Autorin dank einem Hinweis von Malcolm Pines von einer Gruppentherapie mit Müttern und Babys in London, die mit dem gleichen Ansatz durchgeführt wird (James, 2002).

symptome der postpartalen Depression – gedrückte Stimmung, Angst, Kummer und herabgesetztes Selbstgefühl – gezielt angehen soll. In wöchentlichen Gruppensitzungen mit den Müttern werden Themen angegangen und Interventionen angeboten, die sich nach einem Phasenmodell des Depressionsverlaufes richten. Als Ergänzung dazu werden einmal im Monat eine Gruppe mit den Elternpaaren und bei Bedarf Einzelsitzungen angeboten, und auch soziale Ressourcen werden mobilisiert. Die Mutter-Kind-Beziehung bildet keinen spezifischen Schwerpunkt, wird aber während der gesamten Therapie berücksichtigt. Die Interventionsformen umfassen Integration und Unterstützung in der Müttergruppe, pädagogische Anleitungen, Übungen zur Stressbekämpfung, kognitive Restrukturierung in Bezug auf die Selbstwertschätzung, Besserung der partnerschaftlichen Kommunikation und Unterstützung des sozialen Netzes. Paul Trad (Trad, 1994) führt Mutter-Kind-Therapien in kleinsten Gruppen durch, wobei es ihm vor allem darum geht, die verschiedenen Methoden der Einzeltherapie, der Familientherapie und der Gruppentherapie in Hinblick auf die Unterstützung adaptiver Beziehungsmodalitäten und zur Vorbeugung dysfunktionaler Beziehungsmuster zwischen Mutter und Kind optimal auszunützen. Für das Programm von zehn Sitzungen sind folgende thematische Schwerpunkte vorgegeben: Wahrnehmung der Kindsentwicklung durch die Mutter, mütterliche Repräsentanzen und mögliche Konflikte zwischen Wunsch und Realität sowie erworbene Fähigkeiten im Umgang mit dem Kind. Die Sitzungen beginnen in der Regel mit Spielen zwischen den Müttern und ihren Babys; die Therapeuten beobachten die Interaktionen und intervenieren, wenn sie zu besseren Interaktionen beitragen können, und nehmen daraus Anstöße, um Gruppendiskussionen anzuregen. Auch die Mütter wechseln von sich aus zwischen dyadischem Spiel, Interaktion mit den anderen Müttern und Zuwendung zum Therapeuten. Die Übergänge von einer Modalität zur anderen erfolgen in der Regel dann, wenn Emotionen geweckt werden, die zu einer Reaktion bewegen. Sie sind somit wichtige Momente, die den Therapeuten Gelegenheit bieten, intrapsychische Wahrnehmungen und interpersonale Verhaltensneigungen der Mütter zu erkennen. Jeannette Milgrom (Milgrom, 1996) hat in Melbourne ein Programm für Mütter entwickelt, die nach der Geburt oder in den ersten Monaten danach Schwierigkeiten in der Beziehung zu ihrem Baby bekunden. Auch in diesem Programm werden die Gruppensitzungen um Themen fokussiert, die sowohl mittels altersabhängigen Pflegehandlungen und Spielen wie auch im Gespräch angegangen werden. Das wichtigste Ziel ist die Beeinflussung der Mutter-Kind-Interaktion, aber auch andere Interventionsebenen wie mütterliche Phantasien, kindliches Temperament und soziales Umfeld werden berücksichtigt. In der letzten Therapiephase werden bei Bedarf die Partner und Väter einbezogen. Das theoretische Verständnis orientiert sich einerseits an den Ergebnissen der neueren Interaktionsforschung mit pädagogischen Anwendungen im Sinne des »interaction coaching«, anderseits an der indirekten Einwirkung auf die Interaktion durch elterliche Vorstellungen und Konflikte, die vorwiegend nach kognitiven Ansätzen behandelt wird.

1.4.2. Das Zürcher Projekt der Mütter-Baby-Gruppe im lokalen Kontext

Die klinischen Erfahrungen der Projektleiterin mit psychisch dekompensierten jungen Müttern und insbesondere mit Eltern-Säugling-Therapien führten in die Richtung einer Gruppenarbeit mit Einbezug der Babys. Mit dem Angebot einer Gesprächsgruppe im Rahmen einer allen Müttern offen stehenden Institution, an der die Mütter mit ihrem Neugeborenen teilnehmen können, war die Hoffnung verbunden, dass diese als niederschwellige Hilfsmöglichkeit wahrgenommen würde und so mehr Müttern zu einem frühen Zeitpunkt zugänglich sein würde, als es in der psychotherapeutischen Praxis der Fall ist. Angesichts der guten Erfahrungen der kombinierten Therapie im Setting der Dyade und der Kernfamilie sollten die Babys nicht nur als Begleiterscheinung in der Gruppe angenommen werden, sondern im Gegenteil in das therapeutische Konzept als vollwertige Gruppenteilnehmer mit ihren spezifischen Kommunikationsweisen integriert werden.

In Einzelbehandlungen bedauern Mütter rückblickend nach der Überwindung ihrer postpartalen Krise oft, dass sie früher nicht die Möglichkeit hatten, sich über ihre an sich üblichen und alltäglichen Schwierigkeiten mit Frauen in der gleichen Lebenssituation auszutauschen. Einzelne Mütter äußern spontan, dass sie sich eine Müttergruppe wünschen, in der sie sich Unterstützung bei ihren täglichen Unsicherheiten holen könnten. Diese Feststellung regt Gedanken zu den sozioökonomischen und politischen Bedingungen an, die das Leben von Frauen und von Kindern in unserer Gesellschaft definieren. Besonders für Familien mit kleinen Kindern wirken sich die vorherrschenden, leistungsorientierten Wertvorstellungen nachteilig aus. Soziale Räume, in denen sich Eltern mit Babys aufgehoben fühlen und Wertschätzung erhalten können, sind in unserer Gesellschaft beschränkt. Immer seltener können Familien in Mehrgenerationenverbänden in einem funktionalen Zusammenhang bleiben. Die auf direkte Kontakte angewiesenen informellen Nachbarschaftsstrukturen leiden unter der Ausbreitung anderer Kommunikationswege. Umso wichtiger sind die strukturierten Angebote, die das Gemeinwesen für den Kleinkinder-Bereich bereithält: Beratungsstellen, Elternschulen, Spielgruppen für kleine Kinder – in der Regel nach 18 bis 24 Monaten. Für Eltern mit Babys bestehen außerhalb ihrer privaten Kontakte kaum Möglichkeiten, sich ungezwungen in einem sozialen Kontext zu bewegen.

Ein Gruppenangebot für Mütter mit Babys könnte auch eine Antwort auf diese unbefriedigende Situation sein, sie könnte den Versuch darstellen, der erzwungenen und krank machenden Isolierung aktiv etwas entgegenzusetzen.

Die sozialen Angebote im Bereich der frühen Kindheit stehen in engem Bezug zum kulturellen Umfeld und zum politischen Willen und sind regional stark unterschiedlich. Da die Projektgruppensitzungen in der Stadt Zürich stattfinden sollten, stellte sich die Frage, wie sich die Initiative im institutionellen Kontext ansiedelte und wie bestehende Ressourcen dazu genutzt werden konnten. Im Kanton Zürich, dem Einzugsgebiet für die geplante Intervention, existiert ein breit verzweigtes Netz an Mütter- und Väterberatungsstellen, sowohl in staatlichen wie auch in privaten Einrichtungen. Diese bilden einen informellen Treffpunkt für die jungen Mütter, wenn sie die Beratung aufsuchen. »Krabbelgruppen« für Mütter und Kleinkinder werden in Freizeitanlagen angeboten. Sie sind meist auf die ersten sozialen Erfahrungen der Kinder zentriert. In Elternschulen werden Elternkurse für Eltern alleine oder für Eltern mit ihren Säuglingen zu verschiedenen Themen von der Geburtsvorbereitung zur Säuglingspflege zu ersten erzieherischen Fragen veranstaltet. Diese haben eine psychopädagogische Ausrichtung, sie sprechen nicht ausdrücklich psychisch dekompensierte Eltern an und haben keinen therapeutischen Anspruch. Da keine Gruppen sich ausdrücklich Krisensituationen annehmen, schien das Projekt einer Gruppe für psychisch belastete Mütter eine sinnvolle Ergänzung der bestehenden Möglichkeiten zu sein. Leiterinnen von Gruppen ohne therapeutischen Anspruch zeigten durchaus Interesse daran, Mütter in individuell schwierigen Situationen an die therapeutisch geleitete Gruppe zu verweisen. Umgekehrt können Erstere gute Orte für Mütter mit ihren Kindern nach der Überwindung der schwierigsten Zeit mit therapeutischer Hilfe sein, gerade im Hinblick auf die Fortsetzung ihrer Auseinandersetzungen in einer weiterhin adäquaten sozialen Umgebung.

2. Forschungsprojekt zur Gruppenintervention: Fragestellungen und Methodik

In diesem Kapitel wird die Entwicklung des Interventionsprojektes aus den Bedürfnissen der Praxis geschildert. Die Häufigkeit der postpartalen Depression einerseits und die positiven Erfahrungen mit der kombinierten Eltern-Kind-Therapie bei der Behandlung von Einzelfällen anderseits stehen am Anfang der Überlegungen, die zum vorgestellten Gruppenangebot führten. In der weiteren Ausarbeitung des Therapiekonzeptes kommt dem gruppendynamischen Prozess eine zentrale Rolle zu, was den Einbezug von Konzepten aus der gruppentherapeutischen Richtung erfordert. Diese werden für die Anwendung auf die gemischte Gruppe mit Babys und Erwachsenen präzisiert.

Bei der Ausarbeitung des Forschungsansatzes wird Bezug auf den noch jungen Bereich der praxisbezogenen Psychotherapieforschung genommen und auf die Entwicklung der qualitativen Forschung hingewiesen. Es werden die in diesem Projekt angewendeten Methoden der Datensammlung und -auswertung beschrieben. Im Forschungsplan sind die klinischen und die forschungsbedingten Anteile des Projektes in ihrem Ablauf und in ihrer gegenseitigen Verbindung dargestellt. Im letzten Abschnitt wird die praktische Umsetzung des Forschungsplanes beschrieben.

2.1. Wahl der Interventionsmethode, Therapiekonzept

2.1.1. Wahl der Interventionsmethode: Psychoanalytische Gruppentherapie mit Müttern und Babys, begleitende Vätertreffen

Ein wichtiger Gesichtspunkt ist gemäß dem Leitgedanken der Früherfassung von belasteten Familien die Niederschwelligkeit des therapeutischen Angebotes. Der Wunsch nach Austausch unter Müttern in einer ähnlichen Lebensphase wird häufig in den Einzelkonsultationen von den Müttern selbst geäußert. Es war somit nahe liegend, an ein Gruppenangebot zu denken.

Die Wahl für eine psychoanalytisch orientierte Gruppenpsychotherapie hängt mit den therapeutischen Kompetenzen der Projekt- und Gruppenleiterin (FP) zusammen. Anders als die im Wirkungsgebiet der Autorin angebotenen

Gruppen für Mütter oder Eltern von Kleinkindern, die eine vorwiegend psychopädagogische Ausrichtung aufweisen, hat diese Gruppe ausdrücklich einen therapeutischen Anspruch. Da es aus gruppendynamischen Gründen nicht gut ist, wenn alle Teilnehmer eine ausgeprägte depressive Stimmung aufweisen, wurde in diesem Projekt die Indikation auf Mütter, die aufgrund ihrer sozialen Isolation in eine Krise geraten sind, erweitert. Für diese Mütter dürfte die Gruppe primär wegen ihres Wunschs nach sozialen Kontakten und nicht wegen eines Bedürfnisses nach Therapie ansprechend sein.

Bei der gruppenanalytischen Behandlungstechnik stehen Kommunikation und Beziehungen unter den Teilnehmern sowie das Verständnis der damit verbundenen bedeutenden psychodynamischen Prozesse im Mittelpunkt. Auch die Bestrebung, die Themen der Auseinandersetzungen von den Teilnehmern selbst bestimmen zu lassen, spielt eine wichtige Rolle. Dies erfordert, dass die Gruppe eine gewisse Zeit zur Entfaltung tragfähiger Beziehungen zur Verfügung hat und dass sie eine gewisse Konstanz und Homogenität aufweist. Diese Vorgaben bestimmen die Überlegungen darüber, wer in die Gruppe einbezogen werden soll. In diesem Pilotprojekt entschied sich die Projektleiterin allein für die Mütter mit ihrem Neugeborenen und schloss die anderen Familienmitglieder, Väter und Geschwister, aus, obwohl sie sich bewusst war, wie eng diese in die postpartalen Umgestaltungen einbezogen sind. Es war nicht voraussehbar, ob sich allein erziehende Mütter melden würden, deren Beteiligung an einer gemischten Mütter-Väter-Gruppe zu schwierig gewesen wäre. Zudem war es zu unsicher, ob alle Väter sich die Zeit für die Gruppensitzungen während der Arbeitszeit hätten nehmen können.

Bei der Frage des Einbeziehens der Kinder musste abgewogen werden zwischen dem Einwand, dass die Babys zugunsten der Behandlung der Mütter vernachlässigt werden könnten, und der Erfahrung, dass ihre Anwesenheit zur Wiederherstellung der Mutter-Kind-Beziehung nötig ist. Es ist noch nicht geklärt, ob die Babys auch in einer Mütter-Kinder-Gruppe die gleiche positive Wirkung entfalten wie im Einzelsetting. Hier aktualisieren sie bei den Müttern latente Konflikte, sie gestatten die Inszenierung ihrer belasteten Beziehungsmodalitäten, sie sind an der Erfindung neuer Interaktionsmöglichkeiten beteiligt – alles Ansätze, die therapeutisch genützt werden können. Falls diese Prozesse auch in der Gruppe stattfinden würden, würde dies auch die Bedenken aufwiegen, dass die Babys in der unnatürlichen Gruppe überfordert sein könnten. Es darf zudem angenommen werden, dass sich die Mütter in der Gruppe gegebenenfalls in der Babybetreuung gegenseitig helfen würden, dass eine Mutter in besserer Verfassung für eine momentan überforderte Mutter einspringen würde. Bei der Zusammensetzung der Gruppe sollte deshalb auch auf diese potentielle Bereitschaft der Teilnehmerinnen geachtet werden. Da bei der Planung der Intervention noch keine Erfahrungen mit diesem Ansatz vorlagen, oblag den Gruppenleiterinnen die Verantwortung, diesen Aspekt des Gesamtprozesses im Sinne des Schutzes der Kinder sehr aufmerksam zu verfolgen und zu bewerten. Das Konzept sieht nicht vor, ältere Kinder in die Gruppenarbeit einzubeziehen. Sowohl aus psychotherapeutischer wie aus pädagogischer Sicht wird vertreten, dass diese mit zunehmendem Alter spezifischere Angebote für Ausdruck und Beschäftigung sowie eigene Gruppenstrukturen brauchen. Der Wunsch einzelner Mütter, dass auch ältere Geschwister dabei sein konnten, wurde jedoch nicht zum Ausschlusskriterium erklärt.

Nachdem in der frühen kombinierten Therapie der Vater – entsprechend den wachsenden Kenntnissen zu seiner Bedeutung in der frühen Kindsentwickung und Familienbildung – zunehmend einbezogen wird, stellte sich die Frage nach dem Umgang mit den vom Behandlungssetting ausgeschlossenen Vätern in diesem Projekt. Dass der Vater in den Vorstellungen der Gruppenleiterinnen von Anfang an präsent sein würde, war selbstverständlich. Die Beziehung zum Partner und seine Art, mit dem Kind zu sein, bildeten einen Schwerpunkt des Indikationsgesprächs mit der Mutter. Es wäre zu erwarten gewesen, dass auch in den Gruppengesprächen unter den Teilnehmerinnen der Vater thematisiert würde. Um den Vätern jedoch ausdrücklich die ihnen zugemessene Bedeutung zu signalisieren und um ihnen zugleich die Möglichkeit zu geben, sich an der in der therapeutischen Gruppe unterstützten Entwicklung zu beteiligen, entschieden sich die Gruppenleiterinnen, den Vätern eine eigene, weniger intensiv geführte Begleitgruppe für Väter anzubieten.

2.1.2. Beschreibung des Therapiekonzeptes

Das Therapiekonzept lehnt sich an die gruppentherapeutische Methode von S. H. Foulkes (Foulkes, 1964, 1975) an sowie an deren Anwendungen im deutschsprachigen Raum (Sandner, 1976; Behr, Hearst & Kleij, 1985). Bei dieser Methode gilt die Gruppe als solche und das Gruppengeschehen als entscheidender Bezugsrahmen und als therapeutisch wirksamer Faktor. Im Foulkes'schen Ansatz sind aufgrund der Erfahrung mit Gruppentherapien zusätzlich individualtherapeutische Interventionen beibehalten worden. Sie sind in solchen Situationen erforderlich, in denen die Dynamik der Gruppe die individuelle Problembelastung eines einzelnen Teilnehmers so stark wiederbelebt, dass sein Konflikt die Gruppe zu sehr dominiert und mit der Gruppenintervention alleine nicht aufgefangen werden kann. Dementsprechend werden in der Führung der Therapie sowohl interpersonale wie auch individuelle-intrapsychische Gesichtspunkte berücksichtigt. Anwendungen dieser Methode auf Gruppen mit Erwachsenen und Kindern im präverbalen Alter sind, soweit der Autorin bekannt, noch selten.

Die Gruppentherapie beginnt in Form von Einzelgesprächen mit den Anwärterinnen mit der sorgfältigen Vorabklärung für die Zusammensetzung der Gruppe.

Der zweite Schritt ist die Einweisung der Teilnehmerinnen in die Arbeitsweise der Gruppe in der ersten Sitzung. Die Leiterinnen teilen die dem therapeutischen Prozess dienlichen Spielregeln und ihre Erwartung, diese einzuhalten, mit. Dazu gehören die verpflichtende Teilnahme an den Sitzungen, der respektvolle Umgang mit den Äußerungen anderer Gruppenmitglieder und die Diskretion nach außen. Den Teilnehmerinnen wird nahe gelegt, die Kontakte untereinander außerhalb der Gruppe nicht fortzusetzen. Damit sollen im Gruppenprozess eine größere Offenheit ermöglicht werden und die Teilnehmer in Bezug auf diese Offenheit geschützt werden. Für das Mutter-Kind-Projekt wurde von der Regel der Diskretion nach außen eine Ausnahme gemacht: Der Austausch mit den engeren Angehörigen, insbesondere mit dem Partner, über die in der Gruppe besprochenen Probleme war erwünscht.

Die Themen der Gruppe werden von den Teilnehmerinnen selbst bestimmt. Allerdings ist davon auszugehen, dass das, was in der Gruppe zur Sprache kommt, von der Offenheit der Gruppenleiterinnen für das latent in der Gruppe Vorhandene abhängig ist. Für die geplante Mutter-Baby-Gruppe gilt darüber hinaus, dass die Leiterinnen aktive Unterstützung leisten müssen, damit auch die für die Säuglingszeit spezifischen Verhaltensweisen der Kinder und interaktionelle Sequenzen, soweit sie bedeutsam erscheinen, verbalisiert werden. Die Vorinformation durch die Gruppenleiterinnen und die relativ homogene Zusammensetzung der Gruppe bedingen, dass die geforderten Umstellungsleistungen der Mütter in der Zeit nach der Geburt des Kindes sowie die damit verbundenen Überforderungen anfänglich zum gemeinsamen Fokus werden. Eine weitere methodische Anpassung an die Besonderheit dieser Gruppentherapie besteht darin, dass den Müttern Zeit und Raum für den situativ erforderlichen Umgang mit den Säuglingen – sei es für die Pflege oder für emotionale Zuwendung – ausdrücklich zur Verfügung gestellt wird. Die Teilnehmerinnen werden dazu ermutigt, sich in Bezug auf ihr Baby frei und nach ihrem Bedürfnis zu verhalten, und sollen sich während dieser Handlungen nicht ausgeschlossen fühlen.

Die Behandlungstechnik stellt die Kommunikation innerhalb der Gruppe in den Vordergrund. Im Netzwerk der Kommunikation kommen die sich entfaltenden Beziehungen unter den Teilnehmern zum Ausdruck. Die Gruppenleiter verstehen sich als Teilnehmer am Kommunikationsprozess. Anders als in anderen Gruppentherapiekonzepten, wird bei zwei Gruppenleitern keine Rollenaufteilung im Sinne von Leiter und Beobachter vorgenommen, sondern es ist den Übertragungen der Teilnehmerinnen überlassen, welche Rolle sie ihnen jeweils zuweisen. Mit zunehmender Dauer des Bestehens der Gruppe tauchen latente oder der bewussten Absicht widersprechende Beziehungsneigungen auf, die Störungen der Kommunikation verursachen. Die Interventionen der Gruppenleiter haben die Funktion, den möglichst freien Kommunikationsfluss wiederherzustellen. Die Mittel, die sie dabei einsetzen, sind: die latenten Affekte und Inhalte aufzuspüren, sie zur Sprache zu bringen und zu deuten oder – in vielen Fällen, in denen das Deuten nicht in Frage kommt – eine Halt gebende Form der Intervention. Das Kommentieren und Deuten sind nicht Vorrecht der Gruppenleiter, sondern können sehr wohl mit der Zeit von den Teilnehmern übernommen werden. Das Ziel des so geführten Gruppenprozesses in der Arbeit mit Erwachsenen ist es, inadäquate habituelle Beziehungsmuster bei den Teilnehmern, die ihren Umgang mit den Mitmenschen beeinträchtigen, aufzulösen und ihre Beziehungsfähigkeit zu verbessern. Das beinhaltet das Erkennen dysfunktionaler Interaktionen und Beziehungsneigungen und auch das Entdecken und Einüben von neuen Beziehungsmodalitäten in der Gruppe. Für die Anwendung des Therapiekonzeptes auf die Mutter-Kind-Gruppe war es erforderlich, die Ausrichtung der Gruppenleiter auf die asymmetrische Beziehung zwischen Mutter und Kind und das Interaktionsgeschehen zwischen den Kindern auszuweiten. Die zentrale Aufgabe des methodisch geführten Gruppenprozesses liegt darin, Störungen der Mutter-Kind-Interaktion günstig zu beeinflussen, da die Progression der Mutter-Kind-Beziehung einen wesentlichen Einfluss auf die Bewältigung der postpartalen Depression hat. Aufgrund der Erfahrung mit Mutter-Kind-Paaren im Einzelsetting war von Anfang an zu erwarten gewesen, dass der interpersonale Austausch und die averbale Kommunikation einen größeren Raum einnehmen würden als in Gruppen mit Erwachsenen allein und dass die spezifische Art der frühen Mutter-Kind-Interaktion das Gruppengeschehen prägen würde.

Eine Besonderheit des Vorgehens in diesem Projekt ist die Einrichtung einer begleitenden Vätergruppe. Um die angestrebte Niederschwelligkeit des Angebotes zu bewahren, ist die Teilnahme der Väter freiwillig. Die Funktion dieser Gruppe ist mit der Elternarbeit in psychoanalytischen Kindertherapien vergleichbar. In Absprache mit den Müttern sollten die Väter von den Leiterinnen Auskunft über das Geschehen in der Mutter-Kind-Gruppe erhalten, um sie für die stattfindenden Entwicklunsprozesse zu sensibilisieren und ihnen eventuell fokal Anregungen für eigene Entwicklungsschritte zu geben. Zugleich sollten sie Gelegenheit erhalten, eigene Gedanken und Sorgen zu äußern. Für die Leiterinnen bedeutet die Aussprache mit den Vätern eine Möglichkeit, die Auswirkungen der Gruppenarbeit mit Müttern und Kindern auf die einzelnen Familien aus einer zweiten Perspektive kennen zu lernen und daraus Impulse in die Gruppe zurückzugeben.

2.2. Wahl des Forschungsansatzes, Fragen an das Projekt

2.2.1. Praxisbezogene Psychotherapieforschung und qualitativer Ansatz

Die vorliegende Arbeit ist praxisbezogen; sie wurde ausgehend von Fragestellungen und Motiven aus der psychotherapeutischen Praxis konzipiert und in deren Rahmen realisiert. Der Entwurf für das Behandlungsprojekt wurde in Kooperation mit universitären Einrichtungen beraten und weiterentwickelt, das Projekt mit den beschränkten Mitteln einer mit dem Forschungsbetrieb nicht vernetzten Praxis durchgeführt.[18]

Im Folgenden wird die Verortung des Projektes im aktuellen Umfeld der Psychotherapieforschung skizziert. In der methodischen Diskussion der letzten Dekade ist wiederholt die praktische Bedeutung der replizierbaren, randomisierten Kontrollgruppenstudien in der Psychotherapieforschung, die lange Zeit als methodisches Ideal galten, in Frage gestellt worden. Es sei hier nur auf den viel beachteten Artikel des amerikanischen Psychologen Martin Seligman hingewiesen. Er kommentiert die Resultate einer breit abgestützten, sorgfältig geplanten und ausgewerteten Konsumentenbefragung, in der die Selbstbeurteilung der Befragten bezüglich der Wirkungen von Psychotherapie in verschiedenen naturalistischen Situationen zum Ausdruck kommt. Seiner Meinung nach verdienen solche Übersichtsstudien neben den traditionellen, fokussierten wissenschaftlichen Arbeiten eine wichtige Rolle bei der empirischen Validierung der Wirksamkeit von Psychotherapie (Seligman, 1995). So ist auch die Forderung erhoben worden, die Psychotherapie dort zu untersuchen, wo sie stattfindet. Die praxisbezogene Forschung wurde als Ergänzung zu den früheren, als standardisierte Studien angelegte und für die Realität der Psychotherapie als ungeeignet erkannte Vorgehensweisen postuliert. Die Initiative zur ersten geht meistens von akademischen Forschern aus, die, um Zugang zu einem breiteren Therapiebereich zu gewinnen, die Zusammenarbeit mit niedergelassenen Therapeuten suchen (Rudolf, 1996).

---

[18] Eine erste Bearbeitung des Projektes und deren Verortung im Umfeld der klinischen Forschung in der frühen Kindheit erfolgte in der Diskussion mit *Prof. Dr. med. Dieter Bürgin*, Kinder- und Jugendpsychiatrische Poliklinik Universität Basel. Wichtige methodische Ergänzungen zum Einbezug des qualitativen Forschungsansatzes kamen von *Dr. phil. Wolfgang Röll*, Zürich, der diesbezüglich für regelmäßige Beratung zur Verfügung stand. Zum Verhältnis zwischen empirisch-naturwissenschaftlichem und psychoanalytischem Ansatz, dem in dieser Arbeit ein zentraler Stellenwert zukommt, hat *Prof. Dr. phil. Hilde Kipp*, Fachbereich Sozialwesen der Universität Gesamthochschule Kassel, Wesentliches beigesteuert. Zahlreiche weitere Beiträge, die nicht einzeln aufgeführt werden können, kamen aus Begegnungen und Diskussionen an Tagungen, Workshops und Forschungskolloquien.

Während die experimentellen Studien, die sich an die Vorgehensweise der naturwissenschaftlichen Forschung orientieren, auf die Messung des Therapieergebnisses ausgerichtet sind, werden in der praxisbezogenen Forschung vermehrt qualitative und für die Praxis relevante Aspekte berücksichtigt. Die Notwendigkeit verallgemeinernder und quantitativer Aussagen wird nicht bezweifelt, somit werden Verbindungen mit empirischen Ansätzen gesucht. Um das Ziel, solche differenzierten und zugleich quantitativ signifikanten Befunde darzulegen, bedarf es aber häufig der Koordination von Forschungsvorhaben aus mehreren Zentren. Die Arbeiten aus dieser Forschungsrichtung befolgen je nach Fragestellung und Möglichkeiten eher einen bimodalen quantitativ-qualitativen Ansatz oder sind ausgesprochen qualitativ-typisierend (Rudolf, 1998).

Der qualitative Forschungsansatz, der sich in den letzten zwei Dekaden im deutschen Sprachraum entwickelte, nimmt seinen Ausgang in den zwei Sichtweisen, die die Arbeit des Psychotherapeuten prägen. Der Therapeut muss sich einerseits empathisch in die einmalige innere Situation seines Klienten einfühlen, um den Sinn seines Verhaltens zu verstehen. Anderseits muss er sich distanzieren, quasi von außen beobachten, was im Patienten und in sich selbst vor sich geht, und die Beobachtungen im Kontext seines professionellen Wissens und seiner Erfahrung mit anderen Patienten verstehen. Daraus wird er seine Antworten und Interventionen gestalten. Hermann Faller spricht in diesem Zusammenhang von einem ständigen Einstellungswechsel zwischen einer hermeneutischen und einer naturwissenschaftlichen Haltung (Faller, 1994). Die Identifikation mit dem Patienten und die Verständigung über das Gesagte ähnelt der hermeneutischen Vorgehensweise; die Beobachtung und die darauf bezogene Reflexion sind mit der naturwissenschaftlichen Vorgehensweise vergleichbar. Die qualitative Forschung versteht sich als Brücke zwischen diesen beiden Sichtweisen (Faller & Frommer, 1994; Frommer & Rennie, 2001). Sie stellt die Beschreibung davon, was in Psychotherapien geschieht, in den Vordergrund. Dies erfordert eine stärkere Reflexion der vorgängigen Theorien, denn jede Beschreibung des Untersuchungsgegenstandes – hier des Patienten, der psychischen Störung, der therapeutischen Beziehung, der psychischen Veränderungsprozesse – erfolgt selbstverständlich im Lichte von Theorien. Anderseits müssen diese der empirischen Überprüfung standhalten. Die Komplexität des Untersuchungsfeldes wird aber in der Regel zu Inkongruenzen mit den zu Grunde gelegten theoretischen Annahmen führen, weil sie das, was die Theorie erfasst, überschreiten. Um der Gefahr zu entgehen, die empirischen Befunde, die im Rahmen der Theorie interpretierbar sind, zu bevorzugen, wird nach Verfahren gesucht, mit denen die Beobachtungsdaten für eine Erweiterung der Theorie genutzt werden. Bei der Durchführung und Auswertung qualitativer

Forschungsprojekte sind Psychotherapieforscher deshalb angewiesen, verschiedene methodische Ansätze aus anderen Wissenschaftsgebieten einzusetzen. Einen besonderen Stellenwert in der gegenwärtigen Entwicklung der Therapieforschung nimmt die aus der Soziologie stammende Methode der gegenstandsnahen Theoriebildung ein (»grounded theory« nach Glaser & Strauss, 1967; Strauss, 1994), die zum sinnhaften Verständnis von Texten, die auf verschiedenste Weise zu Stande gekommen sind (Erzählungen, Interviews, Notizen über Beobachtungen), angewendet wird. Im Mittelpunkt dieses Ansatzes steht die Bildung von theoretischen Hypothesen im engen Wechselspiel mit der Datenerhebung.[19] Für die Anwendung in der Psychotherapieforschung muss berücksichtigt werden, dass der zu untersuchende Text – anders als in der soziologischen Perspektive – das Beobachtungsmaterial auf der Basis psychodynamischer Konzepte erfasst. In der vorliegenden psychoanalytischen Studie handelt es sich um hermeneutisch erschlossene Konzepte, die in der psychoanalytischen Theoriegeschichte entwickelt wurden. Insbesondere werden psychodynamische Konzepte über die Depression und neuere empirische Erkenntnisse aus Eltern-Baby-Therapien einbezogen.

Verallgemeinernde Aussagen basieren sowohl in der quantitativen wie auch in der qualitativen Forschung auf jeweils standardisierten Definitionen und auf umschriebenen Kategorien, die von verschiedenen Untersuchern gleich erfasst werden können. Damit werden Nachuntersuchungen und Vergleiche möglich. Im Bereich der Psychiatrie zeugen die immer wichtiger werdenden internationalen Klassifikationen psychischer Störungen (der ICD-10 der WHO und der amerikanische DSM-IV) von der zunehmenden praktischen Bedeutung der Operationalisierung. Da diese Klassifikationssysteme sich in ihrer Entwicklung in zunehmendem Maße an den Symptomen orientieren, sind sie für die Psychotherapieforschung zu begrenzt. Diese Begrenztheit hatte die Notwendigkeit zur Folge, auch für die psychodynamisch begründete Diagnostik Kategorien präziser zu definieren. Im deutschen Sprachraum ist dieses Anliegen in jüngster Zeit von einem Arbeitskreis, in dem Vertreter aller psychodynamisch orientierten Psychotherapierichtungen zusammenarbeiten, aufgenommen worden, der auch ein Manual zur operationalisierten psychodynamischen Diagnostik ausarbeitete (OPD, 1996). Mit dieser Diagnostik, die Kriterien für die Indikation zu einer psychodynamischen Therapie darzustellen und die dynamischen Aspekte des Therapieverlaufes zu erfassen erlaubt, steht ein Instrument zur Verfügung, das die Grundlagen für Vergleiche mit anderen Forschungsergebnissen schaffen und

---

[19] Eine eingehendere Darstellung dieser für die vorliegende Arbeit gewählten Methode wird im Abschnitt 2.3.5. erfolgen.

die Kommunikation unter Fachleuten erleichtern kann. Deshalb wurde es in die Auswertung dieses Projektes einbezogen.

2.2.2. Forschungsansatz des Projektes und Präzisierung der Fragestellung

Bei der Planung des Projektes stand die Orientierung an einer quantifizierbaren Messung des Therapieerfolges im Vordergrund, was die Durchführung des Projektes mit mehreren Gruppen erfordert hätte, aber aus finanziellen und aus Gründen des Forschungsaufwandes nicht leistbar war. Das führte zur Planung des durchgeführten Pilotprojektes mit einer einzigen Gruppe von maximal zehn Mutter-Kind-Paaren. Damit muss eine weitere Verifizierung der Ergebnisse späteren, ähnlich konzipierten Gruppen überlassen bleiben. Diese Redimensionierung bedeutete aber nicht nur einen Verlust. Sie zog auch eine Verlagerung der Fragestellungen mit einer stärkeren Nutzung der Möglichkeiten der qualitativen Methodik nach sich. Es ging nicht mehr nur um die externe Messung der Veränderungen im Symptombild, die durch ein psychodynamisch orientiertes Verfahren herbeigeführt werden können, sondern es wurde Raum gewonnen für die Ausarbeitung einer psychodynamischen Diagnostik und eines mehrschichtigen Verfahrens zur Erfassung therapeutischer Veränderungsprozesse. Einerseits wurde also die diagnostische Aufnahme mit der Erfassung psychodynamischer Aspekte (Konflikte, strukturelle Merkmale der Persönlichkeit, Beziehungsqualität) erweitert; anderseits konnte nun das Interesse umgesetzt werden, die eigentliche behandlungstechnische Originalität der Intervention – das Einbeziehen der Babys und ihres Kommunikationspotentials in den therapeutischen Prozess – zu verfolgen. Schließlich hatte diese Konzeption den großen Vorteil, dass das Projekt weitgehend unter naturalistischen Bedingungen durchgeführt werden und ganz auf die von der quantitativen Forschungsstrategie verlangten Eingriffe verzichten konnte.

In der definitiven Ausformulierung besteht das Projekt in seiner Anlage und Auswertung aus zwei unterschiedlichen Teilen.

Im ersten Teil bleibt die diagnostische Bestandesaufnahme zentral. Sie wird sowohl anhand der phänomenologischen Symptomatik als auch anhand psychodynamischer Kategorien vorgenommen. Sie betrifft nicht nur die Mütter als primär angesprochene Teilnehmerinnen für die therapeutische Gruppe, sondern sie bezieht das Kind und den Partner/Vater ein. Sie ist nicht nur individuell definiert, sondern erstreckt sich auf die dyadischen und familiären Interaktionen und auf psychodynamische Hypothesen zum familiären Beziehungsnetz. Die Beschreibung der einzelnen Teilnehmerinnen wird durch anamnestische Angaben und die soziokulturelle Charakterisierung ergänzt. Diese Daten werden vor und nach der Intervention aufgenommen. Es sind Vergleiche im Einzelfall zwischen dem Zustand vor und nach der therapeutischen Intervention möglich und ebenso Vergleiche zwischen den einzelnen Teilnehmerinnen. Dieses Material gibt Auskunft darüber, ob die Gruppentherapie bei den Gruppenteilnehmerinnen im Sinne einer Beeinflussung (Besserung) der beklagten Symptome Wirkung zeigte und welche Merkmale sich änderten; ob das Baby und die Familie in Mitleidenschaft gezogen wurden und ob diese von der Therapie profitieren konnten. Im interindividuellen Vergleich kann es aufzeigen, für welche Formen der postpartalen Störung die Intervention mehr, bei welcher sie weniger wirksam ist.

Im zweiten Teil wird versucht, Fragen nach dem Prozessverlauf nachzugehen. Grundlage dafür ist die Dokumentation der Gruppentherapiesitzungen. Untersucht wird, welche Konflikte und Beziehungsmodalitäten im therapeutischen Prozess von Bedeutung sind und wie sie sich wandeln; wie sich die averbalen und szenischen Beiträge der Babys in der Gruppe äußern und wie sie aufgenommen werden; inwieweit die Präsenz der Babys förderlich ist für den Therapieprozess und ob auch für sie der therapeutische Effekt gegenüber der eventuellen Belastung überwiegt sowie welche Interventionen der Therapeutinnen einen günstigen Effekt haben. Beim Versuch, die Beteiligung der Babys an der Gruppenkommunikation zu verstehen, ist die Offenheit und die in der Praxis erworbene Sensibilität der Gruppenleiterinnen in Bezug auf die Mutter-Kind-Dyade und auf die Ausdrücke der präverbalen Kommunikation entscheidend. Die Beschreibung dieser Prozesse bedeutet eine Erweiterung der aktuellen psychoanalytischen Sicht der frühkindlichen Entwicklung sozialer Kompetenz, insofern diese nicht primär als Übertragung dyadisch entwickelter Fähigkeiten auf weitere Bezugspersonen konzipiert wird, sondern sich an der Frage orientiert, wie sich die erweiterte soziale Erfahrung von Anfang an im Werden des Kindes einschreibt.

2.3. Datensammlung und Auswertungsmethodik

2.3.1. Datensammlung: Diagnostische Erfassung und Prozessdokumentation

Das Projekt Frühbehandlung der postpartalen Depression mit Mütter-Baby-Gruppentherapie soll auf zwei Ebenen erfasst werden:

1. Diagnostische Ebene [20]
Alle Teilnehmerinnen an der Pilotgruppe wurden im Vorfeld der Therapie zwecks Indikationsstellung von einer der Gruppenleiterinnen (FP) in einem psychoanalytischen Interview zusammen mit ihrem Baby untersucht. Das Interview wurde unmittelbar nach der Sitzung protokolliert. Die Notizen umfassten die möglichst chronologische Wiedergabe der Gesprächsinhalte (einschließlich der Anamnese), der Beobachtungen zu den Interaktionen mit dem Baby sowie der bei der Interviewerin ausgelösten Gedanken und Affekte. Aufgrund dieses Primärmaterials wurden für jede Dyade die Diagnose gestellt und erste psychodynamische Interpretationen vorgenommen. Das so bearbeitete Material wurde zusammengefasst in eine standardisierte Form des Protokolls übertragen (s. Anhang, *Vorlage 1*). Zur Kontrolle dieser ersten Bestandesaufnahme und insbesondere der Diagnose führte eine externe Untersucherin (MM) ein zweites Erstgespräch, diesmal im Setting des Familienbesuches und in Anwesenheit des Vaters, durch. Dieses Gespräch wurde auf gleiche Weise chronologisch protokolliert und in das standardisierte Protokoll übertragen. Im Unterschied zum Interview der Gruppenleiterin mit Mutter und Baby stammen die Angaben über den Vater aus der direkten Begegnung der Untersucherin mit ihm. Diese konnte auch die Interaktionen und Beziehungen mit den Geschwistern beobachten. Zur Ergänzung der im Gespräch erfassten diagnostischen Eindrücke in Bezug auf die postpartale Depression der Mutter wurde ein spezifischer diesbezüglicher Test angewendet (EPDS, s. unter 2.3.2.). Die Mutter-Kind-Interaktion wurde zusätzlich in einer fünfminütigen Videosequenz festgehalten. Beide Instrumente, EPDS und Video, wurden nur im Rahmen des Familienbesuches eingesetzt, und zwar sowohl bei der Anfangsdiagnostik wie bei der Schlussdiagnostik nach Beendigung der Gruppentherapie.

---

[20] Mitarbeiterin für die diagnostische Erfassung war *Frau lic. phil. Maria Mögel*, Psychoanalytikerin, Gruppenanalytikerin und Leiterin einer Mütter- und Kleinkindberatungsstelle des Kantons Zürich. Sie führte die zweite Untersuchung im Familienbesuch vor und nach der Durchführung der Gruppentherapie durch. Sie steuerte wertvolle Gedanken zur familiären Dynamik bei und reflektierte die psychodynamischen Implikationen des Forschungsbesuches und des Videoeinsatzes mit.

Die diagnostische Nachuntersuchung besteht wie die Voruntersuchung aus zwei Teilen. Der eine Teil ist die methodisch nicht veränderte Wiederholung des Familienbesuchs durch die externe Untersucherin (MM) (s. Anhang, *Vorlage 3b*). Der andere Teil ist gegenüber der Voruntersuchung, die im Einzelgespräch der Gruppenleiterin (FP) mit der Mutter im Beisein des Babys stattfand, insofern anders, als die Bewertung der Befindlichkeit der Mutter und die Qualität der Mutter-Kind-Beziehung für jedes einzelne Mutter-Kind-Paar aufgrund der Erfahrung und Beobachtung in den letzten Gruppensitzungen vorgenommen wurde. Die Beobachtungen wurden in gleicher Weise wie bei der Eingangsuntersuchung in die standardisierte Form des Protokolls übertragen (s. Anhang, *Vorlage 3a*). Die Protokollation aus dem Familienbesuch und die der Gruppenleiterin für jedes Mutter-Kind-Paar wurden – wie bei allen Parallelprotokollationen – auf Übereinstimmungen und Abweichungen hin verglichen.

In der *Tabelle 1* sind die Dokumente zusammengestellt, die der diagnostischen Beurteilung vor und nach der gruppentherapeutischen Intervention zu Grunde liegen.

2. Prozesshafte Entwicklungen während des Gruppenverlaufes [21]

In der Gruppenphase war der Fokus der Aufmerksamkeit auf die interaktiven und psychodynamischen Entwicklungen, die sich im Rahmen des Gruppensettings entfalteten, gerichtet. Die einzelne Sitzungen – 26 x anderthalb Stunden – wurden unmittelbar nachträglich möglichst chronologisch protokolliert. Wie bei den diagnostischen Interviews wurde der Verlauf des Gesprächs in Bezug auf dessen Inhalte wie auch auf die begleitenden emotionalen Bewegungen erfasst. Ebenso wurden Beobachtungen zu den averbalen Interaktionen zwischen den Müttern und den Babys sowie die Tätigkeiten der Kinder im Allgemeinen notiert. Aufgrund dieser Notizen wurden jeweils ein zusammenfassender Kommentar zum gruppendynamischen Verlauf der Sitzung

---

[21] Die Gruppen der Mütter und Babys und diejenige der Väter wurden von zwei Leiterinnen geführt. Neben der Autorin (FP) war *Frau Claude Zangger*, Mütter- und Väterberaterin an der Beratungsstelle der Stadt Zürich, Koleiterin beider Gruppen. Die Gruppen trafen sich in den Räumlichkeiten dieser Beratungsstelle, die als Institution das Projekt beherbergte und unterstützte. Claude Zangger führte die zweite Protokollierung der Gruppensitzungen durch. Die Unterschiede zwischen beiden Protokollen waren weit größer als diejenigen der diagnostischen Untersuchungen; sie waren stets durch gruppendynamische Prozesse bedingt und erforderten hohen persönlichen Einsatz zu deren Klärung. Der Beitrag von Claude Zangger am Gelingen des Gruppenverlaufes ist groß.

Die Gruppentherapie erfuhr durch *Frau Dr. phil. Veronika Munz*, Psychoanalytikerin und Gruppenanalytikerin in Zürich, eine regelmäßige Supervision. Ihre Unterstützung war vor allem in Situationen wichtig, wo gruppendynamische Prozesse die Leiterinnen polarisierten.

Tabelle 1: Dokumentation der diagnostischen Untersuchung

Voruntersuchung

Untersucherin 1 (Gruppenleiterin 1)	**Untersucherin 2**
Vorgespräch mit Mutter und Baby im ambulanten Setting	1. Familienbesuch
A. Chronologisches Protokoll: Gespräch + Beobachtung B. standardisiertes Protokoll: Dg. Mutter/Kind/Mutter-Kind-Interaktion Indiv. psychodynamische Hypothesen	A. chronologisches Protokoll: Gespräch + Beobachtung B. standardisiertes Protokoll: Dg. Mutter/Kind/Mutter-Kind-Interaktion/ familiäre Interaktionen Indiv. psychodynamische Hypothesen

Vergleichsprotokoll 1 vs. 2

EPDS der Mutter

Videosequenz der Mutter-Kind-Interaktion

Nachuntersuchung

Untersucherin 1 (Gruppenleiterin 1)	**Untersucherin 2**
Individuelles Abschlussprotokoll aus dem Gruppenverlauf B. standardisiertes Protokoll: Dg. Mutter/Kind/Mutter-Kind-Interaktion Indiv. psychodynamische Hypothesen	2. Familienbesuch A. chronologisches Protokoll: Gespräch + Beobachtung B. standardisiertes Protokoll: Dg. Mutter/Kind/Mutter-Kind-Interaktion/ familiäre Interaktionen Indiv. psychodynamische Hypothesen

Vergleichsprotokoll 1 vs. 2

EPDS der Mutter

Videosequenz der Mutter-Kind-Interaktion

Die Dokumente enthalten Daten für:
– Diagnose der Mutter nach ICD-10
– Diagnose des Kindes
– Beurteilung der Mutter-Kind-Interaktion
– Psychodynamische Beurteilung der Mutter und der Mutter-Kind-Beziehung
– Biographische und soziokulturelle Charakterisierung der Mutter
– z. T. Beurteilung der familiären Interaktionen und der Familiendynamik

sowie psychodynamische Hypothesen zu individuellen Entwicklungen formuliert. Die Sitzungen wurden von beiden Leiterinnen unabhängig protokolliert (s. Anhang, *Vorlage 2*) und die Protokolle miteinander verglichen. Alle Gruppensitzungen wurden integral mit einer fixen Kamera videographiert, in der Absicht Ton- und Bilddokumente als punktuelles Verifikationsmaterial zur Verfügung zu haben. Auf die gleiche Weise wurden die begleitenden Gruppensitzungen mit den Vätern – vier Sitzungen – dokumentiert. Weniger systematisch wurden Notizen über die begleitenden Supervisionssitzungen aufgeschrieben; sie wurden jedoch in einem späteren Zeitpunkt der Prozessauswertung ebenfalls einbezogen.

In *Tabelle 2* sind die Dokumente zusammengestellt, die der qualitativen Auswertung im Hinblick auf die Erfassung prozesshafter Veränderungen zugeführt wurden.

Im Forschungsplan *(Schema 1)* sind zusammenfassend die verschiedenen Phasen des Projektes – Voruntersuchung, Intervention, Nachuntersuchung – in Bezug auf die Datensammlung und deren Dokumentation dargestellt. In einem zweiten Plan *(Schema 2)* wird die praktische Durchführung des Projektes dargestellt, die die Kontakte der Forscherinnen mit den zuweisenden Fachleuten und Institutionen sowie mit den Gruppenteilnehmerinnen und ihren Familien ins Zentrum rückt. Daraus ist ersichtlich, dass die Intervention einen erheblichen Aufwand im Vorfeld für die Vorbereitung und Organisierung der Gruppe verlangte, dass sie sich aber für die Betroffenen nur wenig von einem ausschließlich therapeutischen Angebot unterschied. Die Mütter mussten sich aufgrund des Forschungsinteresses zusätzlich nur mit einem Familienbesuch vor und nach der Gruppenarbeit einverstanden erklären – eine Verpflichtung, die auch positive Aspekte beinhaltete.

2.3.2. Diagnostische Instrumente

Die Diagnose der psychischen Befindlichkeit der Mutter wurde gemäß den Kriterien der internationalen Klassifikation der WHO, *ICD-10* (Dilling, Mombour & Schmidt, 1991) vorgenommen. Aufgrund der besonderen Bedeutung der Depressionsdiagnostik in der Studie wurden die Depressionskriterien besonders beachtet (s. Anhang, *Leitfaden 1*). Im standardisierten Protokoll wurde auch die Befindlichkeit des Vaters – soweit diese aus den Angaben der Partnerin eruierbar war – festgehalten. Als Messinstrument für die Depression der Mutter wurde die *»Edinburgh Postnatal Depression Scale«* *(EPDS)* (Cox, Holden & Sagovsky, 1987) eingesetzt, ein Fragebogen zur Selbsteinschätzung der Mütter, der wegen seiner Einfachheit und Zuverläs-

Tabelle 2: Dokumentation des Gruppenverlaufes

Gruppensitzungen

Gruppenleiterin 1	**Gruppenleiterin 2**
Protokolle der Gruppensitzungen der Mütter und Kinder (26 Sitzungen)	Protokolle der Gruppensitzungen der Mütter und Kinder
A. chronologisches Sitzungsprotokoll	A. chronologisches Sitzungsprotokoll
B. zusammenfassende Kommentare	B. zusammenfassende Kommentare
Protokolle der Gruppensitzungen der Väter (4 Sitzungen)	Protokolle der Gruppensitzungen der Väter (4 Sitzungen)
A. chronologisches Sitzungsprotokoll	A. chronologisches Sitzungsprotokoll
B. zusammenfassende Kommentare	B. zusammenfassende Kommentare

Vergleichsprotokoll 1 vs. 2

Integrale Videodokumentation der Sitzungen:
ganze Szene, fixe Kamera

Supervisionsnotizen

Die Dokumente enthalten Daten betreffend
- gruppendynamische Entwicklungen
- averbale Inszenierungen
- Gruppenthemen
- therapeutische Prozesse bei den einzelnen Teilnehmerinnen und Dyaden
- therapeutische Interventionen und Meinungsbildung der Therapeutinnen

Schema 1: Forschungsplan 1: Dokumentation

Voruntersuchung	Intervention: Gruppentherapie mit Müttern und Babys	Nachuntersuchung

Voruntersuchung

a) **Untersucherin 1**
Individuelles Vorgespräch:
A. chronologisches Protokoll:
   Gespräch + Beobachtung
B. standardisiertes Protokoll:
   Dg. Mutter/Kind/Mu-Ki-Interaktion/fam. Beziehungen
   indiv. psychodyn. Hypothesen

b) **Untersucherin 2:**
1. Familienbesuch:
A. chronologisches Protokoll:
   Gespräch + Beobachtung
B. standardisiertes Protokoll:
   Dg. Mutter/Kind/dyadische u. fam. Interaktionen
   indiv. u. familiäre psychodyn. Hypothesen
Videosequenz
EPDS

Vergleichsprotokolle a) vs. b)

Intervention: Gruppentherapie mit Müttern und Babys

a) **Gruppenleiterin 1**
Gruppensitzungen:
A. chronologisches Protokoll:
   Gespräch + Beobachtung
B. zusammenfassende Kommentare:
   psychodyn. Hypothesen zu Einzelnen + Gruppe

b) **Gruppenleiterin 2**
Gruppensitzungen:
A. chronologisches Protokoll:
   Gespräch + Beobachtung
B. zusammenfassende Kommentare:
   psychodyn. Hypothesen zu Einzelnen + Gruppe

Videodokumentation

Vergleichsprotokolle a) vs. b)

Nachuntersuchung

a) **Untersucherin 1**
individuelles Abschlussprotokoll der Gruppenleiterin
→ standardisiertes Protokoll
   Dg. Mutter/Kind/Mu-Ki-Interaktion/fam. Beziehungen
   indiv. psychodynamische Hypothesen

b) **Untersucherin 2**
2. Familienbesuch:
A. chronologisches Protokoll:
   Gespräch + Beobachtung
B. standardisiertes Protokoll:
   Dg. Mutter/Kind/dyadische u. fam. Interaktionen
   indiv. u. familiäre psycho-dynamische Hypothesen
Videosequenz
EPDS

Vergleichsprotokolle a) vs. b)

Schema 2: Forschungsplan 2: Praktische Durchführung

Rekrutierung	Indikationsgespräch und Voruntersuchung	Intervention: Gruppentherapie mit Müttern und Babys	Nachuntersuchung
Gespräche mit – geburtshilflichen Kliniken – Gynäkologen – alternativen Gebärhäusern – neonatologischen Abteilungen – Kinderärzten – Mütter- und Väterberaterinnen – privaten Mütterberatungsstellen – Stillberaterinnen – Eltern-Notruf	a) indiv. Vorgespräch mit Mutter und Kind **Untersucherin 1** **(Gruppenleiterin 1)** b) 1. Familienbesuch: Vorgespräch mit Eltern und Kind Videoaufnahme, 5 min **Untersucherin 2**	Gruppentherapeutische Sitzungen 14-täglich min. Dauer 6 Mt. videographiert, fixe Kamera **Gruppenleiterin 1 + 2** Begleitende Vätergruppe (freiwillig) alle 3 Mt. videographiert, fixe Kamera **Gruppenleiterin 1 + 2**	2. Familienbesuch: Nachgespräch mit Eltern und Kind Videoaufnahme, 5 min **Untersucherin 2**

sigkeit international von sehr vielen Forschern benutzt wird. Es handelt sich dabei um eine Reihe von zehn Fragen, für deren Beantwortung eine Auswahl von vier Dimensionen zur Verfügung steht, was einen Zeitaufwand von wenigen Minuten bedeutet. In der vorliegenden Arbeit wurde eine deutsche Übersetzung verwendet, die die Autorin von Maria Muzik in der Zeit erhielt, als die Validierung dieser Fassung durch ihre Wiener Gruppe noch in Arbeit war (Muzik et al., 2000). Der Test wird als Screening-Untersuchung empfohlen und ersetzt nicht die klinische Untersuchung. Bei Werten ab 9 bis 10 Punkten (bei einer maximalen Punktezahl von 30) wird eine eingehendere diagnostische Untersuchung empfohlen. Bei Werten über 12 bis 13 Punkten ist eine Depression sehr wahrscheinlich und die weitere Abklärung dringend indiziert. Die psychodynamische Diagnostik, die wegen der psychoanalytischen Ausrichtung der therapeutischen Intervention als Ergänzung zur ICD-Diagnostik bedeutungsvoll war, orientierte sich an der Konzeptualisierung der im deutschen Sprachraum operationalisierten psychodynamischen Diagnostik, *OPD* (OPD, 1996). Es werden vier psychodynamische Achsen – Krankheitserleben, Beziehung, Konflikt und Struktur – eingeführt. Bei der Auswertung erwies sich insbesondere die Unterscheidung zwischen Konflikt und Struktur als sehr nützlich. Auch die Auflistung und Abgrenzung der wichtigsten Konflikte, die in der Auswertung befolgt wurde, bietet eine brauchbare Leitlinie, die künftige Vergleiche erleichtern wird.

Zur Beurteilung der Befindlichkeit des Kindes wurden gesamthaft somatische und psychische Aspekte, Entwicklungsstand und Beziehungsverhalten berücksichtigt, wie sie nach eigenen Beobachtungen sowie aus anamnestischen Daten erhältlich waren. Als Orientierung wurde ein eigener Leitfaden erstellt, da die Auseinandersetzung um die psychiatrische Diagnostik in den ersten Lebensjahren bei Beginn der vorliegenden Untersuchung noch nicht weit gediehen war und noch kein umfassendes und allgemein akzeptiertes Klassifikationssystem[22] vorlag (s. Anhang, *Leitfaden 2*). Der Entwicklungsstand wurde anhand der üblichen Entwicklungs-Screening-Kriterien – eine Untersucherin (FP) hatte lange Erfahrung mit der Anwendung des Denver-Tests (Frankenberg & Dodds, 1968) in der pädiatrischen Vorsorgeuntersuchung gesammelt – geschätzt. Weil keine groben Abweichungen zu erwarten waren, wurde auf eine genaue Messung des Entwicklungsstandes aus der Sorge heraus, die Rekrutierung mit dem Ziel der Früherfassung niederschwellig zu gestalten, verzichtet. Die Aspekte Regulation, Affekte und Interaktionen sind vorwiegend phänomenologisch definiert, obwohl sie sich in

---

[22] Der erste Vorschlag für einen systematischen Klassifikationsraster, die »Diagnostic classification zero to three«, wurde vom amerikanischen National Center for Clinical Infant Programs 1994 publiziert (ZTT, 1994). Dieses Manual wurde 1999 ins Deutsche übersetzt.

komplexer Weise gegenseitig bedingen und prozesshafte Strukturen aufweisen. Das psychische Leben des kleinen Kindes sowie die interpersonalen Beziehungen mit ihm sind im Leitfaden unbefriedigend erfasst, eine psychodynamische Diagnostik für diese Alterskategorie existiert noch nicht. Es wird eine der Aufgaben der Studie sein, Ausdrücke und Kategorien für Prozesse zu finden, die das interpersonale Geschehen zwischen Erwachsenen und Kindern und die sich in ihren wachsenden Fähigkeiten widerspiegelnde psychische Strukturierung der Kinder betreffen.

Die Videoaufnahme einer fünfminütigen Mutter-Kind-Interaktionssequenz wurde als Verifikations- und Illustrationsdokument angefertigt und nicht in der Absicht, eine mikroanalytische Auswertung durchzuführen. Es handelt sich um eine einzige Einstellung, in der sowohl Mutter wie Baby seitlich oder halbseitlich aufgenommen und ihre Gesichter nicht frontal sichtbar sind. Die Mutter wurde gebeten, sich für eine Weile mit ihrem Kind in einer für beide gewohnten Art abzugeben. Bei der Visionierung dieser Szenen musste festgestellt werden, dass die Interaktionssituationen so unterschiedlich waren, dass Bezüge zu den bekannten Bildern der kommunikationsorientierten Interaktionsforschung kaum möglich waren. Es stellte sich trotzdem die Frage, ob die Beobachtung der Aufnahmen Hinweise bezüglich der Beziehungsqualität abgeben würde. Bei der Diskussion solcher Beziehungshypothesen nach der Visionierung wurden unausweichlich neben dem beobachteten Austausch zwischen Mutter und Kind auch die Gegenübertragungsgefühle der Untersucher einbezogen. Es zeigte sich, dass die Reaktionen verschiedener im klinischen Frühbereich tätiger Beobachter kongruent waren.

2.3.3. Auswertung des Therapieergebnisses

Diese betrifft die diagnostische Ebene. Es werden die verschiedenen diagnostischen Bewertungen – in Bezug auf die Mütter, auf die Babys, auf die Mutter-Kind-Beziehung und womöglich auf die familiären Beziehungen – vor und nach der therapeutischen Intervention verglichen. Die ICD-10-Diagnosen und die EPDS-Werte können leicht gegenübergestellt werden. Die psychodynamische Diagnostik erstellt eine umfangreiche Beschreibung der psychischen Funktionsweise der Mütter und ihrer eventuellen Störung, sodass Gedanken zum Verhältnis zwischen individueller Persönlichkeitsstruktur oder Konfliktsituation und spezifischer Wirksamkeit der Intervention angestellt werden können. Die psychodynamische Bestandesaufnahme am Anfang des Gruppenverlaufes soll zudem zu therapeutischen Hypothesen führen, deren Eignung im Laufe des Therapieprozesses auf die Probe gestellt werden kann.

2.3.4. *Prozessdokumentation: Protokolle und Videoaufnahmen*

Ein Teilaspekt der diagnostischen Vor- und Nachuntersuchungen ist die psychodynamische Beurteilung der Funktionsweise der Mütter. Diese kann einen Einblick darüber geben, wie eine Mutter die postpartale Herausforderung so verarbeiten kann, dass sie gesund bleibt, oder auf welchen Wegen Dekompensierungssymptome zu Stande kommen. In dieser Hinsicht werden die diagnostischen Protokolle auch unter dem Gesichtspunkt prozesshafter Entwicklungen ausgewertet. Das Material sollte Hypothesen zur Psychodynamik der postpartalen Depression gestatten.

In dieser Arbeit sollen aber vor allem diejenigen Prozesse untersucht werden, die zu wünschbaren Veränderungen bei den Gruppenteilnehmern – Mütter und Kinder – führen. Die Angaben, die Einblicke in solche therapeutischen Entwicklungen vermitteln, sind in den ausführlichen Protokollen zu jeder Gruppensitzung enthalten, in denen sowohl die verbale wie auch die averbale Kommunikationsebene berücksichtigt werden. Die Vergleichsprotokolle und die Supervisionsnotizen enthalten vermehrt Informationen zu latenten Vorgängen, indem sie den Gegenübertragungsaffekten und den ersten Reflexionen der Gruppenleiterinnen Raum geben. Diese Informationen haben sich nachträglich als wichtig erwiesen, als es in einem zweiten Auswertungsschritt darum ging, durch praxisnahe Hypothesen die Auswahl und Reduktion des extensiven Materials voranzutreiben. Zudem dokumentieren sie die laufende Meinungsbildung und die Entwicklung therapeutischer Gedanken der Leiterinnen schon während des Ablaufs des Forschungsprojektes selbst.

Wie bei der diagnostischen Videosequenz waren auch bezüglich der Gruppensitzungen die Video- und Tonaufnahmen – hier über die ganze Sitzung mit einer fixen Einstellung – nur als Verifikationsmaterial gedacht. Beim nachträglichen Auswertungsprozess kontrollierte die Autorin damit mehrmals einzelne im Protokoll auffallende Sequenzen. Dabei konnten interessante neue Beobachtungen gemacht werden, die nicht einfach das bereits reiche Material zusätzlich ausweiteten, sondern zu sinnvollen Präzisierungen oder Kontrastierungen von provisorischen Auswertungsaussagen führten. Besonders Aspekte der averbalen Kommunikation mit und unter den Kindern, die zu wenig protokolliert wurden, konnten detailliert in Erinnerung gerufen werden. Somit sind die Aufnahmen wichtiger geworden als ursprünglich vorgesehen. Alle Aufnahmen wurden schließlich kursorisch durchgesehen, insbesondere um die Beteiligung der Babys und Kleinkinder am gruppendynamischen Prozess besser zu erfassen.

Im Protokollmaterial der Gruppensitzungen sind anfänglich individualpsychologische und dyadische Aspekte übergewichtet. Im späteren Gruppenverlauf wird die gruppendynamische Sichtweise deutlicher. Dies widerspiegelt die unbedachte Vorannahme der Leiterinnen, dass eine Kontinuität zwischen den Beurteilungen über die Teilnehmerinnen in der Rekrutierungsphase und ihrer Entwicklung im Rahmen des Austausches innerhalb der Gruppe bestehen würde. Die Auswertung der Gruppenphase verlief auch längere Zeit stockend, bis klar wurde, dass radikal andere Kategorien und ein anderer Diskurs notwendig waren, um das zu beschreiben, was mit den gleichen Personen in einem veränderten Umfeld – im Gruppensetting – geschieht.

2.3.5. Methode zur qualitativen Auswertung prozesshafter Entwicklungen

Die qualitative Auswertung der Protokolle, die die Daten für die Erfassung der im Gruppenverlauf stattfindenden Prozesse enthalten, lehnt sich an eine *modifizierte Form der gegenstandsnahen Theoriebildung (»grounded theory«) nach Glaser und Strauss* an, wie sie im Kontext der qualitativen Psychotherapieforschung angewendet und diskutiert wird (Wilke, 1994; Rennie, 2001). Es handelt sich dabei um ein sehr ausgearbeitetes, komplexes Verfahren, in dem ein kreatives Konstruieren von Theorie aus dem ständigen Wechselspiel von Datenaufnahme, deren Analyse und einer erneuten Datenerhebung erfolgt und im Rahmen soziologischer Forschung entwickelt wurde. Für deren Anwendung in der Psychologie sind Verknüpfungen mit anderen, dem psychologischen Untersuchungsgegenstand angemessenen Verfahren sowie die Ergänzung der Kodierungskonzepte mit psychologischen Konzepten notwendig. Im Folgenden werden sehr vereinfacht die Grundlagen dieser Methode dargestellt und anschließend die Punkte diskutiert, in denen bei der Anwendung in der Analyse des vorliegenden Protokollmaterials Modifikationen des Verfahrens oder der Rückgriff auf psychologische Theorien und Verfahren vorgenommen wurden.

Anselm Strauss hat die Hauptelemente, der von ihm und Glaser entwickelten Methode in einem Handbuch zusammengefasst (Strauss, 1994). Gegenstandsnahe Theoretisierung bedeutet, dass »die Theorie ihre Grundlagen in empirischen Daten hat, die systematisch und intensiv analysiert werden«. Der Schwerpunkt der Analyse liegt »nicht allein darauf, dass Massen von Daten erhoben und geordnet werden, sondern darauf, dass die Vielfalt von Gedanken, die dem Forscher bei der Analyse der Daten kommen, organisiert werden«. Datenaufnahme und Datenanalyse sind aufeinander bezogene Prozesse, die, anders als in der quantitativen Forschung, vom gleichen Untersucher vorgenommen werden sollen. Der erste Schritt in der Datenanalyse besteht im *Kodieren*, das zunächst so offen wie möglich geschehen soll (»open coding«). Der Untersucher geht sehr detailliert vor, »Zeile für Zeile«, und entwickelt Konzepte, die den Daten angemessen erscheinen. Er wird dies nicht losgelöst von seinem Kontextwissen tun; er soll aber offen für Einfälle und Gedanken bleiben und vermeiden, zu früh bevorzugte Zusammenhänge festzuhalten. Im Laufe der Analyse wird sich der Untersucher für einzelne Kategorien besonders interessieren; dann wird intensiver und konzentrierter auf diese Kategorie hin kodiert (»axial coding«), neue Kodes werden zueinander in Bezug gesetzt und der im Fokus stehenden Kategorie untergeordnet. Als nächster Arbeitsschritt wird das zu untersuchende Material selektiv nach den *Schlüsselkategorien* kodiert (»selective coding«). Die weiteren Überlegungen zu den Beziehungen unter den Schlüsselkategorien führen zur Integration und Verdichtung theoretischer Aussagen. Die Theorie ist gesättigt, wenn diese »mit möglichst wenigen Konzepten ein Höchstmaß an Variation eines Verhaltensmusters erfasst«. Ein wichtiger Bestandteil bei der Entwicklung einer gegenstandsnahen Theorie ist das Verfassen von *Memos*, die den ganzen Auswertungsprozess begleiten. Am Anfang wird es sich um Erinnerungsnotizen, freie Gedanken zu einzelnen Kodes, erste Skizzen zu den sich entwickelnden Hauptkategorien handeln. Spätere Memos weisen auf aussagekräftige Daten oder auf bestehende Lücken in der Analyse hin. Sie können auch Diskussionen mit anderen Kollegen zum untersuchten Material oder zum Auswertungsstand wiedergeben. Memos sollen nachträglich leicht sortierbar sein und werden so zu wichtigen Hilfsmitteln bei der Ausarbeitung und Integration der Theorie.

Eine erste Bemerkung betrifft das offene Kodieren. Strauss verweist zwar auf die Tatsache, dass der Untersucher sein Kontextwissen bei der Ausarbeitung von Kodes und Kategorien einbezieht, diese müssen aber möglichst genau auf die Daten bezogen werden (»die Konzepte und ihre Dimensionen haben es verdient, in die Theorie einzugehen, weil sie systematisch aus den Daten generiert wurden«). Diese hohe Vorgabe muss hier relativiert werden. In diesem Projekt standen zwei verschiedene Arten von Protokollen zur qualitativen Auswertung zur Verfügung. Ihre unterschiedliche Beschaffenheit machte die Untersucherinnen auf nicht offen deklarierte Vorannahmen aufmerksam, die in den Protokolltext eingeflossen waren und die Daten bereits vorstrukturierten. Die diagnostischen Gespräche wurden von zwei erfahrenen Klinikerinnen mit einer bestimmten Absicht durchgeführt. Sie wollten erfahren, ob und wie sich die Belastung ihrer Klientinnen in der postpartalen Situation ausdrückte; die Gruppenleiterin wollte zudem einschätzen können, ob ein gruppentherapeutisches Angebot für die einzelne Mutter geeignet wäre und ob sie in die sich bildende Gruppe passen würde. Nach der Gruppenintervention wollten sie erfahren, wie sich ihre psychische Befindlichkeit verändert hatte. Die Protokolle beider Untersucherinnen enthalten somit – meist übereinstimmend – eine Menge von Informationen, die den Kriterien der offiziellen phänomenologischen psychischen Diagnostik entsprechen. Bei der psychodynamischen Diagnostik wurden die Daten mit dem Instrumentarium der bereits operationalisierten Kategorien und Dimensionen gesichtet. Der Raum für eine offene Lesung musste zuerst freigemacht werden. Eine erste Ausweitung betraf immer noch diagnostische Aspekte, indem mit größerer Genauigkeit Verhaltensweisen und Beziehungserscheinungen beleuchtet wurden, die noch nicht ausführlich operationalisiert sind. Ein Beispiel dafür ist die Ausarbeitung der Mutter-Kind-Beziehung unter psychischer Belastung in einer doppelten Serie von Daten: denjenigen, die sich auf die Beobachtung der Interaktion beziehen, und denjenigen, die das Erleben und die Vorstellungen der Mütter bezüglich ihrer Beziehung zum Baby wiedergeben. Eine weitere Ausweitung wandte sich allgemeinen Aspekten des Erlebens der Mütter zu, die von kritischen Stellen in der diagnostischen Erfassung signalisiert wurden. Das waren einerseits die Bedeutung von Konflikten beziehungsweise struktureller Labilität für die psychische Dekompensierung und anderseits die Problematisierung des Beziehungsumfeldes. Mit diesen Daten wurde in wiederholten Rückkoppelungen an das Protokollmaterial ein theoretischer Entwurf zur Psychodynamik der postpartalen Depression gewagt, der sich von anderen Modellen abhebt. Er stützt sich auf die Kontrastierung zwischen Fällen mit verschiedenen Ausgangsdiagnosen und zwischen verschiedenen Verläufen bei ähnlichen Diagnosen.

Wenn sich die Kodierung des diagnostischen Materials zuerst implizit, dann deutlich im konzeptionellen Horizont der individualen und der interpersonalen Psychologie bewegte, war dies bei der Auswertung der Gruppensitzungsprotokolle nicht möglich. Anders als bei den Protokollen der Vor- und Nachgespräche, waren diese nicht offensichtlich von einem bestimmten Diskurs strukturiert; zudem hatten die einzelnen Sitzungen kein kurzfristiges Ziel. Die immense Menge Text erzwang auch allgemeine Überlegungen, wie man zu einer Datenreduktion kommen könnte. Die erste Strategie, die eingeschlagen wurde, war ein Misserfolg. Es wurde versucht, relevante Themen am Anfang der Gruppenintervention herauszuschälen und dann deren Entwicklung im Zeitverlauf (mit Bestandesaufnahmen zum gleichen Thema nach bestimmten Intervallen) zu erfassen. Dies geschah ausgehend von Kenntnissen und Schwerpunkten aus der diagnostischen Anfangsbeurteilung, also von Konzepten und Kategorien, die sich im Wesentlichen auf die einzelnen Mütter oder Mutter-Kind-Dyaden bezogen. Es wurden mit großem Aufwand individuelle Verlaufsprofile für alle Mütter hergestellt, die alle lehrreich und interessant waren, bis klar wurde, dass damit keine einzige Aussage über den Gruppenverlauf gemacht war und nichts von dem, was die Leiterinnen bewegte, erfasst war. Die Untersucherin hatte sich beim Kodieren vom individualpsychologischen Diskurs fehlleiten lassen und den gruppendynamischen Diskurs vernachlässigt, die beide in den Protokollen vertreten sind: Ersterer vor allem am Anfang des Gruppenverlaufes.

Die zweite, im Auswertungsvorgehen angewandte Strategie zur Datenreduktion war radikal anders. Die Untersucherin schloss die individualpsychologische Lesung bewusst aus und entschied sich für eine rein gruppendynamische Analyse. Die Auswahl der Kategorien sollte durch ein Sinn gebendes Verfahren eingeleitet und im Austausch mit dem Datenmaterial weiter betrieben werden. Ziel der Auswertung sollte die Beschreibung von gruppendynamischen und therapeutischen Vorgängen auf eine Art und Weise sein, die sich im klinischen Denken von potentiellen Gruppenleitern einordnen lässt. Da die Idee, einen Verlauf durch künstlich gesetzte Intervalle zwischen einzelnen Bestandsaufnahmen zu erfassen, den Gruppenleiterinnen aufgrund ihrer subjektiven Erfahrung als ungeeignet schien, war der erste Gedankengang der Erfassung des (latenten) oszillierenden Gefühls, wie die Gruppe läuft, gewidmet – später als Gruppenkohäsion operationalisiert. Schwankungen in der Gruppenkohäsion waren durch Ereignisse gekennzeichnet, die die Bedeutung von Polarisierungsprozessen signalisierten. Die qualitative Ausarbeitung dieser Kategorie auf einer manifesteren Ebene führte zur Erkennung der Gruppenkultur als wichtigem Element der Gruppe und ihrer Wirksamkeit. Ein weiterer Zugang zur Datenreduktion waren die Vergegenwärtigung wichtiger gruppendynamischer Prozesse anhand der einschlägigen Literatur und die Sichtung der Protokolle in Hinblick auf die im konkreten Gruppenverlauf relevanten Prozesse. Die genauere Ausarbeitung dieser Aspekte, die sich über weite Strecken mit averbalen Mitteln inszenieren, hat zum Zuziehen von videographiertem Material geführt. Dies wurde zu diesem Zeitpunkt nicht als erdrückende Zunahme der Daten empfunden, weil es fokussiert als Mittel zur Präzisierung oder Verneinung bereits formulierter Sichtweisen eingesetzt wurde. Zudem bot es die Gelegenheit, übersehene averbale Aspekte der Kommunikation der kleinen Kinder in der Gruppe einzubeziehen. Dem umfangreichen Material der Gruppenintervention wurden so interessante Einblicke in den gruppendynamischen Prozess entlockt; es wurden Konzepte und Hypothesen herausgeschält, die bei der Durchführung weiterer Gruppen hilfreich sein können. Eine umfassende Theorie war hier nicht zu erwarten.

Die unterschiedliche Behandlung des Materials der qualitativen Auswertung widerspiegelt sich in der unterschiedlichen Darstellung. Bei der diagnostischen Auswertung wird das Material vom Bestreben strukturiert, das Therapieergebnis überzeugend darzustellen. Es werden die Kriterien, die in den psychotherapeutischen Wirksamkeitsstudien maßgebend sind, prioritär berücksichtigt und die entsprechenden Daten anonymisiert und zusammenfassend besprochen. In den Ausführungen zu den Gruppenprozessen werden zahlreiche Beispiele aus Gruppensitzungen, die als Quelle für die angefügten Beschreibungen dienten, angeführt.

2.4. Praktische Durchführung

Die Phasen der praktischen Durchführung des Projektes sind im *Schema 2* dargestellt.

2.4.1. Rekrutierung, Vernetzung

Besondere Erörterung verdienen hier die Vorbereitung der Gruppenintervention und die Rekrutierung der Teilnehmerinnen, eine Arbeit, die im Vorfeld des eigentlichen Forschungsvorhabens stattfand. Dies schuf die spezifischen Rahmenbedingungen, die zu einem Bestandteil des therapeutischen Settings und somit des Therapieprozesses wurden.

Ausgehend von bestehenden Erfahrungen mit postpartalen Krisen und punktueller Zusammenarbeit mit Zuweisenden bei Einzeltherapien mit Eltern und Babys, wurden die meisten wichtigen Institutionen und Fachpersonen, die im Raum Zürich früh in Kontakt mit überlasteten und potentiell psychisch dekompensierenden Mütter treten, aufgesucht. In persönlichen Gesprächen wurden sie über das Projekt, für diese Mütter eine frühzeitige, niederschwellige therapeutische Intervention anzubieten, orientiert. Bei den angefragten Institutionen handelte es sich um die geburtshilflichen Kliniken der Region, die alternativen Gebärhäuser und die neonatologischen Abteilungen von Frauen- und Kinderkrankenhäusern. Zudem wurden einige frei praktizierende Gynäkologen und Gynäkologinnen angesprochen sowie Kinderärzte, die manchmal bei allzu häufigen Klagen um das Baby elterliche Überforderung vermuten können, und auch die staatlichen Mütter- und Väterberatungsstellen, die in der Region einen allgemeinen gesundheitsfördernden Auftrag haben und von fast allen Erstgebärenden aufgesucht werden. Andere private Institutionen für die Hilfe sozial belasteter Mütter und die Betreuer des Elternnotrufs wurden orientiert, obwohl anzunehmen war, dass ihre Klienten umfassendere Angebote als eine therapeutische Gruppe allein brauchen würden. All diesen Institutionen wurde ein kleines Plakat mit dem Titel »So habe ich's mir nicht vorgestellt – Gruppe für Mütter und Babys« ausgehändigt. Ebenso wurden Flugblätter mit der ausführlichen Beschreibung der Gruppentherapie und den Koordinaten für die Teilnahme verteilt, die den Interessentinnen hätten abgegeben werden können. Nachträglich hat sich gezeigt, dass die Mütter, die am ehesten therapeutische Hilfe nötig hatten, durch wiederholte Hinweise ihrer Berater zur Kontaktnahme mit den Gruppenleiterinnen motiviert werden mussten. Nur die gesünderen Frauen mit größeren eigenen Ressourcen ergriffen von sich aus aufgrund des Flugblattes die Möglichkeit, sich in einer schwierigen Phase psychotherapeutisch begleiten zu lassen. Für die Überweisung von wirklich depressiven Müttern zur Gruppentherapie und anfangs auch zum Aufbau der therapeutischen Allianz war also die Zusammenarbeit und Unterstützung der primären Beratenden sehr wichtig.

Neben der Sensibilisierung benachbarter Fachpersonen für die Problematik der postpartalen Krisen und deren Auswirkungen auf Kinder und Familie ermöglichten diese Vorgespräche die Einbettung des Projektes im schon bestehenden institutionellen Netz und im Spektrum von Angeboten für die betroffenen Familien. Erstaunlicherweise entpuppten sich die präventiv tätigen Mütterberaterinnen als die Personen, denen die Frauen ihre Not am ehesten zugestanden und anvertrauten – vielmehr als Ärzten und Ärztinnen, denen gegenüber die Hemmschwelle offenbar sehr hoch war. In der Beziehung zu den Gynäkologen lag eine gegenseitige Schonhaltung vor, die so generell anzutreffen war, dass sie einer zurzeit geltenden Fachkultur zu entspringen schien. Mehrfach wurde von Gynäkologen erwähnt, dass es nicht gut sei, eine junge Mutter auf Schwierigkeiten aufmerksam zu machen; vielmehr würde sie verlässliche Ermutigung brauchen. Eine ursprüngliche Idee, den EPDS als Screening-Test schon präpartal einzusetzen, wurde wegen der Weigerung der angesprochenen Gynäkologen, bereits während der Schwangerschaft Frauen mit negativen Eventualitäten zu konfrontieren, fallen gelassen. Diese Haltung ist zum Teil verständlich, doch steht sie der Strategie der Früherfassung depressiver Störungen im Dienste der frühen Stützung der Mutter-Kind-Beziehung im Wege.[23] Kinderärzte zeigten Verständnis und Interesse und waren eher bereit, Mütter auf Schwierigkeiten anzusprechen. Dass bei ihnen keine frühen Überweisungen mit der Indikation der mütterlichen Depression zu Stande kamen, hängt möglicherweise mit der somatisierenden Symptomwahl in diesen Familien zusammen, die längere Entwicklungen bis zur Wahrnehmung psychologischer Problemstellungen nötig macht.

Entsprechend der Verortung der Anfrage nach Rat und Hilfe bei den Mütterberaterinnen, wurde aus gegenseitigem Interesse die Gruppentherapie als erweitertes Angebot in der Institution der Mütter- und Väterberatung integriert. Die Therapie fand in den Räumlichkeiten einer Mütterberatungsstelle statt, die Co-Therapeutin war eine Mütterberaterin.

---

[23] Diese Positionen sind im Umbruch, einzelne Gynäkologen vertreten andere Haltungen. Für die Autorin waren die großen Unterschiede in der Rezeption der schon ausführlich diskutierten interdisziplinären Thematik in verschiedenen Fachrichtungen doch erstaunlich.

2.4.2. Individuelle Indikation, Gruppenzusammenstellung, Ablauf der Intervention

Der weitere Ablauf der Gruppenintervention hielt sich relativ eng an die im klinischen Kontext übliche Vorgehensweise. Ein Vorgespräch mit Mutter und Baby mit einer der Gruppenleiterinnen diente der diagnostischen Klärung sowohl in Bezug auf die Mutter wie auch auf die Mutter-Kind-Beziehung und ermöglichte eine Einschätzung der Indikation für die therapeutische Gruppe. Dabei spielten die Bereitschaft der Mutter, in einer Gesprächsgruppe mitzumachen, und die Art ihrer psychischen Problematik eine Rolle. Zudem waren die Leiterinnen bestrebt, Teilnehmerinnen zusammenzuführen, die potentiell zueinander passen würden. Es wurde darauf geachtet, dass sich die Gruppe nicht ausschließlich aus Frauen mit schwer depressiver Stimmungslage zusammensetzen würde und dass Mütter mit klar psychotischer Symptomatik, die die Gruppe wahrscheinlich überfordern würden, nicht aufgenommen wurden. Im Vorgespräch wurden auch das familiäre und soziale Umfeld sowie die Unterstützung, die den belasteten Müttern individuell zur Verfügung stand, eruiert; wo es nötig schien, wurde die fachliche Begleitung und Bezugspersonen für Notsituationen erörtert. Wenn die Gruppe die geeignete Hilfe zu sein schien, orientierte die Gruppenleiterin über den Ablauf der Gruppentherapie.

Die Gruppensitzungen fanden alle zwei Wochen statt und dauerten anderthalb Stunden. Die Mütter wurden angewiesen, ihre Babys mitzunehmen. Das Gespräch wurde von zwei Fachpersonen – einer Psychotherapeutin und einer Mütterberaterin – moderiert. Der Umgang mit dem Baby wurde einbezogen; die Mütter sollten sich frei fühlen, die emotionalen und physischen Bedürfnisse ihrer Kinder auf gewohnte Weise zu berücksichtigen. Für die Babys wurden Matten am Boden zwischen dem Kreis der Erwachsenen und wenige Spielgegenstände zur Verfügung gestellt; in einem offen zugänglichen Nebenraum war zusätzlich Platz und Infrastruktur für die körperliche Pflege der Babys vorhanden. Die Mütter verpflichteten sich, für die Dauer von sechs Monaten an der Gruppe teilzunehmen. Diese wurde halb offen geführt, das heißt, einzelne Mütter hätten später dazukommen können. Falls einzelne Mütter nach dem halben Jahr mit der Therapie aufhören wollten, würden neue Teilnehmerinnen gesucht. Die Gesamtdauer wurde auf etwa ein Jahr geplant, das heißt, bis die Kinder laufen würden und gezielterer Spielangebote und sozialer Strukturen bedürften.

Den Müttern wurde im Abklärungsgespräch erklärt, dass ihre Partner freiwillig an einer begleitenden Vätergruppe teilnehmen könnten. Damit würde ihnen teilweise Einblick in die Entwicklungsprozesse während der Gruppentherapie gewährt und die Möglichkeit gegeben, sich auf eigene Weise daran zu beteiligen. Diese Einladung wurde von den Müttern weitergeleitet und anlässlich des Familienbesuchs direkt dem Vater gegenüber wiederholt.

2.4.3. Forschungsbedingte Elemente im klinischen Setting

Der Familienbesuch vor und nach der Gruppentherapie ist aus der Sicht der Mütter eines der wenigen Elemente des Projektes, der aus Forschungsinteresse begründet wird. Den Anwärterinnen wurde erklärt, dass die Wirkung dieser noch ungewohnten Art von Gruppentherapie evaluiert werden soll. Dazu werde eine externe Untersucherin, eine Psychologin, die Familie besuchen und eine zweite, erweiterte Abklärung vornehmen. Diese Untersucherin erhalte keine Vorinformationen durch die erstuntersuchende Gruppenleiterin. Zusätzlich zum Gespräch lasse sie einen Fragebogen ausfüllen und eine kurze Videoaufnahme drehen. Die gleiche Psychologin werde nach Abschluss der Therapie eine erneute Evaluation im gleichen Umfang vornehmen. Die so eingeführte Zweituntersuchung wurde von den meisten angesprochenen Müttern zunächst gut akzeptiert, nur ausnahmsweise bedeutete es eine gewisse Hürde für die Zusage zum therapeutischen Angebot.

Das zweite der wissenschaftlichen Dokumentation dienende Element ist die laufende Kamera – in einer einzigen fixen Einstellung auf die gesamte Gruppe – während des ganzen Therapieverlaufs. Auch damit waren die Gruppenteilnehmerinnen schnell einverstanden, doch – obwohl technische Einrichtungen dieser Art in vielen psychiatrischen Abklärungsstellen geläufig sind – war die Präsenz des Aufnahmegeräts nicht selbstverständlich, und es traten immer wieder Reaktionen gegen das störende beobachtende Auge auf.

Bei der Planung der Gruppe lag das Schwergewicht auf der Priorität des klinischen Standpunktes. Weil die Früherfassung von Müttern und Familien, die nach einer Geburt von psychotherapeutischer Begleitung hätten profitieren können, ein wichtiges Anliegen war, wollten die Gruppenleiterinnen das therapeutische Angebot mit möglichst wenig zusätzlichen Bedingungen belasten. Mit den beschriebenen minimalen Änderungen gegenüber einer rein therapeutischen Gruppe darf das Interventions- und Forschungsprojekt als naturalistisch bezeichnet werden.

3. Diagnostische Auswertung und Therapieergebnis

In diesem Kapitel wird die Auswertung der diagnostischen Untersuchungen, die in doppelter Ausführung je vor und nach der therapeutischen Gruppenintervention durchgeführt wurden, dargestellt. Die Befunde beziehen sich hauptsächlich auf die Mütter, auf ihre an der Gruppe beteiligten Kinder und auf die Mutter-Kind-Beziehung; der Untersuchungsfokus liegt also auf der individuellen und dyadischen Ebene. Wichtige Aspekte der jeweiligen Partnerbeziehung, der familiären und sozialen Beziehungen werden vorwiegend aus der Sicht der Mutter erfasst. Die phänomenologisch-symptomatischen und die psychodynamischen Befunde werden getrennt beschrieben. Anschließend werden die Auswertungen der Nachuntersuchungen mit denjenigen vor der Behandlung verglichen und Schlüsse zum Therapieergebnis gezogen. Die wichtigsten Befunde werden stichwortartig in Tabellen festgehalten; die Vergleiche zwischen den Befunden vor und nach der therapeutischen Intervention werden vereinfacht ebenfalls tabellarisch dargestellt.

Vorgängig wird die untersuchte Gruppe bezüglich sozioökonomischer Daten und relevanter anamnestischer Informationen zu den einzelnen Teilnehmenden beschrieben.

3.1. Beschreibung der Gruppe [24]

3.1.1. Anzahl der kontaktierten Mütter und Gruppengröße

13 Frauen erkundigten sich telefonisch bei der Gruppenleiterin über die geplante oder seit kurzem gestartete Gruppentherapie. Eine Frau war nach der ersten Auskunft nicht überzeugt, dass sie das wirklich brauche, da sie ihre Überforderung als nur vorübergehend einschätzte. Es fand kein Erstgespräch statt. Eine zweite Frau sagte das vereinbarte Erstgespräch nach wenigen Tagen ab, da sie sich bereits besser fühlte.

Bei elf Frauen kam es zum Erstgespräch. Neun Frauen waren mit dem

---

[24] Im Folgenden werden Personen erwähnt oder dargestellt, bei denen gewährt sein sollte, dass sie von Außenstehenden nicht erkannt werden. Die Regeln, die zur Wahrung der Anonymität befolgt wurden, sind im Anhang dargestellt.

Vorgehen und der Gruppenteilnahme einverstanden. Zwei Frauen verzichteten auf die Gruppenteilnahme. Frau C. war in ihrer Verfassung zu instabil, als dass die Gruppe für sie eine genügende Hilfe hätte sein können. Frau D. war bereits in einer Therapie und befürchtete, dass eine zweite Therapie sie verwirrt hätte.

Frau C.s depressive Entwicklung setzte am Anfang der ungeplanten Schwangerschaft ein. Da eskalierten die Konflikte wegen ihrer starken Abhängigkeit von ihrem Freund. Der Tod ihrer schwer kranken Mutter verschärfte die Krise. Der Freund konnte ihre Verzweiflung und Anklammerung nicht länger aushalten und verließ sie noch vor der Geburt. Frau C., deren Baby zur Zeit des Erstgesprächs vier Monate alt ist, erscheint verzweifelt, weint viel, ist appellierend und unselbstständig. Sie sucht Rat für viele praktische Probleme und scheint nicht fähig, nahe liegende Lösungen dafür anzupacken. Sie macht eine Einzeltherapie und hat Unterstützung in sozialen Belangen durch ihre Mütterberaterin. Diese würde die Teilnahme an der Gruppe als zusätzlichen Halt und als Hilfe gegen ihre gegenwärtige Isolierung begrüßen. Doch Frau C. fürchtet die Begegnung mit anderen Müttern, sie hat Angst, dass sie sich schwächer vorkommt, als sie wirklich ist, dass die anderen sie »herunterziehen«, dass sie sich in der Gruppe fallen lässt. Am nächsten Tag meldet sich die Mütterberaterin bei der Gruppenleiterin. Sie ist zunehmend über den Zustand dieser Mutter besorgt, die beim Freund suizidale Gedanken äußerte, und veranlasst für sie einen Aufenthalt in einer Mutter-Kind-Einrichtung.

Frau D. ist wegen einer depressiven Entwicklung seit vier Jahren in Therapie. Die Geburt ihres ersten Kindes löste eine erneute depressive Episode aus. Sie ist bedrückt, weint schnell, hat keine zuversichtlichen Perspektiven mehr; sie ist aber vor allem über die fehlende Beziehung zu ihrem fünfmonatigen Kind besorgt und vom wiederkehrenden Gedanken, dass sie es weggeben möchte, erschreckt. Frau D. meldete sich auf Rat ihrer Mütterberaterin und hoffte, im Kontakt mit anderen Müttern Zugang zu guten, mütterlichen Seiten zu finden. Während des Erstgesprächs tauchen bei ihr die ersten Bedenken auf, dass die Gruppentherapie eine Konkurrenz zu ihrer Einzeltherapie sein könnte. Als ihr gesagt wird, dass noch eine Zusatzabklärung stattfinden soll, äußert sie, dass sie nicht noch einmal mit einer weiteren Psychologin sprechen möchte, und erwähnt, dass auch ihr Mann, der ebenfalls in psychotherapeutischer Behandlung stehe, Vorbehalte gegen den damit verbundenen Familienbesuch haben könnte. Sie nimmt zunächst das Entgegenkommen der

Gruppenleiterin an, dass diese die Zusatzabklärungen in der Familie durchführen würde. Frau D. erscheint dann aber nicht zur ersten Gruppensitzung und meldet nachträglich telefonisch ihre Teilnahme ab.

Die Gruppe wurde 14 Monate als »slow-open group«[25] geführt. Sie hatte zwei Gruppenleiterinnen, die Projektleiterin und eine Mütterberaterin. Sie begann mit sieben Mutter-Kind-Paaren. Zwei Frauen stiegen entgegen der Vereinbarung schon nach der ersten beziehungsweise der zweiten Sitzung aus. Sie wurden bald durch neue Gruppenteilnehmerinnen ersetzt. Eine Frau (Frau T.) hörte entsprechend der Teilnahmeregeln nach achteinhalb Monaten mit der Gruppentherapie auf. Sie wechselte mit ihrem Kind in eine Krabbelgruppe. Für die verbleibende Zeit wurde kein neues Mutter-Kind-Paar mehr aufgenommen und die Gruppe wurde als geschlossene Gruppe mit festgelegtem Abschlusstermin zu Ende geführt. Von den Müttern wurde eine zuverlässige Teilnahme erwartet. Es waren nicht immer alle Teilnehmerinnen anwesend, oft fehlte eine Mutter mit ihrem Kind, selten mehr als eine. Auch die Kinder begleiteten nicht immer ihre Mütter, insbesondere eine Mutter (Frau J.) kam meist alleine. Manchmal nahmen aber Mütter das ältere Geschwister alleine oder zusammen mit dem Baby mit. An der freiwilligen Vätergruppe nahmen regelmäßig vier Väter – Partner der Teilnehmerinnen der Mutter-Baby-Gruppe – teil. Zur ersten Sitzung allerdings kamen nur zwei Väter. An der letzten Sitzung brachten alle ihre kleinsten Kinder mit, was bei den vorangehenden Sitzungen nicht geplant war. (*Tabelle 3* gibt eine Übersicht der Zusammensetzung beider Gruppen und der jeweiligen Gruppensitzungen.)

Für das Verständnis der Schwierigkeiten, die sich für Frauen in postpartalen Krisen bei der Suche nach Hilfe einstellen, sind die beiden Mütter von besonderem Interesse, die früh aus der Gruppe ausstiegen und die Therapie abbrachen. In der psychoanalytischen Sichtweise stellt sich die Frage, ob in der Begegnung mit der Gruppe nach dem Einzelgespräch oder in der begonnenen therapeutischen Arbeit Widerstände geweckt wurden. Aus dem angelegten Dokumentationsmaterial gibt es dazu einerseits manifeste Begründungen, die die Mütter genannt hatten, anderseits latente Motive, die von den Gruppenleiterinnen aufgenommen wurden.

---

[25] »Slow-open group« – halb offene Gruppe – bezeichnet ein Vorgehen, bei dem austretende Gruppenteilnehmerinnen durch neu aufgenommene Teilnehmerinnen ersetzt werden. Die Gruppenleiterinnen sind verantwortlich für die Abklärung, ob sich die neuen Teilnehmerinnen für die laufende Gruppe eignen, und entscheiden über den geeigneten Zeitpunkt für den Eintritt in die Gruppe.

Tabelle 3: Zusammensetzung der Gruppensitzungen

Mütter-Baby-Gruppe

Gruppensitzung	Datum (Tag, Mt.)	Anzahl Gruppenteil-nehmerinnen	Anzahl an der Gruppensitzung anwesende Teilnehmerinnen	Anzahl an der Gruppensitzung anwesende Babys	Anzahl an der Gruppensitzung anwesende Geschwister
1	03. 10.	7	7	7	1
2	24. 10.	6	3	3	
3	07. 11.	5	4	4	
4	21. 11.	5	2	1	
5	05. 12.	6	5	5	
6	19. 12.	6	6	4	
7	09. 01.	6	4	3	
8	23. 01.	6	6	5	
9	06. 02.	6	5	4	
10	27. 02.	6	5	4	1
11	06. 03.	7	6	5	1
12	20. 03.	7	6	5	
13	03. 04.	7	6	5	
14	17. 04.	7	5	4	
15	15. 05.	7	5	5	
16	29. 05.	7	6	5	
17	05. 06.	7	5	3	1
18	19. 06.	7	6	5	
19	03. 07.	6	6	3	
20	21. 08.	6	4	3	
21	04. 09.	6	3	2	

Fortsetzung Tabelle 3: Zusammensetzung der Gruppensitzungen

Gruppensitzung	Datum (Tag, Mt.)	Anzahl Gruppenteilnehmerinnen	Anzahl an der Gruppensitzung anwesende Teilnehmerinnen	Anzahl an der Gruppensitzung anwesende Babys	Anzahl an der Gruppensitzung anwesende Geschwister
22	18. 09.	6	4	4	
23	02. 10.	6	4	4	
24	23. 10.	6	4	3	
25	06. 11.	6	6	4	
26	20. 11.	6	5	4	1

Väter-Gruppe

Gruppensitzung	Datum (Tag, Mt.)	Anzahl an der Gruppensitzung anwesende Teilnehmer	Anzahl an der Gruppensitzung anwesende Babys
1	01. 02.	2	-
2	24. 05.	4	-
3	23. 08.	4	-
4	15. 11.	4	4

Frau P. hatte eine schwere depressive Episode nach ihrer ersten Geburt, die traumatisch verlaufen war, durchgemacht. Sie hatte sich nach der Geburt des zweiten Kindes, als sie sich wieder überfordert fühlte, an ihre Mütterberaterin gewandt und gelangte so an die Gruppe. Im Abklärungsgespräch gilt ihre Sorge ausdrücklich dem ersten, jetzt zweijährigen Kind, mit dem sie schon immer eine schwierige Beziehung hatte und das jetzt ängstlich-gespannt auf das lebhafte achtmonatige Geschwister reagiert. Frau P. möchte mit beiden Kindern in die Gruppe kommen, lässt sich aber von dem Argument überzeugen, dass die geplante Gruppe wahrscheinlich dem älteren, selbstständigeren Kind nicht mehr gerecht würde und dass auch andere Mütter vorgezogen hätten, nur ihr Kleinstes mitzunehmen. Kurz vor der ersten Sitzung ruft Frau P. an, um mitzuteilen, dass sie keinen Babysitter habe und deshalb beide Kinder mitnehmen müsse. In der Gruppensitzung kann sich P. gut einbringen, sie schildert ihre Schwierigkeiten, klagt über das bisherige Scheitern aller gut gemeinten Hilfsangebote. Ihre Kinder sind derweil ziemlich unruhig, gehen ins Nebenzimmer; P. überlässt es den anderen Müttern, die Kinderaktivitäten zu überwachen. Am Schluss machen die Leiterinnen noch einmal die Anwesenheit der älteren Kinder zum Thema und fragen die Gruppe, wie sie die Situation aufgenommen hat. Daraufhin sagt P., dass sie auch in Zukunft darauf angewiesen sei, ihre ältere Tochter mitzunehmen, da sie keine gute Lösung für ihre Betreuung in der Zeit der Gruppensitzung habe. Die anderen Mütter zeigen kein Missfallen; ausdrücklich bekunden sie, dass sie einverstanden sind. Überraschenderweise meldet sich P. kurzerhand schriftlich von der weiteren Teilnahme an der Gruppe ab. Eine Hypothese für den nicht weiter begründeten Entscheid – neben der Verärgerung, dass ein wichtiges Anliegen nicht selbstverständlich realisiert wurde – ist, dass P. mit ihrem Verhalten unterschwellig die Aggression der Gruppe auf sich zog und deshalb die nächste Begegnung fürchtete.

Frau F. wurde in der Voruntersuchung als nicht oder nur leicht depressiv eingeschätzt. Sie zeigte Freude an ihrer Mutterrolle, obwohl die Aufgabe mit zwei Kindern sie zu sehr in Anspruch nehmen würde. Sie sprach bewusst darüber, dass sie ihre eigenen Bedürfnisse für die Kinderzeit aufschieben könne. Sie berichtete aber zugleich etwas traurig, dass seit der Geburt des zweiten Kindes Erinnerungen und Träume wachgerufen wären, die ihre Ursprungsfamilie und die Beziehung zu ihrem Bruder betrafen. Sie befürchtete, dass sie diese Bilder aus der Vergangenheit auf die Kinder übertragen würde. Frau F. äußerte mit kaum spürbarer Angst: »Und wenn vieles von früher aufbrechen würde?« Als sie zur ersten Sitzung kommt, sieht sie müde aus. Sie stellt sich als eine Mutter vor, die durch zwei lebhafte Kinder häufig überfordert ist, und bleibt im Weiteren eher zurückhaltend. Einmal, als die Gruppenleiterin sie auf ihre Erfahrung bezüglich des gerade diskutierten Themas anspricht, nimmt sie entschieden mit einem vermittelnden Votum Stellung, indem sie die vorwurfsvollen Aussagen einer anderen Frau gegen Ärzte und Hebammen auf differenzierte Weise relativiert. Anlässlich der zweiten Sitzung entschuldigt Frau F. ihr Fernbleiben mit der Erkrankung ihres jüngsten Kindes. Danach schickt sie einen Brief, mit dem sie die weitere Teilnahme an den Gruppengesprächen absagt. Das sei aus persönlichen Gründen nicht mehr möglich. Da Frau F. bis dahin offen und interessiert war, ruft sie die Gruppenleiterin noch einmal an. Im Telefongespräch zeigt sie eine ausgesprochen abweisende Haltung und ist nicht bereit, eine nähere Begründung zu geben.

In Bezug auf die Frage nach den Widerständen, die der Mütter die weitere Teilnahme an die Gruppe verunmöglicht haben, werden zwei wichtige Aspekte sichtbar. Im ersten Fall wird deutlich, dass die depressive Episode nach der Geburt des ersten Kindes nicht verarbeitet wurde. Nicht nur ist die Beziehung zum älteren Kind immer noch dadurch belastet, sondern die Mutter kann als Folge dieser Erfahrung auch in der depressiven Phase nach der zweiten Geburt ein Hilfsangebot nicht mehr nutzen. Sie hat die Gruppe mit ihrer forschen Forderung, das ältere Kind ohne weiteres anzunehmen, brüskiert. Es war spürbar, dass die anderen Mütter ihr Unbehagen durch das freundliche Entgegenkommen überdeckt hatten. Sie äußerten offen ihre Kritik, der Frau P. mit ihrem Verzicht zuvorgekommen war, als sie nicht mehr dabei war. Im zweiten Fall wird das Maß der Belastung durch die Wiederbelebung von Erinnerungen aus einer traurigen Vergangenheit deutlich. Es geht um die Angst, dass auch die Kinder in ähnliche Erfahrungen verwickelt werden könnten. Für Frau F. war es möglich, in der Einzelsituation darüber zu sprechen; in der Gruppe konnte sie es nicht mehr, möglicherweise in Zusammenhang mit der veränderten Übertragungssituation. Weitere Untersuchungen sollen zusätzliches Material zur Klärung dieser Hintergründe bereitstellen. Im Allgemeinen scheint jedoch die Anfangsphase einer therapeutischen Beziehung im Kontext einer postpartalen Krise eine Phase hoher Sensibilität zu sein, in der emotionale Bewegungen schnell zu einem Rückzug führen können. Die genaue Beachtung der frühen Übertragungsbewegungen könnte eine wichtige Orientierung sein.

Die folgenden Daten zur diagnostischen Auswertung beziehen sich auf die neun Fälle, bei denen die vollständige, im vorigen Kapitel dargestellte Dokumentation angelegt werden konnte. In der Nachuntersuchung sind es noch – nach zwei »drop-outs« – sieben dokumentierte Fälle.

3.1.2. Allgemeine Daten zu den einzelnen Teilnehmerinnen und Teilnehmern

Alter der Mütter und ihrer Partner; Beruf, Herkunft und sozioökonomische Stellung

Das durchschnittliche Alter der teilnehmenden Mütter beträgt 33,4 Jahre. Die jüngste Teilnehmerin ist 26 Jahre alt, die älteste 38. Der Altersdurchschnitt ihrer Partner ist mit 35,5 Jahren leicht höher, der jüngste Partner ist 31, der älteste 40 Jahre alt.

Zwei Mütter haben eine akademische Ausbildung und arbeiten Teilzeit. Eine Mutter ist noch Studentin. Sechs Mütter haben eine Berufsausbildung im kaufmännischen oder im Dienstleistungsbereich, wovon alle in dieser Familienphase nicht berufstätig sind. Von den Partnern haben zwei Väter akademische Berufe und sieben sind im kaufmännischen oder Dienstleistungsbereich ausgebildet. Alle sind berufstätig, nur einer arbeitet seit dem Familienzuwachs gezielt zu 80%, um sich angemessen an der Hausarbeit beteiligen zu können.

Die meisten Familien stammen aus der deutschen Schweiz, bei zwei Familien ist einer der Partner aus dem benachbarten Ausland. Eine Familie ist ausländisch, doch relativ gut integriert in der Schweiz. Nicht alle Paare sind verheiratet. Nur bei einem Paar leben die Partner nicht im gleichen Haushalt, doch beide kümmern sich um das gemeinsame Kind. Die Zusammensetzung der Gruppe ist also relativ homogen, es handelt sich in sozioökonomischer Hinsicht durchwegs um mittelständische Familien, wobei die Spanne von knapp genügenden bis guten finanziellen Ressourcen reicht. Alle leben in städtischen Verhältnissen, mit wenig Präsenz der familiären Ursprungsgemeinschaft. Der kulturell-familiäre Hintergrund ist bei der Hälfte der Familien ebenfalls städtischer Mittelstand, andere haben eine einfachere Herkunft. Insbesondere ist bei einer Mutter der bäuerliche Hintergrund und bei einer Mutter der Migrationskontext als Differenz spürbar.

Alter und Geschlecht der Babys und ihrer Geschwister

Fünf Familien haben ihr erstes Kind. Bei vier Familien handelt es sich um das zweite. Diese Tatsache ist von Bedeutung, das Thema des Umganges mit der erweiterten Familie und mit den Geschwisterbeziehungen musste von Anfang an mit einbezogen werden. Die Babys haben bei der ersten Gruppensitzung ein Durchschnittsalter von 5,3 Monaten. Zwei sind jünger als sechs Wochen, zwei sind jünger als dreieinhalb Monate, drei weitere sind jünger als sechseinhalb Monate und zwei jünger als zwölf Monate.[26] Mehr als die

---

[26] Bei sieben Babys fällt die erste Gruppensitzung mit dem Beginn der Gruppentherapie zusammen. Bei den zwei Babys, die später mit ihren Müttern dazugekommen sind, wird hier der Einstieg in die Gruppe als erste Sitzung betrachtet.

Hälfte der Babys sind unter viereinhalb Monate alt, was die Erfüllung eines Anfangsanliegens bedeutet, nämlich die möglichst frühe Erfassung von postpartalen Krisen und den frühen Einsatz einer kombinierten therapeutischen Eltern-Kind-Intervention. Die Wartezeit zwischen dem ersten Kontakt zwischen den Müttern und der Projektleiterin bis zum Beginn der Gruppenintervention beträgt minimal zwei Wochen, maximal sechs Wochen und ist damit im Hinblick auf die frühe Intervention ebenfalls relativ kurz. Drei der älteren Babys sind zugleich Zweitgeborene. Der Grund für die postpartale Krise war in diesen Fällen stark durch die Problemstellungen der Familienerweiterung geprägt, in zwei Fällen lag zudem eine chronische depressive Entwicklung der Mütter vor, die nach der ersten Geburt ihren Anfang nahm. Das Alter der älteren Geschwister beträgt im Durchschnitt 2,65 Jahre. Das Jüngste ist zwei Jahre und zwei Monate alt, das Älteste drei Jahre und drei Monate. Der Abstand zwischen Erst- und Zweitgeborenem beträgt durchschnittlich 2,15 Jahre.

Fünf Babys sind weiblichen Geschlechts, vier sind männlich. Bei den älteren Geschwistern handelt es sich um zwei Mädchen und zwei Jungen. Die Untergruppe der teilnehmenden Säuglinge und Kleinkinder ist bezüglich Geschlechterverteilung sehr ausgewogen, was konkrete Vergleiche und entsprechende Denkanstöße begünstigt.

3.1.3. Anamnestische Informationen

Entstehung und Verlauf der Schwangerschaften,
Vorstellungen vom zukünftigen Kind und von der Familie
Die Schwangerschaften waren bei fast allen Familien eingeplant und gewünscht. In einem Fall war sie per Zufall zu Stande gekommen, die neue Situation wurde aber schnell akzeptiert. In einem anderen Fall kam die Schwangerschaft zu einem ungeeigneten Zeitpunkt, als die Partner sich darüber noch uneinig waren. Dies hatte eine stark ambivalente Einstellung am Anfang der Schwangerschaft zur Folge, mit einer lange andauernden Verstimmung der Frau, die sich der Unterstützung des Partners nicht sicher fühlte.

Der Schwangerschaftsverlauf war bei den meisten Frauen der Gruppe medizinisch problemlos. Bei einer Frau wurde während der Schwangerschaft eine frische Toxoplasmoseerkrankung diagnostiziert und behandelt; die Abklärungen ließen eine Infizierung des Fötus als unwahrscheinlich erscheinen, doch belastete diese Episode unterschwellig die werdenden Eltern. Bei drei Frauen gestaltete sich das letzte Trimenon als beschwerlich. Zwei hatten frühzeitig Wehen, in einem Fall bei zusätzlichem Infekt, und mussten liegen; in einem Fall trat dies in Zusammenhang mit Spannungen im beruflichen

Umfeld auf. Eine Frau bekam Atem- und Beinbeschwerden. Psychisch war eine Mutter, die ihr zweites Kind erwartete, von der Erinnerung an ihre erste traumatische Geburt und wiederkehrenden Ängsten geplagt. In weniger starkem Ausmaß war dies bei einer anderen Zweitgebärenden der Fall. Bei einer Frau wirkte sich die stark ablehnende Haltung ihrer Eltern gegenüber der Schwangerschaft bedrückend aus. Aus späteren Mitteilungen der Mütter im Gruppenverlauf lässt sich feststellen, dass mehr als die Hälfte der Gruppenteilnehmerinnen bereits während der Schwangerschaft depressive Symptome zeigte.

Die Vorstellungen zum künftigen Kind waren bei den befragten Familien entsprechend den sehr verschiedenen Lebenssituationen recht unterschiedlich. Bei den Frauen, die ihre Schwangerschaft als Zufallsereignis bezeichneten, standen grundsätzliche Änderungen in den Wohnverhältnissen und der Laufbahnplanung im Vordergrund. Ihre Gedanken kreisten vorwiegend um die Umweltbedingungen, die sie für ihre Babys vorbereiten wollten. In einem Fall waren diese durch die mögliche Perspektive, als Alleinerzieherin verantwortlich zu sein, geprägt. Die anderen, zum ersten Mal gebärenden Mütter berichteten von seit längerer Zeit gehegten Phantasien zur Familienbildung, in der Regel als harmonischem, triadischem Beziehungsnetz. Bei mehreren waren Gedanken darunter, eine bessere Kindheit zu ermöglichen als jene, die sie selbst erlebt hatten. Die Mütter mit der zweiten Schwangerschaft stellten Vergleiche zum ersten Kind an. Eine Mutter wünschte sich sehr ein ruhigeres Kind. Bei einer anderen Mutter, die eine erste traumatische Geburt erlebt hatte, war es wichtig, eine zweite, glücklichere Geburtserfahrung machen zu dürfen. Eine dritte erlebte mit der zweiten Schwangerschaft die Wiederbelebung ihrer ursprünglichen Familienkonstellation mit ihren beunruhigenden »Gespenstern«, was beim ersten Kind nicht der Fall war. Eine unterschiedlich ausgeprägte, wichtige Vorangst bei den Zweitgebärenden war, dem ersten Kind nicht mehr gerecht zu werden; dies deutet darauf hin, dass neben den Vorstellungen über triadische Interaktionen auch solche über das Funktionieren der Familie als Gruppe wichtig sein können.

Bezüglich des Geschlechts des Kindes gab nur eine Mutter einen eindeutigen Wunsch nach einem Buben an; die Enttäuschung nach der Geburt ihres Mädchens konnte sie schnell überwinden.

Geburtsverlauf

Bei keiner der zuletzt erfolgten Geburten bestanden aus medizinischer Sicht besondere Risikosituationen oder entstanden Komplikationen, mit Ausnahme einer Schlüsselbeinfraktur mit vorübergehender Plexusparese bei einem großen Baby. Bei vier Müttern verlief der Geburtsprozess langwierig; in drei Fällen wurde nach längerer Wehentätigkeit die Saugglocke eingesetzt, in einem davon wurde in der Schlussphase die Geburt mit Zange beendet. Das subjektive Erleben der Mütter korreliert nicht mit diesen somatischen Daten, sondern steht vielmehr in Zusammenhang mit den Umständen und mit der Betreuung der Geburt. Die Frau, bei deren Entbindung die Zange notwendig wurde, konnte die intensiven, aber kurz dauernden Schmerzen schnell vergessen und sich am gesunden Kind freuen. In zwei Fällen wurde die Geburt als traumatisch erlebt, und die Mütter wiesen auch Zeichen des posttraumatischen Syndroms (wiederkehrende Erinnerungen und Ängste) auf. Besonders eindrücklich war bei der Frau, die eine traumatische Geburt zwei Jahre zuvor erlebt hatte, wie diese Erfahrung die ganze Zeit danach geprägt hatte.

Frau P. schildert bei beiden Untersucherinnen unaufgefordert ihre »Horrorerfahrung« mit der ersten Geburt. Wegen wilder Wehen musste sie ihre Arbeit vorzeitig aufgeben und viel liegen. Als die Geburtswehen einsetzten, kam sie in die Privatklinik, die sie sich aus einem großen Sicherheitsbedürfnis heraus leisten wollte. Doch sie fühlte sich vom Gynäkologen überrumpelt. Die Herztöne des Kindes wurden angeblich schlechter, Frau P. meint jedoch, dass der Arzt Feierabend machen wollte. Sie bekam Wehenmittel, die einen Wehensturm auslösten. Sie wurde ans Bett gefesselt und bekam keine Unterstützung vom Personal. Ihr Mann war hilflos dabei. Am Schluss war sie erschöpft und empfand das Geschöpf, das nackt neben ihr in einem Brutkasten lag, als abstoßend. Frau P. ist bei der Erzählung zwei Jahre später immer noch erschüttert und weint. Das erste Jahr nach der Geburt war durch Erschöpfung und schwere depressive Gefühle gekennzeichnet, insbesondere fiel es ihr schwer, Vertrauen in die Umwelt zu fassen, sodass sie kaum Hilfe akzeptieren konnte. Sie setzte alles daran, einen anderen Gynäkologen und eine alternative Geburtseinrichtung zu finden, die ihr bei der zweiten Geburt beistehen würden. Die Untersucherinnen hatten den Eindruck, dass Wiedergutmachung eine wichtige Motivation für die erneute Schwangerschaft trotz Erschöpfungszustand war. Die zweite Geburt, eine Wassergeburt, schildert Frau P. in höchsten Tönen als traumhaftes Ereignis, das sich in allen Aspekten von der ersten Erfahrung abhob. Hier scheint eine gewisse Idealisierung stattzufinden, die Frau P. nicht ganz erlöst, da sie an der krassen, sich aufdrängenden Gegenüberstellung der zwei Geburten zu leiden beginnt. Jedenfalls setzt sich die depressive Entwicklung nach der zweiten Geburt fort, und Frau P. bleibt weiterhin sehr misstrauisch gegenüber neuen Hilfsangeboten und wirkt auch im Erstinterview als schnell bereit, aggressive Gefühle auf andere zu projizieren.

Nicht ganz so tragisch, aber doch als sehr schlimm erlebte Frau L. den Geburtsvorgang. Sie ging nach längerer Übertragung des Kindes in die Klinik und bekam ein schwaches Wehenmittel, das als Vorbereitung für die Geburt am nächsten Tag gedacht war. Der Partner durfte abends nach Hause gehen. Doch während der Nacht bekam Frau L. starke Wehen und war nicht in der Lage, der Hebamme ihre Überforderung mitzuteilen. Sie fühlte sich alleine, verlassen. Am Morgen, als die Presswehen einsetzten, schrie sie nur noch und sah sich am Ende der Geburt in einem mit Blut und Urin verschmierten Schlachtfeld, in dem neben ihr ein unansehnliches, lädiertes Baby lag. Auch Frau L. muss immer wieder an diese Geburt denken. Sie empfindet Wut und Trauer. Sie wirft der Hebamme vor, den Verlauf der Geburt falsch eingeschätzt und den Mann weggeschickt zu haben, sie beklagt, dass der benachrichtigte Arzt viel zu spät kam. Vor allem aber ist sie auf ihre eigene Leistung nicht stolz und will nie mehr so etwas erleben. Anders als Frau P. sieht Frau L. die Gründe für den dramatischen Verlauf nicht nur bei den anderen, sondern auch bei sich selbst. Auch sie wird bald ein zweites Kind planen.

In dieser kleinen Gruppe war Geburt als mögliches Trauma ein Thema, das durch die Erfahrung einiger Teilnehmerinnen belegt war. Es schien, dass die involvierten Geburtshelfer diese psychische Dimension vernachlässigten oder gar übersahen, wie sie auch dazu tendierten, pränatale Depressionen zu beschwichtigen. Es ist aus psychotherapeutischer Perspektive jedoch sinnvoll, die traumatische Qualität des Ereignisses für jede Mutter differenziert zu betrachten. Die medizinische Definition von Trauma als Auslöser posttraumatischer Erscheinungen unterscheidet sich vom umgangssprachlichen Sinn des Wortes, der manchmal nur eine Steigerung eines momentanen Schmerzes ohne einschneidende Nachwirkungen bezeichnen will. In der Geburtssituation ist es für den zugezogenen Betreuer schwierig zu beurteilen, in welchem Maße die Ereignisse für die Gebärende belastend sind; er soll jedoch durchaus die Möglichkeit vor Augen haben, dass auch ein Trauma mit den im ICD-10 beschriebenen psychopathologischen Folgen vorliegen kann.[27][28]

---

[27] In diesem Abschnitt ist nur vom Erleben der Gebärenden und nicht des Neugeborenen die Rede. Es sei hier jedoch auf die umgangssprachliche Auffassung des Geburtstraumas als einer inhärenten, obligaten Erfahrung des Neugeborenen selbst hingewiesen. Diese kulturgeschichtlich begründete Ansicht schlug sich auch wiederholt in therapeutischen Ansätzen nieder, gegenwärtig beispielsweise in den auch im Säuglingsalter angewendeten (postreichianischen) Körpertherapieverfahren. Die moderne Psychopathologie des Säuglings und Kleinkindes, wie sie hier vertreten wird, versucht sich auf ganz andere Weise – aus klinischen Daten bei kleinen Patienten, die im Rahmen enger definierter Traumakriterien interpretiert werden –, dem allfälligen traumatischen Erle-

Beziehung zur Herkunftsfamilie

Auffallend ist, dass bei allen untersuchten Müttern und Elternpaaren eine belastete oder gestörte Beziehung zur Herkunftsfamilie besteht. Zum Teil handelt es sich um ein Elternteil, der wegen Krankheit oder einem Schicksalsschlag in seiner Elternrolle beeinträchtigt ist; zum Teil geht es um Eltern mit einer als nicht adäquat erlebten erzieherischen Haltung. Es stellt sich die Frage, ob der Wunsch, bessere Beziehungen zu den eigenen Kindern zu haben oder bessere Eltern zu sein, als man sie selbst erlebt hat, nicht ein wichtiger Hintergrund für die Teilnahme an der Gruppe war. Die Gruppe würde demnach vorwiegend als Möglichkeit verstanden, die Elternfunktion zu reflektieren. Sie müsste diesbezüglich auf die eigenen blinden Flecken aufmerksam machen und neue Lösungen aufzeigen.

Bei zwei Gruppenteilnehmerinnen ist die Beziehung zur eigenen Mutter durch die Epilepsieerkrankung Letzterer geprägt. In verschiedenem Maße bestand eine Umkehrung des Pflegeverhältnisses, das Kind musste auf die auf Stress anfällige Mutter Rücksicht nehmen, zum Teil bestanden auch Schuldgefühle oder gar offene Schuldzuweisungen bezüglich der Anfälle. Beide Mütter wurden als unterstützende Person vermisst, bei einer kamen strenge Behandlung und Strafen in Überforderungssituationen hinzu; die Väter konnten die Belastung auf die Töchter nicht genügend abfangen. Die Mutter einer anderen Teilnehmerin war aus anderen Gründen krankheitsanfällig; sie wurde zwar nie schwer krank, schonte sich aber dermaßen, dass sie zunehmend von ihrem Mann und später – als dieser gestorben war – von ihren Kindern abhängig wurde. Die eigene Elternschaft stellte die junge Mutter vor die größere Aufgabe, Hilfe und Verantwortung für die eigene Mutter einzuschränken.

Eine Gruppenteilnehmerin berichtete, dass beide Eltern sehr streng und lieblos und überbeschäftigt waren, wobei wiederkehrende Depressionen und manchmal Klinikaufenthalte der Mutter eine große Rolle spielten. Die Kinder litten zudem unter der geringen gegenseitigen Wertschätzung ihrer Eltern und schöpften Kraft aus geschwisterlicher Solidarität. Die Gruppenteilnehmerin als älteste Schwester musste nicht so sehr die Mutter pflegen, sondern viel-

---

ben im Säuglingsalter zu nähern (s. u.a. Gaensbauer, 1995), und übernimmt diese ideologische Definition nicht.

[28] Auch die Geburtsschmerzen, die die Mutter erleidet, waren bei uns bis vor kurzem im Rahmen der christlich geprägten Kultur interpretiert. Die Auseinandersetzung darüber in der Gruppe zeugt davon, dass die psychische Verarbeitung dieser Erfahrung jetzt der einzelnen Frau individuell übertragen ist und dass tradierte kulturelle Erklärungsmuster nicht mehr tragen. Dekompensierte Mütter erzwingen – wie in den hier dargestellten diagnostischen Überlegungen ausgeführt – die Übernahme des Themas durch die Medizin. Die Gruppendiskussion unter Müttern hingegen nimmt zum Teil die kulturelle Aufgabe der Sinngebung jenseits der Pathologie in einem neuen Kontext wieder auf.

mehr gegenüber dem Vater die Rolle der Hausmeisterin übernehmen.

Zwei Frauen vermitteln einen gemischten Eindruck bezüglich der Beziehung zur eigenen Mutter. Es wird keine offene Kritik formuliert, aber ihre Mütter waren schwach, damals nicht fähig, ihre Kinder zu schützen (in einem Fall ging es um außerfamiliären sexuellen Missbrauch), und sind heute nicht in der Lage, konsistent Rat und Beistand zu leisten. Auch ihre Väter sind kaum vorhanden. Bei beiden Frauen sind die Geschwisterbeziehungen gut und tragfähig. Zwei weitere Frauen erlebten die Beziehung zur Ursprungsfamilie seit der Jugendzeit als beunruhigend und leben seither auf gewisse Distanz zu ihr. Hier ging es um schwelende Konflikte, die nie voll ausgetragen wurden, im Bereich von Fürsorge versus Dominanz oder um die Wertschätzung in Zusammenhang mit Geschlecht. Die Partnerwahl wurde von den Konflikten mit der Familie beeinflusst. Die Elternschaft aktualisierte eindeutig einige Aspekte dieser Konfliktkonstellationen im Sinne des Erweckens von »Gespenstern in der Kinderstube«. Bei der letzten Gruppenteilnehmerin löste die unerwartete Schwangerschaft eine radikale und folgenschwere Abwendung des Vaters aus, der sich gar nicht mit der eventuellen Gefährdung der Ausbildung seiner Tochter abfinden konnte. Erst der konstante Einsatz ihrer Mutter zugunsten der entstehenden jungen Familie konnte noch vor der Geburt die Versöhnung herbeiführen.

Die Rekrutierung der Gruppe ging vom Leidensdruck der Mütter aus. Die Exploration ihres familiären Hintergrundes brachte als eindrücklich konstanten Befund eine Belastung der Beziehung zur Herkunftsfamilie zu Tage. Von den Vätern ist dies nicht so zu erwarten. Es interessiert jedoch, wie es mit ihren familiären Erfahrungen und den aktuellen Ressourcen ihrer Ursprungsfamilien steht. Die Frage ist, ob der Beitrag aus der väterlichen Vorgeschichte die Problematik der Mütter potenziert oder dämpft. Die Informationen stammen zum Teil von den Gruppenteilnehmerinnen, zum Teil von den Partnern direkt; diese erweisen sich als durchwegs übereinstimmend. Vier Partner stammen aus unproblematischen Familien, die den bevorstehenden Veränderungen auch wohlwollend gegenüberstehen. Diese vier Väter sind in der Lage, eine tragfähige Beziehung aufrechtzuerhalten, und spielen eine positive Rolle in der Bewältigung der postpartalen Krise des Familiensystems. Drei Partner haben getrübte Beziehungen zu ihren Eltern. Ein Vater stammt aus einer geschiedenen Ehe, bezeichnet die Beziehung zu seiner Mutter als schlecht und hat kaum Kontakt zum eigenen Vater. Bei einem anderen Vater bestehen seit der Jugend unausgesprochene Konflikte, die zu einer Distanzierung führten. In dieser Familie hat die Mutter des werdenden Vaters die Veränderung im Leben des Sohnes nicht akzeptiert. Der dritte Vater fühlte sich von seinen Eltern nicht akzeptiert und alleine gelassen. Zwei dieser Väter sind mit den durch die Geburt reaktivierten persönlichen Problemen so beschäftigt, dass sie den gesteigerten Bedürfnissen nach Unterstützung ihrer Partnerinnen in der postpartalen Krise nicht gerecht werden können. Einer von ihnen ist weniger mitgenommen und wird von seiner Frau trotz seiner Belastung als sehr präsent und hilfreich erlebt. Über zwei Partner liegen zu wenige Informationen vor. Einer wurde von seiner Partnerin kaum erwähnt, da sie sich als allein erziehend verstand; er selbst wollte nicht für mehr als den Anfangsbesuch zur Verfügung stehen. Der zweite wurde von seiner Partnerin, für die die eigene persönliche Not sehr im Vordergrund stand, nur als stille Hintergrundhilfe dargestellt; er selbst führte sich im Familiengespräch sehr zurückhaltend auf. Zusammenfassend wirken die Väter mit positiven Vorerfahrungen in ihrer Ursprungsfamilie – sicher dazu zählen aber weniger als die Hälfte – im Rahmen der postpartalen Krise unterstützend; bei den Vätern, die belastende familiäre Vorerfahrungen mitbringen, wirkt sich dies in unterschiedlichem Maße einschränkend auf ihre väterliche Funktion aus.

Soziokulturelles Umfeld, tradierte Kultur bezüglich Kindspflege und -erziehung

Eine Gruppenteilnehmerin gehörte einer sprachlich gut integrierten, aber in sozialer Hinsicht klar der südeuropäischen Subkultur zuzuordnenden Migrantenfamilie an. Sie verließ die Gruppe bald, der kulturelle Aspekt schien aber nicht der entscheidende Faktor bei dieser Wende gewesen zu sein. Eine weitere Gruppenteilnehmerin stammte aus einer Bauernfamilie. Diese kulturelle Herkunft spiegelte sich in vielen Charakterzügen und Denkweisen wider, war in der Gruppe spürbar und musste berücksichtigt werden, obwohl diese Frau seit längerer Zeit in städtischen Verhältnissen in einer ähnlichen sozioökonomischen Situation lebte wie die anderen Frauen der Gruppe. Bei einigen Müttern spielte die kleinräumige Migration, die meist durch das Bedürfnis der größeren Distanz zur Ursprungsfamilie bestimmt war, eine deutliche Rolle. Die Schwierigkeiten, sich in eine kulturell nur wenig andersartige und doch in wichtigen Aspekten unterschiedliche Umwelt einzuleben, wurden häufig durch die in der Familie stattfindenden Veränderungen aktualisiert.

Als kulturelles Umfeld wurde die Stadt an sich stark wahrgenommen und unter den neuen Voraussetzungen vom Leben mit einem Säugling oder mit Kleinkindern neu bewertet. Alle Mütter beklagten die anfängliche plötzliche Isolierung, weil sie sich unvermittelt in einer Nachbarschaft ohne junge Familien oder in einem für Kleinkinder nicht geeigneten Stadtviertel befanden. Umziehen war bei einigen von ihnen ein Thema konkreter Planungen.

Zwei Paare waren aus bewusstem Entscheid nicht verheiratet. Dieser Tatbestand wurde allgemein akzeptiert und erregte keinen offenen Widerspruch. Doch waren viele Fragen damit verbunden, die zu wiederholten Diskussionen führten, etwa über die Frauenrolle, die Frauenidentitäten und die Auffassungen von Hausfrau beziehungsweise Berufsfrau. In Bezug auf Kinderpflege und Kindererziehung waren nicht weit auseinander liegende Vorstellungen im Spiel. Verschieden war das Ausmaß, wie sich eine Familie auf eigene Erfahrungen und orale Vermittlung abstützen konnte oder wie sie sich auf externe Beratung und schriftliche Erzeugnisse berief. Wegen der relativen Isolierung als junge Familie im engeren sozialen Umfeld wurde sehr häufig auf öffentlichen Debatten und auf gerade aktuelle einschlägige Ratgeber und Publikationen Bezug genommen.[29]

Psychiatrische Vorgeschichte
Vier Frauen hatten mehrere Jahre vor der Familiengründung depressive Episoden, die psychotherapeutisch behandelt worden waren. In einem Fall davon bestand eine schwerer wiegende Dekompensation mit Essstörung, die eine längere Therapie erfordert hatte. In einem anderen Fall lag die Beendigung der Einzeltherapie noch nicht lange zurück. Alle beurteilten die damalige therapeutische Unterstützung als hilfreich. Eine Frau suchte während der Schwangerschaft individuell psychotherapeutische Hilfe.

3.1.4. Zuweisungsgrund und Motivation für die Gruppenteilnahme

Sechs Frauen mit ihrem Baby wurden durch die Mütterberaterin aufgrund deren Einschätzung bezüglich des Vorliegens einer ernsthaften postpartalen Krisensituation auf das Gruppenprojekt aufmerksam gemacht. Auch die übrigen Anmeldungen der Frauen, die sich nicht für die Gruppe entscheiden konnten, kamen über Mütterberaterinnen. Dass keine Gynäkologen und keine Kinderärzte Fälle zuwiesen, erstaunt zunächst, sind diese doch sehr früh in Kontakt mit potentiell krisengefährdeten Müttern. Über die Gründe können nur Vermutungen angestellt werden. (s. 2.4.1.) Vielleicht hat es damit zu tun, dass Ärzte für verunsicherte Mütter doch eine höhere Schwelle darstellen als Hebammen, Kinderkrankenschwestern und Mütterberaterinnen, wenn es um das Mitteilen der persönlichen Befindlichkeit und Ängste geht. In der Tat wurde das Thema der postpartalen Depression in dieser Berufsgruppe als erster und aus persönlicher Erfahrung breit thematisiert. Als weiteres Argument muss miteinbezogen werden, dass das Projekt von der Institution der Mütter-

---

[29] An dieser Stelle zeigt sich wieder die kulturelle Dimension sowohl des elterlichen Unbehagens wie des Versuchs von dessen Überwindung in der Gruppendiskussion. Moderne Elternratgeber verbreiten zum großen Teil professionell entwickelte pädagogische, psychologische und medizinische Auffassungen. Doch braucht es zuweilen einen Gesprächskontext, um die Ratschläge in einem lebendigen Umfeld wirksam und anwendbar werden zu lassen.

und Väterberatung mitgetragen wurde, indem eine Mütterberaterin als Co-Therapeutin mitwirkte und die Gruppe sich in den Räumen dieser Institution traf, sodass die Mütterberaterinnen selbst am ehesten motiviert waren, ein Angebot zu nutzen, das sie direkt entlasten konnte.

Drei Frauen hatten sich von sich aus gemeldet, nachdem sie das Plakat mit dem Titel »So habe ich es mir nicht vorgestellt« mit dem Hinweis auf die geplante Müttergruppe gesehen hatten, zwei davon in der Gebärabteilung, eine in der Kinderklinik. Die Frauen, die in der Gebärabteilung auf die Anzeige aufmerksam geworden waren, fühlten sich von der Idee des Austausches unter Müttern und der Begleitung ihrer Mutterschaftsentwicklung sofort angesprochen und setzten sie in Bezug zu den vielen Gedanken, die die Schwangerschaft bei ihnen in Gang gesetzt hatte. Diese Mütter waren sehr selbstreflexiv und hatten ein feines Gespür für die spezifischen Konflikte der Elternschaft. Die Frau, der die Anzeige in der Kinderklinik aufgefallen war, stand unter dem Druck einer pädiatrischen Diagnose, die einen gewissen Vorbehalt bezüglich der Kindsentwicklung beinhaltete. Sie wünschte sich vermutlich in dem Moment einen Ort, wo ihr geholfen würde, diese Angst zu ertragen.

Nachträglich kann gesagt werden, dass sowohl die Zuweisungen durch die Mütterberaterinnen wie die Selbstzuweisungen aufgrund sehr guter Indikationen stattfanden. Da die Gruppe prinzipiell im Sinne der guten Durchmischung auch für nicht depressive Mütter offen war, hatten sich die Mütterberaterinnen nicht an einer engen Depressionsdiagnostik zu orientieren. Sie schickten auch Mutter-Kind-Paare, die ein »ungutes« Gefühl hinterließen, und erfassten so Frauen mit einer vorwiegenden Beziehungsproblematik, die eine noch dringlichere Therapieindikation darstellen als rein depressive Mütter (s. weitere diagnostische Auswertung und Therapieergebnisse), und Frauen mit fokalen Elternschaftskonflikten. Unter den Selbstzuweiserinnen, die alle eine Ahnung ihrer Konflikthaftigkeit hatten, war eine eindeutig in einer depressiven Phase, die anderen zwei wiesen nur eine leichte depressive Episode auf. Bei einer der Letzteren jedoch, die sich nicht wirklich in den Gruppenprozess einlassen konnte, zeigte sich nur am Ende der Behandlung, wie sehr sie in ihrer Isolierung, die schließlich durch in der Gruppe nicht überwundene Beziehungsschwierigkeiten bedingt war, gelitten hatte. Keine Frau wurde aufgrund einer reinen sozialen Indikation der Gruppe zugewiesen.

3.1.5. Erwartungen an die Gruppe

Die meisten Mütter erwähnen den Wunsch, Austausch mit anderen Müttern zu pflegen oder andere Mütter mit ähnlichen Problemstellungen kennen zu lernen. Einige wünschen sich Vergleichsmöglichkeiten und vor allem positive Bilder, wie man mit schwierigen Situationen umgehen kann; sie suchen Identifikationsmöglichkeiten mit den guten Anteilen anderer Mütter. Einige Mütter möchten Anschluss an Frauen in ähnlicher Situation finden, sie möchten aus ihrer Isolation ausbrechen, auch nur punktuell, wie es die geplante Gruppe bietet, die nicht auf das Herstellen eines realen sozialen Netzes ausgerichtet ist.

Zwei Frauen schätzen, dass diese Gruppe von einer Kinderpsychiaterin geleitet ist und doch nicht »zu psychiatrisch« daherkommt. Der psychotherapeutische Aspekt wird teilweise erhofft und wahrgenommen, zum Teil von sich gewiesen. Dies entspricht der Ambivalenz in der Ausschreibung der Gruppe, die sich einerseits stützend an erschöpfte Mütter wendet, anderseits an ihr kreatives Potential appelliert. Diese Ambivalenz ist auch unter den Gruppenteilnehmerinnen vertreten. Eine Frau erhofft sich von der Gruppenarbeit mehr Einsicht, »sozusagen ein Stück Therapie«. Eine andere hofft, beginnende innere Teufelskreise zu durchbrechen, ohne dass sie dies als Therapie erleben würde. Mehrere erhoffen sich einen Rahmen, in dem etwas mehr als Smalltalk, wie es in informellen Gruppen der Fall ist, stattfindet. Einige äußern die Hoffnung, dass gezielter als in Krabbelgruppen und Elternkursen auf die Depressionsthematik eingegangen werden kann. Eine Frau, die bereits in einer Krabbelgruppe keinen Anschluss fand, erwartet in der geleiteten Gruppe Schutz vor unguten Bemerkungen anderer Mütter. Die allein erziehende Mutter äußert, dass sie die Gruppe als Gegengewicht brauche, damit sie nicht vollständig von ihrem Kind aufgesaugt werde.

Eine andere Art von Erwartung an die Gruppe, die von zwei sehr »aufgelösten« Müttern erwähnt wird, ist, dass diese helfen würde, den Tag zu strukturieren. Diese Frauen haben das Bedürfnis nach fixen Punkten, die jenseits von Willensentscheid und Denken ihre Wirkung ausüben.

3.2. Auswertung der Anfangsdiagnostik

Im Folgenden werden die Befunde der Anfangsdiagnostik beschrieben. Die wichtigsten Daten sind in *Tabelle 4* dargestellt. Diese bietet eine Übersicht für die einzelne Mutter, ihr Kind und die Mutter-Kind-Beziehung. Die in dieser Tabelle erfassten Daten bilden die Grundlage für die Gruppierung der Mütter nach dem Schweregrad beziehungsweise der Eigenart ihrer postpartalen Krise. Sie sind zugleich die Grundlage für die Überprüfung von Korrelationen zwischen den mit den verschiedenen diagnostischen Instrumenten erzielten Daten. Die Ergebnisse der Anfangsdiagnostik werden in den anschließenden Kapiteln (3.3. und 3.4.) mit den Befunden der Nachuntersuchung verglichen, um den Therapieerfolg auf der Ebene der diagnostizierten Symptome zu erfassen.

Des Weiteren werden die psychodynamischen Aspekte der Anfangsdiagnostik beschrieben. Diese waren zum einen als Hintergrundkenntnisse der Gruppenleiterinnen für den Einstieg in die psychotherapeutische Arbeit von Bedeutung. Zum anderen sollte – über den Vergleich zwischen Anfangsdiagnostik und Nachuntersuchung hinaus – untersucht werden, ob und in welcher Weise die anfänglich erfassten Konflikte und Strukturprobleme der einzelnen Mütter im Verlauf des Gruppenprozesses bearbeitet werden konnten. Diese Untersuchung findet im Rahmen der Auswertung des therapeutischen Gruppenprozesses statt (siehe 5.4.).

3.2.1. Diagnose der Mutter nach ICD-10

Es sei vorausgeschickt, dass die diagnostischen Einschätzungen beider Untersucherinnen weit gehend übereinstimmten. Das gilt sowohl für die symptomatische wie auch für die psychodynamische Diagnostik. Allerdings gab es bei der phänomenologischen ICD-10-Diagnostik in einzelnen Fällen abweichende Einschätzungen, die sich auf die Bewertung des Schweregrades des depressiven Syndroms bezogen. In diesen Fällen war die Frage, ob keine oder eine leichte Depression beziehungsweise eine leichte oder eine mittelschwere Depression vorliegt, unterschiedlich beantwortet worden. Beim nachträglichen Vergleich der beiden Protokolle, die mit einem zeitlichen Abstand von 9 bis maximal 31 Tagen (Durchschnitt 16 Tage) aufgenommen worden waren, wurden die Untersucherinnen darauf aufmerksam, dass sie mit den unterschiedlichen Bewertungen Gemütsschwankungen erfasst hatten. Sie entschieden sich bei der definitiven Diagnosestellung für den Schweregrad, der der in diesem Zeitabschnitt vorwiegend vorherrschenden Stimmung entsprach. Die Befunde über das Auftreten von Gemütsschwankungen wurden durch dieses Verfahren aber nicht eliminiert, sondern blieben als wichtiger Aspekt der konflikthaften Dynamik in der postpartalen Krise im Erhebungsmaterial erhalten und wurden in der qualitativen Auswertung berücksichtigt.

Nach dem ICD-10 sind die Mütter des Projektes drei diagnostischen Kategorien zuzuordnen: Depression, Persönlichkeitsstörung und posttraumatische Belastungsstörung.

Depression
Bei vier Frauen wurde eine *mittelschwere*, bei den übrigen fünf eine *leichte depressive Episode* diagnostiziert. Drei Frauen klagten über verschiedene somatische Beschwerden, die mindestens teilweise als psychosomatisch zu

bewerten waren. Bei keiner Frau lag ein bedeutendes somatisches Grundleiden vor. Bei einer Frau war die Schwangerschaft unbeeinträchtigt und mit viel Freude verlaufen, die depressive Symptomatik zeigte sich erst nach der schwierigen Geburt und im Umgang mit dem Kind. Eine Frau klagte, dass ihre depressiven Symptome vorwiegend als Folge der Unsicherheit mit dem Kind aufgetreten seien. Die anamnestische Erhebung zeigte aber, dass sie schon in früheren Jahren eine Tendenz zum Grübeln und zur Besorgtheit gehabt hatte. Im Allgemeinen berichteten die Frauen darüber, dass Sorgen, Konflikte und Verstimmung schon während der Schwangerschaft aufgetreten seien. In zwei Fällen bestand die relativ schwere depressive Symptomatik mindestens seit der Geburt des ersten Kindes, sodass hier von einer chronischen Verlaufsform gesprochen werden kann.

Frauen mit sehr schweren Depressionen waren in der Gruppe der Mütter, die an dem Projekt teilnahmen, nicht vertreten. Allerdings wurden zwei Frauen wegen der Schwere ihres klinischen Krankheitsbildes im Vorfeld der Rekrutierung ausgeschieden (s. 3.1.1.).

Persönlichkeitsstörungen
In einigen Fällen, in denen Beziehungsschwierigkeiten sowohl in der persönlichen Geschichte wie in der Untersuchungssituation selbst auffielen, sahen sich die Untersucherinnen bei der Diagnostik genötigt, die Beurteilung der Persönlichkeitsstruktur in den Vordergrund zu stellen. In zwei Fällen wurde eine *Persönlichkeitsstörung* als sehr wahrscheinlich erachtet. Bei einer Frau handelte es sich um eine starke Betonung narzisstischer Bedürfnisse, um großes Misstrauen gegenüber der Zuverlässigkeit anderer Personen und um die Schwierigkeit, Beziehungen aufzubauen und über die Zeit zu halten. Bei der anderen Frau war eine starke emotionale Instabilität vorhanden, mit der Tendenz, die verschiedenen Erfahrungen abzuspalten. Zudem fiel es dieser Mutter schwer, das Innenleben anderer zu verstehen und verbindliche Beziehungen einzugehen.

Die Bedeutung dieser Befunde für den Verlauf und das Ergebnis der Therapie – auf die weiter unten näher eingegangen wird – unterschätzten die Untersucherinnen anfangs. Es stellte sich heraus, dass die Beziehungsfähigkeit der Mütter für die Bewältigung der postpartalen Krise ein entscheidenderer Faktor als ihre Stimmungslage ist. Die Konsequenz aus dem Befund ist, dass diesem Aspekt bei der Einschätzung der in der Therapie zu erwartenden Schwierigkeiten und der Dauer der Therapie besondere Aufmerksamkeit geschenkt werden sollte. In der vorliegenden Untersuchung zeigte sich jedoch zugleich, dass es sehr schwierig ist, den Anteil einer gestörten Beziehungsfähigkeit neben dem der depressiven Symptomatik und neben den ohnehin zur postpartalen Entwicklung gehörenden Veränderungen im Beziehungsgefüge differentialdiagnostisch zu erfassen. Diese Schwierigkeit, die mit dem Oszillieren des Krankheitserlebens und den Diskrepanzen in den Beziehungsmustern zusammenhängt, wird im Rahmen der Auswertung der Psychodynamik (unter 3.2.3.) diskutiert. Da die Diagnostik sich nicht allein am aktuellen, von der besonderen Lebensphase geprägten Beziehungsverhalten der Mutter orientieren kann, ist bei der Beurteilung der Persönlichkeit der jungen Mutter in jedem Fall die Vorgeschichte wichtig.

Posttraumatische Belastungsstörung (PTBS)
In mindestens zwei Fällen wurde die zusätzliche Diagnose einer *posttraumatischen Belastungsstörung (PTBS)*, die durch den besonders langwierigen und schmerzhaften Geburtsvorgang ausgelöst worden war, gestellt (Fallvignetten unter 3.1.3., Geburtsverlauf). Beide Mütter berichteten von Nachhallerinnerungen, die zusammen mit überschwemmenden Gefühlen, Angst und Aggression auftraten. Das Erzählen der Geburtsszene im diagnostischen Gespräch war nach Monaten (in einem Fall nach Jahren) noch mit Weinen und Verzweiflung verbunden. Da beide Frauen allgemein in ihrer Beziehungsgestaltung Schwierigkeiten aufwiesen, lässt sich sehr schwer sagen, welchen Anteil die traumatische Erfahrung an der Entstehung der depressiven Symptomatik hat.

3.2.2. Auswertung des EPDS

Das EPDS ist ein Screening-Test zur Ersteinschätzung der Depression bei Müttern in der postpartalen Zeit (s. unter 2.4.2.). Bei Werten ab 9 bis 10 Punkten ist es möglich, dass eine depressive Störung vorliegt, und es wird eine eingehendere diagnostische Untersuchung empfohlen. Bei einem Wert über 12 bis 13 Punkten ist eine Depression sehr wahrscheinlich, die weitere Abklärung ist dringend indiziert. Die EPDS-Werte, die für die Frauen des Projektes erhoben wurden, stimmen in Bezug auf Depressivität für jede Frau mit den klinischen Diagnosen nach dem ICD-10 überein. Drei Frauen mit mittelschwerer Depression weisen Werte über 12 bis maximal 18 Punkte auf; eine als mittelschwer depressiv eingestufte Frau gab den Fragebogen nicht ab, sodass es für sie keinen EPDS-Wert gibt. Die Frauen mit leichter Depression erhielten Werte zwischen 5 und 10 Punkten (s. *Tabelle 4*).
Der Einsatz des EPDS wurde durch die ursprüngliche Ausrichtung des Projektes auf die Früherfassung der behandlungsbedürftigen postpartalen Depression bestimmt. Im Verlauf der Untersuchung relativierte sich die Bedeutung der Depressionsdiagnostik gegenüber der Bedeutung, die die Erfassung der Beziehungsproblematik gewann. Die Unzulänglichkeit des EPDS

Tabelle 4: Diagnostische Tabelle Voruntersuchung

	Diagnose Mutter (ICD-10)	EPDS	Diagnose Kind	Mutter-Kind-Beziehung **V: mütterliche Vorstellung** **I: beobachtete dyadische Interaktion**
1	mittelschwere Depression	18	rezidivierendes Erbrechen	V: zu enge Beziehung: entgrenzt I: zu proximale (verschlingende) Betreuung, passives Baby
2	mittelschwere Depression	13	exzessives Schreien	V: zu enge Beziehung: ängstlich-perfektionistisch I: zu proximale (unruhige) Betreuung, passives Baby
3	mittelschwere Depression mit somatischen Symptomen (chronisch)	12	Schlafstörung	V: zu enge Beziehung: altruistisch I: unauffällig
4	mittelschwere Depression (chronisch) PTBS* nach 1. Geburt	--	problemlos	V: wechselhafte Beziehung, v. a. zum 1. Kind I: disharmonisch: Mutter bezugsarm, Kind sehr aktiv
5	Persönlichkeitsstörung leichte Depression PTBS* nach Geburt	10	(später: Inappetenz, Verstopfung)	V: wechselhafte Beziehung I: disharmonisch: Mutter sehr aktiv, passives Baby
6	Anpassungsstörung mit leichter Depression	8	Status nach intrauteriner Toxoplasmose, exzessives Schreien	V: angemessen enge Beziehung I: beidseits initiativarm/verlangsamt

Fortsetzung Tabelle 4: Diagnostische Tabelle Voruntersuchung

	Diagnose Mutter (ICD-10)	**EPDS**	**Diagnose Kind**	**Mutter-Kind-Beziehung** **V: mütterliche Vorstellung** **I: beobachtete dyadische Interaktion**
7	Persönlichkeitsstörung leichte Depression mit somatischen Symptomen	7	(später: auffallend progressiv)	V: wechselhafte Beziehung I: disharmonisch: Mutter bezugsarm, Baby genügsam, gelegentlich sich entziehend
8	leichte Depression	6	Verhaltensprobleme	V: (zu enge Beziehung zum 1. Kind: altruistisch) I: unauffällig
9	leichte Depression mit somatischen Symptomen	5	exzessives Schreien	V: angemessen enge Beziehung I: zeitweise initiativarm/verlangsamt

* PTBS = posttraumatische Belastungsstörung

als Screening-Test für die Zuweisung zu therapeutischen Interventionen liegt nicht darin, dass er nur Richtwerte liefert, sondern darin, dass er einen wichtigen Hintergrund von postpartalen Krisen – nämlich die Persönlichkeitsstörung – nicht in den Blick bekommt.[30] So wäre bei einer der beiden Mütter der Gruppe, bei der eine Persönlichkeitsstörung festgestellt wurde – jener Mutter, die den beiden Untersucherinnen am meisten Sorge bereitete und am dringendsten therapeutische Unterstützung brauchte –, gemäß dem EPDS-Wert die postpartale Krise unaufgedeckt geblieben. Das bedeutet, dass einzelne Mütter aus dem Hilfsangebot herausfallen würden, wenn dieses Instrument die alleinige Entscheidungsgrundlage für die Teilnahme an der Gruppe wäre.

3.2.3. Psychodynamische Beurteilung der Mutter

Mit der psychodynamischen Diagnostik wird versucht, (vor- und unbewusste) Konflikte und die psychische Struktur zu erfassen. Die folgenden Feststellungen und Überlegungen beruhen auf den festgehaltenen psychoanalytisch orientierten Gesprächen. In diesen war die Aufmerksamkeit auf die verbalen und auf die im Verhalten ausgedrückten Mitteilungen der Mütter wie auch auf die in der Gegenübertragung der Untersucherinnen wahrnehmbaren unbewussten Mitteilungen gerichtet. In der psychodynamischen Beurteilung gab es Abweichungen in den Befunden beider Untersucherinnen. Zum Teil konnten die Unterschiede auf die unterschiedliche Untersuchungssituation zurückgeführt werden. Das Vorgespräch mit der Projektleiterin (der künftigen Gruppenleiterin) gestaltete sich wie eine diagnostisch-therapeutische Erstbegegnung. Dabei setzte bereits eine Übertragung ein, die dazu führte, dass die untersuchten Mütter relativ offen ihre Selbstzweifel und ihre Bedürftigkeit zeigten. Das zweite Interview mit der zweiten Untersucherin, das in der Regel im Familiensetting stattfand, wurde von den Müttern wie ein explorierendes Forschungsgespräch wahrgenommen. Hier zeigten die Mütter eher ihre Fähigkeit, trotz ihrer Belastungen eine Situation, die fordernd ist und Ängste mobilisiert, zu bewältigen. Die zu Grunde liegenden Beziehungsmuster und Konfliktneigungen wurden aber trotz der durch den jeweiligen Interviewrahmen hervorgerufenen unterschiedlichen Schwerpunktsetzung von beiden Untersucherinnen übereinstimmend erfasst. Zum anderen Teil lagen die unterschiedlichen Befunde für einige Mütter in der Natur der Persönlichkeitsstörung dieser Mütter begründet.

---

[30] Weitere Ausführungen zu diesem Punkt wurden von M. Mögel, zweite Untersucherin in diesem Projekt, im Rahmen ihrer Arbeit in der Kantonalen Kleinkindberatung Zürich anhand breitflächiger Beratungstätigkeit entwickelt. Mündliche Mitteilung an der GAIMH-Jahrestagung Zürich, 2000.

Für die Auswertung wurde das Klassifikationssystem der operationalisierten psychodynamischen Diagnostik OPD mit den folgenden übergeordneten Kategorien Krankheitserleben, Beziehung, Konflikt und Struktur (s. unter 2.4.2.) übernommen, obwohl es sich bei den Erstgesprächen nicht um Interviews handelte, die nach den Vorschriften des OPD-Manual strukturiert worden waren.[31] Die OPD-Konzeptualisierung diente als Orientierung für die Einordnung und Darstellung der Beobachtungen.

Oszillierendes Krankheitserleben
Als typische Erscheinung muss das *inkonstante, oszillierende Krankheitserleben* bei den untersuchten Müttern gewertet werden. Die Mütter beschrieben ihre Schwierigkeiten häufig als Episoden, in denen alles um sie zusammenbrechen würde und in denen sie nichts anders tun könnten als weinen. Daneben berichteten sie von Zeiten, in denen sie durchaus in der Lage waren, ihr Baby zu versorgen, den Haushalt zu bewältigen und schöne Erlebnisse zu genießen. Dementsprechend war die Selbsteinschätzung als krank oder nicht krank sehr schwankend. Bei einigen Müttern – bei zweien sehr deutlich – hatte die Untersucherin das Gefühl, dass sie ihre Bedürftigkeit zeitweilig offen zeigten, dann aber gleich wieder verschlossen waren. Das heißt, dass die Ambivalenz in ihrer Selbsteinschätzung in die interpersonale Ebene verlegt und auf dieser zur Darstellung gebracht wurde. Im Extremfall wurde die Untersucherin von einer Mutter mit sehr schmerzlichen Mitteilungen konfrontiert, sobald sie aber ihr Verständnis äußerte, wurde sie von dieser Mutter in abwehrender Weise auf ihre eigenständigen Lösungsbemühungen hingewiesen. Viele der untersuchten Mütter nahmen die Unstimmigkeiten in der Beziehung zu ihrem Baby wahr und waren vorwiegend darüber besorgt. Ihre eigene Befindlichkeit wurde dann in diesem Kontext nicht mehr als gewichtig empfunden. Eine depressive Mutter sagte zum Beispiel, sie brauche keine Therapie, sondern nur Unterstützung, um ihr Kind verstehen zu lernen.
Die Mütter der Gruppe unterschieden sich in Bezug auf ihre Fähigkeit zur Einsicht in psychodynamische Zusammenhänge sehr stark. Einige Mütter konnten sehr differenziert ihre eigenen Konflikte, die Interaktionen und den beginnenden Teufelskreis im Umgang mit ihrem Baby darstellen und waren offen für Fragestellungen zu ihren Gefühlen und Handlungsmotiven. Anderen Müttern fiel es schwer, ihre wechselhafte Stimmung als solche wahrzunehmen und ihre Babys zu verstehen. Bei anderen schien die Fähigkeit zur Reflexion zeitweise nicht vorhanden zu sein, sie lebten dann Unsicherheit und persönliche Entgrenztheit in der Realität aus. Im Allgemeinen gilt Einsichtsfähigkeit als notwendige Voraussetzung für psychodynamisch orien-

---

[31] Das sehr hilfreiche Manual erschien erst nach Beginn der vorliegenden Untersuchung.

tierte Therapien. In Eltern-Baby-Therapien im Einzelsetting gibt es aber die Erfahrung, dass auch bei Krisen, die psychisch wenig repräsentiert sind, gute Erfolge möglich sind. Durch die Anwesenheit der Babys können Konflikte zur »Aufführung« kommen. Sie werden erst so für die therapeutische Arbeit zugänglich. Weitere therapeutische Mittel, die jenseits der bewussten Reflexion einsetzen, sind das vorübergehende Gehalten-Werden (»holding«) in der Zeit der eingeschränkten Denkfähigkeit sowie die Möglichkeit zu neu erlebten Beziehungserfahrungen und zur Identifikation und Nachahmung anderer (guter) Mutterfiguren. Die Anwesenheit der Kinder in der gemischten Mutter-Baby-Gruppe bedeutet die Chance, dass auch Mütter mit einer eingeschränkten oder schwankenden Fähigkeit zur Einsicht von der Gruppentherapie profitieren können. Dieser Ansatz sollte mit dem Projekt erprobt und erforscht werden.

Veränderungen und Diskrepanzen in den Beziehungsmustern
Die Gestaltung der Beziehungen um die Zeit der Geburt, in der sich das Netz der Beziehungen für die Mütter verändert, ist ein wichtiger Aspekt der postpartalen Dynamik. Für jede Mutter wurde das Beobachtungsmaterial daraufhin ausgewertet, wie sie die Beziehung zu ihrem Kind, zu ihrem Partner und Vater des Kindes und zu anderen wichtigen Bezugspersonen in der postpartalen Zeit erlebt und gestaltet. Dabei kam ein überraschendes Ergebnis zu Tage. Die Beziehungen der einzelnen Mutter nach den verschiedenen Seiten hin können sehr unterschiedlich sein. So kann sich die Beziehung zum Partner in einer anderen Richtung entwickeln als die zum Baby, und die Beziehung zu weiteren Personen kann wiederum einen ganz anderen Charakter annehmen. Es erscheint gerechtfertigt, hier von einer *Auffächerung der Beziehungsgestaltung* zu sprechen. Die Beziehung der Mutter zum Baby wird hier jeweils zum Ausgangspunkt der Betrachtung genommen.

In vier von neun Fällen beklagen die Mütter, dass sie eine *zu enge Beziehung* zum Baby hätten. Obwohl davon ausgegangen wird, dass die Mutter normalerweise eine besonders intime Nähe zu dem noch kleinen Säugling pflegt und viel Zeit mit ihm verbringt, hatten diese Mütter die Empfindung, dass die Aufgabe, den Säugling zu versorgen, sie zu sehr vereinnahmen würde. Sie hätten keine Zeit und keine Gedanken mehr für sich selbst und für den Partner, sie fühlten sich entleert und fürchteten die emotionale Erschöpfung. Die Klagen dieser Mütter wiesen in verschiedene Richtungen. Zum einen geht es um Aufopferung bis hin zu einer als beängstigend empfundenen Verschmelzung mit dem Säugling – eine Mutter berichtete über derartige Gefühle von Entgrenzung; sie sagte, dass sie nicht mehr das Gefühl habe, sie selbst zu sein, sondern nur Brust und Teil des Säuglings. Zum anderen weisen die Klagen in Richtung einer mit ängstlicher Anspannung verbundenen perfektionistischen Versorgung des Babys. Eine Mutter beispielsweise beschrieb sich selbst als zu sensibel und zu schnell bereit, auf kleinste Signale oder auch unspezifische Regungen des Säuglings zu reagieren; sie stand unter dem Druck, sein Unbehagen unverzüglich aufheben zu müssen. Und schließlich ist aus den Klagen herauszuhören, dass die unerträglich gewordene enge Beziehung bei der Mutter Aggressionen auslöst. Eine Besorgnis, dass ihre zu große Nähe dem Kind schaden könnte, taucht bei diesen Müttern aber nicht auf.

Ein anderes bedeutendes Muster war das einer *wechselhaften, durch innere emotionale Schwankungen geprägten Beziehung*. Das betraf drei Mütter, die zeitweise sehr besorgt waren und sich gegenüber ihrem Kind umsorgend verhielten. Das konnte sich aber abrupt ändern – dann kam ihnen ihr Kind fremd und sein Verhalten unverständlich vor, oder sie brachten ihm nicht die notwendige Aufmerksamkeit entgegen, um zu bemerken, wie es um es stand. Durch die Untersuchung wurde erkennbar, dass in zwei Fällen der psychodynamische Hintergrund für dieses Verhalten ein Wechsel zwischen emotionalem Rückzug der Mutter und schuldbeladener kompensatorischer Zuwendung ist. In einem Fall blieb der abrupte Wechsel zwischen Empathie und Gleichgültigkeit unverständlich. Diese Mutter, die selbst unter unausgewogenen Beziehungen zu ihren Eltern litt, schien sich der Bedeutung, die der auffällige Beziehungsstil für das Kind hat, nicht bewusst zu sein. Die anderen beiden Mütter hingegen sahen die eigenen Stimmungsschwankungen als Gefahr für ihr Kind an.

Die dritte Form der Mutter-Kind-Beziehung, die bei zwei Müttern beobachtet wurde, kann als *angemessen enge Beziehung* bezeichnet werden. Sie ist in einer dem Bedürfnis des Säuglings flexibel angepassten Weise eng, aber zugleich auch Raum gebend.

Die Beziehungen zum Partner, dem Vater des Kindes, erfordern eine besondere Erörterung, weil sie am meisten von den Veränderungen durch die Geburt des Kindes betroffen sind. In den Partnerbeziehungen – so wie die Mütter darüber berichten – lässt sich kein wiederkehrendes Muster erkennen. Die meisten Partner wurden als nahe, zuverlässig und unterstützend erlebt. In einigen Fällen war das Gefühl, Hilfe zu erhalten, durch die Besorgnis getrübt, sie (die Mutter) könnte den Partner zu viel beanspruchen und ihn dadurch überfordern. Zum Teil kam auch die Angst auf, ihn damit zu verlieren. Im Einzelnen führte das zu einem individuell gestalteten Verhältnis aus dankbarem Entgegennehmen und Distanz. Eine Mutter hielt den Partner mit großem Misstrauen auf Distanz. Obgleich dieser Vater mithalf, das Baby zu versorgen, betrachtete sich die Frau als allein erziehend. Bei einem Paar waren beide Eltern darum bemüht, nicht zu viel voneinander zu verlangen, und jeder versuchte ängstlich, allein mit seiner Belastung fertig zu werden. Die Mütter, die die Beziehung zu ihren Partnern als distanziert oder ambivalent erlebten, berichteten, dass ihnen die Verbundenheit mit einem Geschwister besonders wichtig war. Die Teilnehmerinnen dieser Gruppe waren alle in der Lage, jemanden als Gesprächspartner zu finden, mit dem sie sich austauschen konnten, wie sie in die Beziehung zum Baby involviert waren, und von dem sie Unterstützung erfuhren. Wenn es nicht der Partner war, war es eine andere Person aus dem Kreis der Familie.

Viele Frauen der Gruppe nahmen gegenüber den eigenen Müttern eine Haltung ein, die ihnen helfen sollte, die eigene Autonomie zu wahren, bis hin zur aktiven Vermeidung des Kontaktes. Das entsprach der Tatsache, dass sie in der Mehrzahl eine sehr belastete Beziehung zur eigenen Mutter und insbesondere schwierige Ablösungsprozesse in der Adoleszenz hinter sich hatten. Obwohl sie nicht vollständig isoliert waren, war die Klage über ihre soziale Isolation bei den untersuchten Müttern ein auffallend konstanter Befund. Darin kommt zum Ausdruck, dass die Verkleinerung des Kontaktkreises, die die Mütter erfahren, als Verlust empfunden wird und dies die Verarbeitung der Depression erschwert. Einige Mütter berichteten von den Versuchen, die sie gemacht hatten, an früheren Kontakten festzuhalten, waren dabei aber durch ein zu geringes Verständnis für ihre besondere Situation in ihrem Bekanntenkreis enttäuscht worden. In diesen Erfahrungen spiegelt sich die Härte der städtischen, auf berufliche Leistungen ausgerichteten sozialen Strukturen, die den Familien mit kleinen Kindern keinen ausreichenden kulturellen Raum bieten. Bei einer, eventuell zwei Müttern haben die Untersucherinnen den Eindruck, dass diese aktiv zu ihrer Isolierung beigetragen hatten, indem sie hartnäckig an ihrem Misstrauen gegenüber der Verständnisfähigkeit von anderen Menschen festhielten und Personen ihrer Umgebung mit Vorwürfen vor den Kopf stießen.

Wird das jeweilige Beziehungsnetz der Mütter betrachtet, dann fällt auf, dass die meisten Beziehungen der jungen Mutter durch die Bewältigung der Aufgabe, dem Neuankömmling einen Platz in ihrem Leben und im Sozialen einzuräumen, in Bewegung geraten sind und dass es dabei – worauf schon hingewiesen wurde – zu einer Auffächerung in der Beziehungsgestaltung kommt. Es handelt sich dabei um eine situative Umgestaltung und um eine Besonderheit der Psychodynamik der postpartalen Zeit. An den folgenden Beispielen lässt sich die auffällige Differenzierung bei einzelnen Müttern aufzeigen. Frau T., die eine extrem enge Beziehung zu ihrem Baby hat, wendet sich vom Partner ab; ihm gegenüber betont sie ihre Autonomie. Gleichzeitig stützt sie sich zum Teil auf ihre Schwester und bewahrt den Kontakt zu ihren Freundinnen. Frau A. hat eine zu enge Beziehung zu ihrem Baby, sie wendet sich ihm bedingungslos zu. Die gleiche Versorgung und passive Nähe sucht sie für sich bei ihrem Partner. Von ihren früheren Bekannten fühlt sie sich unverstanden und entfremdet. Der Therapeutin gegenüber kann sie ihren Konflikt zwischen den gleichzeitigen Wünschen nach Abhängigkeit und

Autonomie formulieren. Sie zeigt damit, dass sie Möglichkeiten hat, den Konflikt zu verarbeiten. Frau P. hat eine sehr nahe Beziehung zu ihren beiden Kindern, die wegen der Erschöpfung von Frau P. jedoch mit aggressiven Gefühlen und Handlungen durchsetzt ist. Sie ist sich der bedingungslosen Nähe und Unterstützung vonseiten ihres Partners sicher. Ihre Beziehungen zu fast allen anderen Personen sind durch Misstrauen und Ambivalenz geprägt, viele wurden abgebrochen.

Im Erstgespräch mit der Therapeutin kamen in der Art, wie die Mütter ihre Probleme und Erwartungen an die Therapie formulierten, Abhängigkeits- und Versorgungswünsche der Mütter oder die Zeichen der Abwehr solcher Wünsche zum Ausdruck. Sie waren auch in den Übertragungs- und Gegenübertragungsgefühlen bei der Therapeutin enthalten. Das Verhältnis zwischen dem Vorhandensein dieser Wünsche und den Möglichkeiten im Erstgespräch, damit umzugehen, war bei den einzelnen Müttern unterschiedlich. Bei einigen Müttern förderte die Übertragung eine regressive Bewegung, die bei der Untersucherin fürsorgliche Impulse weckte. Andere Mütter blieben diesbezüglich eher zurückhaltend und verhielten sich vorsichtig. Bei wiederum anderen löste das therapeutische Gespräch zunächst ein Hilfe suchendes Verhalten aus, demgegenüber aber bald eine die Enttäuschung vorwegnehmende, vorwurfsvolle Haltung dominierte. Erst durch diese Auswertung der Beziehungen der Mütter zur Therapeutin konnte Aufschluss darüber gewonnen werden, dass die zum Teil widersprüchlichen Beziehungsmuster im Zusammenhang mit den Konflikten von Abhängigkeit versus Autonomie bei den Müttern verstanden werden müssen.

Abhängigkeit versus Autonomie als zentraler Konflikt
Die Auswertung der psychodynamischen Diagnostik zeigt, dass alle Frauen, die in das Projekt einbezogen waren, von Konflikten im Bereich *Abhängigkeit versus Autonomie* betroffen sind. In einem Fall war lediglich die herausfordernde Spannung um dieses Thema spürbar. In allen anderen Fällen trat dieser Konflikt bei der Anfangsdiagnostik deutlich hervor und war ein wichtiger Faktor für die Entstehung der manifesten psychischen Symptomatik.

Im OPD-Manual wird zwischen der Bindung als psychischer Dimension und der materiellen Ebene der Bedürfnisbefriedigung unterschieden. Der Konflikt Abhängigkeit versus Autonomie bezieht sich auf Ersteres. Es wird vom Konflikt Versorgung versus Autarkie unterschieden, bei dem es um Wünsche nach Versorgung und Geborgenheit geht und der sich in Rahmen einer etablierten Beziehung abspielt. Diese Unterscheidung kann in der postpartalen Zeit sowohl bezüglich der Mutter-Kind-Beziehung wie auch der Partnerbeziehung nicht aufrechterhalten werden, weil hier die Wünsche nach konkreter Versorgung und die psychische Dimension der Abhängigkeit eng miteinander verflochten sind. Im Hinblick auf die Beobachtung, dass Fragen nach der Beziehung zum Baby und zum Partner und die damit verbundenen Abhängigkeitsängste häufig in einer radikalen Form auftraten, wird im Folgenden die Problematik im Wesentlichen mit den Begriffen von Abhängigkeit und Autonomie erfasst. Ein Teil der Mütter sprach diesen Konflikt direkt an. So wurde gesagt, dass die Anbindung an das Baby sie (die Mutter) von anderen hilfsbereiten Personen abhängig mache. Bei Müttern, bei denen diese Problematik weniger bewusst zu sein schien, kam sie in der Übertragung und Gegenübertragung zur Darstellung. Dies zeigte sich in einer Position der Hilflosigkeit oder in der wechselnden Einstellung zwischen der Suche nach Hilfe und Distanzierung. Aus der Sicht der Untersucherinnen war auch die Gestaltung aktueller Beziehungen bei den meisten Müttern dadurch geprägt, dass sie sehr unausgewogen mit ihren Bedürfnissen nach Autonomie umgingen. Sie schoben diese Bedürfnisse entweder beiseite oder betonten sie überstark, und das oft im abrupten Wechsel.

Die besondere Konflikthaftigkeit im Bereich Abhängigkeit versus Autonomie entsteht durch die außerordentlichen Anforderungen, die die Lebenssituation mit dem Neugeborenen an die Mütter stellt. Viele Mütter, die in die Gruppe kamen, hatten darüber hinaus eine Vorgeschichte, die von schwierigen Autonomieprozessen gegenüber den eigenen Eltern zeugte. Die vier Frauen, die eine gesundheitlich geschwächte Mutter hatten und früh zu viel Verantwortung und Pflichten in der Familie übernehmen mussten, hatten es sehr schwer gehabt, sich in der Adoleszenz ihre eigenen Freiräume zu erkämpfen. Zum Teil dauerte die erhöhte Verpflichtung gegenüber der eigenen Mutter noch an. Bei zwei Frauen, die darunter gelitten hatten, eine schwache Mutter zu haben, waren Schritte der Autonomie eine forcierte, mit Trauer durchsetzte Wahl. Eine Frau hatte ihre Mutter in der Adoleszenz in einem solchen Maße als dominant und intrusiv erlebt, dass sie bis in ihre eigene Mutterschaft hinein bemüht war, Abstand zu halten. Bei einer Mutter waren es die Konstellation der Elternbeziehung und die Dominanz des Vaters, die die Identifikationsprozesse in der Adoleszenz schwierig gemacht und dazu geführt hatten, die schmerzvoll erlebte Distanz dauerhaft aufrechtzuerhalten. In allen Fällen, in denen ausgeprägte Konflikte mit den Müttern bestanden, spielte auch die zurückliegende Beziehung zum eigenen Vater eine Rolle. In einem Fall stand der Konflikt mit dem Vater im Vordergrund und hatte erst kürzlich, mit Einsetzen der Schwangerschaft, zum Bruch geführt. Die junge Mutter hatte diesen nicht verwunden. Es ist möglich, dass diese Aspekte in der Anamnese auch deshalb so deutlich zum Vorschein kamen, weil die Beziehung zur Herkunftsfamilie ein Fokus der Bestandesaufnahme beim Erstgespräch darstellte. Trotzdem erscheint es berechtigt, hier von der Aktualisierung eines vorher bestehenden, zu wenig oder nicht gelösten Konfliktes zu sprechen. Die Zeit der postpartalen Krise kann eine Gelegenheit sein, diesen Konflikt in einer neuen Auflage zu einer neuen Lösung zu führen.

Situativ labile psychische Struktur

Zu den Charakteristika der Psychodynamik von Schwangerschaft und postpartaler Situation gehören eine vorübergehende Lockerung der psychischen Struktur und gezielte Veränderungen der Ich-Organisation. In der psychodynamischen Sicht – anders als in der ICD-10-Diagnostik – werden nicht vorwiegend die manifesten Verhaltensmuster berücksichtigt, sondern es sollen intrapsychische Merkmale, die die grundlegende Bereitschaft einer Person bestimmen, in Interaktionen so und so zu handeln, und ihre Fähigkeit, Beziehungen zu regulieren, erfasst werden. Dazu sind im OPD-Manual die Dimensionen der Fähigkeit zur Selbst- und Objektwahrnehmung und zur Selbststeuerung sowie die Arten der Abwehr, die in Belastungs- und Konfliktsituationen zur Wahrung des psychischen Gleichgewichtes eingesetzt werden, definiert. Diese Dimensionen erweisen sich als hilfreich, um die psychische Labilisierung zu charakterisieren und um die Psychodynamik in der Verarbeitung der Krise zu erfassen.

In den Abklärungsgesprächen traten die folgenden Aspekte am stärksten hervor: Verunsicherung in der Selbstwahrnehmung, Verwischung von Selbst- und Objektaspekten in der Beziehung zum Baby und die Angst vor dem Kontrollverlust angesichts ausgeprägter passiver Versorgungswünsche. In diesen Bereichen ließ sich nachweisen, dass bei den meisten Müttern *Auffälligkeiten im Sinne einer verminderten psychischen Integration* bestehen. Dabei war es auffallend, dass die Symptome nicht alle aktuellen Beziehungen einer Mutter betrafen. Von daher war nicht zu entscheiden, inwieweit die Symptome einer seit längerer Zeit vorhandenen psychischen Struktur zugeordnet werden können. Der Zusammenhang mit der aktuellen Krise schien aber im Vordergrund zu stehen.

Das Instrumentarium der operationalisierten psychodynamischen Diagnostik erlaubt es, Auffälligkeiten der psychischen Struktur in der postpartalen Zeit in den Blick zu bekommen. Es reicht aber allein nicht aus, um die therapeutisch schwierigen Fälle von Depression mit Persönlichkeitsstörung, die in der untersuchten Gruppe auftraten, aufzuspüren. Um eine Persönlichkeitsstörung erkennen zu können, ist es erforderlich, die Anamnese des Beziehungsverhaltens einzubeziehen und unter Zuhilfenahme der ICD-10-Kriterien die langfristigen Komponenten der Störung abzuschätzen. Bei zwei Müttern wurde diese Diagnose aufgrund ihrer schwierigen Beziehungsgeschichte gestellt. In der aktuellen Situation verhielt sich jede der beiden in ihren verschiedenen Beziehungen unterschiedlich und war wechselhaft sowohl innerhalb ihrer Beziehung zum Baby wie in der zum Partner. Dabei waren Spaltung und projektive Identifizierung als Abwehrmechanismen erkennbar. Sie unterschieden sich darin nicht von den anderen Müttern, bei denen diese Symptome ebenfalls auftraten, jedoch weniger ausgeprägt. Bei einer der beiden von Persönlichkeitsstörung betroffenen Mütter ging es so weit, dass sie sich von ihrer eigenen psychisch kranken Mutter beeinflusst und sogar verfolgt fühlte, und dies so intensiv, dass sie zeitweise Angst bekam, selbst den Verstand zu verlieren.

3.2.4. Diagnose des Kindes

Somatische Diagnosen und funktionelle Störungen
In der kinderärztlichen Praxis werden somatische Diagnosen dann gestellt, wenn eine körperliche, materiell fassbare Veränderung vorliegt. Als funktionell werden Störungen ohne nachweisbare körperliche Veränderung bezeichnet. Bei den Kindern, die in das Projekt einbezogen waren, wurden folgende Befunde erhoben (s. *Tabelle 4*): Bei einem Kind wurde postnatal aufgrund entsprechender Laborbefunde die Diagnose einer intrauterinen Toxoplasmose gestellt. Zu dieser Untersuchung kam es, weil bei der Mutter während der Schwangerschaft diese Infektion entdeckt und behandelt worden war. Das Neugeborene wies keine der Beeinträchtigungen, die bei einer frühen intrauterinen Erkrankung zu erwarten sind, auf, und es wurde unverzüglich eine länger dauernde medikamentöse Behandlung eingeleitet. Die Eltern konnten zuversichtlich sein, standen aber lange Zeit unter der Spannung, ob die ärztlichen Verlaufskontrollen die Gesundheit des Kindes bestätigen konnten. Bei allen anderen Säuglingen lagen keine somatischen Grundprobleme vor. In einer Familie gab es ein Geschwisterkind, das eine ausgeprägte, in Phasen verlaufende Neurodermitis hatte.

Hingegen *zeigten fast alle Kinder zeitweise leichtere bis sehr belastende funktionelle Störungen.* Bei vier Säuglingen lag exzessives Schreien[32] vor. Die Mütter schilderten dieses Symptom als andauerndes Verhalten ihrer Babys. Zwei Mütter benutzten den Ausdruck der neueren Fachliteratur und bezeichneten ihr Kind als »Schreibaby«. Zwei fassten das Schreien mit den begleitenden körperlichen Erscheinungen gemäß einer anderen verbreiteten Krankheitsvorstellung als »Säuglingskoliken« auf. Ein Kind hatte – wie sein älteres Geschwister bereits – massive Schlafstörungen. Bei einem Säugling lag ein behandlungsbedürftiges rezidivierendes Erbrechen vor. Nur zwei Ba-

---

[32] Diese Störung ist neuerdings in den deutschen Leitlinien zur Beurteilung von Regulationsstörungen im Säuglingsalter enger definiert; sie ist in der früher publizierten amerikanischen »Diagnostic Classification 0–3« nicht als eigenständige Störung erörtert.

bys wurden von den Müttern und den Untersucherinnen als frei von funktionellen Störungen beurteilt.

Entwicklungsstand
Die Einschätzung der Kinder erfolgt gemäß den vier klassischen Entwicklungsbereichen Grobmotorik, Feinmotorik, sozialer Kontakt und Sprache. Alle Kinder hatten einen unauffälligen Entwicklungsstand, soweit es sich im Setting eines Mutter-Kind-Erstinterviews mit gezielten anamnestischen Fragen und eigener Beobachtung beurteilen lässt. Diese Einschätzung stimmte mit den pädiatrischen Entwicklungskontrollen überein.

Psychisch-emotionale Syndrome
Direkt psychisch-emotionale Syndrome konnten bei den jüngeren Kindern nicht beobachtet werden. Die frühkindliche Diagnostik vor dem Alter von drei Jahren steht diesbezüglich in ihren Anfängen. Die Grenzen in der diagnostischen Beurteilung von emotionalen Störungen bei den Kindern der Gruppe ist nur zum Teil durch die Unsicherheit in der Erfassung dieser Dimension insbesondere in den ersten Lebensmonaten bedingt; zum anderen Teil hängt sie mit der Schwerpunktsetzung der Studie zusammen, die von der postpartalen Krise der Mütter als Rekrutierungskriterium ausging.

Zusammenfassend kann gesagt werden, dass alle in der Untersuchung einbezogenen Kinder durch die Krisensituation der Mütter und in der Familie in je unterschiedlicher Weise beeinträchtigt waren und ihre Belastungen mit einer dem Alter entsprechenden Symptomatologie zum Ausdruck brachten. Diese war im Allgemeinen nicht so gravierend, dass sie sich gegenüber der Problematik der Mütter in den Vordergrund gedrängt hätte. Erst die nähere Betrachtung ihrer Funktionsweise in der Mutter-Kind-Beziehung gibt mehr Aufschluss darüber, wie viele Ressourcen diese Kinder mobilisieren und welche Abwehrmechanismen sie einsetzen mussten, um mit der vorliegenden psychischen Belastung umzugehen.

3.2.5. Beurteilung der Mutter-Kind-Beziehung

Die doppelte Orientierung des therapeutischen Konzeptes an intrapsychischen Aspekten einerseits und am interpersonellen Austausch anderseits beinhaltete, dass bei der Beurteilung der Mutter-Kind-Beziehung sowohl die diesbezüglichen Vorstellungen der Mutter wie die von außen beobachtete Mutter-Kind-Beziehung zu untersuchen waren. Dadurch, dass die beiden Ebenen der mütterlichen Wahrnehmung und die der beobachteten Interaktionen auseinander gehalten werden, wird es möglich, den psychodynamischen Zusammenhängen zwischen dem intrapsychischen und dem interpersonalen Geschehen, die sich im therapeutischen Prozess als wichtig erwiesen haben, nachzugehen.[33]

Die Beziehung der Mütter zu ihren Babys ist bereits im Rahmen der Gestaltung ihrer Beziehungen zu den verschiedenen Personen ihrer Lebenswelt beschrieben worden (3.2.3. unter »Veränderungen und Diskrepanzen in den Beziehungsmustern«). Dort sind aus den Aussagen der Mütter über ihr Erleben in der Beziehung zum Kind, aus den Wahrnehmungen der Untersucherinnen über die mütterliche Beziehung zum Kind sowie aus den Beobachtungen über den manifesten Umgang der Mütter mit ihrem Kind drei verschiedene Beziehungsmuster ausgearbeitet worden. Beim ersten Beziehungsmuster steht der Aspekt einer zu engen, beim zweiten der einer wechselhaften Beziehung und beim dritten der Aspekt einer angemessen engen Beziehung und ein flexibler Umgang mit dem Kind im Mittelpunkt.

Grundlage für die Erfassung des interpersonalen Austausches ist die Beobachtung des gegenseitigen Interaktionsverhaltens von Mutter und Baby.

Beobachtete Mutter-Kind-Beziehung

Bei der Auswertung der beobachteten Mutter-Kind-Beziehung fällt ins Gewicht, dass die beiden Quellen der Eingangsdiagnostik – die zwei Vorgespräche – einen sehr unterschiedlichen Zugang zur Problemsituation der Mütter darstellten. Das klinisch-diagnostische Erstgespräch wurde wie ein Erstinterview in der Praxis der Eltern-Säugling-Therapien durchgeführt, das heißt, es war auf ein therapeutisches Bündnis ausgerichtet und durch behandlungstechnische Hypothesen mitstrukturiert. Das zweite Gespräch fand als Familiensitzung statt. Es war von vornherein als Forschungsinterview deklariert und beinhaltete zusätzlich eine Videoaufnahme. Die Auswirkung der Rahmenbedingung kam im Verhalten der Eltern bei den Aufnahmen am deutlichsten zum Ausdruck (s. unten).

Innerhalb der gut einstündigen Sitzung wurden in beiden Settings die Interaktionssequenzen, die wegen ihrer Bedeutung im Gesprächskontext auffielen, festgehalten. In Bezug auf das Interaktionsverhalten wurden folgende Dimensionen beurteilt: die affektive Tönung, die Intensität und zeitliche Be-

---

[33] In der »Diagnostic Classification 0–3« werden frühe Beziehungsstörungen gemäß einer Zusammenfassung von verschiedenen Kriterien gestellt, die die psychologische Involvierung des Betreuers, die affektive Tönung der Beziehung und die Qualität des interaktionellen Verhaltens einbeziehen. Es werden daraus wenige diagnostische Kategorien vorgeschlagen: übermäßig beziehungsweise unzureichend involvierte Beziehung, ängstlich gespannte Beziehung, zornig-feindselige Beziehung, gemischte Beziehungsstörung und missbrauchende Beziehungsstörung. Das Manual weist darauf hin, dass nur ausgeprägte Beziehungsstörungen derart diagnostiziert werden sollen.

anspruchung des Austausches, die physische Distanz, die Initiative vonseiten der Mutter/Eltern und die vonseiten des Babys und die Kontingenz ihres Austausches. Zur Beurteilung der affektiven Tönung bezieht sich der Interviewer auf seine Wahrnehmung der zwischen Mutter und Kind vorherrschenden Stimmung. Bei allen Müttern war eine ihren Kindern gegenüber liebevolle, engagierte Haltung spürbar; diese war manchmal sogar in übertriebener Weise ausgeprägt. Bei der Mutter, die über ihre perfektionistischen Bedürfnisse berichtete, war die ängstlich-verspannte affektive Tönung spürbar. In keinem Fall war eine ablehnend-feindselige Stimmung dem Baby gegenüber vorhanden. Nur bei einer Mutter fielen einzelne Sequenzen auf, in denen sie das Kind nicht berücksichtigte; einmal übersah sie seinen beginnenden Protest.

Um die Intensität des Austausches festzustellen, bewertet der Interviewer seinen Eindruck, ob Mutter und Kind ständig oder zu wenig miteinander beschäftigt sind und ob bei diesem Austausch eine intensive oder eine oberflächliche Begegnung stattfindet. Diese Einschätzung bezieht sich auf seine Erfahrung im Umgang mit Eltern-Kind-Dyaden und -Triaden und berücksichtigt die altersgemäßen rhythmischen Schwankungen im Tagesablauf des Säuglings, die dafür sorgen, dass er sich eher wach-aufmerksam oder aber schläfrig präsentiert. Nach Möglichkeit werden diese Schwankungen bei der Festlegung des Interview-Termins berücksichtigt. In der Beurteilung der physischen Distanz werden von vielen Autoren bei Säuglingen in den ersten Monaten die Ausdrücke proximal (nahe) und distal (auf größerer Distanz) benutzt. Proximal umfasst eine körperbetonte Umsorgung. Das Baby ist eng am Körper der Mutter angeschmiegt, und je nach Situation kommt Blickkontakt und Vokalisation hinzu. Distal beschreibt das Aufrechterhalten des Kontaktes ohne ständige körperliche Berührung, was vorwiegend mit Blickdialog oder stimmlicher Kommunikation vor sich geht. Auch hier wird auf die Erfahrung des Interviewers in ähnlichen Situationen zurückgegriffen, da die Betreuung sich normalerweise von einem proximalen zu einem distalen Stil fortbewegt und keine festgeschriebenen Normen für ein bestimmtes Alter bestehen. »Zu proximal« bezeichnet also die Beobachtung eines Interaktionsstils, der in der Erfahrung des Untersuchers für einen jüngeren Säugling adäquat wäre. Die Kategorien Initiative und Kontingenz beschreiben die aufeinander bezogene Aktivität von Mutter und Kind in der Interaktion näher. In der Beobachtung wird darauf geachtet, wer die Interaktion initiiert, ob genügend Raum für die Entfaltung eines Dialogs da ist, ob ein Kind zu schnell irritiert reagiert oder eine Mutter intrusiv handelt, ob »Rede und Antwort« auch für den Beobachter zueinander passen oder Missverständnisse entstehen, ob ein Dialog in einem stimmigen Spannungsbogen zu Ende geht. Für nicht gut aufeinander abgestimmte Dialoge wurde die Bezeichnung »disharmonisch« gewählt. Für die ausgesprochen zurückhaltenden Interaktionen schienen die alltagssprachlichen Ausdrücke »initiativarm und verlangsamt« am besten zuzutreffen. Folgendes wurde beobachtet (s. *Tabelle 4*): Bei zwei Mutter-Kind-Paaren wurde die Interaktion als *zu proximal* seitens der Mutter und als passiv seitens des Babys taxiert. In ihrer Qualität unterschieden sich die beiden, äußerlich sehr ähnlichen Konstellationen darin, dass in einem Fall die große körperliche Nähe von einem innerlichen Rückzug der Mutter begleitet war, der Austausch sehr liebevoll und doch etwas leer wirkte, das Kind zu wenig stimuliert und deshalb passiv schien. Im anderen Fall war die große Nähe durch intensiven Blickaustausch begleitet, die Interaktion wirkte durchaus liebevoll, die Mutter war mit ihrer gespannten Aufmerksamkeit jedoch leicht bedrängend, das Kind fand wenig Raum für eigene Initiative und zog sich zurück. In zwei weiteren Fällen erschienen nicht nur die Babys als passiv, sondern vor allem ihre Mütter. Die Interaktion wirkte *initiativarm und verlangsamt*; in der Gegenübertragung war leichte Depressivität zu spüren. Drei Mutter-Kind-Interaktionen wurden als *disharmonisch* beurteilt. In einem Fall war die Mutter auch zu aktiv bis intrusiv und das Kind passiv. Hier imponierte aber die leicht manisch inszenierte misslingende Kommunikation als disharmonisch, nicht die vergebliche Suche nach Übereinstimmung. In den anderen beiden Fällen ging es um unzureichendes Beziehungsangebot seitens der Mutter, die andersweitig stark absorbiert war. Ein Kind dieser Dyaden zeigte sich als genügsamer und selbstständiger, als zu erwarten war; dieses Kind entzog sich manchmal der störenden Behandlung. Bei zwei Mutter-Kind-Paaren schließlich traten in keiner Hinsicht auffällige Interaktionen in Erscheinung.

Mit den Videoaufnahmen sollten Interaktionen in einer Alltagsszene dokumentiert werden, um die im klinischen Interview gemachten Beobachtungen zu verifizieren. Die Mutter oder beide Eltern wurden gebeten, für die Videoaufnahme einer gemeinsamen Beschäftigung mit dem Kind aus ihrem Alltagsleben nachzugehen. Die Wahl der Beschäftigung war ihnen überlassen; es konnte ein Dialog, gemeinsames Spiel, Füttern oder Wickeln sein. Die Szenen fielen recht unterschiedlich aus. Rückblickend hat sich das Vorgehen, den Eltern die Wahl der Szene zu überlassen, als nicht ergiebig für das Forschungsinteresse an der Aufnahme erwiesen. Es zeigte sich, dass Eltern sich eher defensiv entschieden. Die Aufnahmesituation war für die meisten Familien eine Herausforderung, sich zu exponieren, und weckte Angst. Sie wählten Tätigkeiten, bei denen sie auf tägliche Routine zurückgreifen konnten, und zeigten damit ihre Art, Angst zu bewältigen. Fünf Mütter mit kleinen Säuglingen zeigten sich beim Wickeln; drei der Mütter mit zwei Kindern ließen sich mit beiden im Spielzimmer aufnehmen; nur eine Mutter wählte den unvermittelten Dialog. Im Allgemeinen zeigten die Aufnahmen viel weniger Auffälligkeiten in der Interaktion, als während des Gesprächs zu beobachten waren. Wenn Situationen sichtbar wurden, in denen das gegenseitige Verhalten nicht gut abgestimmt war, war dies von der gleichen Art, wie es in den protokollierten Beobachtungen notiert worden war.

Gegenüberstellung von Aussagen der Mütter
und beobachteter Mutter-Kind-Beziehung
Wie sieht nun das Verhältnis zwischen den Vorstellungen, die die Mütter über die Beziehung zu ihrem Kind haben, und der beobachteten Interaktion bei jeder der Mutter-Kind-Dyaden aus? Die Korrespondenz bei den hier untersuchten Paaren scheint einerseits vom Schweregrad der Störung, anderseits vom Alter des Säuglings abhängig zu sein.

Bei einer zu engen Beziehung, die die Mutter als solche erlebt, ist im Fall von ganz kleinen Säuglingen eine große körperliche Nähe zu sehen, dem Baby wird kaum Spielraum für Eigenbewegungen gelassen. Im Fall der Mutter, deren Säugling zur Zeit der Abklärung bereits acht Monate alt war, zeigte sich folgende Situation: Sie klagte über eine zu enge Beziehung zu jedem ihrer beiden Kinder, aber die beobachteten Interaktionen mit dem achtmonatigen Baby wie mit dem zweieinhalbjährigen Erstgeborenen waren jeweils dem Alter angemessen. Dieser Mutter war es möglich, auf das mit dem Alter zunehmende Autonomiestreben der Kinder zu reagieren, sodass diese ihre Fähigkeit, sich von inneren Zuständen der anderen (mütterlichen) Person abzugrenzen, entwickeln konnten. Darüber hinaus lässt sich diese Beobachtung auch damit erklären, dass der Konflikt der Mutter mit der Zeit psychisch besser repräsentiert war. Das zeigte sich in der Art, wie sie darüber sprach – obschon sie in der Verarbeitung des Konfliktes stecken geblieben war.

Bei denjenigen Müttern, die kaum über eine zu enge Beziehung geklagt hatten und deren psychische Belastung auch weniger einschneidend war, war der Umgang mit dem Kind durch eine wenig lebendige, subdepressive Interaktion gekennzeichnet. Es bestand der Eindruck, dass bei den leicht depressiven Müttern die Konflikte eher mentalisiert waren. Die Tatsache, dass sie sich mit ihren intrapsychischen Konflikten beschäftigten, bewirkte einen gewissen Rückzug, mit der Folge, dass ihre Präsenz im Austausch mit dem Baby gedämpft war. Das ist die eine Seite. Auf der anderen Seite liegt darin auch die Chance der Verarbeitung. Bei den Müttern mit schwererer depressiver Symptomatik zeigte sich eine andere Konstellation der Mutter-Kind-Beziehung. In der Literatur wird häufig die Auffassung vertreten, dass eine schwere Depression bei der Mutter mit einer depressiven Interaktion einhergeht. Davon abweichend waren die in unserer Studie beobachteten Interaktionen nicht depressiv gedämpft, sondern imponierten im Gegenteil durch eine besonders aktive Geschäftigkeit. Die Mutter kämpft gegen ihre Rückzugsneigung und wird aktiv. Das Kind wird durch die mütterliche Aktivität auf eine Weise vereinnahmt, dass das Bild einer sehr engen, gut eingespielten –

bei naher Betrachtung jedoch einengenden – Interaktion entsteht.

Bei den Müttern mit Persönlichkeitsstörung, die von ihrer stark wechselhaften Beziehung zu ihrem Baby gesprochen hatten, wurden disharmonische Interaktionen beobachtet. Das inkonstante Verhalten der Mutter bedingt, dass das Kind sich in seinen Erwartungen nicht auf die Mutter einstellen kann.

3.2.6. Korrelationen zwischen Diagnose der Mutter und Mutter-Kind-Beziehung

Die Mutter-Kind-Beziehung scheint bei den meisten postpartalen Krisen beeinträchtigt zu sein. Die im vorigen Abschnitt beschriebenen Zusammenhänge zwischen der Diagnose der Mutter und der Mutter-Kind-Beziehungsstörung werden in folgender Zusammenfassung dargestellt. In der kleinen untersuchten Gruppe lassen sich diese nach wenigen Mustern gegenseitig zuordnen.

1. Die mittelschwere Depression der Mutter korreliert mit einer zu engen Beziehung zwischen Mutter und Kind. Diese stellt sich mit einem jungen Säugling direkt in der Interaktion dar, bei älteren Säuglingen ist sie nicht mehr beobachtbar, dafür aber mit Gegenübertragungsgefühlen zuverlässig erkennbar.

2. Bei Müttern, bei denen neben der (mittelschweren oder leichten) depressiven Symptomatik eine Persönlichkeitsstörung oder längerfristig nachweisbare Beziehungsschwierigkeiten bestehen, sind Mutter-Kind-Beziehungen festzustellen, die durch Wechselhaftigkeit und disharmonische Interaktionen gekennzeichnet sind.

3. Die leichte Depression der Mutter kann mit einer durchaus guten Mutter-Kind-Beziehung einhergehen. Wenn diese in Mitleidenschaft gezogen ist, erscheint sie als (sub-)depressive Interaktion.

3.2.7. Einschätzungen zur Befindlichkeit des Vaters, der Partner- und der triadischen Beziehung

Aufgrund der Informationen der Mütter beim Erstgespräch und der direkten Beobachtungen der Untersucherin beim Familiengespräch ergab sich folgendes Bild. Zwei Mütter hatten die Einschätzung, dass ihre jeweiligen Partner an beginnender Erschöpfung litten. Dies entsprach auch dem Urteil der Familienbesucherin. Von den weiteren Müttern vertrauten vier auf die gute Verfassung ihrer Partner, drei äußerten sich nicht dazu. Zwei Mütter allerdings, die ihren Partner als tragfähige Stütze einschätzten, übersahen die vorhandenen Belastungszeichen. Für die Untersucherin war erkennbar, dass bei diesen zwei Männern eine länger dauernde depressive Verstimmung vorlag.

Bis auf eine Ausnahme machten die Frauen keine spontane Aussagen zur Paarbeziehung. In diesem Fall hatte sich der werdende Vater heftig dagegen gewehrt, dass die Frau die Schwangerschaft austrug. Diese Mutter war zum Zeitpunkt der Erhebung für die Gruppenteilnahme immer noch misstrauisch in Bezug auf die Zuverlässigkeit des Partners. Sie stellte sich vorsichtshalber darauf ein, das Kind alleine zu erziehen, obwohl der Partner früh seine Meinung geändert hatte und sich als Vater engagieren wollte. In der Beobachtung der Familienbesucherin war der Vater durchaus am Familiengeschehen beteiligt und wurde von der Mutter in die Pflege eingespannt.

Bei den meisten Familien waren relativ gut abgestimmte triadische Interaktionen zu beobachten. In der Familie, in der die Mutter dem Vater nicht ganz traute, war der Vater nicht ganz frei im Umgang mit dem Kind. Bei drei weiteren Familien war die Beziehung entlang der beiden dyadischen Achsen, die zwischen Mutter und Kind und die zwischen Vater und Kind, besser als die in den triadischen Interaktionen, wo es fast nur die Übergaben des Kindes vom einen zum anderen Elternteil gab. Bei zweien dieser Fälle handelte es sich um Mütter mit einer Persönlichkeitsstörung. Hier sprang der Vater ein, um die zeitweise ausfallende Mutter zu ersetzen oder, in einem Fall, um das Kind zu schützen. Bei der dritten dieser Familien waren beide Eltern besorgt, ihre Autonomie zu wahren. So wie die Beziehungsgestaltung zu den Partnern in jeder Familie sehr individuelle Züge trug, waren auch in der Qualität der triadischen Beziehungen sehr individuelle Stimmungen und Absprachen spürbar. Aus der Sicht der Untersucherinnen erfüllte der Vater bei allen Unterschieden in der individuellen Gestaltung die Funktion, das Kind in seiner Entwicklung zu unterstützen und als belebendes Moment zu wirken. In vier Familien ist die Beteiligung des Vaters an der Betreuung des Kindes als protektiv zu bezeichnen.

3.3. Diagnostische Auswertung der Nachuntersuchungen

Zur Nachuntersuchung fand ein Familienbesuch durch die externe Untersucherin (MM) wie bei der Anfangsdiagnostik statt. Außerdem erstellte die Gruppenleiterin – abweichend von der Eingangsuntersuchung – aufgrund ihrer Beobachtungen in den letzten Gruppensitzungen für jedes einzelne Mutter-Kind-Paar ein Schlussprotokoll in standardisierter Form. Es ist die gleiche standardisierte Form der Protokollation, in die die Daten der Familienuntersuchung gebracht wurden. Die Auswertung der Nachuntersuchung erfolgt nach den gleichen Kategorien wie die Anfangsdiagnostik: Beurteilung der

Mütter, Beurteilung des Kindes, der Mutter-Kind-Beziehung sowie Einschätzung der triadischen und der Familienbeziehungen.

Die Hauptdaten sind in der *Tabelle 5* dargestellt. Nach dem Ausscheiden von zwei Teilnehmerinnen (siehe 2.1.1.) beziehen sich die Daten der Nachuntersuchungen auf sieben Fälle. In dieser Darstellung der Nachuntersuchung werden bereits wichtige Veränderungen, die gegenüber der Anfangsdiagnostik festgestellt wurden, mit aufgenommen. Die Gesamtdarstellung der Therapieergebnisse erfolgt im nächsten Kapitel 3.4. zusammen mit den Übersichtstabellen 6 und 7.

3.3.1. Diagnose der Mutter nach ICD-10 und Auswertung des EPDS

Bezüglich der ICD-10-Diagnostik waren die Einschätzungen beider Untersucherinnen bis auf einen Fall in hohem Maße übereinstimmend. Während die Gruppenleiterin bei dieser Mutter am Ende der Therapie keine Anzeichen für Depression mehr feststellen konnte, fand die Untersucherin beim Hausbesuch – der drei Monate später stattfand – Symptome, die auf eine leichte Depression hinwiesen. Da die Symptomatik offenbar noch nicht stabil behoben war, erscheint diese Mutter in der Auswertung als der Fall, bei dem sich die mittelschwere Depression zu einer leichten gebessert hat.

Zur Depression
Von den Müttern, die mit einer mittelschweren Depression in die Gruppe kamen, hatte eine in der Nachuntersuchung noch eine leichte Depression, die anderen waren symptomfrei. Die Mutter, die noch eine leichte Depression aufwies, hatte seit langem an einer chronischen Depression gelitten, die sich im Verlaufe der Gruppenarbeit erheblich besserte. Gleichzeitig sind die bei ihr noch auftretenden somatischen Beschwerden weniger belastend als früher. Insgesamt haben vier Mütter keine Depressionssymptome mehr; zwei von ihnen erklären, dass sie sich in einer außergewöhnlich guten Verfassung befinden. Eine Mutter, die anfangs unter einer leichten Depression litt und während der Gruppentherapie eine Besserung erfuhr, ist nach der Geburt ihres zweiten Kindes (unmittelbar vor der letzten Gruppensitzung) wieder von schwankenden Gemütszuständen betroffen. Während alle anderen Frauen nach der EPDS-Einstufung Werte unter 8 Punkten (die meisten unter 5) erhielten, die als unbedenklich gelten, erreichte diese Mutter einen Wert von 11 Punkten. Bei diesem Wert soll die klinische Diagnose herangezogen werden, die aber in diesem Fall auch keine eindeutige Beurteilung ermöglichte, ob es sich um ein für die postpartale Zeit typisches oszillierendes Selbsterleben oder um einen leicht depressiven Zustand handelte. Bei einer weiteren Mutter

bestand eine ähnliche Situation. Sie hatte anfangs Symptome einer leichten Depression; am Ende der Gruppenarbeit steht sie am Beginn einer neuen Schwangerschaft und ist nach einer symptomfreien Zeit erneut in leicht depressiver Verstimmung, die EPDS-Einstufung zeigt jedoch einen tiefen Wert.

Zur Persönlichkeitsstörung
Bei beiden Müttern, bei denen in der Voruntersuchung eine Persönlichkeitsstörung festgestellt worden war, gab es in der Nachuntersuchung diesbezüglich kaum Veränderungen, sowohl aus der Sicht der Gruppenleiterin wie aus Sicht der zweiten Untersucherin.

Zur posttraumatischen Belastungsstörung
Nur eine der beiden Mütter, bei der wir eine posttraumatische Belastungsstörung nach der Geburt festgestellt hatten, nahm an der Gruppentherapie teil. In der Nachuntersuchung waren bei ihr die PTSD-Symptome verschwunden. Die Bearbeitung ihrer Ängste vor der zweiten Geburt war Thema der Gruppengespräche und verhalf ihr zu einer unbelasteten Geburtserfahrung.

3.3.2. Psychodynamische Beurteilung der Mutter

Die unterschiedlichen situativen Bedingungen für die Erstellung der beiden diagnostischen Protokolle nach der Gruppenintervention müssen bei den psychodynamischen Betrachtungen berücksichtigt werden. Diese wirken sich viel deutlicher aus, als es bei den Voruntersuchungen der Fall war. Beim abschließenden Familienbesuch fand die untersuchende Psychologin eine besondere Situation vor: Alle Familien waren offensichtlich bemüht, ein vorweggenommenes Bild ihrer selbst zu präsentieren. Sie griffen dazu auf die erste Begegnung zurück und reinszenierten teilweise Situationen der Erstbegegnung. Eine Mutter etwa wollte unbedingt die gleiche Badeszene für die Videoaufnahme herstellen; ein älteres Geschwister schlief in einer sehr ähnlichen Situation plötzlich ein, wie es beim Vorbesuch geschehen war. Die Psychologin gewann den Eindruck eines eigenen psychodynamischen Prozesses innerhalb des Settings dieser Kontrolluntersuchungen.

Selbsteinschätzung und Einsichtsfähigkeit
In der Gruppe der vier Frauen, die keine Anzeichen der Depression mehr aufweisen, äußern zwei das Gefühl, dass der Prozess, der bei ihnen in Gang gekommen ist, noch nicht weit genug vorangekommen sei. Sie möchten noch einiges in ihrer Beziehung zum Kind und in der Gestaltung ihres Lebens erreichen. Es sind Momente von Selbstzweifel und Gefühle der Zukunftsangst,

Tabelle 5: Diagnostische Tabelle Nachuntersuchung

	Diagnose Mutter (ICD-10)	EPDS	Diagnose Kind	Mutter-Kind-Beziehung V: mütterliche Vorstellung I: beobachtete dyadische Interaktion
1	keine Depression	5	gesund gute Entwicklung	V: nicht belastet I: unauffällig
2	keine Depression	4	gesund gute Entwicklung	V: nicht belastet I: sehr intensive Beschäftigung mit dem Kind
3	leichte Depression (mit somatischen Symptomen)	8	gesund, gute Entwicklung; ängstlich, wenig autonom	V: weniger belastet, Mühe mit Trotz I: reichhaltig, spielerisch
5	Persönlichkeitsstörung, keine bis leichte Depression	11	gesund, gute Entwicklung; gelegentlich besorgt-angespannt	V: wechselhafte Beziehung I: zeitweise disharmonisch
6	keine Depression	4	Schlafstörung, gute Entwicklung	V: nicht belastet I: unauffällig
7	Persönlichkeitsstörung, leichte Depression	3	gesund, gute Entwicklung; sehr reif, hyperautonom, gelegentlich überfordert	V: wechselhafte Beziehung I: disharmonisch, wechselhaft
9	keine Depression	4	beide Kinder gesund, gute Entwicklung	V: nicht belastet I: unauffällig

die sie trotz der gewonnenen mütterlichen Kompetenz noch weiterhin verunsichern. Eine Mutter dieser Gruppe hätte sich ausdrücklich eine Fortsetzung der Begleitung durch die Gruppengespräche gewünscht. Ebenso ergeht es derjenigen Mutter, die sich noch im Prozess der Erholung aus einer mehrjährig andauernden Depression befindet. Bei ihr sind sowohl in der Beziehung zu beiden Kindern wie in der Beziehung zum Partner Momente der Verstrikkung vorhanden, die auch Aggressionen wecken. Sie nimmt sie aber bewusster wahr und kann ihnen auf konstruktivere Weise begegnen. Die beiden Mütter mit einer Persönlichkeitsproblematik befinden sich am Ende der Gruppenarbeit insofern in einer besonderen Situation, als die eine erneut schwanger ist und die andere ihr zweites Kind vor kurzem entbunden hat. Beide sind von Stimmungsschwankungen betroffen, ihre Befindlichkeit muss als vom aktuellen Geschehen dominiert gesehen werden.

Die Fähigkeit, Gemütsbewegungen und Motivationen in Bezug auf die thematisierten persönlichen und familiären Probleme wahrzunehmen und zu reflektieren, nahm bei allen Teilnehmerinnen während der Gruppenphase – jedoch in unterschiedlichem Maße und bei manchen schwankend – zu. Die Mütter, die schon bei der Voruntersuchung gute Einsicht in ihre eigene Befindlichkeit zeigten, konnten sich dies bei der Bewältigung ihrer Probleme zu Nutze machen und hatten zunehmend Freude daran, die vielfältigen Entwicklungsschritte in ihrem Leben mit kleinen Kindern bewusster zu verfolgen.

Zwei Mütter, die bei der Voruntersuchung so stark depressiv waren, dass sie kaum im Stande waren, zusammenhängende Gedankengänge aufrechtzuerhalten, haben eine je verschiedene Entwicklung genommen. Eine, die schon bald eine entsprechende Neigung zeigte, fand den Weg, das Beziehungsgeschehen differenziert zu reflektieren. Die andere erkannte nach ihrem Auftauchen aus der schlimmsten Zeit, dass ihr die aktive Auseinandersetzung mit dem Kind mehr zusagte als das gleichzeitige Nachdenken darüber. Sie entschied sich konsequenterweise dafür, zum frühestmöglichen Zeitpunkt (nach einem halben Jahr) aus der Gruppe auszutreten. Bei der Nachuntersuchung, die für diese Mutter ein halbes Jahr nach ihrem Ausscheiden lag, zeigt sie sich in guter Verfassung, sie fühlt sich wohl in ihrer Mutterrolle und in der gemeinsamen Elternschaft mit dem früher misstrauisch auf Distanz gehaltenen Partner. Über konflikthafte Themen möchte sie nach wie vor nicht sprechen. Für ihre Erholung sieht sie vielmehr die günstigen Veränderungen in ihrem Lebensumfeld als hilfreich an. Dazu zählt sie auch die Unterstützung durch Familienangehörige und ihre sechs Monate dauernde Teilnahme an der Gruppe.

Auch die zwei Mütter, deren Grundproblem die große Schwierigkeit war, zuverlässige Beziehungen aufrechtzuerhalten, unterschieden sich hinsichtlich der Einsichtsfähigkeit. Eine dieser Mütter nahm sehr wohl wahr, dass sie in ihrer Zuwendung zum Kind sehr schwankend war und das Kind darunter litt. Sie bemühte sich, dies zu kompensieren. In der Gruppensituation ging sie sehr fürsorglich mit allen Kindern um und war einfühlsam besorgt, ihrem eigenen Kind andere Beziehungen zu ermöglichen. Die zweite Mutter konnte nur in Bruchstücken Auskunft über ihre inneren Regungen geben. Beiden ist gemeinsam, dass sie die guten Erfahrungen, die ihnen im Moment des Erlebens bewusst waren, nicht festhalten und nicht nutzen konnten. Während ihrer Teilnahme an der Gruppe hatten sie in unterschiedlichem Maße von ihr profitiert und auch zum Ausdruck gebracht, dass sie sie als Unterstützung erlebten. In der Nachuntersuchung maßen diese Mütter demgegenüber den Gruppenerfahrungen kein großes Gewicht mehr bei.

Neuer Beziehungskontext
Bei allen Gruppenteilnehmerinnen ist festzustellen, dass sie aus einer anfänglich relativ isolierten Situation in der Mutter-Kind-Dyade wieder ein beständigeres Beziehungsnetz und stabilere Beziehungen gewannen. Bei den meisten Frauen unserer Gruppe betrifft es das ganze Spektrum der Beziehungen. Diese Frauen fanden einerseits zu einem relativ sicheren Umgang mit ihrem Kind oder ihren Kindern und erreichten anderseits eine gut abgesprochene Rollenteilung mit dem Partner und ein sicheres Familiengefühl, worauf sie nun aufbauen können, um ihre sozialen Beziehungen zu regulieren. Bei wenigen Frauen ist die Besserung in den Beziehungen nicht so umfassend; einige Beziehungen bei ihnen sind sehr befriedigend geworden, an anderen reiben sie sich. Weil in der Voruntersuchung eine Auffächerung der Beziehungsgestaltung – jede Mutter hat Abhängigkeits- und Versorgungswünsche in den Beziehungen zum Baby, zum Partner, zu anderen nahe stehenden Bezugspersonen anders reguliert – aufgespürt wurde, sollen hier wieder die verschiedenen Beziehungsebenen gesondert betrachtet werden.

Am deutlichsten sind die Entwicklungen, die in den Beziehungen der Mütter zu ihren Kindern stattfanden, und zwar verbesserte sich diese Beziehung bei allen Müttern – bis auf eine Ausnahme – deutlich. Die Befunde werden im Einzelnen im Abschnitt 3.3.4. (Beurteilung der Mutter-Kind-Beziehung) dargestellt.

Die Suche nach der richtigen Distanz zum Partner – nach einer Phase erhöhter Bedürftigkeit – ist bei den meisten Müttern auf gutem Wege. Einige Mütter fühlen sich in ihrer Position gegenüber dem Partner sicher und genügend unterstützt. Bei drei weiteren überwiegt das Vertrauen in die Beziehung, die sie durch die gemeinsame Verantwortung als Eltern haben, wobei die Rollenverteilung noch flexibel gehandhabt wird und noch Gegenstand von Diskussionen ist. Bei einer Mutter leidet die Beziehung zum Partner unter ihrem allgemeinen Misstrauen; zwar konnte sie in letzter Zeit mit ihrem Mann einen wichtigen Konflikt besprechen, vielfach hält sie aber persönliche Mitteilungen zurück.

Gegenüber der Herkunftsfamilie bestehen verschiedene Haltungen. Bei den Müttern, die in der Adoleszenz eine konflikthafte Zeit mit der eigenen Mutter durchlebt hatten und diese Konflikte anlässlich der eigenen Elternschaft erneut zu spüren bekamen, wurde das Verhältnis meist mit einer entschiedeneren Abgrenzung und Distanzierung gegenüber der Ursprungsfamilie in ein neues Gleichgewicht gebracht. Einer Frau mit einer derartigen adoleszenten Vergangenheit war es wegen einer schweren Erkrankung ihrer Mutter nicht möglich, sich von ihr zurückzuziehen. Die einzige Mutter, die ihre Verwandten – Schwester und Mutter – in der postpartalen Krise anstelle des Partners zu ihrer Hilfe geholt hatte, hielt auch später, als es zu einer Annäherung zum Vater ihres Kindes gekommen war, eine enge Verbindung zu ihrer Herkunftsfamilie aufrecht. In Bezug auf das weitere soziale Umfeld berichten die meisten Mütter, dass sie sich weniger isoliert fühlen und wieder Kontakte pflegen können; einige sind erst dabei, die Fühler auszustrecken. Eine Familie versucht bewusst, ihr Umfeld zu ändern und Kontakte zu knüpfen, die zu der neuen Lebensphase passen. Bei einer anderen jungen Familie geschieht das weniger zielstrebig. Eine Frau, die in der Therapiezeit ihre Aggressionshemmung teilweise überwinden konnte, gibt ihre frühere defensive Haltung auf, indem sie sich in ihrer Siedlung wieder an gemeinsamen Aktivitäten beteiligt; diesmal sorgt sie aber dafür, dass ihre eigenen Ansprüche und ihr Veränderungswille auch gehört werden. Die beiden Mütter, von denen sich eine in ihrer zweiten Schwangerschaft befindet und die andere in der Nachgeburtsphase, leben zurückgezogen; eine beklagt ihre Isolierung.

Konfliktfähigkeit und strukturelle Festigung
Bei der allgemein gebesserten Verfassung aller Teilnehmerinnen sind keine herausgehobenen besonderen Konfliktkonstellationen mehr festzustellen. In der Nachuntersuchung hinterlassen die Mütter – mit der Ausnahme einer der schwangeren Mütter – den Eindruck, dass sie zwar mit Problemen zu tun haben, aber im Stande sind, diese besser anzugehen.

Die in der Anfangsdiagnostik bei allen Müttern festgestellte situativ labile psychische Struktur, die sich in der unsicheren Unterscheidung von Selbst- und Objektwahrnehmung zeigte, ist bei zwei Müttern noch vorhanden, jedoch weniger ausgeprägt. Sie haben nach dem Urteil der Untersucherinnen noch die Tendenz, sich zu schnell und zu lange von Gefühlsregungen und Absichten ihrer kleinen Kinder vereinnahmen zu lassen. Im Allgemeinen bestätigte sich die Erwartung, dass diese Erscheinung an die Geburtserfahrung gebunden und vorübergehend ist. Bei den Müttern mit einer Persönlichkeitsstörung erweisen sich Spaltung und Projektivität als psychodynamische Züge, die durch die (relativ kurz dauernde) Gruppentherapie nur wenig beeinflusst werden konnten.

Postpartale Depression und Schwangerschaft
Besondere Aspekte der postpartalen Depression kamen durch die erneute Schwangerschaft von zwei Müttern während der Laufzeit der Gruppentherapie und von zweien kurze Zeit danach ins Blickfeld der Untersuchung. Die ersten beiden dieser Mütter erweckten den Eindruck, dass sie zu dieser Zeit mit dem ersten, gerade erst eineinhalbjährigen Kind noch überfordert waren. Ihre noch fragile Stimmungslage und die noch nicht gelösten Konflikte machten sie für ein erneutes Dekompensieren anfällig. Es fiel ihnen schwer, die neue Konfliktlage zu erfassen und zur Sprache zu bringen, da sich in ihren Gedanken die Grenze zwischen Mutter und Kind wieder verwischte. Der Wunsch nach einem zweiten Kind entspringt verschiedenen Quellen, die nicht unbedingt bewusst sind oder werden. In einem Fall wurde erkennbar, dass die Mutter von der zweiten Geburt eine Wiedergutmachung des ersten traumatischen Geburtserlebnisses erwartete. Beide Mütter hofften, dass sie bei dem gegebenen sozialen Umfeld, das sie als schwierig erlebten, durch die Erweiterung ihrer Familie mehr Halt und Geborgenheit finden würden. In diesem Wunschbild gibt das kommende Kind der Mutter Kraft, die sie dann für das Kind zur Verfügung hat.

3.3.3. Diagnose des Kindes

Alle Kinder sind zum Zeitpunkt der Nachuntersuchung somatisch gesund. Das Kind, das wegen der positiven Toxoplasmoseserologie medikamentös behandelt wurde, hat keinerlei Folgeprobleme, seine Eltern müssen sich um die weitere Entwicklung keine Sorge mehr machen. Der Junge, der an einer starken Neurodermitis litt, hatte in den letzten Monaten keine ausgeprägten Hautausschläge mehr.

Die zahlreichen funktionellen Probleme legten sich bei fast allen Kindern. Zum Teil entspricht dies dem Altersverlauf: Exzessives Schreien und rezidivierendes Erbrechen sind typisch für die ersten Lebensmonate und treten danach weniger dramatisch auf. Bei den Schlafstörungen ist hingegen die Problematik auch im zweiten Lebensjahr häufig vorhanden. Das Verschwinden der Schlafstörung beim fast dreijährigen Kind scheint deshalb von Bedeutung. Dagegen trat bei einem Kind, das zuvor eher passiv und leicht zu versorgen war, im zweiten Jahr eine Schlafstörung auf.

Der Entwicklungsstand ist bei allen Kindern normal. Das Kind, das sich inzwischen von seiner Neurodermitis weitgehend und von der Schlafstörung

ganz erholte, hat im Alter von vier Jahren noch keine zuverlässige Blasen-
kontrolle. Das ist ein Symptom, das zu seiner noch ängstlichen und anhängli-
chen Art passt (Einnässen ist eine Erscheinung, die in diesem Alter entwick-
lungspädiatrisch noch normal sein kann).

Emotionale und Verhaltensstörungen im Sinne einer Psychopathologie
sind bei den Kindern nicht vorhanden. Allerdings konnten die Untersucherinnen bei einigen Kindern Auffälligkeiten im subklinischen Bereich beobachten. Zwei Kinder scheinen auf unterschiedliche Weise belastet zu sein. Da die
Mütter dieser Kinder zum Zeitpunkt der Beurteilung schwanger sind, lässt
sich dies zum Teil durch den zeitweiligen Rückzug der Mütter erklären. Das
ist aber nicht alles: Bei diesen Kindern gab es schon vor der neuen Schwangerschaft und als Ausdruck der Belastung durch die mütterliche Krise ähnliche Auffälligkeiten.

Ein Kind (23 Monate alt) scheint vermehrt Unterstützung von seiner Mutter zu brauchen und zu verlangen, während diese – am Ende ihrer Schwangerschaft – es unsanft abweist. Darauf reagiert das Kind mit einer eigenarti-
gen Anspannung, die bewirkt, dass es einen kleinen Buckel macht, den Kopf
einzieht und die Stirn in Falten legt. Wenn dies häufig passiert, läuft es rast-
los und ohne Rücksicht auf die anderen »wie ein altes Weiblein« im Raum
herum. Es wirkt dann besorgt und unglücklich. Nach der Geburt des Ge-
schwisters, in der zweiten Nachuntersuchung drei Monate später, haben sich
die Stimmung des Kindes und sein Verhalten gegenüber den anwesenden
Personen sehr gebessert.

Das zweite Kind, das belastet erscheint, ist zum Schluss der Gruppensitzungen 19 Monate alt. Zu diesem Zeitpunkt wird es wiederholt mit den Zu-
rückweisungen seiner überforderten Mutter konfrontiert, die an Schwanger-
schaftsbeschwerden leidet. Es verstärkt einen Zug, der schon früh deutlich zu
Tage getreten war: Das Kind sucht seine Zuflucht darin, sich mit Neuem zu
beschäftigen. Es wirkt reif für sein Alter, initiativ, sehr autonom, nach außen
orientiert und auch fähig, sich selbst zu trösten. Als Zeichen von Überforderung werden aber das ziellose Umherlaufen und das repetitive Kopfanschla-
gen interpretiert. Der zweiten Untersucherin fällt darüber hinaus auf, dass
dieses Kind eine starke Bindung zum strengeren Vater hat.

Zwei weitere Kinder, ein Geschwisterpaar, zeigen weniger ausgeprägte
Auffälligkeiten. Beide wirken anhänglicher, ängstlicher und weniger autonom, als es ihr Alter erwarten lässt; sie haben Mühe mit Trennungen, manchmal entstehen daraus langwierige Szenen. Beim Älteren ist dieser Zustand
bereits ein Fortschritt, verglichen mit seiner früheren extremen Verstrickung
mit der Mutter; das zweite Kind hat eine bessere Individuation und profitiert
von der Erfahrung seiner Eltern mit dem Geschwister.

3.3.4. Beurteilung der Mutter-Kind-Beziehung

In der Beurteilung der Mutter-Kind-Beziehung werden wie bei der Anfangsdiagnostik zwei Sichtweisen berücksichtigt. Auf der einen Seite wird beachtet, wie die Mutter die Beziehung zu ihrem Kind erlebt; auf der anderen soll
die Beziehung vom Standpunkt des Beobachters aus erschlossen werden. Die
Bedingungen für die Untersuchung der Mutter-Kind-Beziehung haben sich
gegenüber der Eingangsdiagnostik in zweifacher Hinsicht verändert. Zum einen befinden sich die Kinder in einer anderen Position als ein Jahr zuvor.
Gegenüber der kleinräumigen und mehr geschlossenen Mutter-Kind-Dyade
haben sie nun einen größeren Aktionsradius und mehr Möglichkeiten, Kontakte aufzunehmen. Zum anderen findet eine der beiden Nachuntersuchungen
nicht mehr im Mutter-Kind-Setting, sondern im Rahmen des Gruppengeschehens statt. Das bedeutet, dass die Untersuchung innerhalb der vom emotionalen Spannungsbogen aller Beziehungsabläufe bestimmten Sitzungs-
struktur durchgeführt werden muss. Die in anderen Studien als zentral angesehene Dimension des Bindungsverhaltens wird hier nur teilweise – soweit
das spontane Gruppengeschehen es zulässt – erfasst. Nur ausnahmsweise
ging etwa eine Mutter aus dem Raum. Die Aufmerksamkeit gilt eher dem
Reichtum der Tätigkeiten des Kindes, das sich in Anwesenheit der Mutter
entfaltet. Die meisten Kinder fühlten sich in den letzten Gruppensitzungen sicher genug, um die Umwelt zu explorieren; bei denjenigen, die es zeitweise
nicht taten, interessiert sich die Gruppenleiterin für die Gründe, die dies verhindern, und die Bedingungen, die dies erleichtern könnten.

Die Vorstellungen der Mütter über die Beziehung zum Kind entwickelten
sich in folgender Weise: Vier Mütter haben das Gefühl, dass sie zu ihren
Kindern einen guten Kontakt haben, der auch Auseinandersetzungen verträgt,
ohne dass sie (die Mütter) sich dadurch ernsthaft in Frage gestellt fühlen. Eine weitere Mutter kämpft noch mit ihrer Neigung, ihren Kindern zu nahe sein
zu wollen, wobei dies zu einem weniger bestimmenden Zug in ihrem Verhalten geworden ist. Sie selbst klagt auch nicht mehr über eine zu enge Beziehung zu ihren Kindern. Sie merkt aber, dass sie noch zu schnell Angst hat,
etwas falsch zu machen. Zudem lässt sie sich leicht durch den Protest der
Kinder von ihren eigenen Absichten abbringen und hat Mühe mit den aggressiven Ausbrüchen eines ihrer Kinder, das sich in der Trotzphase befindet. Mit
Ausnahme dieser Mutter ist die anfänglich diagnostizierte zu enge Beziehung
bei den Müttern des Projektes überwunden. Das Muster der wechselhaften
Beziehung zum Kind hat sich hingegen in beiden Fällen, in denen es bereits
am Anfang beobachtet wurde, erhalten. Bei der einen Mutter ist es in abgeschwächter Form noch vorhanden. Bei der anderen scheint es in Verbindung
mit der neu hinzugekommenen Belastung durch ihre zweite Schwangerschaft

eher noch verstärkt zu sein. Die Mutter selbst erlebt dies als eine größer gewordene Distanz zu ihrem Kind.

In der Beurteilung beider Untersucherinnen sind die Interaktionen bei den sorgenfreien Müttern stimmig. Mutter und Kind zeigen Initiative und lassen sich gegenseitig Raum für Antworten. Als noch innerhalb der Norm wird das Verhalten einer Mutter empfunden, die einen regressionsfördernden Stil mit ihrem 19 Monate alten Kind pflegt und die intensiver als andere die »Babyzeit« besetzt. Sie hatte in der postpartalen Krisenzeit eine zu enge Beziehung zu ihrem Baby. Bei einer der Mütter mit einer anfänglich zu engen Beziehung fand unerwarteterweise eine entgegengesetzte Entwicklung statt. Bei ihr war das intensive Aufgehen im Kind mit bedrohlichen Depersonalisierungsgefühlen verbunden. Als das Kind jedoch 18 Monate alt war, fand sie mit ihm eine sehr progressive und sichere Beziehung, wobei sie auf Signale des Kindes achtet, sich von eigenen Wünschen aber nicht abbringen lässt. Das Kind wirkt gut individuiert und nach außen gewinnend.

Die Beobachtungen zur Mutter-Kind-Interaktion bei beiden Müttern mit labiler Stimmung sind komplex und ergeben ein Bild, das sich vom Selbsterleben der Mütter mehr unterscheidet, als es bei der Voruntersuchung der Fall war. Diese Veränderung, die bei den anderen Müttern nicht stattfand, scheint mit der Schwierigkeit dieser Frauen zusammenzuhängen, kontinuierliche und integrierte Beziehungsrepräsentanzen aufzubauen. Beide Mütter merkten in der anfänglichen depressiven Phase, dass sie nicht immer angemessen für ihr Baby zur Verfügung standen, und litten darunter. Sie nahmen auch wahr, dass ihr Kind sie nicht aufsuchte, sich nicht anschmiegte und früh autonom war. Die eine dieser Mütter, die sich zeitweise in ihr Kind einfühlen und die eigene Unzulänglichkeit dann sehen konnte, erleichterte ihm den Zugang zu Ersatzbeziehungen. Ihre Fähigkeit, ihrem Kind gerecht zu werden, blieb aber schwankend. Die zweite dieser Mütter fiel in der Phase der Depression und Überforderung in eine Verfassung, in der sie das Kind gehetzt betreute und es dadurch unruhig machte. In der Folgezeit entwickelte sie ein Verhaltensmuster schroffer Zurechtweisungen, um das allzu aktive Kind unter Kontrolle zu bringen. Auch diese Mutter-Kind-Interaktion besserte sich im Verlauf der Gruppentherapie, das harte Eingreifen der Mutter wurde seltener. Letzteres nahm aber am Schluss der Therapie unter der Bedingung neuer Belastungen wieder zu. Die Mutter selbst sieht die daraus entstehenden Konflikte als einen vom Kind inszenierten Machtkampf. Es handelt sich um das Kind, dem es doch gelungen ist, sich den schwierigen Stimmungen der Mutter zu entziehen und den Vater für sich einzuspannen.

3.3.5. Einschätzungen zur Befindlichkeit des Vaters, der Partner- und der triadischen Beziehung

Die Väter wurden im Allgemeinen beim Familienbesuch von der Untersucherin als gestärkt durch die Familienerfahrung erlebt. Nur ein Vater, der schon früher Zeichen einer länger dauernden depressiven Entwicklung zeigte, ist noch leicht depressiv. Bemerkenswert ist, dass die anderen Väter, die eine schwerere und länger dauernde Depression ihrer Partnerinnen miterlebten und sie unterstützen mussten, zum Zeitpunkt der Nachuntersuchung nicht erschöpft sind. Drei Mütter berichteten, dass ihre Partner eine ernsthafte Krise durchgemacht hätten. Bei ihnen ist aber für die Untersucherin keine depressive Verstimmung nach den ICD-10-Kriterien fassbar.

Alle Mütter haben am Schluss des Projektes eine starke Beziehung zu ihren Partnern. Auch die Mutter, die sich als allein erziehend vorgestellt hatte, vertraut nun auf ihren Partner. Im Laufe der Gruppenarbeit spielten Fragen der gemeinsamen Elternschaft und die Abstimmung der Funktionen, die jeder der Partner übernimmt, eine zunehmend wichtigere Rolle. Bei einigen Paaren ist die Situation diesbezüglich geklärt; bei einigen wenigen – es handelt sich um die Eltern, die um eine nicht traditionelle Lösung ringen, die der Frau mehr Spielraum lässt – ist die Diskussion noch im Gange, größtenteils in einem kreativen, belebenden Sinne. Diese Auseinandersetzungen kommen – wie es im Hausbesuch zu beobachten war – in den nicht immer gleich gelingenden Abstimmungen in der familiären Interaktion zum Ausdruck. In zwei Familien ist auch am Schluss der Gruppentherapie die protektive Wirkung, die der Vater durch seine Präsenz ausübt, noch festzustellen. Die Untersucherin hat den Eindruck, dass es ihm gelingt, aufkommende Spannungen zwischen Mutter und Kind auszugleichen. Ein weiterer Aspekt der Partnerbeziehung, der in der postpartalen Zeit Veränderungen unterworfen ist, ist die Sexualität als Ausdruck der gegenseitigen Zuwendung jenseits der gemeinsamen Elternschaft. Von einzelnen Teilnehmerinnen wurde die Störung im Sexualleben, entweder in der unmittelbaren postpartalen Zeit oder als länger dauerndes Problem, angesprochen, ohne dass dies wirklich zum Gruppenthema wurde.

3.4. Therapieergebnis: Zusammenfassende Darstellung

Nachfolgend werden die Befunde der Nachuntersuchung mit denjenigen der Voruntersuchung verglichen. Eine Übersicht enthalten die *Tabellen 6 und 7*. Am Schluss dieses Kapitels erfolgt eine zusammenfassende Bewertung der Therapieergebnisse.

Ergänzend zur Sicht der Untersucherinnen wurden die Mütter und Väter danach gefragt, wie sie den Beitrag der Gruppenerfahrung für ihre eigene Entwicklung einschätzen. Die Ergebnisse dieser Selbstbeurteilung werden in einem eigenen Unterkapitel wiedergegeben.

3.4.1. Therapieergebnis aus phänomenologischer Sicht

Diagnose der Mutter nach ICD-10 und EPDS
Die Gegenüberstellung der Diagnosen und EPDS-Werte vor und nach der Gruppentherapie ist in *Tabelle 6* zusammengefasst. Ein deutliches Resultat dieser Studie sind die Unterschiede im Therapieerfolg zwischen den Fällen von postpartaler Depression, bei denen diese die Hauptsymptomatik bildete, und den Fällen, bei denen die Depression mit einer Persönlichkeitsstörung assoziiert war. Die fünf Frauen mit Depression allein erfuhren eine günstige Entwicklung. Die zwei Frauen mit Persönlichkeitsstörung erlebten, gemessen an der phänomenologischen Diagnostik, keine deutliche Besserung, während die psychodynamische Beurteilung ein differenzierteres Bild zulässt (s. unten).

Unsere Untersuchung zeigt sehr eindringlich, dass die postpartale Depression bei Frauen mit Persönlichkeitsproblematik schwieriger zu behandeln ist als eine einfache Depression. Diese Ansicht verdichtete sich in den letzten Jahren auch bei anderen Therapeuten in der Anwendung anderer Behandlungsmethoden. Persönlichkeitsstörungen bei Müttern, insbesondere unter dem Aspekt der Beziehungsfähigkeit, werden künftig im Bereich der frühen psychischen Gesundheit mehr Aufmerksamkeit als bisher verdienen.

Beurteilung des Kindes
Die Gegenüberstellung der Diagnosen des Kindes und der Mutter-Kind-Beziehung ist in *Tabelle 7* zusammengefasst. Die Besserung bei allen Kindern ist eindrucksvoll. Die zahlreichen funktionellen Störungen sind verschwunden außer bei einem Kind, bei dem gegen Ende der Gruppe eine Schlafstörung auftrat. Alle Kinder entwickelten sich gut.

Soweit bei diesen Kindern noch Belastungen vorhanden sind, äußern sie sich im zweiten Lebensjahr nicht mehr primär in somatischen Symptomen,

Tabelle 6: Vergleich Diagnosen Vor- versus Nachuntersuchung

| | Befunde vor der Gruppentherapie | | Befunde nach der Gruppentherapie | |
	Diagnose Mutter (ICD-10)	EPDS	Diagnose Mutter (ICD-10)	EPDS
1	mittelschwere Depression	18	keine Depression	5
2	mittelschwere Depression	13	keine Depression	4
3	mittelschwere Depression mit somatischen Symptomen (chronisch)	12	leichte Depression (mit somatischen Symptomen)	8
5	Persönlichkeitsstörung leichte Depression PTDS nach Geburt	10	Persönlichkeitsstörung leichte Depression	11
6	Anpassungsstörung mit leichter Depression	8	keine Depression	4
7	Persönlichkeitsstörung leichte Depression mit somatischen Symptomen	7	Persönlichkeitsstörung leichte Depression	3
9	leichte Depression mit somatischen Symptomen	5	keine Depression	4

sondern in psychischen Manifestationen. Zwei Kinder werden als psychisch leicht auffällig beschrieben; eines erscheint besorgt-angespannt, das andere hyperautonom-überfordert. Es sind die Kinder der Mütter, deren Zustand in der Therapiezeit sich wenig veränderte.

Entwicklung der Mutter-Kind-Interaktion
Nach den Ergebnissen der Anfangsdiagnostik sind drei Kategorien der Mutter-Kind-Interaktion in der postpartalen Krisenzeit unterschieden worden: zu proximal, initiativarm/verlangsamt und disharmonisch. Bei denjenigen Müttern, die vor der Intervention eine zu proximale Betreuung praktizierten, besserte sich nach der Gruppenphase in zwei Fällen die Mutter-Kind-Interaktion wesentlich, in einem Fall konnte die Mutter noch zu wenig Distanz halten. Bei den Mutter-Kind-Paaren mit einer subdepressiven Interaktionsqualität wurden die Interaktionen adäquat und lebendig. Bei den Mütter-Kind-Paaren mit einer disharmonischen Interaktion, in der Missverständnisse häufig auftraten, wird in der Nachuntersuchung weiterhin in abgeschwächter Form eine disharmonische Qualität festgestellt.

3.4.2. Therapieergebnis aus psychodynamischer Sicht

Psychodynamische Entwicklungen bei der Mutter
Bei den meisten Müttern hat die Einsichtsfähigkeit in eigene emotionale Prozesse und Motivationen zugenommen, insbesondere aber auch die Fähigkeit, zwischen eigenen Bedürfnissen und Anforderungen der Kinder zu unterscheiden. Sie haben Freude daran, die emotionalen Entwicklungsprozesse ihrer Kinder wahrzunehmen und zu begleiten, ohne sich darin zu verlieren. Aber nicht alle Mütter führen die Selbstreflexion weiter, nachdem für sie wichtige Probleme geklärt sind. Nach Abklingen der akuten Krise erweist sich, dass einige Mütter immer noch dazu neigen, in dem weiterhin bewegten familiären Umfeld mit dem heranwachsenden Kleinkind Konflikte auf äußere Umstände zurückzuführen.

Die meisten Mütter haben nach der Intervention stabilere Beziehungen. Sie fanden gegenüber ihren Kindern eine gute Distanz, die sie nicht mehr überfordert und weniger Anlass zu aggressiven Impulsen gibt; oder sie schwanken weniger in ihrer Zuwendung. Da gibt es als gravierende Ausnahme eine Mutter, bei der eine größere Distanz zu ihrem Kind eintrat. Alle Partnerbeziehungen wurden stabiler. Die Gestaltung der Beziehungen im weiteren Umfeld – der Herkunftsfamilie und der sozialen Umgebung – zeigt individuelle Unterschiede, die zum Teil noch von den früheren Erfahrungen in den Primärbeziehungen gekennzeichnet sind. Die vor der Intervention

Tabelle 7: Vergleich Diagnosen Vor- versus Nachuntersuchung

	Befunde vor der Gruppentherapie		Befunde nach der Gruppentherapie	
	Mutter-Kind-Beziehung **V: mütterliche Vorstellung** **I: beobachtete dyadische Interaktion**	**Diagnose Kind**	**Mutter-Kind-Beziehung** **V: mütterliche Vorstellung** **I: beobachtete diadische Interaktion**	**Diagnose Kind**
1	V: zu enge Beziehung: entgrenzt I: zu proximale (verschlingende) Betreuung, passives Baby	rezidivierendes Erbrechen	V: nicht belastet I: unauffällig	gesund gute Entwicklung
2	V: zu enge Beziehung: ängstlich-perfektionistisch I: zu proximale (unruhige) Betreuung, passives Baby	Exzessives Schreien	V: nicht belastet I: sehr intensive Beschäftigung mit dem Kind	gesund gute Entwicklung
3	V: zu enge Beziehung: altruistisch I: unauffällig	Schlafstörung	V: weniger belastet, Mühe mit Trotz I: reichhaltig, spielerisch	gesund, gute Entwicklung; ängstlich, wenig autonom
5	V: wechselhafte Beziehung I: disharmonisch: Mutter sehr aktiv, passives Baby	(später: Inappetenz, Verstopfung)	V: wechselhafte Beziehung I: zeitweise disharmonisch	gesund, gute Entwicklung; gelegentlich besorgt-angespannt
6	V: angemessen enge Beziehung I: beidseits initiativarm/ verlangsamt	Status nach intrauteriner Toxoplasmose, exzessives Schreien	V: nicht belastet I: unauffällig	Schlafstörung, gute Entwicklung

Fortsetzung Tabelle 7: Vergleich Diagnosen Vor- versus Nachuntersuchung

	Mutter-Kind-Beziehung **V: mütterliche Vorstellung** **I: beobachtete dyadische Interaktion**	**Diagnose Kind**	**Mutter-Kind-Beziehung** **V: mütterliche Vorstellung** **I: beobachtete diadische Interaktion**	**Diagnose Kind**
7	V: wechselhafte Beziehung I: disharmonisch: Mutter bezugsarm, Baby genügsam, gelegentlich sich entziehend	(später: auffallend progressiv)	V: wechselhafte Beziehung I: disharmonisch, wechselhaft	gesund, gute Entwicklung; sehr reif, hyperautonom, gelegentlich überfordert
9	V: angemessen enge Beziehung I: zeitweise initiativarm/ verlangsamt	exzessives Schreien	V: nicht belastet I: unauffällig	beide Kinder gesund gute Entwicklung

beklagte soziale Isolation ist nur noch als Ausnahme, in den Fällen der zweiten Schwangerschaft, vorhanden.

Keine Beziehung ist mehr von der Autonomie-Abhängigkeit-Problematik kennzeichnet. Die neu erreichte Stabilität in den Beziehungen scheint mit der Lösung dieses Grundkonfliktes und mit dem Finden der richtigen Distanz verbunden zu sein. Bei den meisten Müttern ist die Fähigkeit, innere und äußere Konflikte anzugehen und zu lösen, gestärkt. Die Art der Konfliktverarbeitung bleibt bei den zwei Frauen mit Persönlichkeitsproblematik durch ihre Grundstruktur und besondere Abwehrmechanismen geprägt.

Bei allen Müttern ist ein besseres Selbstwertgefühl zu erkennen. Insbesondere haben alle eine persönliche, klar konturierte mütterliche Identität, die bei einigen schon gefestigt, bei anderen als noch in Wandlung begriffen ist. Diese steht in Zusammenhang mit der progressiven Lösung von Beziehungsunsicherheiten und mit der damit verbundenen Neupositionierung im familiären und sozialen Kontext.

Nach der Lösung der postpartalen Krise mit der schwerpunktmäßigen Belastung durch Abhängigkeitskonflikte wurden andere Konfliktfelder sichtbar, die eine psychische Verarbeitung erfordern. Es handelt sich insbesondere um Identitätsfragen und um eine neue Einstellung zur Sexualität, Themen die während der Gruppenarbeit zur Sprache kamen und im Rahmen der Auswertung des Therapieprozesses behandelt werden.

Familiäre Beziehungen und soziale Einbettung
Bei allen Familien der Gruppenteilnehmerinnen ist die Kernfamilie gefestigt, die Eltern sind in der Lage, über ihre Aufgabenteilung zu diskutieren, und sind konfliktfähig. Zudem kann gesagt werden, dass die Beteiligung der Mütter an der Gruppentherapie die Entwicklung der Familie nicht behinderte. Im Gegenteil, eine Mutter, die vor der Intervention nicht sicher war, ob sie ihr Kind zusammen mit dem Vater aufziehen würde, teilt mit ihm die Aufgabe der Elternschaft. In anderen Familien, in denen wegen der gleichzeitigen Erschöpfung des Partners Krisen drohten, meisterten die Partner die Schwierigkeiten gemeinsam.

3.4.3. *Selbstbeurteilung der Gruppenteilnehmerinnen und -teilnehmer*

Die Bewertung der durchgeführten psychotherapeutischen Intervention vonseiten der Mütter und der Väter wurde als letzter Punkt in das standardisierte Nachuntersuchungsprotokoll aufgenommen. Die Aussagen in der Protokollation der beiden Untersucherinnen stimmen für diejenigen Mütter, die überwiegend positive Einschätzungen abgegeben haben, überein. Mütter, die Kritik anbrachten, haben diese in stärkerem Maße und deutlicher gegenüber der externen Untersucherin geäußert als gegenüber der Gruppenleiterin.

Aussagen der Mütter zur individuellen Entwicklung
Vier Frauen profitierten nach eigenen Aussagen von der Begleitung durch die Gruppe. Sie betonen, dass sie aus ihrer anfänglichen Isolierung geholt wurden und dass sie in der Auseinandersetzung mit ihren Problemen und Konflikten unterstützt wurden. Sie fühlen sich sicherer und meinen, dass sie fähig sind, die anstehenden Probleme zu bewältigen. Dabei würden zwei von ihnen eine Fortsetzung der Begleitung schätzen.

Eine Frau äußert sich als zufrieden über ihre eigene Entwicklung und meint, dass die Gruppe lediglich am Anfang für sie wichtig gewesen sei, sich aber mit der Zeit als nicht mehr geeignet für ihre Bedürfnisse erwiesen habe. In der Gruppe ist für sie zu wenig Vertrauen entstanden, als dass sie ihre persönlichen Fragen hätte zur Sprache bringen können.

Die Mutter, die am Ende der Gruppentherapie erneut schwanger ist, stellt rückblickend fest, dass sie mit ihrem ersten Kind in der Gruppe gute Erfahrungen machte und persönlich weiterkam. Ihre Bilanz der Gruppenerfahrung ist aber zwiespältig. Sie erfuhr einerseits Unterstützung, fühlte sich anderseits aber häufig nicht zugehörig und in ihrer direkten Art nicht akzeptiert, sodass sie ihre Probleme nicht genug einbringen konnte. Unter den neuen Belastungen zur Zeit des Nachgesprächs war die positive Wirkung der Gruppenteilnahme für sie nicht mehr spürbar, sie äußert den Wunsch einer Weiterführung der Gruppe.

Bei der Mutter, die vor Abschluss der Gruppe ihr zweites Kind geboren hatte, standen positive und negative Bewertungen ihrer Gruppenerfahrung unvermittelt nebeneinander. Sie ist zufrieden über ihre Entwicklung und insbesondere darüber erfreut, dass ihre zweite Geburt so viel besser verlief und dass sie im Umgang mit dem Kind sicherer ist als beim ersten. Mit der Gruppe aber sei sie nicht richtig warm geworden, sie sei häufig aus Pflichtgefühl gekommen. Beim Familienbesuch fünf Monate nach Beendigung der Gruppe scheint der gute und enge Zusammenhalt in der Kernfamilie damit verbunden zu sein, zu allem außerhalb davon Abstand zu halten und auch die Gruppe distanziert zu sehen.

Aussagen der Mütter zur Gruppentherapie
Die Mehrzahl der Mütter beurteilte rückblickend das Setting der Gruppe als sehr ansprechend und geeignet für die Unterstützung ihrer Anliegen und ihrer Lebenssituation. Eine Mutter zieht den Schluss, dass es wichtig sei, dass Frauen in der ersten Zeit mit dem Baby nicht allein blieben. Sie habe es geschätzt, dass sie auch nicht statthafte, tabuisierte Gefühle äußern konnte, und

ist der Meinung, dass dieser Rahmen mit anderen Müttern dies erst ermöglicht hätte. Mehrere Frauen äußern, dass sie sich von der Gruppe »getragen« gefühlt hätten. Dies sei vor allem am Anfang wichtig gewesen, als es noch gar nicht darum ging, Probleme zu diskutieren, um sie zu verstehen. Einzelne Frauen schätzten diesen Teil der Therapie besonders und hatten, als sie in besserer Verfassung waren, nicht mehr das gleiche Bedürfnis, sich zum Meinungsaustausch zu treffen. So trat eine Frau aus diesem Grund nach der vereinbarten Minimalzeit aus der Gruppe aus. Für andere Frauen war nach ihren Aussagen der Austausch in der Gruppe auch bei den weiteren Entwicklungsschritten sehr wichtig. Insbesondere das Abstillen und die Konflikte unter den Geschwistern wurden als Themen genannt, für die die Begleitung in der Gruppe hilfreich war. Die meisten Mütter betonen, dass mit der Zeit eine gegenseitige Wertschätzung und Zuneigung entstanden sei und eine Atmosphäre des Vertrauens hergestellt war. Letzteres galt für zwei Frauen nicht. Eine Mutter hätte gern engere Kontakte mit den anderen Gruppenteilnehmerinnen geknüpft und kritisierte in diesem Punkt das Gruppensetting, das vorgab, mit privaten Kontakten zurückhaltend zu sein. Eine Mutter hätte sich gewünscht, dass die Sitzungsfrequenz höher wäre, eine Fortsetzung der Gruppe in einer geeigneten Form wünschten drei.

Die Beteiligung der Kinder an der Therapie wird mehrheitlich als positiv gewertet. Einige Mütter heben ausdrücklich hervor, dass sie die Gruppe mit den Kindern als eine lebensnahe Situation empfunden hätten, die ihnen Gelegenheit bot, Umgangsformen mit ihrem Kind in einem größeren Kreis auszuprobieren. Eine Mutter wertet nachträglich – entgegen ihren skeptischen Äußerungen zu diesem Miteinander, währenddem die Gruppe stattfand – positiv, dass die Kinder mit ihren Szenen Stimmungen unter den Erwachsenen zum Ausdruck brachten und damit das Gespräch erleichterten. Eine Mutter stimmt dem zu, auch wenn sie ihr eigenes Kind meist nicht zu den Gruppensitzungen mitbrachte.

Zur Aktivität der Gruppenleiterinnen nahmen die Mütter kaum direkt Stellung. Aussagen der Mütter zum Eingreifen der Gruppenleiterinnen liegen auf einer anderen Ebene als die hier wiedergegebene Wertung der Gruppenarbeit, sie betreffen das Aufkommen von Angst in der Gruppe und Fragen des behandlungstechnischen Umgangs damit und werden deshalb im Rahmen der Diskussion des therapeutischen Prozesses behandelt (Kapitel 5).

Selbstbeurteilung der Väter
Vier Väter nahmen an den begleitenden Vätertreffen, die in größeren Abständen stattfanden, teil. Zwei von ihnen stiegen nach eigenem Bekunden aus reiner Neugier ein, auch um zu erfahren, was die Frauen machen würden. Sie hätten aber die Sitzungen schätzen gelernt. Alle meinten, dass sie in ihrer

Entwicklung als Väter durch die Gruppengespräche Unterstützung erfahren hätten und die Gruppe ihnen die Möglichkeit gegeben habe, ihren familiären Alltag aus einer gewissen Distanz zu reflektieren. Ein Vater bezeichnet ihre Funktion als »Katalysator für die Vaterschaftsentwicklung«. Nur einem Vater war es in erster Linie wichtig, sich in seinen Auffassungen und in seinem Selbstwertgefühl bestärkt zu sehen. Er hat eine relativ traditionelle Auffassung der Vaterrolle als liebevoll-strenge Autorität und findet, dass er im Vergleich mit den »alternativen« Vätern bisher gut gefahren sei. Drei der Väter, die an der Vätergruppe beteiligt waren, hielten die Sitzungsfrequenz für zu niedrig, ein Vater fand die Dauer der Gruppenarbeit zu kurz.

Alle Väter, die sich dazu äußerten – auch solche, die nicht an den Vätertreffen teilnahmen –, empfanden die Gruppe für die Frauen in der schwierigen Zeit der Krise als Entlastung.

3.4.4. Therapieergebnis:
Zusammenfassende Bewertung der Gruppentherapie

1. Mit dem Angebot der Gruppentherapie für Mütter und Babys sind die Früherfassung von postpartalen psychischen Krisen und die frühe Einleitung einer Behandlung bei einem gezielten Rekrutierungsprozedere möglich. Die Erfahrung mit der Pilotgruppe zeigte, dass die Fokussierung auf die postpartale Depression als Kriterium für die Auswahl der Gruppenteilnehmerinnen eine Einengung bedeutet und eine falsche Spur legt. Insbesondere könnten Frauen mit Persönlichkeitsstörung übergangen werden, bei denen ebenso wie bei Frauen mit Depression ein Bedarf nach therapeutischer Unterstützung besteht, wenn auch mit anders gelagerter, konflikthafterer Motivation. Damit erhalten das Urteil und das vorbereitende Gespräch der zuweisenden Beraterin sowie die Motivation zur Selbstzuweisung mehr Bedeutung als allfällige Depression-Screening-Tests (EPDS).

2. Das Konzept, die Babys und später die Kleinkinder in die Behandlung einzubeziehen, erwies sich sowohl für die Mütter als auch für die Entwicklung der Kinder als fruchtbar. Insbesondere konnten bei der Problematik, die in dieser Gruppe durchgearbeitet wurde, keine Überforderung der Kinder oder negativen Auswirkungen auf die Kinder festgestellt werden. Das Konzept betont eine progressive Entwicklung der Mutter-Kind-Beziehung und hat darin sein besonderes Potential, das durch das Ergebnis dieser Studie bestätigt wurde. Damit wurden befürchtete negative Auswirkungen auf das Kind, die aus einer auf die depressive Mutter eingeschränkten Sichtweise vorgebracht wurden, vermieden.

3. Die psychoanalytisch orientierte Gruppentherapie mit niederschwelligem Zugang für Mütter und Babys ist eine gute Behandlungsmöglichkeit beim Vorliegen einer leichten bis mittelschweren postpartalen Depression gemäß ICD-10. Sie ist wirksam sowohl bei Frauen, die bereits einen Zugang zur Einsicht und zur Selbstreflexion aufweisen, wie auch bei Formen von nicht mentalisierter oder somatisierender Depression. Bei Ersteren steht die Funktion der Gruppe, einen Raum für die Symbolisierung des Konflikthaften der frühen Mutter-Kind-Erfahrung bereitzustellen, im Vordergrund. Bei Letzteren erwies sich der Aspekt der Halt gebenden Funktion (»containing«), die eine Gruppe bietet, als wichtig. Es geht darum, dass die spezifischen Probleme junger Mütter mit ihren Kindern aufgeführt und toleriert werden und zu einer Lösung kommen.

4. Die psychoanalytisch orientierte Gruppentherapie mit Müttern und Babys ist auch für Mütter, die aufgrund ihrer vor der Mutterschaft bestehenden Beziehungsproblematik postpartal in Schwierigkeiten geraten, eine wertvolle Unterstützung. Auch für sie hat die Gruppe eine »containing«-Funktion, die während der Therapie wirksam ist und für den Aufbau der Mutter-Kind-Beziehung in der empfindlichen Anfangsphase einen schützenden Rahmen darstellt. Allerdings kann die grundlegende Beziehungsproblematik in der begrenzten Zeit einer Gruppentherapie (in unserem Fall 14 Monate) nicht genügend beeinflusst werden. Für diese Mütter müssen, falls nötig, fallspezifisch geeignete Formen für die Fortsetzung der therapeutischen Unterstützung ins Auge gefasst werden.

5. Das Konzept der therapeutisch begleiteten Gruppe für Mütter mit Babys ist auch bei kurz dauernden Krisen (»Baby-Blues«), bei nicht klinischen Krisen und bei sozialer Isolation sinnvoll. Dies belegen die Selbstzuweisungen in der Projektgruppe: Es handelte sich um Frauen mit nur leichter depressiver Symptomatik, aber mit subjektiv wahrgenommenen fokalen Elternschaftskonflikten. Die Teilnahme an der Gruppe wurde als Unterstützung erlebt. Mit dieser Ausdehnung der Indikation wird eine Aufgabe wahrgenommen, die in der modernen städtischen Gesellschaft nicht mehr vom familiären oder erweiterten Beziehungsnetz der jungen Mütter erfüllt wird. Die Mütter müssen individuell und isoliert eine psychische Aufgabe bewältigen, die alle Mütter betrifft und wofür zu wenig öffentliche Resonanz und Umfeldunterstützung besteht. Mit anderen Worten können postpartale Krisen zugleich Ausdruck eines sozialen Defizits sein. Die Wahrnehmung der Problematik als Psychopathologie, die von den therapeutischen Institutionen verlangt wird, ist für die Betroffenen heikel, weil sie damit sozial stigmatisiert werden und in ihrem Kampf um Autonomie geschwächt werden. Deshalb sollten ähnliche Gruppen auch in salutogenetisch konnotierten Institutionen angesiedelt sein.

6. Die psychoanalytisch orientierte Gruppentherapie mit Müttern und Babys hat nicht nur positive Auswirkungen auf die Befindlichkeit und psychische Verfassung der Mütter, sondern wirkt sich ebenso auf die Qualität der Mutter-Kind-Beziehung und auf die Stabilisierung des engeren familiären Umfeldes aus. Sie trägt damit wesentlich zur Vorbeugung langfristiger psychischer Belastungen für das betroffene Kind wie auch allgemein für die Familien, die mit einer postpartalen Krise konfrontiert sind, bei.

7. Bei einem therapeutischen Gruppenangebot für Mütter mit Babys erwies sich das parallele Angebot einer weniger frequenten und freiwillig in Anspruch genommenen Gruppe für die Väter als günstig. Die Erfahrung im vorliegenden Projekt legt es nahe, die Frequenz dieser Sitzungen in Absprache mit den teilnehmenden Vätern dichter anzusetzen, als es hier getan wurde.

4. Beiträge zu einer Theorie der postpartalen Krise

Das Ausgangsmaterial der diagnostischen Auswertung aus der Vor- und Nachuntersuchung umfasst zum einen die nach den Klassifikationsmerkmalen eingeordnete Symptomatik, zum anderen die in der psychoanalytischen Gesprächssituation erfasste postpartale Psychodynamik der einzelnen Mütter sowie die Auskünfte zu ihrem Beziehungsumfeld. Die Ergebnisse der detaillierten Auswertung sind in Kapitel 3 dargestellt. Sie sind die Grundlage für den Versuch, aus den Erkenntnissen des Forschungsprojektes Hypothesen über die spezifische Konfliktdynamik und die Bewältigungsformen der postpartalen Krise zu entwickeln. Hier wird die aus dem Alltagssprachlichen übernommene Wendung der Krise gewählt, um den weiten Bereich der konfliktgeladenen psychisch-sozialen Umorientierungen in der postpartalen Zeit begrifflich zu fassen. Die postpartale Krise umfasst damit sowohl die, wenn auch mit hohem Kraftaufwand gelingende Bewältigung als auch die unterschiedlich schweren Formen der psychischen Dekompensation, unter denen die Depressionen den größten Teil ausmachen.

Die Hypothesen zur Psychodynamik der postpartalen Krise gehen von Beobachtungen an Müttern aus, die psychisch leicht bis mittelschwer dekompensiert waren. Wieweit angenommen werden kann, dass sie auch für Mütter zutreffen, die ohne Symptome die postpartale Zeit bewältigen, bleibt offen. Entsprechendes gilt auch nach der anderen Seite hin für Mütter, die von sehr schweren postpartalen Depressionen oder Psychosen betroffen sind.

4.1. Postpartale Krise: Bewältigung und Dekompensation

Einer der am stärksten hervortretenden Züge bei der Auswertung der Interviews ist der, dass die postpartale Zeit in komplexer Weise als Aufgabe empfunden wird, die eine *Herausforderung für die psychische Verarbeitung* bedeutet. Die Aufgabe kann mehr oder weniger leicht bewältigt werden oder eben nicht. Sie kann die individuelle Fähigkeit, ein Problem zu lösen, übersteigen, was in der Folge zu psychischer Dekompensation führt. Die gemeinsame Herausforderung für die am Projekt beteiligten Mütter bestand in der unmittelbar zurückliegenden Geburt ihres Babys oder im Ganzen der Erfahrung ihrer Elternschaft mit diesem Kind. Im Wesentlichen geht es um die Annahme des Neugeborenen durch die Mutter und durch die nähere Umgebung und um seine Integration in das familiäre und soziale Leben in physischer und psychischer Hinsicht. Für die engeren Betreuer des Kindes beinhaltet es die Übernahme von Verantwortung für seine Ernährung, Pflege und seinen Schutz; die Bereitschaft, mit ihm in emotionalen Austausch zu treten und eine der präverbalen Stufe angepasste Kommunikation zu finden; ihm eine gewisse Kontinuität in der Erfahrung zu bieten und vorauszudenken, ohne dass die dabei entwickelten Vorstellungen zu allzu starren Vorgaben für das Kind werden.

Alle Mütter der Gruppe empfanden, dass die Aufgabe mit dem Kind ihnen viel abverlangte, was in Klagen über Anforderungen, die ihnen Schwierigkeiten bereiteten, zum Ausdruck kam. *Bewältigung* bezeichnet die Überwindung der Schwierigkeit, mit der die Mutter zu kämpfen hat, und schließt die gelungene Lösung ein. Das ist der Fall, wenn eine Mutter die verschiedenen Bedeutungen des Weinens ihres Babys allmählich versteht oder wenn sie es nach den ersten Anläufen schafft, mit dem Baby zum Einkaufen zu gehen. Manchmal sind solche Mitteilungen der Mütter mit Stolz verbunden, was indirekt darauf hinweist, dass die Sache nicht ohne Aufwand ablief. Bewältigung bezieht sich aber nicht nur auf das Meistern realer Anforderungen im Zusammenleben, sondern sie wird auch an inneren Wunschvorstellungen und Idealen gemessen. Eine Mutter sagte ausdrücklich, dass sie bezüglich der Geburt ihres Kindes nicht stolz auf sich sei. Diese Aussage verrät die Enttäuschung an sich selbst. Bewältigung heißt auch, den in dieser Lebensphase schnell wechselnden Anforderungen gewachsen zu sein, wie etwa die zunehmende Abgrenzung zum Kind und die Wahrnehmung seiner Individualität zu leisten oder eine vorhandene Geschwisterbeziehung zu begleiten. An diesen Beispielen, die auch Themen von Gruppendiskussionen waren, wird deutlich, dass ein gelungener Entwicklungsschritt nicht unbedingt in der eindeutigen Lösung eines Problems liegt, sondern viel häufiger in der Suche nach einer vertretbaren Position zwischen sich widersprechenden Bedürfnissen, in der Anerkennung von Verlusterfahrungen und im Ertragen von Unsicherheit und Ambivalenz. Neben der Beziehung zum Kind stehen für die Mutter Anforderungen im sozialen Umfeld an. Die Frau muss sich mit ihren veränderten Verpflichtungen und ihrer Verfügbarkeit sozial neu einordnen.

Die Summe dieser unzähligen Bewältigungsschritte ist die *Entwicklung der Mutterschaft*, die einen neuen Aspekt der Identität bildet. Es handelt sich um einen Prozess, der sich sowohl in intrapsychischen Auseinandersetzungen wie auch im interpersonalen, sozialen Austausch vollzieht.

Anders als bei der Bewältigung ist es Kennzeichen einer psychischen Dekompensation, wenn die betroffene Mutter die Anforderungen, von denen sie überwältigt wird, nicht mehr genau erkennen kann. Erst nachträglich, wenn die Umstände geklärt werden konnten, werden die Probleme, die ihr Mühe bereiteten und die sie nicht rechtzeitig lösen konnte, manifest und für sie fassbar. Zu den spezifischen Konflikten und psychischen Strukturen, die bei der postpartalen Dekompensation wirksam sind, werden in den folgenden Abschnitten 4.2. und 4.3. Hypothesen ausgearbeitet.

Postpartale *psychische Dekompensationen* weisen phänomenologisch ein breites Spektrum von Schweregraden auf. Sie reichen von der vorübergehenden leichten depressiven Verstimmung bis zum schweren psychotischen Zustand (s. synoptische Darstellung im *Schema 3*). Eine Sonderstellung nehmen die Persönlichkeitsstörungen ein, die nicht mit der Geburt entstehen, sondern bei den Müttern, die davon betroffen sind, schon vorher bestehende Belastungen sind, die die Bewältigung der postpartalen Aufgaben – in spezifischer Weise die Beziehungsgestaltung – erschweren.

Mit der psychischen Dekompensation ist die Mutter nicht befreit von den Aufgaben und Anforderungen, die die Mutterschaft ihr auferlegen. Angesichts der Situation der Überforderung kommt es dazu, dass die Mutter unter einen sich verstärkenden Druck aufgrund der unerledigten Last kommt und sich unter Umständen immer mehr in die Unlösbarkeit der Probleme verstrickt. Damit wird bei einem Teil der Mütter ein *chronischer Verlauf der Dekompensation* eingeleitet. In anderen Fällen gelingt es, psychische und/oder Umwelt-Ressourcen zu mobilisieren, mit deren Hilfe die Mutter die negativen Spiralen durchbrechen und die *Bewältigung* der Mutterschaftsaufgaben *sekundär* wieder aufnehmen kann. Eine psychotherapeutische Behandlung kann eine wichtige Unterstützung für diese Entwicklung sein. Im Falle einer chronisch verlaufenden Depression gibt es ohne Psychotherapie kaum eine Chance der Besserung.

4.2. Konflikte der postpartalen Zeit

Aufgrund der Ergebnisse dieser Studie können wir feststellen, dass Konflikte oder Konfliktanfälligkeit der Mütter im Spannungsfeld zwischen Abhängigkeit und Autonomie eine bestimmende Dimension in der psychischen Verarbeitung der Geburt und ein zentraler Konflikt im Falle der psychischen Dekompensation sind. Diese Aussage wird durch weitere klinische Erfahrungen gestützt (Prat, 1996) und gilt unabhängig davon, ob es sich um eine Konfliktreaktivierung handelt oder eine solche nicht nachweisbar ist.

Eine erste These lautet, dass es von ihrer Verbreitung und ihrem Gewicht her folgende *Hierarchie der postpartalen Konflikte* gibt:

Schema 3: Bewältigung und Dekompensation in der postpartalen Krise: Symptomatische Diagnosen

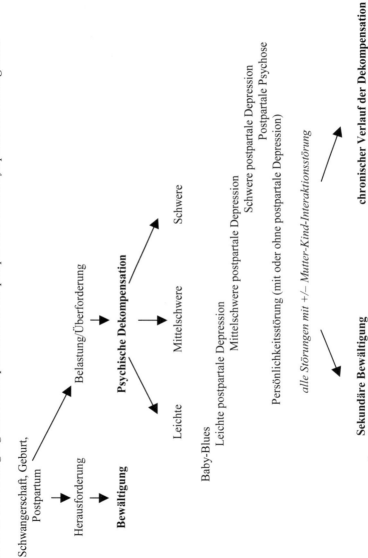

1. Abhängigkeit versus Autonomie
2. reaktivierte fokale Konflikte
3. Identitätskonflikte

4.2.1. Abhängigkeit versus Autonomie als zentraler Konflikt

Das Neugeborene konfrontiert jede Mutter mit der Erfahrung der weitgehenden Abhängigkeit des Babys, zunächst bezüglich der physischen Aspekte, bald aber auch in seiner psychischen Dimension. Das Gefühl von Verantwortung ist die Kehrseite der Wahrnehmung dieser Abhängigkeit, das umso größer ist, je mehr die Mutter die Aufgabe allein zu bewältigen hat. Ein überwältigendes, Angst machendes Gefühl der Verantwortung ist ein erstes Belastungssymptom, das fast noch zur normalen Verarbeitung gezählt werden kann. Sehr bald, schon in leichten klinischen Zuständen, kann sich in der Vorstellung der Mutter aber eine Umkehrung der Wahrnehmung des Abhängigkeitsverhältnisses einstellen, mit der Folge, dass sie sich vom Kind kontrolliert fühlt. Diese Vorstellung kann sich weiter steigern bis zu dem Punkt, an dem Verfolgungsgefühle entstehen. In einer anderen Entwicklung kann eine überforderte Mutter dem Kind verfrüht Selbstständigkeit zuschreiben, was unter Umständen zu übermäßiger Distanzierung führen kann. Dies sind Beispiele von *Abhängigkeit-Autonomie-Konflikten*, wie sie in der Zeit nach der Geburt häufig in Erscheinung treten und als Hauptkonflikte dieser Entwicklungszeit zu betrachten sind. Sie spielen sich in verschiedenen Formen ab. Manchmal sind sie intrapsychisch repräsentiert und manifestieren sich als Angst oder (neurotische) Depression. Am häufigsten finden sie einen Ausdruck im interpersonalen Beziehungsfeld, in welchem Auseinandersetzungen über Nähe und Distanz, Beistehen und Alleinlassen, Bestimmen und Bestimmt-Werden ausgetragen werden. Die richtige Distanz zum Baby, die ja kein feststehendes Maß hat, sondern von vielen Faktoren abhängig und wechselhaft ist, war ein konstantes Thema der Gruppengespräche.

Ein wichtiger Aspekt im Erleben der Mutter ist die Parteinahme für das Kind, die psychodynamisch mit der Identifizierung mit dem Kind einhergeht und mit der eigenen Fähigkeit zur Regression abgestimmt sein muss. Als begleitende Gefühle können dabei Angst vor Infantilisierung und Scham auftauchen. Da das Schwanken in diesen Grenzzuständen für die erste Zeit nach der Geburt für die empathische Betreuung des Babys angemessen ist, ist es wichtig, dass die Mutter lernt, damit sicher und flexibel umzugehen. Die extreme Form der Dekompensation zeigt sich am Pol der Annäherung als Gefühl der *Entgrenzung* und als (psychotische) Angst des Grenzverlustes, am Pol der Distanzierung als Gefühl der Entfremdung und in der *Beziehungslo-*

sigkeit zum Kind.

Weil die Mutter ein Bedürfnis und ein Recht auf Beistand in der Zeit um die Geburt hat, verdichten sich in der Regel die Beziehungen der Mutter in ihrem nahen Umfeld. Das ermöglicht, dass die Abhängigkeit-Autonomie-Konflikte nicht nur in der Beziehung zum Baby, sondern auch mit den anderen Bezugspersonen ausgetragen werden. Zum Teil werden Konflikte, die ihren Ursprung in der Mutter-Kind-Beziehung haben, auf die Beziehungen mit den Erwachsenen des nahen Umfeldes verschoben (s. 4.4.).

Die Gebärende erfährt zwar schon während des Geburtsvorganges vorübergehend eine kurze Phase der Abhängigkeit, wenn sie einem von ihr nicht kontrollierbaren, biologischen Geschehen ausgesetzt ist. In dieser Erfahrung liegt ein Teil des Erlebens von Abhängigkeit, das nicht aus Empathie oder Identifikation mit dem Neugeborenen stammt und meistens nicht weiter in den Vordergrund tritt. Eine Ausnahme bildet das traumatische Erleben der Geburt: In diesen Fällen treten Gefühle von Ohnmacht und Verfolgung zusammen mit wiederkehrenden Erinnerungen an das Geburtsgeschehen auf. Die Verarbeitung dieser Gefühle überlagert sich mit der in gewissen Aspekten parallelen Thematik der postpartalen Beziehung zum Kind.

4.2.2. Reaktivierung fokaler Konflikte

Eine in der psychoanalytischen Literatur früh entworfene Hypothese zur Elternschaftsentwicklung besagt, dass Eltern durch das empathische Miterleben der Entwicklungsphasen ihrer Kinder Bedürfnisse und Wünsche wieder erleben, die an eigene Kindheitserfahrungen erinnern. Wenn ihre früheren Erfahrungen in einem bestimmten Bereich konfliktbeladen waren, können diese alten, ungenügend gelösten Konflikte reaktiviert werden (Benedek, 1959). Von Konfliktreaktivierung kann allerdings nur die Rede sein, wenn die Vorerfahrung der Mutter eine Verwundung hinterließ und Erinnerungen aufgerufen werden, die sich mit der neuen Erfahrung auf störende Weise vermischen. Diese Erinnerungen werden den Betroffenen nicht immer bewusst und äußern sich manchmal in unstimmigen Interaktionsmustern.

Bei den Frauen des Projektes lag eine Reaktivierung des Autonomie-Abhängigkeit-Konfliktes vor, wenn Erinnerungen an massive Auseinandersetzungen bezüglich der Autonomieproblematik während der ganzen Kindheit oder in der Adoleszenz vorhanden waren, zum Beispiel in den beiden Fällen, in denen die eigene Mutter sehr krank war und das Verantwortungsverhältnis früh umgekehrt wurde. Andere Konflikte, die nicht so offensichtlich mit der postpartalen Situation verbunden sind, können leichter als reaktivierte alte Konflikte erkannt werden. Ein Beispiel in der Studie war die Reaktivierung einer Geschwisterproblematik mit dem ödipalen Aspekt der Rivalität um die Gunst des Vaters und der Frage nach dem Selbstwert als Frau und Mädchen. Diese Mutter fühlte sich nach der Geburt des zweiten Kindes, eines Mädchens nach einem Sohn, so verunsichert, dass sie sich deshalb für die Gruppentherapie interessierte. Ihre Sorge war sehr spezifisch: Sie war plötzlich mit Träumen und Erinnerungen an ihre Kindheit und an ihre Ursprungsfamilie beschäftigt, die gleich konstelliert war wie ihre aktuelle Familie. Dabei waren der strenge Vater und die Bevorzugung des Bruders als Leitthemen erkennbar. In der Literatur wird der Reaktivierung einer nicht vollzogenen Trauer bei einer Schwangerschaft besonderes Gewicht beigemessen. Dabei handelt es sich um den Verlust einer nahen Person, die die Beziehung zum eigenen Kind stark belasten kann.

4.2.3. Identitätskonflikte, Rollenkonflikte, soziale Konflikte

Die *Entwicklung der mütterlichen Identität* erscheint als ein ebenso universaler Prozess wie die Konfrontation mit der Abhängigkeitsproblematik. Dementsprechend werden in der Literatur bei der Behandlung der postpartalen Veränderungen dieser Aspekt und die damit verbundenen Entwicklungen im familiären und sozialen Kontext häufig in den Vordergrund gestellt. In der vorliegenden Studie zeigte sich vor allem im Gruppenprozess, dass Fragen der Identität, Auseinandersetzungen über die Rollenaufteilung zwischen den Partnern sowie Fragen der sozialen Positionierung erst im Laufe der Zeit zum Thema geworden waren. Sie scheinen also nicht als erstes Anliegen im Zentrum einer frühen psychischen Krise der werdenden Mutter zu stehen. Bis auf die Identitätsproblematik sind diese Fragen und Konflikte Teil der Umwandlung der Beziehungen in der postpartalen Zeit und werden im Abschnitt 4.4. behandelt. Ein großes Gewicht für die Ausbildung der mütterlichen Identität hat die Art und Weise, wie die Mütter auf jeweils persönliche Art das Problem der richtigen Distanz zum Kind lösen, zu einem sicheren Umgang mit ihm finden und darauf ihr Selbstbild gründen. Ein weiterer Beitrag liegt in der Lösung von Unsicherheiten und Konflikten in verschiedenen Beziehungen und im Erleben eines neuen stabilen Beziehungsnetzes.

4.2.4. Konfliktverarbeitung und psychische Struktur

In der unmittelbar postpartalen Zeit zeigen alle Mütter Unsicherheiten in der Selbstwahrnehmung und Schwierigkeiten, die Selbst- und Objektwahrnehmungen in der Beziehung zum Baby aufrechtzuerhalten. Diese situativ gelockerte, wenig integrierte Struktur ermöglicht eine kreative, durch die kon-

Schema 4: Psychodynamik in der postpartalen Krise: Konflikte und psychische Struktur

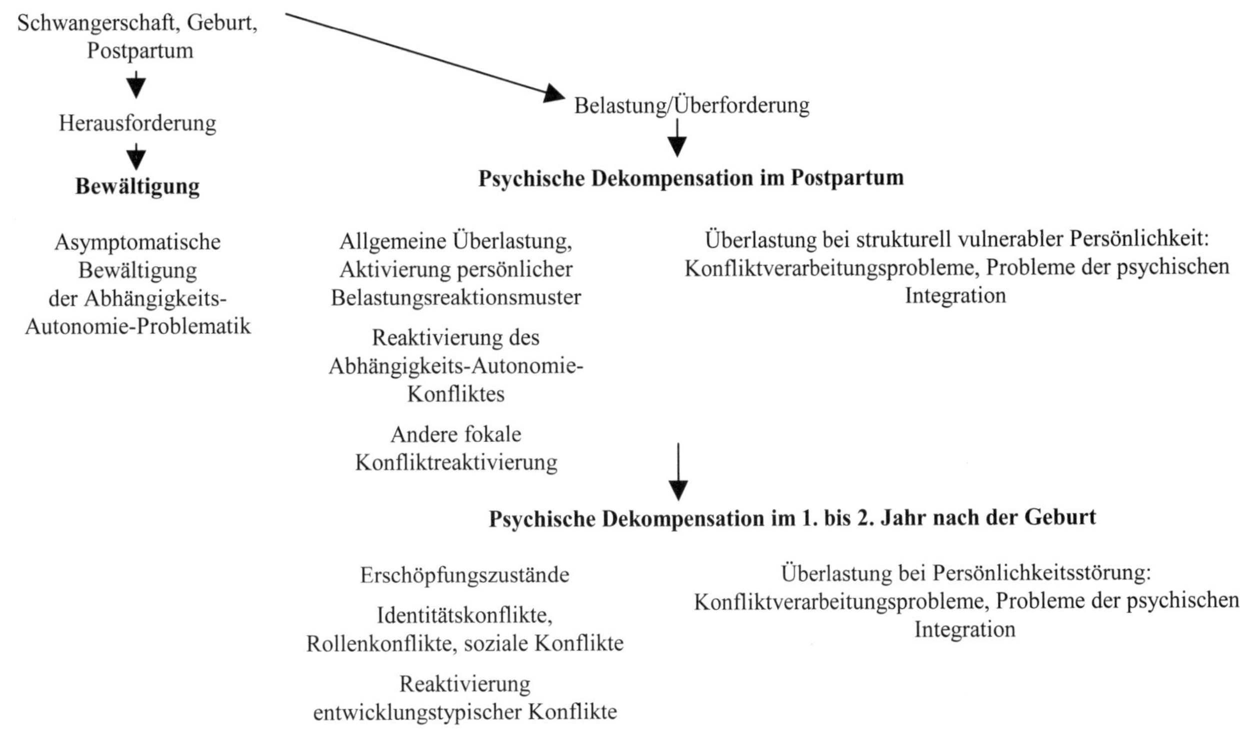

Schwangerschaft, Geburt, Postpartum

→ Herausforderung

→ **Bewältigung**

Asymptomatische Bewältigung der Abhängigkeits-Autonomie-Problematik

Belastung/Überforderung

→ **Psychische Dekompensation im Postpartum**

Überlastung bei strukturell vulnerabler Persönlichkeit: Konfliktverarbeitungsprobleme, Probleme der psychischen Integration

Allgemeine Überlastung, Aktivierung persönlicher Belastungsreaktionsmuster

Reaktivierung des Abhängigkeits-Autonomie-Konfliktes

Andere fokale Konfliktreaktivierung

Psychische Dekompensation im 1. bis 2. Jahr nach der Geburt

Überlastung bei Persönlichkeitsstörung: Konfliktverarbeitungsprobleme, Probleme der psychischen Integration

Erschöpfungszustände

Identitätskonflikte, Rollenkonflikte, soziale Konflikte

Reaktivierung entwicklungstypischer Konflikte

krete Erfahrung mit dem Baby geprägte und individualisierte Beziehungs-entwicklung. Sie begünstigt auch neue Lösungen in Bezug auf ältere, unbe-friedigende Beziehungsneigungen. Neue gute Interaktionserfahrungen wer-den schnell internalisiert und werden sich auf zukünftige Begegnungen aus-wirken. Wegen der Flexibilität der psychischen Struktur in dieser Zeit gelten auch psychotherapeutische Interventionen als äußerst wirksam. Sie können günstige, zu positiver Gegenseitigkeit zwischen Mutter und Kind führende Prozesse unterstützen und in Gang setzen. Mit zunehmender Individuation des Kindes (sicher beim Spracherwerb) und Festigung der mütterlichen Struktur lässt diese besondere therapeutische Beeinflussbarkeit nach.

Bei Müttern mit einer vor der Geburt bestehenden, weiter andauernden Störung der psychischen Struktur, die sich in grundlegenden Problemen der Wahrnehmung, der Integration und der emotionalen Stabilität äußert, wird die Verarbeitung der postpartal auftretenden Konflikte durch die spezifischen Bedingungen dieser Struktur und ihren habituellen Abwehrmechanismen ge-leitet und erschwert sein. Die psychotherapeutische Aufgabe ist in diesem Fall fordernder, und es wird sich erst im Laufe der Zeit zeigen, wie gut auch in diesem Fall die motivierende Erfahrung mit dem Baby für eine tiefgreifen-de persönliche Veränderung – ohne dass dabei die Bedürfnisse des Babys missachtet werden – genutzt werden kann. In schwereren Fällen, beim Vor-liegen bestimmter Persönlichkeitsstörungen, kann es auf die Dauer so sein, dass die zeitliche Kontinuität emotionaler Erfahrungen und das Gefühl von Vertrauen nicht hergestellt werden können. Die Verarbeitung einer Krisensi-tuation kann dann nicht auf früher erarbeitete Lösungsansätze zurückgreifen, und jedes neue Problem kann erneut eine tiefe Krise der Mutter-Kind-Beziehung auslösen. Erst die zunehmende Individuation des Kindes erwirkt eine Weiterentwicklung der Konfliktaustragung.

Die in diesem Abschnitt dargestellten Konflikte sind in ihrem Zusammen-hang und in der zeitlichen Folge der Elternschaftsentwicklung im *Schema 4* zusammengefasst.

4.3. Mutter-Kind-Beziehung in postpartalen Krisen

Die Entfaltung der Mutter-Kind-Beziehung ist das zentrale Anliegen der jun-gen Mutter, dem andere Anpassungsaufgaben untergeordnet werden. Die Auswertung des Projektes ergab ein klares Bild der Phänomenologie von den Interaktionsstörungen im Zusammenhang mit den verschiedenen Formen der mütterlichen Dekompensation und deren Veränderungen im Zeitverlauf.

In der Mutter-Kind-Beziehung wird anfänglich eine sehr nahe, für die Situation adäquate Bezogenheit festgestellt. Diese innere Haltung korreliert mit dem beobachtbaren physisch nahen, körperbetonten Kommunikations- und Betreuungsstil. Mit der Zeit entwickelt sich eine stabile Abgrenzung zwischen Mutter und Kind, Kommunikation und Umgang werden reicher und differenzierter. Die Phantasien und das Erleben der Mutter finden nicht mehr unmittelbar eine Entsprechung in ihrem Verhalten.

Bei einer depressiv dekompensierten Mutter besteht die Gefahr, dass die Beziehung zum Baby in Mitleidenschaft gezogen wird. Eine wenig belastete Mutter-Kind-Interaktion ist am ehesten zu beobachten, wenn bei der Mutter eine gut mentalisierte, selbstreflexiv zugängliche Problematik vorhanden ist und wenn sie sich aufgehoben und unterstützt fühlt. Bei leichten Depressionen und sehr kleinen Babys ist eine gedämpfte, depressiv gefärbte Interaktion zu beobachten. Das Baby erscheint passiv und macht in der »dépression à deux« mit. Bei mittelschweren Depressionen kommt eher eine zu enge Beziehung mit exzessiver innerer Beschäftigung und Tendenz zur Intrusion zustande. Diese ist bei kleinen Kindern auch in der Interaktion beobachtbar, später wird sie in der Besorgnis der Mutter ausgedrückt. Im längeren Verlauf können Aggressionen und Ambivalenz als Abgrenzungsversuche auftreten und die früher symbiotisch anmutende Interaktion intermittierend durchsetzen.

Bei Müttern mit grundlegenden Beziehungsstörungen ist eine wechselhafte, disharmonische Mutter-Kind-Interaktion zu beobachten. Die Kinder können je nach Ausstattung und Temperament verschiedene Strategien entwickeln, um mit diesen schwierigen Interaktionsangeboten umzugehen. In der Gruppe wurden sowohl Rückzug wie Flucht nach vorne beobachtet. Wichtig scheint aber ihre Fähigkeit zu sein, mit verschiedenen Bezugspersonen differenziert umzugehen. Bei den mit disharmonischen Beziehungen belasteten Kindern der Gruppe konnten gute Beziehungen zu den jeweiligen Vätern festgestellt werden, denen eine protektive Funktion zugeschrieben wurde.

Unsicherheiten in dem Gefühl, die Beziehung mit dem eigenen Kind richtig zu erkennen, sind am Anfang häufig und wechselhaft. Über schwer wiegende, andauernde Fremdheitsgefühle gegenüber dem eigenen Kind wird hingegen später weniger leicht berichtet, sie unterliegen scheinbar einer noch größeren Tabuisierung als Aggressionen. Eine schwache Form davon könnte die Zuschreibung überhöhter Selbstständigkeit sein, die mit der diskreten Trauer über die nicht ausgelebte Intimität mit dem Baby einhergeht. Nach Ramesh Kumar, der große Erfahrung mit Mutter-Kind-Hospitalisationen in der psychiatrischen Klinik hatte, ist das Fehlen von Bindungsgefühlen ein schuldbeladenes, oft lang gehütetes Geheimnis und dessen Eingestehen eine späte, entlastende Errungenschaft.[34] Nicht geklärt ist, ob dieses Symptom im Rahmen einer einfachen postnatalen Depression auftreten kann oder ob es Ausdruck einer ernsteren Wahrnehmungs- und Integrationsstörung ist.

4.4. Umwandlung der Beziehungen

Ein Baby stellt die Mutter vor die doppelte Aufgabe, es (das Baby) in ihre eigene Lebensweise zu integrieren und sich selbst in ihrem Lebensumfeld als junge Mutter mit neuen Bedürfnissen und neuer Verfügbarkeit einzufügen. Alle Beziehungen in ihrem engeren Umfeld geraten dadurch in Bewegung. Beide Pole dieses Veränderungsprozesses haben eine heikle Seite. Ihre Rolle dem Kind gegenüber beinhaltet Fürsorge und Verantwortung, sie kann aber in der Wahrnehmung dieser Funktion zuweilen auch an ihre Grenzen stoßen und von Ohnmacht beherrscht werden. Gegenüber den Bezugspersonen in ihrer Umgebung sucht die Mutter Ressourcen, die ihr Entlastung bei der Versorgung des Kindes geben, sie muss aber zugleich darauf achten, dass sie nicht einseitig in Abhängigkeit gerät, und sich auf verschiedene Beziehungen stützen.

Wenn die Anpassung an die neue Situation die Mutter überfordert, sind Manifestationen des Autonomie-Abhängigkeit-Konfliktes wahrscheinlich. Es ist ein Ergebnis dieser Studie, dass sich derselbe Autonomiekonflikt in den verschiedenen Beziehungen der Mutter anders, zuweilen mit konträren Vorzeichen, zeigen kann; diese Eigenheit wurde als *Auffächerung der interpersonalen Beziehungsmuster* beschrieben (s. 3.2.3.).

4.4.1. Beziehung zu Familienmitgliedern

Generell sucht die Mutter in der ersten Zeit nach der Geburt Unterstützung bei den nächsten Bezugspersonen, es findet – wenn die Umstände es zulassen – eine Annäherung zum Partner, häufig auch zu den Eltern oder Schwiegereltern oder Geschwistern statt. Die Beziehung zum Partner trägt besondere Merkmale. Im intimen Rahmen sind schon lange vor der Geburt gemeinsame Perspektiven und Phantasien um das zukünftige Kind und die eigene Elternschaft entwickelt worden, die nach der Geburt im Umgang mit dem realen Kind verändert wurden. Diese Prozesse werden als Triangulierungsprozesse

---

[34] Mündliche Mitteilung bei einem Vortrag in der Psychiatrischen Universitätsklinik Burghölzli, Zürich, 1995.

beschrieben. Sie erhalten zunehmend Gewicht in einem soziokulturellen Umfeld, in dem die erweiterte Familie an Einfluss verliert. In anderen Kontexten sind insbesondere die Mütter, allenfalls eine Schwester der Gebärenden einbezogen. Unabhängig davon, wer für die Mutter in der frühen Mutterschaft bedeutungsvoll wird, können ihre Annäherungsbewegungen durchaus ambivalent sein, wenn aus inneren Empfindlichkeiten oder wegen der Eigenheiten der Bezugspersonen bald Abhängigkeitsängste geweckt werden.

Bei der psychisch dekompensierten Mutter zeigen sich – ähnlich wie in der Beziehung zum Baby – auch im familiären Beziehungsfeld deutliche Abgrenzungsprobleme. Die Neigung zu exzessiver Anklammerung oder aber radikaler Distanzierung wird von früheren Erfahrungen in Bezug auf die Autonomie-Abhängigkeit-Regulierung diktiert. Wenn diesbezüglich in der eigenen Kindheit eine eindeutige Konfliktsituation bestand, ist die Konstellation der Einbindung des Partners und des Ausschlusses der als bedrohlich erlebten Eltern wahrscheinlich. Aber gerade neu aufflackernde Adoleszenzkonflikte mit den Eltern können im Laufe der nächsten Monate zur Veränderung bisher fixierter innerer Einstellungen führen. Dabei sind verschiedene Szenarien möglich. Die Auseinandersetzungen können zur gegenseitigen Anerkennung der veränderten Position im Generationenkontext führen: die Tochter wird zur Mutter, die Eltern zu Großeltern, das Kind ist auch Enkelkind. Oder die junge Mutter erlebt ihre Eltern als unveränderbar, fühlt sich aber selbstsicherer und lernt, mit den gewohnten Konflikten mit ihnen anders umzugehen.

Es wurde bereits erwähnt, dass nahe Bezugspersonen durch dekompensierte Mütter häufig stellvertretend in Auseinandersetzungen verwickelt werden, die in der Beziehung zum Kind begründet sind. Dies ist besonders bedeutsam, wenn die Mutter ambivalente Gefühle dem Kind gegenüber nicht mehr ertragen kann und aggressive Impulse durchbrechen. Der Streit mit dem Partner wird manchmal von den Beteiligten selbst als Verschiebung empfunden. Diese kann aber auch andere Personen betreffen und muss nicht bewusst sein. Die Verarbeitung von Gefühlsschwankungen und Konflikten mit nahe stehenden Erwachsenen stärkt die Kompetenz als Mutter und diejenige der Familie. Es kann aber sein, dass diese Aufgabe die Möglichkeiten der familiären Gruppe überfordert und auf professionelle Helfer übertragen werden muss.

Auch ältere Geschwister des Neugeborenen werden von einer postpartalen Krise ihrer Mutter betroffen. Bislang bestehen wenig gesicherte Kenntnisse darüber, es darf aber vermutet werden, dass dies – ähnlich wie die aufgefächerte Gestaltung der Beziehung zu nahen Erwachsenen – in einer spezifischen Weise geschieht. Dabei spielen Phantasien und Konfliktneigungen beider Eltern sowie ihre gemeinsamen Vorstellungen zur Familie eine prägende Rolle. In der Projektgruppe konnten nur Familien mit zwei Kindern beob-

achtet werden. Erstgeborene der depressiven Mütter können in der belastenden Situation besonders eng betreut werden, weil die durch die zweite Geburt
erzwungene Distanzierung übermäßige Schuldgefühle weckt; sie können gemischte Gefühle auslösen, weil sie mit ihrer Art, auf das Baby zu reagieren,
an eigene, unliebsamen Erfahrungen erinnern; oder sie können plötzlich ohne
Rücksicht auf Überforderungszeichen zu mehr Selbstständigkeit aufgefordert
werden. Nicht selten haben überforderte Mütter offene Konflikte mit dem älteren Kind und kommen mit dem zweiten problemlos zurecht.

4.4.2. Postpartale Krise im sozialen Raum

Obwohl seit längerem die Probleme der psychischen Krise nach einer Geburt
in der Öffentlichkeit thematisiert werden, fällt es vielen Müttern noch
schwer, sich damit zu zeigen. In der Tat bietet die Gesellschaft, außer einem
vordergründigen Verständnis, wenig Mittel zur Unterstützung junger Famili-
en, sowohl materiell wie auch im Sinne der psychischen Wertschätzung und
kreativen Auseinandersetzung. Soziale Isolierung ist eine fast konstante Begleiterscheinung für Familien in postpartalen Krisen. Dies ist sicherlich durch
die Dynamik der Krise mitbestimmt. Die Familie hat im Veränderungsprozess Grund, neue Abgrenzungen vorzunehmen und bei Schwierigkeiten die
Energien zunächst nach innen zu fokussieren. Das Anbieten informeller Hilfe
und eine größere Bereitschaft, auf Bedürfnisse von Familien mit Kleinkindern einzugehen, würde aber das Gelingen der familiären Umwandlung erleichtern. Das Gesundheitssystem greift zum Teil auf, was die moderne Gesellschaft nicht mehr mit Selbstverständlichkeit leistet, und stellt unverzicht-
bare Mittel zur Verfügung, wenn eine psychische Krise individuell zu einer
schweren psychischen Störung führt.

5. Auswertung therapeutischer Prozesse

In diesem Kapitel wird die Auswertung des therapeutischen Prozesses der Mutter-Baby-Gruppentherapie dargestellt. Die Protokolle der Gruppensitzungen, die von beiden Gruppenleiterinnen getrennt aufgezeichnet wurden, bilden die der Auswertung zu Grunde liegenden Daten. Zur Ergänzung wurden Passagen aus den Videoaufnahmen der jeweiligen Sitzung herangezogen.

Anders als bei der diagnostischen Auswertung, bei der die Strukturierung durch die individuelle Diagnostik und die dazu eingesetzten diagnostischen Instrumente sowie durch die Erhebung des Therapieergebnisses vorgegeben war, lag mit der Dokumentation des Therapieverlaufes eine große Menge relativ unstrukturierter Daten vor, für die die Kategorien zur Erfassung der therapeutischen Prozesse erst noch erarbeitet werden mussten. Eine allgemeine Beschreibung der Grundsätze, nach denen dieser Teil der qualitativen Auswertung vorgenommen wurde, enthält Kapitel 2 (s. insbesondere 2.3.5.). In den folgenden Ausführungen geht es im Wesentlichen darum, die konkreten Schritte und Entscheidungen, die entsprechend dem methodischen Ansatz zur Reduktion und Ordnung des Materials bis zur vorliegenden Version der Auswertung geführt haben, darzustellen.

Der erste Durchgang des offenen Kodierens der Gruppenprotokolle erbrachte eine Fülle von Kategorien, in denen individualpsychologische und gruppendynamische Dimensionen erfasst waren. Der Versuch einer Ordnung und Klärung der Bezüge zwischen den beiden Arten von Kategorien führte zu der Einsicht, dass das grundsätzlich nur im Sinne einer Unterordnung möglich ist: Solange der Ausarbeitung von individuellen Entwicklungsprofilen bei den einzelnen Teilnehmerinnen der Vorrang eingeräumt wurde, ließen sich Gruppeneinflüsse nur als Ergänzung dazu beschreiben. Damit hätte der neue und interessante Ansatz der erprobten Gruppentherapie nicht adäquat verstanden werden können. Deshalb wurde entschieden, dem gruppendynamischen Geschehen Priorität zu verleihen und die Auswertung der Gruppenphase in gruppenanalytischer Sicht vorzunehmen. Sie wurde von der Auswertung der Vor- und Nachuntersuchung klar getrennt. Die die Auswertung leitenden Fragestellungen werden mit folgender Gewichtung behandelt:

1. Aspekte, die in den Gruppensitzungen auftauchen und protokolliert wurden, in der Anfangsdiagnostik aber noch nicht vorhanden waren (z. B. die Gruppenthemen, Aspekte der Gruppenkultur), haben Vorrang und werden unter gruppenanalytischen Gesichtspunkten betrachtet. Als ein

wichtiges Instrument zur Erfassung spezifischer Phänomene des Gruppenprozesses erwies sich das Konzept der Gruppenmatrix und dessen Operationalisierung durch Ahlin (s. 5.1.2.).

2. Dann werden Fragestellungen, die die Wirkungsweise der Interventionsmethode betreffen und bereits dem Projektentwurf zu Grunde liegen (s. unter 2.2.2.: Was bewirken und was erleben die Kinder in der Gruppe? Welche Interventionen der Therapeuten fördern positive Entwicklungen?), anhand der Dokumentation verfolgt und gruppenanalytisch fokussiert.

3. Schließlich werden Prozesse untersucht, die sich auf die Hauptkategorien der diagnostischen Phase beziehen (z. B.: Was geschieht mit dem Autonomie-Abhängigkeit-Konflikt im Gruppenkontext?). Einerseits geht es um den Einfluss der postpartalen Konflikte auf die Gruppendynamik und anderseits um die Rückwirkung, um den Einfluss, den die Bearbeitung des Konfliktthemas in der Gruppe auf die einzelne Mutter hat.

Bei jeder relevanten Kategorie ist der zeitliche Verlauf von Bedeutung, um Verlaufsbilder zu gewinnen.

Bei der Abgleichung der doppelt geführten Sitzungsprotokolle traten weitaus größere Unterschiede zu Tage als bei der Dokumentation der diagnostischen Sitzungen. Das war zunächst irritierend. Die Suche nach einer Erklärung dafür deckte aber auf, dass es um Unterschiede im Erleben und Wahrnehmen der beiden Gruppenleiterinnen ging, die darauf zurückzuführen sind, dass die Gruppe sie in unterschiedliche Positionen gesetzt hatte. Die Gruppe hatten den beiden Leiterinnen aufgrund der unterschiedlichen Enttäuschungen und Erwartungen, die sie mit jeder von ihnen verbanden, unterschiedliche Rollen zugeschrieben. Die Diskrepanzen in den Protokollen erwiesen sich damit als Ausdruck gruppendynamischer Prozesse. Die Folgerung war, dass die beiden Protokolle des Gruppenprozesses nur zum Teil zur gegenseitigen Konsolidierung der Erinnerungsnotizen dienen konnten und dass sie zum anderen Teil selbst zur Quelle von relevanten Informationen über den Therapieverlauf wurden.

Begleitend zur Gruppentherapie unterzogen sich die Leiterinnen einem Supervisionsprozess, der in Gesprächsnotizen festgehalten wurde. Diese Notizen konnten als wertvolle Hilfe für die Kodierung gruppenanalytischer Aspekte beigezogen werden. Sie enthalten die bewusste, therapiebegleitende Reflexion der Affekte und der damit verbundenen Gedanken der Gruppenleiterinnen und geben damit frühe Hinweise auf latente emotionale Prozesse, die erst in späteren Gruppenprotokollen manifest wurden und als solche registriert werden konnten. Die Leistung, zu der die Supervisionsnotizen beitrugen, bestand darin, die Bildung von ersten Hypothesen in der Auswertung zu stützen, die dann dazu dienten, die weitere Auswahl der Daten zu strukturieren und damit die Datenfülle zu reduzieren.

Diese Materialgrundlage und die methodische Offenheit haben sich als fruchtbar erwiesen. Dazu ein konkretes Beispiel: Gegenüber der weitgehend festgelegten Auffassung über die Bedeutung der Triangulierung konnten neue Aspekte dieses Themas aufgedeckt werden. Die herkömmliche Auffassung war in die Planung des Projektes eingeflossen und hatte die Arbeit der Gruppenleiterinnen bei der Koordinierung der Vätergruppe und dem Versuch, die jeweils stattgefundenen Vätersitzungen im Kreis der Mütter zu thematisieren, beeinflusst. Letzteres ist unerwarteterweise gescheitert. Die Väter wurden im Zusammenhang mit spezifischen Fragestellungen nur selten erwähnt, und ein Themenschwerpunkt Kernfamilie, der die Gruppendiskussion über eine gewisse Zeit strukturiert hätte, kam nie zu Stande. Auch in der Vätergruppe (vier Sitzungen) kam es zu einer wachsenden Orientierung der Männer aneinander und zu einer konkurrenzhaften Gegenüberstellung von Männergruppe versus Frauengruppe, obgleich auch hier die Leiterinnen versucht hatten, das Thema der Triangulierung anzusprechen. Aufgrund dieser Erfahrung musste die Annahme, dass der triadische Aspekt grundsätzlich in dieser Zeit eine dominante Rolle spielt, fallen gelassen und dessen Ausbleiben im Gruppenprozess aufgeklärt werden. Die Auswertung spricht dafür, dass in der dynamischen Auseinandersetzung in einer größeren und anders definierten Gruppe als die der Familie andere Aspekte in den Vordergrund treten. Wenn sich die triadischen Interaktionsrepräsentanzen in der Projektgruppe nicht ohne weiteres hervorrufen ließen, muss das nicht heißen, dass sie bei den jungen und in dieser Hinsicht mehrheitlich nicht gestörten Müttern nicht vorhanden sind, sondern lediglich, dass sie im therapeutischen Setting der Mutter-Kind-Gruppe nicht aktualisiert worden sind. Dadurch aber ist der Blick frei geworden für die Entdeckung der Bedeutung, die die soziale Gruppe – über die Kernfamilie hinaus – für die kindliche Entwicklung von einem sehr frühen Alter an hat.

In einem späteren Auswertungsschritt erwies sich die Videodokumentation als wichtiges zusätzliches Material, um den Beitrag der Kinder zum gruppendynamischen Prozess zu erschließen. Insbesondere ließen sich daraus genauere Vorstellungen über das Verhalten der Kindergruppe und über die eigentümliche averbale Kommunikation von Kleinkindern gewinnen. Bestimmte Interaktionen und Gruppenszenen, die der Aufmerksamkeit beider Leiterinnen entgangen waren, fielen erst durch das Anschauen der Videoaufnahmen auf. Dies betraf auch Zusammenhänge zwischen den von den Müttern behandelten Themen und Mutter-Kind-Interaktionen, später Zusammenhänge zwischen den von den Müttern behandelten Themen und Interaktionen zwischen Kindern.

Im Folgenden wird die Auswertung in Bezug auf einzelne Fragenkomplexe vorgenommen. Die ersten drei Kapitel (5.1. bis 5.3.) behandeln gruppendynamische Themen. Zuerst werden zwei übergeordnete Gruppenkonzepte erörtert: die (latente) Gruppenmatrix und die (vorwiegend manifeste) Gruppenkultur. Daran anschließend wird der schwer fassbaren, averbalen, kleinkindspezifischen Kommunikation in der Gruppe nachgegangen. Weiter werden spezifische gruppendynamische Prozesse und Gruppenthemen, die sich im Laufe der Gruppenarbeit als bedeutend erwiesen, dargestellt. Die dann folgenden Kapitel (5.4. und 5.5.) geben punktuell Einblick in individuelle Entwicklungen von Müttern beziehungsweise Kindern während der Gruppentherapie und würdigen die Beiträge aus der Vätergruppe. Das letzte Kapitel (5.6.) hält wichtige therapeutische Faktoren fest und beschreibt die behandlungstechnischen Besonderheiten bei der Arbeit mit der gemischten Gruppe von Müttern und Babys.

Im Kapitel 6 wird auf der Grundlage dieser Ausarbeitung eine zusammenhängende Übersicht zum Funktionieren und zum therapeutischen Potential von gemischten Gruppen mit Müttern und Kindern in der schwierigen Zeit nach dem Familienzuwachs gegeben und deren mögliche Verortung im gesundheitspolitischen und gesellschaftlichen Umfeld diskutiert.

5.1. Gruppenmatrix und Gruppenkultur

5.1.1. Die Gruppenmatrix: eine notwendige Hypothese

Während der ersten Sitzung der Gruppentherapie kam ein Prozess in Gang, der zur Ausbildung einer latenten Gruppenstruktur führte. Diese Struktur, die in Hinblick auf den therapeutischen Prozess große Bedeutung hat, war in der Folgezeit in der Gruppe wirksam, und zwar in der Weise, dass alle Mitglieder davon betroffen waren. Beide Gruppenleiterinnen haben diese Entstehung übereinstimmend wahrgenommen, wie sich aus den parallelen Protokollen über diese Stunde ergibt. Die Effekte der latenten Struktur waren besonders eindrucksvoll in der dritten Sitzung beobachtbar. Die ersten drei Sitzungen werden deshalb hier relativ ausführlich wiedergegeben.

Aus der ersten Sitzung
Zur ersten Sitzung kommen sieben Mütter mit acht Kindern. Sie richten sich zum ersten Mal im großen Raum der Mütterberatungsstelle ein, in dem im Kreis angeordnete Stühle um eine Bodenmatte in der Mitte ste-

hen. In dem durch einen offenen Durchgang erreichbaren Nebenraum stehen Utensilien für das Wickeln, das Vorbereiten einer Milchflasche und dergleichen bereit, die die Mütter nach Bedarf benützen können. Zwei Mütter setzen sich selbst auf den Boden und halten ihr Kind (ein-einhalb und vier Monate alt) jeweils nahe bei sich. Die anderen Mütter nehmen auf den Stühlen um sie herum Platz. Ein Kind und sein älteres Geschwister (einjährig und zweieinviertel Jahre alt) gehen unruhig um-her und erfordern unaufhörlich Aufmerksamkeit. Die Mütter der Kleine-ren erscheinen etwas angespannt und greifen diskret handelnd ein, wenn sie das Gefühl haben, dass sie das eigene Kind vor den Unruhigen ab-schirmen müssen. Eine der Gruppenleiterinnen (CZ) eröffnet die Sit-zung. Sie stellt sich vor, gibt einige organisatorische Informationen und lädt anschließend die Teilnehmerinnen ein, sich der Gruppe vorzustel-len. Die zweite Gruppenleiterin (FP), die sich aufgrund der Sitzordnung erst am Ende der Runde vorstellt, kommt dadurch zunächst in die Beob-achterrolle. Ihr fällt das unzusammenhängende Sprechen auf. Das be-trifft bereits die Vorstellung ihrer Kollegin, deren Aussagen zwar lo-gisch, aber mechanisch, ohne inneren Spannungsbogen gesprochen klin-gen. Bei der ersten Mutter, P.,[35] sind die Mitteilungen noch mehr abge-hackt, und sie wirkt konfus; inhaltlich spricht sie eine Schwierigkeit ih-res Kindes an, das sehr sensibel sei. Bei den nächsten Müttern, die sich vorstellen, fallen die Mitteilungen immer kürzer aus und sind fast aus-schließlich auf das eigene Kind bezogen. Beide Leiterinnen stellen punktuell Fragen und versuchen damit, die Mütter zu umfassenderen Selbstdarstellungen anzuregen. Eine Mutter, F., bringt zögernd ihren Wunsch vor, mehr als den üblichen Smalltalk mit den Frauen der Grup-pen austauschen zu können. Dieses erste Ansprechen einer Erwartung an die Gruppe wird von den nächsten drei Müttern, wenn auch weiter mit großer Zurückhaltung, aufgegriffen. P., die Mutter der zwei unruhigen Kinder, steht derweil auf und geht ins Nebenzimmer, um nach ihnen zu sehen. Gleichzeitig werden die Vorstellungen der übrigen Mütter ausge-dehnter, ihr Wunsch nach Erfahrungsaustausch in der Gruppe wird mit konkreten Anliegen begründet. Die Stimmung wird weniger hektisch.

---

[35] Zur Vereinfachung der Darstellung und der Orientierung werden in den klinischen Vignetten die Gruppenteilnehmerinnen mit einem Großbuchstaben als Kürzel ihres Vornamens gekennzeichnet. Ihre Kinder tragen frei erfundene Vornamen, die mit dem gleichen Buchstaben wie derjenige der Mutter beginnen. Bei den Vätern, die im Um-gang mit den Gruppenleiterinnen die Höflichkeitsform beibehielten, wird der Buchsta-be der Partnerin als Anfangsbuchstabe des Familiennamens nach der Anrede »Herr« eingesetzt. Beispiel: P., Herr P., mit Priska und Paula.

P. ist inzwischen auf ihren Platz zurückgekehrt. Da sie sich als Erste in dem noch unruhigen Gruppenanfang vorstellen musste, gibt ihr CZ in gewinnender Weise Gelegenheit, sich noch einmal mit ihrem Anliegen in der Gruppe darzustellen. P. nimmt das Angebot gerne an und lebt in der Erzählung ihrer schwierigen ersten Geburt auf; ihre Kinder stehen jetzt ruhig neben ihr, fühlen sich aufgehoben und schauen zu, was die anderen tun. Jetzt wird plötzlich jeder Satz verständlich, die Erzählung erhält einen roten Faden. Es breitet sich eine Stimmung der Zuversicht aus, die darin besteht, dass jede Mutter spürt, dass sie sich verständlich machen kann, dass jede Stimme Platz haben kann, dass man nicht immer hinterherrennen muss, dass man auch warten kann. In den Videoaufnahmen fällt auf, dass sich Mütter und Kinder – anders als zu Sitzungsbeginn – in allen Richtungen aufeinander beziehen. L. streichelt Flavia (F.s Tochter), die auf sie zukommt; Paula (P.s Tochter) geht zu F. Die Überleitung zum freien Gespräch mit offener Themenwahl gelingt fast spielerisch. Die Mütter sind mitteilungsfreudig, das Gespräch entwickelt sich mit nur wenigen Interventionen der Leiterinnen weiter. Inhaltlich knüpft es an das von P. angeschnittene Thema des Geburtserlebnisses an.

Am Anfang der dritten Sitzung wurden die Leiterinnen mit einem Geschehen konfrontiert, das in der Analyse der Protokolle als Ausdruck der bereits in der ersten Sitzung entstandenen latenten Kommunikation in der Gruppe verstanden werden muss. Zum Verständnis dieses Zusammenhanges müssen Ausschnitte aus der zweiten Sitzung herangezogen werden.

Aus der zweiten Sitzung
An dieser Sitzung nahmen drei Mütter, L., E. und T., teil. J. war im Urlaub, und A. hatte sich kurzfristig wegen einer Unpässlichkeit ihres Kindes nach der Impfung abgemeldet. P. hatte bereits nach der ersten Sitzung den Leiterinnen auf schriftlichem Wege mitgeteilt, dass sie nicht weiter teilnehmen würde. Auch F. fehlte unabgemeldet. In der Gruppe wird über das Verhalten von P. gesprochen, die die störende Betriebsamkeit ihrer Kinder zu wenig einschränken würde. Die anwesenden Frauen befinden, dass Mütter eigentlich für das Erlernen sozialer Umgangsformen ihrer Kinder verantwortlich seien. Nach diesem forschen Anspruch werden Gefühle der Überforderung und der Wunsch nach Hilfe gemeldet. L. erzählt, dass ihr Kind zwar anspruchslos sei, dass sie aber trotzdem überfordert sei. Vor wenigen Tagen habe sie einen Zusammenbruch gehabt. Als Grund nennt sie, dass ihr Mann, nachdem er sich einen freien Tag für die Betreuung des Kindes genommen hatte, als Ersatz samstags hatte arbeiten müssen. Sie sei nicht einmal in der Lage,

eine berechtigte Ausnahme in seiner Bereitschaft, ihr beizustehen, zu ertragen. E. berichtet, dass sie die Hilfe ihres Mannes besonders vermisse, wenn er zwar da sei, aber nicht sehe, dass er helfen könnte. So habe sie kürzlich eine unmäßige Wut gehabt, nur weil er nicht zur angekündigten Zeit nach Hause gekommen war.

Aus der dritten Sitzung
Zur dritten Sitzung werden fünf Mütter erwartet (nach P. hat sich auch F. schriftlich von der Gruppe abgemeldet). Nur vier kommen mit ihren Kindern. E., die in der zweiten Sitzung dabei war, ist in den Ferien. J. und A., die jetzt hier sind, waren in der zweiten Sitzung nicht anwesend. T., die etwas zu früh eingetroffen ist und ängstlich fragt, ob sich heute alle abgemeldet hätten, bleibt im Weiteren still. J., die zum ersten Mal nach langer Zeit allein mit ihrem Mann im Urlaub war, beginnt die Diskussion mit der Schilderung ihrer Bemühungen, ihr Verhältnis zu ihm zu verbessern. Beide wollten ihre Erwartungen aneinander klären. Sie konnten sich kaum erholen, im Gegenteil, sie litten besonders unter den Schlafstörungen und nächtlichen Gedanken an die Kinder, die bestehen, seit die Kinder da sind. A. klagt darüber, dass sie seit der Impfung eine schwierige Zeit mit Aline hat. Sie fühlt sich besonders belastet, da ihr Mann für drei Wochen im Militärdienst ist und sie keine Hilfe hat. Sie fühlt sich im Stich gelassen.

Beide Leiterinnen sind verblüfft über die Tatsache, dass die zwei Frauen genau das Thema aufgreifen, das in der vorangehenden Sitzung, an der sie nicht teilgenommen hatten, aufgeworfen wurde. Dort hatte die Diskussion über den Zusammenhang zwischen Sorgen um das Kind, enttäuschten Erwartungen und Wut auf den Partner begonnen. L., die in der zweiten Sitzung diese Frage eingebracht hatte, ist hier nicht Initiatorin des Themas, sondern nimmt erst nach J. und A. am Gespräch teil, um ihre Gedanken über die Beziehung zu ihrem Mann weiter zu verfolgen.

Diese Erfahrung, dass die Frauen, die nicht anwesend waren, so genau auf das vorangegangene Gespräch Bezug nehmen konnten, ist dadurch erklärbar, dass sich die Gruppe von Anfang an mit etwas Gemeinsamem beschäftigte, das am Anfang noch nicht bewusst war. Die Beobachtung in der dritten Stunde kann als Manifestwerden eines latenten Inhaltes der in der Gruppe vorhandenen gemeinsamen Anliegen verstanden werden.

Der Zusammenhang zwischen Gruppenmitgliedern wird in den verschiedenen gruppentherapeutischen Schulen thematisiert und unterschiedlich konzeptualisiert. Es sind Ausdrücke wie Gruppengefühl, Gruppenmentalität,

Gruppengeist und andere vorgeschlagen worden. In dieser Arbeit wird der Begriff der Gruppenmatrix übernommen, da er sich in der Foulkes'schen gruppenanalytischen Theorie eingebürgert hat, an die sich die hier angewandte Therapiemethode anlehnt. Foulkes (Foulkes, 1964) beschrieb die Matrix als ein hypothetisches Netzwerk von Kommunikation und Beziehungen in einer bestimmten Gruppe von Menschen, das als gemeinsame Grundlage für die manifeste Kommunikation gedacht wird. Kommunikation findet in dieser Vorstellung nicht nur zwischen Individuen statt, sondern läuft innerhalb der Gruppe ab und nimmt Bezug auf das gesamte Interaktionsfeld. Die Matrix verweist auf eine Ebene, die als solche nicht bewusst ist. In einem anderen Zusammenhang spricht Foulkes auch vom sozialen Unbewussten. Doch eine voreilige Parallelisierung mit dem Freud'schen Unbewussten sollte vermieden werden, da im individualpsychologischen Diskurs zu diesem Begriff Verdrängung und andere psychodynamische Charakterisierungen gehören, die im Gruppenkontext nicht fundiert sind. Die Annahme einer nicht bewussten Gruppenmatrix ist vor allem eine Orientierungsmöglichkeit für den Therapeuten, der im Laufe der Begleitung und Führung einer Gruppe immer wieder erlebt, wie sich Tendenzen und Spannungen in der Gruppe anbahnen, lange bevor sie verbalisiert und verstanden werden können.

5.1.2. Gruppenkohäsion als eine fassbare Dimension der Matrix

Ein wichtiger Beitrag zur Operationalisierung der Gruppenmatrix stammt von Göran Ahlin (Ahlin, 1985, 1988). Er ordnet Gruppen für gruppentherapeutische Zwecke auf einer Skala mit zwei Extrempolen an. Die eine Extremform beschreibt er als lockeres Beisammensein von Menschen, die in einer unverbindlichen Art kommunizieren, kaum etwas gemeinsam haben und als Individuen alle gut unterscheidbar bleiben. Am anderen Ende befindet sich die eng zusammenhaltende Gruppe, die fast als eine Einheit erscheint und deren Mitglieder kaum noch in ihrer Individualität erkennbar sind. Zwischen diesen Polen sind alle intermediären Formen von Gruppen anzusiedeln. Von diesem Ordnungsmodell ausgehend, bestimmte Ahlin acht spezifische Gruppenmerkmale, mit denen die Form der Gruppe erfasst werden kann. Für dieses Projekt ist das Merkmal der Gruppenkohäsion deshalb von Interesse, weil es in der Mutter-Kind-Gruppe als wichtigste Dimension der Gruppenmatrix beobachtbar war. Auffällig war das Schwanken des Zusammengehörigkeitsgefühls. Dieses Schwanken soll näher untersucht und die Frage beantwortet werden, in welcher Weise es therapeutisch beeinflusst werden kann. Die Ausprägung der Gruppenkohäsion wird allgemein als wichtiger therapeutischer Faktor der Gruppentherapie betrachtet (Yalom, 1985). Für die Auswertung wurden die von Ahlin beschriebenen Abstufungen verwendet.

1. Gering-ungenügende Gruppenkohäsion liegt vor, wenn die Gruppe nur lose zusammenhält; Akzeptanz und Unterstützung werden nur vom Leiter geboten.
2. Partiell vorhandene Gruppenkohäsion bedeutet, dass Zusammenhalt und Akzeptanz in Subgruppen vorhanden sind.
3. Generelle Gruppenkohäsion entspricht einem »Wir-Gefühl«, die Gruppe kümmert sich um unangepasste Mitglieder.
4. Intensiv ist die Gruppenkohäsion, wenn starke Bindungen da sind und unangepasste Mitglieder übermäßig umsorgt werden.
5. Bei verstrickender Gruppenkohäsion herrscht eine symbiotische, verschmelzende Stimmung. Unangepasste werden möglicherweise ausgegrenzt.

In den Protokollen beider Gruppenleiterinnen und in den Supervisionsaufzeichnungen wurden häufig Bemerkungen zur Gruppenkohäsion notiert. Beispiele sind: »Es besteht noch nicht eindeutig ein Gruppengefühl«; »Wir Leiterinnen leisten einen Beitrag zur Bildung der Gruppe...« (es folgt ein Kommentar, mit dem auch die in einer Interaktion nicht gerade involvierten Gruppenmitglieder einbezogen werden); »Die Gruppe ist solidarisch«; »Alle nehmen Anteil an der Besorgnis einer Mutter«; »Die Gruppe zerfällt, sie driftet auseinander«. Die Sorge um den Zusammenhalt der Gruppe als emotionaler Ort für die Teilnehmerinnen war bei den Leiterinnen stets präsent. Es war daher möglich, aus der Lektüre der Protokolle eine Einschätzung der Gruppenkohäsion in jeder Sitzung vorzunehmen. Die entsprechenden Werte wurden unter Auslassung der innerhalb einer Sitzung stattfindenden kleineren Schwankungen auf einer Zeitachse eingetragen (s. *Schema 5*).

Die Verlaufskurve über die gesamte Zeit der Gruppe zeigt, dass sich die Gruppenkohäsion in der ersten Hälfte der Therapie zwischen generellem »Wir-Gefühl« und ungenügendem Zusammenhalt bewegte. Die Teilnehmerinnen waren schnell bereit, sich bei Enttäuschungen oder sich ankündigenden Schwierigkeiten zurückzuziehen. Ein ferienbedingter verlängerter Abstand zwischen zwei Sitzungen wirkte sich auf das Gruppengefühl negativ aus (s. *Schema 5*, 9. 1.). Der Zustand der partiell vorhandenen Gruppenkohäsion war häufig durch eine wahrnehmbare »atmosphärische Spannung« (in der Protokollierung verwendeter Ausdruck) charakterisiert. Diese mobilisierte sowohl Angst vor dem Unberechenbaren, zusammen mit dem Impuls, sich zu entziehen, als auch den Wunsch, der Spannung Ausdruck zu geben. Manchmal war die Spannung nicht für alle wahrnehmbar. Es herrschte dann eher Langeweile und Verunsicherung in Bezug auf den Fortbestand der

Schema 5: Verlaufskurve Gruppenkohäsion

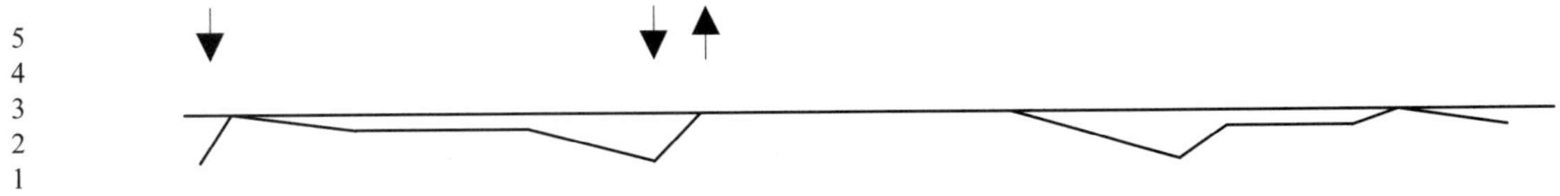

Datum	3. 10.	24. 10.	7. 11.	21. 11.	5. 12.	19. 12.	9. 1.	23. 1.	6. 2.
Anwesende/ teiln. Mütter	7/7	3/6	4/5	2/5	5/6	6/6	4/6	6/6	5/6

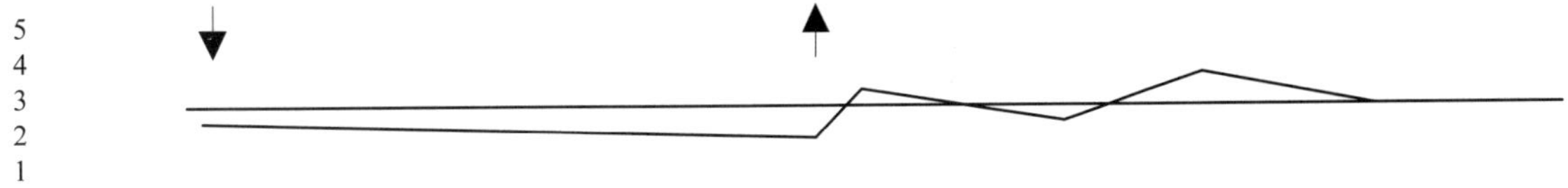

Datum	27. 2.	6. 3.	20. 3.	3. 4.	17. 4.	15. 5.	29. 5.	5. 6.	19. 6.
Anwesende/ teiln. Mütter	5/6	6/7	6/7	6/7	5/7	5/7	6/7	5/7	6/7

Fortsetzung Schema 5: Verlaufskurve Gruppenkohäsion

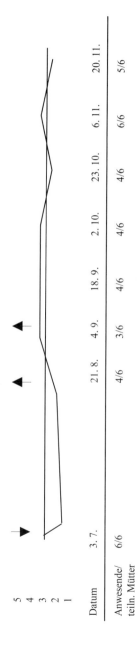

Datum	3. 7.	21. 8.	4. 9.	18. 9.	2. 10.	23. 10.	6. 11.	20. 11.
Anwesende/ teiln. Mütter	6/6	4/6	3/6	4/6	4/6	4/6	6/6	5/6

Skala 1–5 auf der vertikalen Achse: Stufen der Gruppenkohäsion nach Ahlin, 1988 (s. Ausführung im Text)
Pfeile: Ereignisse (s. Darstellung in den klinischen Vignetten im Text)

Gruppe, so lange bis eine unerwartete Mitteilung oder ein Gefühlsausbruch eines Gruppenmitgliedes das Latente ins Spiel brachte. Im Verlauf der Gruppentherapie zeichnen sich zwei Episoden deutlicher ab, bei denen das Herstellen eines guten »Wir-Gefühls« mit einem Ereignis so korreliert, dass die Bedeutung interpretierbar ist (s. *Schema 5*, 21. 11. bzw. 27. 2. bis 17. 4.).

Aus der vierten Sitzung
Nur zwei von fünf Teilnehmerinnen sind neben den Leiterinnen anwesend, eine von ihnen ist ohne Kind gekommen. Es besteht eine gewisse Sorge, dass die Gruppe auseinander fallen könnte, und das Gefühl, dass einige Teilnehmerinnen aus der Befürchtung vor einer unangenehmen Entwicklung fernbleiben. A. kommt verspätet mit Aline und nimmt sich Zeit, sie auszupacken; sie bleibt etwas am Rand. J. erzählt derweil weiter über schwierige Nächte mit Julian, der stark hustet. Sie hat Angst, dass die Schlaflosigkeit wieder so schlimm werden könnte wie einige Zeit zuvor. Eigentlich habe sie Angst vor der Wut, die sich in ihrem Körper bemerkbar mache. Die Leiterin FP lässt sich auf ein Gespräch über den Umgang mit Wut ein, an dem J. stärker als A. teilnimmt. Das Gespräch ist etwas träge. Plötzlich steht A. auf: »Entschuldigung, ich will jetzt etwas sagen. Ich frage mich, ob ich überhaupt bleiben oder ob ich gehen soll. Mir ist es langweilig hier, überhaupt, es entsteht gar kein richtiges Gespräch unter Frauen, und mit Aline kann ich auch nicht gut spielen...« A. fragt nach unserer Rolle als Leiterinnen; jetzt sehe es aus wie eine Einzelberatung durch FP, und was CZ hier mache, sei ihr ganz schleierhaft, zudem finde sie sie manchmal beleidigend.

Alle schlucken leer und suchen nach Worten. Jede nimmt abwechselnd einzelne Vorwürfe des Rundschlages von A. auf und versucht, dazu Stellung zu nehmen. Von Langeweile ist nichts mehr zu spüren, alle fühlen, dass eine lebendige Auseinandersetzung in Gang gekommen ist. Die Aussagen der Beteiligten wirken nicht mehr beliebig, sie werden klar aufgenommen, auch das Zeitgefühl wird sehr präzise. Die kleine Aline schläft während dieser Diskussion ein und wacht auf die Minute genau zum Schluss der Sitzung wieder auf.

CZ hatte – als alle noch nach Worten suchten – die dann folgende Aussprache mit der Frage eingeleitet, wann sie beleidigend gewesen sei. Es stellt sich heraus, dass A. eine kleine Szene in der vorhergehenden Sitzung schlecht ertragen hatte, als CZ der am Boden liegenden, unruhigen Aline etwas unsanft den herausgefallenen Schnuller wieder in den Mund gesteckt hätte. A. hatte gedacht: Weiß die Mütterberaterin besser als ich, was mein Kind braucht? A. sagt weiter, dass sie auch gegen ihren Mann Wutanfälle habe. Sie weiß genau, dass die Wut nicht ihm gilt, sondern dem Kind. »Die Natur hat es gut eingerichtet, so ist das Kind geschützt. Und doch bleibt ein ungutes Gefühl zurück, weil man nicht den Richtigen getroffen hat.« J. schließt sich an: Auch sie hat schon Teller zerschlagen und mit den Füßen gestampft. Sie achtet aber sehr darauf, dass die Kinder ihr dabei nicht zusehen. A. äußert die Angst, dass es bei ihr einmal das Kind treffen könnte. Die Frauen lassen sich auf eine engagierte Diskussion ein, das Klima ist entspannt.

Ein emotionaler Ausbruch hat die Aufmerksamkeit aller Anwesenden auf das gleiche Anliegen fokussiert und die gemeinsame Verarbeitung eingeleitet. A. hat eine Spannung aufgenommen und ausgelebt. Sie hat ihre Wut zunächst auf die Leiterinnen gerichtet. Die Mutter erkennt im Laufe des Gesprächs, dass darin eine Verschiebung liegt, was sie mit dem Hinweis auf die Rolle ihres Partners als Blitzableiter zum Ausdruck bringt. Es sind aber letztlich die Bedürfnisse des Kindes, die sie überfordern und die sie schwer erträgt. Als das zur Sprache gekommen ist, wird es möglich, die Angst zu äußern, gegenüber dem eigenen Kind aggressiv zu werden. Dies wird von der zweiten Mutter geteilt. Eine zweite Quelle der Spannung liegt in enttäuschten Erwartungen an Schutz und Beistand vonseiten der Leiterinnen, was im Vorwurf ihrer schlecht definierten Rolle enthalten ist. Diese Wut ist auch der Grund dafür, dass drei Teilnehmerinnen zu dieser Sitzung nicht erschienen sind, was sich in der darauf folgenden Sitzung, in der dieses Thema weiter bearbeitet wurde, zeigte.

Aus der 14. Sitzung

In diesem zweiten Beispiel ist die Gruppe schon in einer weiter fortgeschrittenen Phase; sie kann auf gemeinsame Erfahrungen zurückgreifen. Fünf Mütter (von sieben Gruppenteilnehmerinnen) sind anwesend. L., die in den drei vorangehenden Sitzungen fehlte, ist wieder dabei. Eine der Leiterinnen begrüßt sie besonders herzlich und teilt ihr mit, dass einige Teilnehmerinnen sie vermisst und nach ihr gefragt hätten. Sie fragt, ob ihr Fernbleiben damit im Zusammenhang stünde, dass sie im letzten gemeinsamen Gespräch kritisiert wurde. L. weist dies zurück und gibt andere Gründe an, die sie an der Teilnahme gehindert hätten. Sie räumt aber ein, dass sie sich damals geärgert und sich gefragt habe, ob sie in der Gruppe überhaupt erwünscht sei. J., die sich beim besagten Gespräch deutlich gegen das Verhalten von L. (dauerndes Kritisieren ihres Partners) gestellt hatte, äußert jetzt, dass ihr dies schlaflose Nächte bereitet habe. Sie wolle sich entschuldigen. L. konstatiert zutreffend, dass jeder Streit in dieser Gruppe zwischen ihr und J. ausbreche, und fragt sich, ob sie beide sich nicht vertragen könnten. U. schaltet sich ein:

Auch sie habe sich damals kritisch äußern wollen, es aber nicht gewagt. Im weiteren Gespräch äußern sich alle Frauen dazu. Dadurch werden sie aufmerksam darauf, dass dieser Streit nicht aus der Spannung zwischen den beiden Kontrahentinnen allein stammt, sondern sie alle darin verwickelt sind. Auch L. spürt, dass es nicht um die Frage »Du oder ich? Wer muss gehen?« geht. Durch den offenen Austausch hat diese Frage sich aufgelöst. L. teilt nun mit, dass sie erneut schwanger ist, und wirkt dabei versöhnlich und besonnener als sonst. Die Stimmung in der Gruppe ist zunehmend gelöst. Andere Mütter berichten von positiven Entwicklungen bei sich in anderen Bereichen.

Im Gespräch der Mütter untereinander ist hier die Deutung des zurückliegenden, unerledigten Streites erarbeitet worden. Es hat mehreren Wochen gedauert, bis mit dem Wiedererscheinen der Mutter ein Austausch in der Gruppe möglich geworden ist, durch den die entstandene Polarisierung entschärft wurde.[36] Sie war mit der Gefahr verbunden, dass eine der beiden Kontrahentinnen hätte isoliert und ausgeschlossen werden können. Der Konflikt der Gruppe, der die Frage betraf, ob und wieweit aggressive Regungen legitim sind und zugelassen werden können, hatte sich polarisiert. Auf der einen Seite wurden die Konflikte projiziert, und auf der anderen Seite auferlegten sich die Mütter massive Selbstkontrolle bis hin zur Selbstaufgabe. Die Teilnehmerinnen wurden gewahr, dass sie alle Impulse in der einen oder anderen Richtung hatten. Nach der Aussprache und dem Verbannen der Ausschluss-Gefahr, die potentiell alle treffen könnte, konnte eine neue Phase angstfreier Kommunikation beginnen.

Beide oben dargestellten Episoden zeigen Prozesse auf, die die Gruppenkohäsion und somit die Kommunikations- und Arbeitsfähigkeit der Gruppe fördern. In beiden Fällen geht es um die Klärung latenter emotionaler Vorgänge. Einmal geschieht dies auf dem Wege eines emotionalen Ausbruchs, der von den Leiterinnen dadurch aufgefangen wird, dass sie die Entstehung einer negativen Interaktionsspirale abwenden. Der Kommunikationsfluss wird nicht durch sofortiges Verständnis der Situation wieder in Gang gesetzt, sondern stellt sich erst allmählich wieder ein, indem den im Affekt aufgeworfenen Fragen in den nachfolgenden Sitzungen nachgegangen wird. Das andere Mal ist eine Polarisierung das auslösende Moment. Durch die von der Gruppe selbst erarbeitete Deutung, die der vergangenen Erfahrung einen allgemein akzeptierten Sinn verleiht, wird die Gruppenkohäsion wiederhergestellt.

In der zweiten Hälfte der Therapie war eine Zunahme der Gruppenkohäsi-

---

[36] Zum Begriff der Polarisierung s. ausführlicher unter 5.3.3.

on zu beobachten. Dies wurde besonders deutlich nach einer für die Gruppe bedrohlichen Episode: Eine erneute starke Polarisierung gipfelte in einem heftigen Streit, der die Gruppe fast sprengte (*Schema 5*, 3. 7. bis 4. 9.). Möglicherweise konnte der Streit auf diese Weise aber nur ausbrechen, weil der gute Zusammenhalt der Gruppe dies jetzt zuließ. Die Verarbeitung des Vorfalles wurde beherzt vorgenommen und berührte bei mehreren Teilnehmerinnen sehr persönliche Bereiche. Die Gruppe war von da an (im letzten Drittel des Gruppenverlaufes) sehr engagiert und trug reife Auseinandersetzungen aus. Der Abschluss der Therapie wurde, obgleich sich bei den Teilnehmerinnen jeweils sehr unterschiedliche individuelle Perspektiven herausgebildet hatten, nicht als ein Auseinanderfallen der Gruppe erlebt, sondern erfolgte im Zuge einer fruchtbaren Auseinandersetzung mit dem Thema Trennung, das ein Dauerthema dieser Gruppe war und die Lebensphase der Frauen als junge Mütter bestimmt hatte.

5.1.3. Entwicklung der Gruppenkultur

Während eingangs der Begriff der Gruppenmatrix zur Bezeichnung einer latenten Ebene des Gruppengeschehens eingeführt wurde, soll hier auf manifeste und von den Gruppenteilnehmern zum Teil bewusst reflektierte Aspekte des Soziallebens der jeweiligen Gruppe eingegangen werden. Diese Ebene wird gemeinhin mit dem Begriff Gruppenkultur bezeichnet (Yalom, 1985). Es geht dabei um Werte und Normen, die sich bald in einer Gruppe einstellen und das Verhalten der Mitglieder leiten. Dazu gehören auch die von den Gruppenleitern zu Beginn der Gruppen eingeführten Normen, die den therapeutischen Rahmen definieren. Es handelt sich um die Aufforderung, sich zu einer regelmäßigen Teilnahme an den Sitzungen zu verpflichten, und die Mahnung zur Diskretion im Umgang mit persönlichen Angelegenheiten, die die Gruppenteilnehmer in den Gruppengesprächen über andere Mitglieder erfahren werden. Im Verlaufe der Gruppentherapie sind die Leiter zudem bestrebt, solche Verhaltensweisen vorzuleben und bei den Teilnehmern zu unterstützen, die dem therapeutischen Ziel dienen. Viele Normen bilden sich zudem aufgrund der Erwartungen, die Mitglieder an die Gruppe haben und die in der Interaktion untereinander ausgehandelt werden, heraus. In der Mutter-Baby-Gruppe diskutierten die Mütter gelegentlich die Bedingungen der Gruppenarbeit mit den kleinen Kindern ausdrücklich und versuchten, sich bewusst Rechenschaft über fördernde und hemmende Aspekte dieser Gruppenkonstellation zu geben.

Die folgenden, sich im Gruppenverlauf herauskristallisierenden Merkmale der Gruppenkultur wurden nach dem methodischen Vorgehen der Kategorienbildung in der Protokollauswertung ausgearbeitet.

Der auffälligste Unterschied zu einer Gruppe aus nur erwachsenen Mitgliedern ist *das hohe Maß an Aktivität* bei allen Gruppenteilnehmern, das durch die Anwesenheit der Kinder induziert wird. In der ersten Zeit mit den jüngeren Säuglingen ist es eine kleinräumige Aktivität, die entsprechend der altersgerechten Kommunikation aus Körperkontakt, Blickaustausch, kleinen Pflege- und Spielhandlungen besteht. Bei den älteren Säuglingen, die ihre motorischen Fähigkeiten üben und bald dazu in der Lage sind, von sich aus zu anderen Kindern und Erwachsenen Kontakt aufzunehmen und die Umgebung zu explorieren, weitet sich der Aktivitätsradius stark aus. Die Beanspruchung der Mütter durch das komplexe Interaktionsgeschehen ruft bei ihnen leicht das Gefühl hervor, den Überblick zu verlieren und überfordert zu sein. Diese Situation ist zugleich eine Herausforderung, mit dem Zuviel an Eindrücken und Aktivität umgehen zu lernen. In der Gruppenarbeit konnten die Mütter erleben, dass das In-Gang-Kommen des Gesprächs über ihre Bedrängnis die Spannung lösen konnte und ihnen den Spielraum verschaffte, die Situation wieder zu verstehen. Sie erlebten so die Bedingungen mit, durch die es möglich wird, aus der Überforderung, die der Alltagssituation von Müttern mit kleinen Kindern entspricht, herauszufinden.

Aus dieser Erfahrung entwickelte sich in der Gruppe die Fähigkeit, in dem Spannungsfeld zwischen der Zuwendung zu den Kindern und dem Anspruch an den Gesprächsaustausch unter den Müttern beweglich zu bleiben. Dazu gehörte eine ausgesprochene Toleranz gegenüber den Unaufmerksamkeiten des Gesprächspartners, dem Wechsel von der Gesprächsebene zur Interaktion mit Kindern, der abrupten Abwendung, um eine dringende Angelegenheit mit dem Kind zu erledigen. Wenn die Toleranz zu weit ging, weckte dies zuweilen Angst vor Unverbindlichkeit und Belanglosigkeit des Gesprächs, zugleich aber auch den Wunsch an die Leiterinnen, einzugreifen. Mit der Zeit kam die Zuversicht auf, dass ein unterbrochener Gesprächsfaden wieder aufgenommen werden würde. Es schälte sich ein Gesprächsstil heraus, in dem der Gesprächsablauf zwar zerstückelt war, sich aus vielen kleinen Bögen zusammensetzte, sich aber doch fortsetzte. In einer späteren Phase, in der die Kinder älter waren, konnte auch ein lockeres und nicht störendes Nebeneinander von Austausch unter Erwachsenen und dem gelegentlichen Einbeziehen der Kinder, die im Übrigen miteinander beschäftigt waren, entstehen.

In der folgenden Szene wird illustriert, wie die Mütter die Frage von Nachsicht gegenüber dem Gesprächspartner und Forderungen an ihn in der Gruppe erörterten.

Aus der 18. und 19. Sitzung

A., eine Frau, die vor der Geburt ihren Beruf leidenschaftlich ausübte und sich nun in einer Phase der Veränderung ihres Selbstverständnisses befindet, beklagt sich über ihre gegenwärtige »Bewegungslosigkeit«. Sie erklärt dies mit einem Bild: Sie fühle sich wie in einem Sumpf, sie sehe zwar die Zweige gleich über ihrem Kopf, könne sie aber nicht erreichen. In dieser Sitzung herrscht viel Unruhe wegen des Abschieds von T. mit ihrem Till. T. ist der Gruppe dankbar für die Kontakte und den Halt, die sie in der turbulenten Zeit nach der Geburt hier erfahren konnte. Sie fühlt sich jetzt gut und will sich mit Till einer Krabbelgruppe in ihrer Nachbarschaft anschließen. Das Thema Trennung beschäftigt alle Teilnehmerinnen, die sich in ganz verschiedenen Lebenssituationen befinden. Am Ende der Sitzung kündigt J. überraschend an, dass sie aus vielerlei Gründen nach der kommenden Sommerpause nicht mehr mitmachen kann.

In der folgenden Sitzung erinnert FP J. daran, dass in der Gruppe eine Regel für das Ausscheiden gilt, die eine Abschiedszeit von vier Sitzungen vorsieht. Diese Bedenk- und gemeinsame Verarbeitungszeit hat sich im Fall von T. bewährt. J. wendet ein, dass ihre Situation durch den Plan der Familie, bald aus der Stadt wegzuziehen, unsicher sei, akzeptiert aber mit diesem Vorbehalt die Vorgabe. Sie fragt zudem direkt beide Leiterinnen, was sie von der Gruppe im Moment hielten. FP antwortet, dass das Ausscheiden von T. und deren Gründe dafür deutlich gemacht hätten, dass alle Mütter, nachdem sie am Anfang gemeinsame Schwierigkeiten gehabt hätten, jetzt an verschiedenen Punkten in ihrer Entwicklung stehen würden. Das müsse aber kein Grund für ein Auseinandergehen sein, sondern könne auch ein Ausgangspunkt sein, um sich auf eine neue Aufgabe einzustellen, auf die Frage nämlich, wie die Gruppe von individuellen Unterschieden profitieren könne. CZ nimmt in ihrer Antwort Bezug auf A.s Klage in der vorangegangenen Sitzung bezüglich »Versumpfen« und der Suche nach Halt und Struktur. Manchmal sei es in ihrer Arbeit als Mütterberaterin notwendig, auf bewährten Forderungen im Interesse des Kindes zu bestehen. J. stellt dazu aus ihrer Erfahrung fest: »Es ist schon gut, wenn man diesen Druck der Umgebung spürt; es ist gut, wenn es auf den Teil von einem selbst trifft, der ebenfalls sagt: ›Ich will.‹ Das hilft weiter. Doch manchmal ist man so erschöpft, dass man nicht wollen kann. Dann ist der Druck bedrängend, dann braucht man eher Verständnis.« Die Auseinandersetzung geht unter den Müttern weiter. E., die die Frage von Nachsicht oder Strenge im Rahmen der Auseinandersetzung ums Abstillen kennt, nimmt als Erste klar Stellung zur Gruppenkohäsion: »Für mich ist die Gruppe keineswegs fertig.« J. wird die Gruppe nicht vorzeitig verlassen.

Die reichhaltige Geschäftigkeit in einer Gruppe mit Müttern und Babys beziehungsweise Kleinkindern hat neben der Gefahr, in Unübersichtlichkeit umzuschlagen, einen weiteren charakteristischen Zug, der die Gruppenkultur bestimmt und in dem eine zu bewältigende Herausforderung liegt. Es geht dabei um die *körperliche Sinnlichkeit* und die darin angelegte Tendenz zur Regression, die im Umgang mit den jüngsten Säuglingen auf eindringliche Weise zum Ausdruck kommt. In einer Videoszene aus der ersten Sitzung bewegt eine Mutter ihr Baby rhythmisch auf und ab, eine andere pendelt mit dem Kind, das sie in ihre Armen geschlossen hat, hin und her, eine dritte hält es auf dem Schoß und streichelt hingebungsvoll seinen Kopf. Auch Stillen kommt vor; wenn zwei oder drei Mütter gleichzeitig stillen, entsteht eine sehr intime Stimmung. Die Mütter wissen, dass in diesem sinnlichen Austausch mit dem Baby die Verführung gegeben ist, sich darin zu verlieren. Bei den Müttern, die dabei in der Zuschauerrolle sind, regt sich Widerspruch, der auf dem Empfinden beruht, dass die Grenze des Anstößigen überschritten werden könnte. Die Gruppe stützt damit die Fähigkeit der einzelnen Gruppenteilnehmerinnen, aus dieser Situation immer wieder aufzutauchen; zugleich erkennt sie den Anspruch auf diese Intimität als legitim an.

Ein weiterer Aspekt, der die Gruppenkultur bestimmt und in gewisser Weise ebenfalls eine regressive Tendenz beinhaltet, sind *Verhaltensweisen, mit denen die Mütter dem Kleinkind entgegenkommen.* Das sind kleine fürsorgliche Gesten, die die Bereitschaft der Mütter signalisieren, die Absicht eines Babys zu erraten, seine Möglichkeiten einzuschätzen und auf es einzugehen. Entscheidend ist, dass die Ausdrucksweisen diejenigen der kleinen Kinder aufnehmen und weiterführen. Die Bereitschaft der Gruppenteilnehmerinnen, sich auf die altersspezifischen Kommunikations- und Spielmodalitäten einzulassen, ist im Allgemeinen groß. Die Mütter profitieren voneinander insbesondere da, wo sie bei einer anderen Mutter beobachten, dass diese mit ihrem Kommunikationsangebot den Entwicklungsfortschritt ihres Kindes besser trifft. In diesem Bereich besteht die Gefahr darin, sich dem Baby zu sehr angleichen zu wollen und in infantiles Verhalten zu verfallen. In der Gruppe gab es immer Mütter, die sich, wenn solches Verhalten stark hervortrat, dadurch gestört fühlten und deutlich machten, dass man als Mutter Acht geben sollte, sich nicht lächerlich zu machen.

Der dritte wichtige Aspekt der Geschäftigkeit in der Gruppe liegt darin, dass es von außen betrachtet sehr weitgehend um einfache, alltägliche Handlungen geht. Für die einzelne Mutter bedeutet dies jedoch, dass sie viel *Aufmerksamkeit für kleine Dinge* aufwenden muss, die für sie und das Kind ungewohnte neue Erfahrungen sind, die in der Regel viele Gedanken und nicht selten auch Befürchtungen implizieren. Im Alltag löst die Tatsache, dass die Mütter sich mit den »kleinen Dingen« abmühen müssen, bei ihnen oft Selbstzweifel an ihrer Intelligenz und ihrem Wert aus. Im Gespräch unter den Müttern gelang es, indem ein scheinbar belangloses Thema – über Einkauf, Tramfahren und dergleichen – weiter verfolgt wurde, aufzudecken, dass eine Mutter damit eine wichtige Erfahrung zu formulieren versuchte. Damit wurde auch gesehen, dass es die kleinen Details sind, die aus dem Banalen das Einmalige und Persönliche machen.

Die Gruppe nahm im Allgemeinen eine sehr tolerante Haltung gegenüber diesen Anpassungsbemühungen ein, wobei sie wiederholt genaue Grenzen aushandelte, was für sie als angepasst oder sogar als genussvoll zu werten und zu unterstützen war und was eine zu große Annäherung an die kindliche Erlebenswelt darstellte und gefährlich werden könnte, weil sie Hilflosigkeit hervorrief oder große Selbstzweifel auslöste. Darin wurde das Verhalten als »regressiv« empfunden, mit der negativen Konnotation, die dieses Wort in der Alltagssprache trägt,[37] und entsprechend gefürchtet. Bei einzelnen Müttern konnte man von einer in der persönlichen Geschichte begründeten »Regressionsangst« sprechen, die sich in einer Gegenreaktion in sehr kontrolliertem Verhalten äußerte. Diese starke Selbstkontrolle schien auch ausgelöst durch die Konfrontation mit einzelnen Müttern, die sich am Anfang der Projektgruppe zeitweise »ganz gehen ließen«.[38] Den Gruppenleiterinnen wurde mehrmals vorgehalten, dass sie zu sehr die autonomen und progressiven Seiten unterstützen würden; in einigen Situationen erwartete die Gruppe aber von ihnen, dass sie sich mit ihrem Fachkönnen um dekompensierte, unselbstständig erscheinende Mitglieder kümmerten. In der folgenden Szene wird ein Teil des Kampfes der Gruppe für das Recht, sich dem Sog zu einem »regressiven« Verhalten hinzugeben – das der innere Kampf der einzelnen Mütter widerspiegelte –, dargestellt.

Aus der siebten Sitzung
A. teilt ihre Sorge mit, dass sie eigentlich nächstens die jetzt fünfmona-

---

[37] Der Ausdruck Regression, ein psychologischer Begriff, der inzwischen in die Alltagssprache übergegangen ist, ist missverständlich, da er mit unterschiedlichen Bedeutungen gebraucht wird. Auch in der Fachsprache hat er eine komplexe Geschichte und verschiedene Spezifizierungen erhalten. Hier wird Regression in dem Sinne gebraucht, dass die Mutter früher erreichte Beziehungsmodalitäten, Denkweisen, Konfliktverarbeitungsstrategien aktualisiert, gemäß der aktuellen Vorstellung, dass diese früheren Strukturen von den späteren, reiferen nicht abgelöst, sondern eher überlagert worden sind und situativ wieder in den Vordergrund treten können. Regressive Tendenzen treten unter anderem in der normalen Elternschaftsentwicklung auf, können aber auch Teil einer pathologischen Situation sein.

[38] In ihrer extremen Ausprägung berührt die Thematik das Konfliktfeld Abhängigkeit vs. Autonomie, das in Bezug auf seine gruppentherapeutischen Aspekten unter 5.4. ausführlicher behandelt wird.

tige Aline abstillen möchte, das Kind aber seit kurzem die Milchflasche dezidiert verweigere. A. weiß nicht, wie streng sie sein darf. Der siebenmonatige Enzo zeigt sich in dieser Sitzung unruhig. E. setzt ihn auf den Boden, um ihn mit anderen spielen zu lassen, wie er es manchmal tut. Heute weint er gleich. Bald ist er wieder auf Mutters Schoß und wird gestillt. Eine Leiterin (FP) kommentiert die Szene, weil sie den Eindruck hatte, dass ihm zu wenig Zeit gelassen wurde, um selbst aus seiner Unzufriedenheit herauszufinden. Das Gesprächsthema wird noch einmal von einer anderen Seite aufgerollt. L. hat sich für einen Wiedereinsteigerinnenkurs in ihrem früheren Beruf angemeldet, in dem zurzeit Personalmangel herrscht, und hat sogar die Möglichkeit der Teilzeitanstellung erkämpft. Jetzt ist es ihr aber nicht mehr klar, ob sie das wirklich will. Nach einigen Kommentaren äußert J. die Vermutung, dass L. eigentlich am liebsten »nur Mutter« sein möchte, um sich ausschließlich der kleinen Laura zu widmen. L. bestätigt dies, bleibt aber dabei, dass sie auch andere Wünsche habe und nicht wirklich wisse, was sie wolle. E. macht darauf aufmerksam, dass es um das gleiche Problem gehe wie bei dem Abstillen und der Ernährung. Sie wird heftig: Sie sträubt sich gegen vereinfachende Lösungen, das eine oder das andere gelten zu lassen. Die Leiterin (CZ) habe gesagt, dass Kinder ab einem gewissen Alter keine Nachtmahlzeit mehr brauchen würden; die Mütter sollten keine Angst haben, dass sie verhungern würden. Das sei eine Aufforderung, die Kinder allein im Bett weinen zu lassen und selber ungeachtet davon durchzuschlafen. Solche Befehle brauche sie nicht. Ihre ältere Tochter, die dreijährige Eva, komme heute noch nachts zu ihr ins Bett und erhalte bis zu zwei Milchflaschen. Solange es für sie kein Problem sei, sei es für das Kind sicher gut. In der nachfolgenden Diskussion wird präziser erörtert, inwiefern die Frauen bezüglich ihrer Hingabe das eigene Gefühl befolgen sollen und wann eine strukturierende Intervention von außen hilfreich sein kann.

Ein weiterer bestimmender Faktor für die Gruppenkultur der gemischten Mutter-Baby-Gruppe ist das *schnelle Tempo in den Änderungen der Stimmung und der Beziehungsqualität.* Dies ist aus der Literatur zur frühen Mutterschaftsentwicklung und aus den therapeutischen Erfahrungen mit der Mutter-Kind-Dyade gut bekannt. Es gehört scheinbar zu jeder Entwicklungsphase, in der sich große Veränderungen vollziehen. Die Mütter erleben subjektiv diese Schwankungen und zeigen Verständnis für Episoden großer Labilität anderer Mütter. Die Gruppe hat eine ausgesprochene Toleranz gegenüber der gelegentlich fast unerträglichen Ambivalenz der Gefühle in den Mutter-Kind-Beziehungen, für die Nähe von Liebe und Hass und von Freude und Trauer. Witz und Ironie kommen häufig vor und können als kreative Antwort auf die komplexen Gefühle verstanden werden. Zynische Bemerkungen sind ein Ausdruck dafür, dass es der Gruppe zu viel geworden ist.

Zur Illustration dieser zeitlichen Beschleunigung werden zwei kleine Szenen mit Zeitangaben aus der wortwörtlichen Transkription des Protokolls[39] wiedergegeben. Sie erfassen einen Moment der typischen mütterlichen Trauer (in der Literatur manchmal als »Entwicklungstrauer« bezeichnet), eines Gefühls, das die frühe Mutterschaft häufig begleitet. Es entsteht bei der Mutter, wenn sie des Verlustes einer lieb gewordenen, ganz persönlichen emotionalen Übereinstimmung mit ihrem Kind gewahr wird, in dem Moment, in dem das Kind sich mit seinem Entwicklungsdrang davon wegbewegt. Die Mutter wird im guten Fall durch das Miterleben neuer Entwicklungsschritte, die auch Freude bereiten, entschädigt.

Aus der achten Sitzung
07 min 13 sec
A.: Ich fange mal an. Zwei Wochen ist ja eine halbe Ewigkeit gewesen. Sie (Aline) hat angefangen, Breie zu essen neben der Muttermilch. Sie hat zwei Zähne bekommen … (kleine Interjektionen: »Es ist schön, oder?« … A. schaut stolz auf ihre Tochter. Gekicher. »Wie alt ist sie jetzt?«) Sie ist jetzt fünf Monate alt… (»Hat sies gerne gehabt?«) Zuerst mal hat sie Apfelmus bekommen und schön gegessen. Sie hat den Mund aufgemacht, nach hinten geschluckt. Ich habe angefangen zu warten, dass es wieder rauskommt. Es ist nichts zurückgekommen.
08' 23"
Es ist eine Freude … ja, es ist ganz anders …
08' 58"
Ich habe das Gefühl, man muss »schaurig« aufpassen, dass man den Anschluss nicht verliert zum Kind. (Pause, Stimmung wird bedächtiger.)
09' 17"
Ich habe das Gefühl, sie ist noch anhänglicher geworden. (Aline liegt bäuchlings am Boden, mäßig aktiv. Sie hebt kurz den Kopf, berührt ein Spielzeug. A. ist jetzt mehr auf sich bezogen. Sie reagiert nicht, als Aline plötzlich ein wenig erbricht. CZ putzt sie und legt sie wieder bequem hin.) Wenn ich aufstehe und weggehe, beginnt sie gleich zu weinen, und zwar macht sie den Mund auf, streckt die Arme aus, macht große Augen … (A. ist zögernd, unsicher.)

---

[39] In der Gruppe wurde mehrheitlich Schweizerdeutsch gesprochen. Die Transkription passt sich dem Schriftdeutschen so weit an, dass der Text verständlich wird, ohne die Redewendungen des Dialekts ganz umzustellen.

CZ: Bekommt sie Angst?

A.: Ich weiß nicht genau …

10' 10"

Mir geht es so, dass ich sie vermisse. Ich habe Angst, dass es mit dem Babysitter nicht mehr lange geht. Mit dem Partner geht es, aber es gibt Momente, wo sie nur mich will. Mit dem Babysitter ist es die letzten zwei Mal so gegangen, dass ich die ganze Zeit dabei bleiben musste … (Im Hintergrund ist die Sorge in Hinblick auf die Wiederaufnahme der beruflichen Tätigkeit. A. ist besorgt, die ganze Gruppe scheint bedrückt und schaut auf den Boden zu den Kindern.)

11' 25"

(Plötzlich merken einige Frauen, dass Enzo, der ein wenig abseits liegt, sich auf den Knien aufstützt und mit großer Hingabe zu wippen beginnt. Sie lachen herzhaft. Bald lachen alle.)

Aus der neunten Sitzung

32' 02"

A.: Wir haben es teilweise geschafft, dass Aline alleine einschlafen kann. Das heißt, wir schauen jetzt, dass sie es möglichst selbstständig kann. Ich gebe ihr genügend Beikost … Die erste Nacht ist sie nach einer halben Stunde gekommen. Die zweite Nacht ist es gegangen …

33' 18"

Ich habe gemerkt, dass ich ein Problem habe mit dem. Ich merke, dass sie immer mehr Sachen selbstständig machen kann, sie kann ohne mich …

33' 42"

Gestern wollte sie keinen Brei. In der Nacht ist sie nach sechseinhalb Stunden aufgewacht, sie hatte Hunger. Ich meine, sie merkt, dass ich sie nicht gehen lassen kann. Das »schließt« mich … (schweizerdeutsch: Es macht mich kaputt).

J.: Wie ist es für dich … es »schließt« dich?

34' 07"

A.: Ich weine halt viel (Schweigen, lange Stille, A. hat Tränen in den Augen. Aline liegt extrem hypoton auf ihrem Schoß.)

34' 27"

FP: Es ist noch verrückt. Eigentlich ist man immer daran, etwas zu verlieren. Es gehört dazu: Es ist dauernd traurig, es ist nicht mehr, wie es vorher war.

A.: Ja, schon. (Pause)

34' 57"

Ich hätte es nie gedacht, dass es so schlimm wäre für mich. Das macht mir Mühe. Wenn ich merke, dass sie etwas will, muss ich sie unterstützen und fördern. Am Samstag bin ich ein Bett aussuchen gegangen für sie. Schon nur der Gedanke, sie in ein eigenes Zimmer zu tun, schon das macht mir schlaflose Nächte. Ich kann nicht schlafen, weil ich denke, dass sie alleine schläft … (Pause)

36' 04"

(zu J.:) Wie ist es dir gegangen? (A. fasst sich, wischt die Tränen weg.) J.: Mir ist es auch schon so gegangen. Aber ich habe es ein wenig verdrängt. Es hat sich in einer anderen Form ausgedrückt. Eine extreme Empfindsamkeit. Ich wünsche mir, ich hätte weinen können, ich konnte es nicht, habe in den letzten 20 Jahren nicht mehr geweint. Aber ich bin immer noch so empfindsam. Ich werde wahnsinnig traurig, wenn ich eine Mutter sehe, die ihr Kind anschnauzt … Ich hatte mir viele Gedanken gemacht. Ich dachte, es wäre wegen der Hormone, der Geburten und des Mutterseins und so …

37' 04"

(Aline wird auf den Boden gelegt, Laura beginnt mir ihr zu spielen. L. schaut zu den Kindern, während A. und J. sich intensiv weiter austauschen. A. zieht ihren Pullover aus, hellt sich auf.) J.: … Aber auch nach dem Abstillen war es so. Ich hätte herausfinden sollen, was es ist. Ich meine, ich sollte mich freuen. Ich meine ja, mein Kind sollte selbstständig werden. Aber es hat nichts genützt.

37' 58"

Es gehört einfach dazu. Ich habe es dann zum ersten Mal geschafft, nicht mehr zu studieren: Ist es zu viel, ist es zu wenig … Es ist einfach normal. Es war schön, dass ich einfach so sein konnte. Das war für mich ein Fortschritt … das war nicht mehr so traurig …

38' 34"

… und ich habe eine Erfahrung gemacht, als die Kinder größer wurden. Sie geben mir was. Die Kleinen zeigen nicht viel von sich, aber die Größere zeigen so viel Liebe. Das kompensiert sehr, wegen dem Loslösen. Sie kommen nachher und schmusen mit dir … Die Liebe, wie es früher war, ist wie vorbei, es kommt eine andere …

Zusammenfassend sind folgende Merkmale als Bestandteile der Gruppenkultur dieser Projektgruppe herausgearbeitet worden

– die hohe Aktivitätsdichte, mit der Gefahr von Orientierungsverlust
– die Intimität in den Mutter-Kind-Interaktionen und die Einstellung des mütterlichen Verhaltens auf die kleinkindliche Kommunikationsstufe, mit der Neigung zur Regression
– die Beschäftigung mit dem Banalen und die damit verbundene Selbstab-

wertung
- die durch das Entwicklungstempo bedingte emotionale Labilität in der Stimmung und in der Qualität der Beziehung zum Kind mit dem Risiko zur Dekompensation

Die Entwicklung der Gruppenkultur verlief nicht gradlinig progressiv. Die Gruppenmitglieder wurden fähig, trotz der Geschäftigkeit sinnvolle Orientierung für ihre Anliegen zu finden. Sie gewannen das Zutrauen, zwischen den unter Erwachsenen üblichen Umgangsformen (vor allem Gespräch) und einer Reihe von Verhaltensweisen, die der Versorgung der kleinen Kinder und der Kommunikation mit ihnen dienen, wechseln zu können. In der Gruppe stellte sich eine große Toleranz gegenüber den emotionalen Stimmungsschwankungen einzelner Teilnehmerinnen und der hohen Ambivalenz von Gefühlen ein, auf der anderen Seite wurden aber auch die Grenzen der Toleranz deutlich, mit denen sich die Gruppe vor Überforderung schützte. Es sind Merkmale einer Kultur, die offen ist, neue Erfahrungen in sich aufzunehmen, eine *Kultur für den Wandel der Lebensphase der frühen Mutterschaft und der frühen Kindheit.*[40] Toleranz bedeutet das Abstecken eines möglichst großen Raumes, in dem verschiedene Problemlösungen ausprobiert werden können und der persönliche Weg gesucht werden kann.

5.1.4. Bezug der Gruppe zur Außenwelt

Eine wichtige Ergänzung zur Beschreibung der Gruppenkultur betrifft den nicht immer manifesten, aber in der Vorstellung der Teilnehmerinnen zuverlässig vorhandenen Bezug zur Außenwelt. Eine Müttergruppe ist den vorwiegend negativen Klischees ausgesetzt, die in unserer Gesellschaft die Mutterschaft belasten, auch wenn man Müttern beschränkte Freiräume für die ideologisch hoch besetzte, aber praktisch zu wenig unterstützte Betreuung von kleinen Kindern gewährt. Die Mütter werden vom Lauf der großen Welt verabschiedet und sollen rezeptiv, liebend, devot sein, sie sollen sich der Entdeckung der Welt aus der Sicht des Neuankömmlings zuwenden und sich an kleinen Dingen freuen, geduldig sein wie die römischen Matronen. Wenn man von dieser Charakterisierung ausgeht, kann eine Gruppe von Müttern nur langsam und passiv, gewährend und harmonisch, asexuell und langweilig sein.

Die Projektgruppe besteht aber aus wachen Zeitgenossinnen und versteht sich nicht als matronal. Die Aufgabe der Zuwendung und der nötigen Anpas-

---

[40] Einen ähnlichen Ausdruck und eine ähnliche Hervorhebung der Bedeutung von Gruppenkultur in der Gruppentherapie mit Müttern und Babys hat Jessica James eingeführt [James, 2002 S. 390].

sung ans Baby wird akzeptiert, im Einzelnen auch extensiv gelebt, bleibt aber nicht Aufopferung. Sie steht in einem Spannungsfeld, das sich aus der Einbettung dieser Phase in den gesamten Lebensentwurf der jungen Frauen ergibt, der heute nur noch selten in der Erfüllung der Mutterrolle innerhalb der Familie aufgeht. Die Themen, die sich auf die mütterliche Anpassung beziehen, werden erweitert durch das Aufblitzen von Perspektiven, die sowohl die Kinder wie auch die Mütter betreffen und auf Fortsetzungen außerhalb des Gruppengeschehens hinweisen. Sie stellten Fluchtpunkte der gemeinsamen Arbeit dar.

In den Momenten, in denen der Blick nach außen und in die Zukunft gewendet wurde, waren Neugier und Interesse spürbar, manchmal Aufregung und eine prickelnde Stimmung. Verschiedene Themen konnten Anlass dazu geben. Dazu gehörten das Thema der Vätergruppe, aber auch die eigenen Berufspläne, die Pläne zur extrafamiliären Betreuung oder die Veränderungen in den Beziehungen zur Nachbarschaft. In der folgenden Vignette wird die Inszenierung eines ödipalen Gedankens dargestellt, in der sowohl spielerisch über die Zukunft der Kinder nachgedacht wie auch die Attraktivität der Väter verhandelt wird.

Aus der 16. Sitzung
U. kommt mit einem freundlichen Urs, sie setzt ihn auf die Matte. Dann kommt A. mit Aline. Sie schaut auf Urs: »Wer bist du?« Urs war bei der letzten Sitzung nicht dabei und hat inzwischen sitzen gelernt. A. staunt ob seiner Veränderung, sie hatte ihn nicht wiedererkannt. Nach zwei weiteren Müttern betritt E. den Raum mit Schwung und mit dem wachen Enzo im Buggy. FP begrüßt ihn, erfreut, dass er nicht – wie meistens – die erste Hälfte der Sitzung verschläft. Schließlich kommt T. mit Till, beide wirken gut gelaunt und zufrieden. Till (neun Monate) macht sich gleich bemerkbar. A., die neben T. sitzt, streckt ihm die gleichaltrige Aline entgegen, die begeistert mit Armen und Beinen in seine Richtung rudert. Es entsteht eine große Szene, die Mütter kommentieren. A. sagt: »Till ist ein schöner Mann!« Und T.: »Oh ja, er zieht jetzt schon Frauen an.« Till spielt eine Weile mit dem Fuß von Aline, dann startet er alleine zu einer Runde im großen Raum. Stille.

M., die sich häufig sehr spontan äußert, platzt herein mit der Bemerkung, auch in der Vätergruppe sei der Anfang des Gesprächs offenbar schwierig (die zweite Vätersitzung hatte wenige Tage zuvor stattgefunden); ihr Mann habe erzählt, dass niemand gewusst habe, was reden. Nachträglich hätte es ihm gut gefallen, vor allem der Mann von A. habe ihm sehr gefallen. Auch der Mann von J. wäre gut, aber Herr A. wäre der beste. A. lächelt: »Er ist halt so einnehmend und an Menschen interessiert, er ist der Traumschwiegersohn für alle Mütter. Auch meine Freundinnen sind begeistert.« Die Stimmung wird lustig, ähnlich wie bei der Begegnung von Till und Aline zuvor. E. fragt A., ob sie nicht Angst habe. A. meint, ihr Mann sei sehr treu ... Großes Gekicher. Die Kinder sind ganz interessiert und beobachten gespannt die Erwachsenen. M. fährt fort: Auch CZ habe auf ihren Mann einen guten Eindruck gemacht ... Das Gespräch endet auf ruhigere Weise mit einigen Fragen über den Verlauf der Vätergruppe.

5.2. Die averbale Kommunikation in der Gruppe von Müttern und Babys

Die im vorangehenden Kapitel (5.1.) beschriebene Intensität von körperlichem Geschehen und Aktivität in der Mutter-Kind-Gruppe legt es nahe, die darin enthaltenen kommunikativen Aspekte genauer zu untersuchen. Averbale Kommunikation ist ein wichtiges, generell auftretendes Phänomen, das seit langem verschiedene Forschungsdisziplinen beschäftigt. Am Anfang des Lebens eines Kindes ist sie vorherrschend und bleibt später neben der Möglichkeit des verbalen Austausches eine wichtige Komponente der Kommunikation. Obwohl sie also nicht getrennt von der gesamten unter Erwachsenen und Babys stattfindenden Kommunikation gesehen werden kann und Überschneidungen mit den später analysierten gruppendynamischen Prozessen bestehen, ist es hier berechtigt, sie in einem eigenen Kapitel zu behandeln. Denn es handelt sich zum großen Teil um ein unspektakuläres, subtiles Geschehen, das gegenüber den dominanten Vorgängen, die sich auf der Gesprächsebene abspielen, leicht unbemerkt im Hintergrund bleibt. Ein genaues Verständnis des averbalen Anteils ist unverzichtbar für ein differenziertes Verständnis der Kommunikation und ihrer Entfaltung in der therapeutischen Gruppe mit Müttern und Babys.

In den folgenden Ausführungen wird der Fokus auf die Erscheinungen des averbalen Austausches – körperlich-mimische und szenische Sequenzen – gelenkt, deren Wahrnehmung in enger Verbindung mit der Entwicklung Sinn gebender Vorstellungen erfolgt. Diese Verbindung leitet die Auswahl und die Beschreibung der Interaktionen, die aus dem kontinuierlichen Fluss des kommunikativen Austausches in der Gruppe als bedeutungsvoll festgehalten werden. Die grundlegende Überlegung dazu ist, dass bereits die Präsenz fremder Erwachsener bei der einzelnen Mutter-Kind-Dyade die soziale Dimension einführt. Die Kommunikation im sozialen Kontext setzt voraus, dass sich alle auf etwas Gemeinsames beziehen. Vielfach handelt es sich dabei um kulturell gewachsene Vorstellungen, wie beispielsweise allgemein akzeptierte beziehungsweise allgemein verpönte Vorgehensweisen in der Betreuung des Kindes. Bestimmte gesellschaftliche Gegebenheiten sind in der Gruppe averbal sinnlich aufgeführt, wie zum Beispiel das Generationenverhältnis, das in der Herausbildung einer Subgruppe der Mütter und einer der Kinder repräsentiert ist. Diese gemeinsame Vorbildung ist von Anfang an da und begründet ein erstes Verständnis. Die so aufgegriffenen Interaktionssequenzen gingen häufig in die weitere Sinn gebende Verarbeitung des Beziehungsgeschehens durch die Mütter ein und konnten auf dieser Ebene weiterverfolgt werden.

Ein Anliegen des Projektes ist es, die im therapeutischen Setting bedeutsamen averbalen Aspekte der Kommunikation erkennen zu lernen. Dabei interessiert besonders die Frage, ob die (nicht sprechenden) Babys in die vorbewusste Gruppenkommunikation einbezogen sind. Spüren auch die Babys die Gruppenmatrix, und wie äußert sich das in ihrem Verhalten?

5.2.1. Vorausgehendes averbales Verhalten

Für die Untersuchung der averbalen Kommunikation wurden vor allem die Videoaufnahmen der Gruppensitzungen herangezogen. Bei der Auswertung des Materials fiel auf, dass bedeutsame Verhaltensweisen der Kinder oder bestimmte emotionale Ausdrücke der Mütter jeweils schon eine oder zwei Sitzungen früher zu erkennen waren, bevor das zu Grunde liegende Thema in der Gesprächsrunde artikuliert wurde; manchmal als Entdeckung der Mütter von etwas, das erst in dem Moment entstanden zu sein schien.

Aus der sechsten Sitzung
In diesem Protokoll berichtet FP wiederholt über soziale Gesten der Kinder: Enzo untersucht kurz nach dem Eintreffen intensiv mit dem Blick seine Umgebung. Später suchen sich Enzo (sechs Monate) und Till (vier Monate) gegenseitig, wobei Enzo der Aktivere ist. Er kaut an einem Plastikbuch und legt es immer wieder weg, um zu sehen, wie Till darauf reagiert. Till schaut ihm längere Zeit zu. FP hat erstmals das Gefühl, dass eine gegenseitige Aufmerksamkeit unter den Kindern entsteht. Vielleicht spielt dabei eine Rolle, dass erst in der vorangegangenen Sitzung ein deutliches Gruppengefühl unter den Müttern spürbar geworden war. Später wird allgemein von der (gelegentlich in Erscheinung tretenden) Kindergruppe innerhalb der großen Gruppe gesprochen. In den Videoaufnahmen waren entsprechende Interaktionen unter Kindern schon früher zu sehen, allerdings auch eine deutliche Tendenz der Mütter –

manchmal zum Schutz ihres Babys, manchmal voreilig –, zu intervenieren und deren Entfaltung zu dämpfen.

In dieser sechsten Sitzung fragt J. E., ob sie ihr den unruhigen Enzo abnehmen solle. Auch hier notiert FP es als eine neue Bereitschaft der Mütter, sich gegenseitig zu vertreten. Im Video ist aber schon in der ersten Sitzung eine Episode zu sehen, in der Mütter sich einem anderen als dem eigenen Kind zuwenden (s. erste Vignette unter 5.1.1.).

Aus der zehnten und folgenden Sitzungen

Beide Leiterinnen sind um T. besorgt. Das geht aus wiederkehrenden Bemerkungen in ihren Protokollen hervor. T. sieht abgespannt aus, im Gespräch verliert sie sich in zirkelhaften, selbstbezogenen und schwer nachvollziehbaren Gedanken. Gegenüber Till verhält sie sich überfürsorglich. Manchmal, wenn der Gegenübertragungsimpuls, sie schützen zu müssen, nachlässt, weckt sie Gefühle von Ärger: Überspitzt formuliert wirkt sie dann wie eine passive und possessive Matrone. Als T. sich in der zehnten Sitzung nach langem Klagen über die eigene Energielosigkeit bei U. danach erkundigt, wie sie es schaffe, notiert FP ihr Erstaunen über diesen Vorstoß. Sie schreibt: Ist sie doch weniger selbstbezogen, als es scheint? Bei der nachträglichen Videoauswertung lassen sich schon in der vorangegangenen Zeit mehrere Szenen finden, in denen T. aktiv wirkt und Till beim Erkunden seiner Umwelt unterstützt.

Nach diesen Beobachtungen scheint es, dass eine Handlung wiederholt auftreten muss, bevor sie in einem Sinnzusammenhang gestellt und bewusst wahrgenommen werden kann. Anderseits kann das averbale Geschehen in der Gruppe für den therapeutischen Prozess verloren gehen, wenn es sich nicht gegenüber anderen Formen der Kommunikation durchsetzen kann und keine genügende Sensibilität für diese Ebene ausgebildet wird.

5.2.2. Die Babys und die Gruppenmatrix: Reaktionen der Babys auf die atmosphärische Spannung in der Gruppe

Eine zentrale Dimension der Gruppenmatrix ist die empirisch fassbare Dimension der Gruppenkohäsion. Im Rahmen der Auswertung der Mutter-Baby-Gruppe ist der Begriff der »atmosphärischen Spannung« eingeführt worden, um eine hier auftauchende spezifische Störung der Kohäsion zu bezeichnen (s. 5.1.2.). Atmosphärische Spannung ist ein Ausdruck, der früh in der Auswertung der Protokolle bei deren Kodierung verwendet wurde. Er bezeichnet eine in der Gruppe häufig erlebte Stimmung und entspricht Bemerkungen der Art: »Es ist etwas in der Luft«, was so nicht ertragen werden kann und nach einer Lösung drängt: entweder in Richtung Zerfall der Gruppe oder in Richtung Wiederherstellung einer besseren Kommunikationsfähigkeit. Um die Beteiligung der Babys an diesem Geschehen zu erfassen, wurden die Protokolle und Videodokumente mit der Frage gesichtet: Wie reagieren die Babys auf atmosphärische Spannung?

Aus der fünften Sitzung
Die Gruppe ist noch dabei, sich »zusammenzuraufen«. Im Abschnitt 5.1.2. wurde auszugsweise die vierte Sitzung beschrieben, in der sich die gefühlsgeladene starke Kritik einer Mutter erlösend auswirkte. An jener Sitzung nahmen nur zwei Mütter teil, in der fünften Sitzung sind fünf Mütter anwesend. Am Anfang werden einige organisatorische Fragen erörtert, dann beginnt ein Gespräch, das stockend Alltagsschwierigkeiten aufgreift. Am deutlichsten werden Gedanken ausformuliert, in denen es um das »Kötzeln« von Till geht: Ob er nicht eine Magenerweiterung habe? Es werden Erfahrungen mit Kinderärztinnen und alternativen Beratern ausgetauscht. Es herrscht das Gefühl, dass man mit solchen Sorgen eigentlich alleine gelassen wird. Im Raum staut sich eine gewisse Spannung an, und die Szene wird allmählich unruhiger. Mehrere Kinder werden quengelig und bringen immer wieder ihre Mütter dazu, etwas zu ihrer Besänftigung zu unternehmen. E. nimmt wiederholt Enzo von der Matte weg, setzt ihn auf ihren Schoß und nimmt ihn schließlich an die Brust. A. nimmt ebenfalls Aline zu sich, sie schaukelt sie zuerst im Sitzen, dann steht sie mit ihr auf. J. begleitet Jan, der schon kriecht, in den anderen Raum, kommt zurück und bietet ihm zunehmend entnervt Spielzeuge an. T. steht auf und erklärt unvermittelt, sie müsse jetzt stillen. Alle Mütter suchen ihren Halt darin, ihr Kind an sich zu ziehen und zu beruhigen. Unvermittelt fragt J.: » Wenn eure Kinder so ruhig sind wie jetzt, könnt ihr sie dann nicht ablegen?«

FP versucht eine Deutung: Es falle ihr auf, dass sich heute alle Aktivität zwischen der einzelnen Mutter und ihrem Kind abspiele, so als wenn jede nicht mehr aus dem Kreis von Unzufriedenheit und Besänftigen-Müssen heraustreten könne. In der letzten Sitzung sei etwas ganz anderes geschehen: Es war Unmut im Raum, und man konnte zusammen darüber sprechen. J. greift sofort lebhaft diesen Gedanken auf. Die letzte Sitzung fand sie sehr interessant. Es seien persönliche Gefühle ausgesprochen worden, und das Gespräch nahm eine für sie überraschende Wende. J. hofft auf neue Impulse: Sie möchte nicht immer diejenige sein, die die Situation zu retten versucht, wie sie es bisher gewohnt war. Jedenfalls habe sie diese Diskussion dazu motiviert, sich stärker in der

Gruppe zu engagieren. Sie und A. berichten den anderen, die nicht dabei waren, über den Verlauf der Sitzung und ermutigen sie damit, eigene Unzufriedenheit und Kritik an der Gruppe zu äußern. T. sagt, dass sie nicht in die Rolle kommen wolle, andere aufzufangen, und meint, das stehe den Leiterinnen zu. Sie lässt durchblicken, dass ihr der Zusammenbruch von L., die in der zweiten Sitzung weinen musste, Angst gemacht habe, und erkennt, dass sie wohl deswegen das folgende Treffen hat ausfallen lassen. Für E. ist es wichtig, dass sie Wege erlernt, aus der Zweisamkeit mit dem Kind, die sie auch zu Hause belastet, herauszukommen. Die gespannte Stimmung in der Gruppe hat sich nach der Intervention von FP schlagartig geändert. Die Mütter sind aufmerksam, neugierig, konzentriert. Die Kinder sind zufriedener und brauchen ihre Mütter weniger.

Die an dieser Sitzung neu dazugekommene Teilnehmerin U. hat sich an dieser Gesprächssequenz nicht beteiligt. Sie stellt am Ende der Sitzung fest, dass die Anwesenheit der Kinder störend sei; sie würden viel Unruhe bringen und es den Müttern schwer machen, sich zu konzentrieren. E. wehrt sich gegen diese Sicht und wendet ein, dass das ja im normalen Leben auch so sei und dass sie an andere interessante Orte zurzeit gar nicht hingehen könne, gerade weil das Kind nicht dabei sein darf. CZ macht darauf aufmerksam, dass die Gruppe jetzt angeregt diskutiere, und alle Kinder ruhig seien. Alle schauen in die Runde: Die Kinder sind tatsächlich ganz friedlich und interessiert, wobei Jan am Einschlafen ist und mit seinen zufallenden Augendeckeln kämpft. Alle lachen erlöst.

Aus der zwölften Sitzung
Eine der unruhigsten Szenen tritt im Zusammenhang mit einer bedrohlichen Krise bei einer Gruppenteilnehmerin auf. Diese Mutter, M., ist erst das zweite Mal bei den Gruppensitzungen dabei. In der vorangehenden Sitzung stellte sie sich in guter Verfassung vor. Sie erzählte, dass sie nach dem Abstillen wie in ein Loch gefallen sei und dass die aus diesem Grund intensivierten Kontakte mit ihrer Mutter sie zusätzlich belastet hätten. Sie hatte Angst bekommen, dass sie in eine so tiefe Depression fallen könnte, dass sie in eine psychiatrische Klinik eingewiesen werden müsste, wie dies bei ihrer Mutter schon mehrmals der Fall war. Zu ihrer zweiten Sitzung erscheint sie viel zu früh. Sie tauscht sich mit CZ aus, während FP die Videokamera einrichtet. CZ bewundert Maria, die sich innig – auf eine für das junge Alter (sechseinhalb Monate) unübliche Weise – mit ihrem Teddybären beschäftigt. M. ist aufgefallen, dass Maria in letzter Zeit zu viel schlafe, sie sei am liebsten allein in ihrer Welt … (CZ notiert, dass sie diese Aussage besorgt macht und dass sie hofft,

M. bringe dieses Argument auch in die Gruppe.) Die Gruppe beginnt Situationen zu besprechen, in denen mehr Hilfe und Entlastung, vor allem seitens der Partner, gewünscht wird. Allgemein fühlen sich einige Mütter überfordert und deuten an, dass dadurch aggressive Impulse entstehen. Plötzlich teilt die bis dahin zurückhaltende M. ihre belastenden Gedanken und Gefühle mit solcher Wucht mit, dass große Spannung entsteht. M. erlebte vor einigen Tagen einen schlimmen Zusammenbruch, sie dachte dabei auch an Kindstötung. Es wurden Erinnerungen an ihre Kindheit wach. Sie erträgt nun ihre Mutter nicht mehr und will auf keinen Fall so werden wie sie. Bei ihrem Ausbruch hat M. Tränen in den Augen, und ihre Stimme zittert.

A. steht auf und setzt sich an den entferntesten Platz im Kreis. J. nimmt Maria, die nun quengelt, auf, um M. das Weitersprechen zu ermöglichen, und führt sie in den anderen Raum. Auch T. geht mit Till weg. U. nimmt Urs hoch und beginnt zu stillen. Kurz darauf geht E. weg, sie kommt mit einem Brei zurück und beginnt Enzo zu füttern. Die Unruhe scheint von den Müttern auszugehen, die Kinder werden zunehmend darin einbezogen. Die Leiterinnen stützen M. darin, ihre Gefühle und ihre Situation weiter auszusprechen, und beraten sie. Diese Entlastung von der Verantwortung ermöglicht es den weggelaufenen Frauen, allmählich zurückzukommen und sich auch am Gespräch zu beteiligen. Dadurch finden sie Möglichkeiten, etwas von dem Miterlebten emotional zu verkraften. T. fragt nach, warum M. ihrem Mann nichts davon erzählt habe. J. kann das erdrückende Schuldgefühl von M. nachempfinden, wenn M. merkt, dass sie ihr Kind in solchen Krisen vernachlässigt. U. berichtet von einem Vortrag von Dr. Daniel Stern, in dem er Tötungsphantasien als quasi normal bezeichnet habe. A. erzählt von ihrem Umgang mit ihren eigenen (weniger intensiven) Tötungsgedanken. M. beruhigt sich; sie hat viel Unterstützung erhalten und am Ende der Sitzung bedankt sie sich dafür. In dieser Phase des Gesprächs kehren einige Kinder zu ihrer eigenen Aktivität zurück. Enzo stemmt sich auf dem Schoß seiner Mutter hoch, beginnt ihr Gesicht abzutasten, erhält damit einen kurzen Austausch und wendet sich danach mit suchenden Blicken über ihre Schulter der Umgebung zu. Urs ist zunächst – ebenfalls auf Mutters Schoß – in sich gekehrt und passiv, er lässt sich aber bald von Enzo in eine Interaktion verwickeln. Beide Mütter bemerken die Gesten und unterstützen die Kleinen im gegenseitigen Spiel. Aline hingegen bleibt länger leicht quengelig und wird von der Mutter auf und ab gewippt, bevor sie auf den Boden gelegt wird und auf ruhigere Art mit mehr Gelegenheit für eigene Äußerungen beschäftigt wird. Zwei Kinder treten nicht mehr in Erscheinung. Till wird von seiner

Mutter geschaukelt, bis er einschläft; J. schaukelt Maria, die sie taktvoll nicht zu ihre Mutter zurückgeführt hat, in den Schlaf.

Wie reagieren also Babys auf atmosphärische Spannung? Sie nehmen diese häufig auf und leben sie direkt aus. Bei den Kleinen ist es häufig Quengeln, ein Appell an die beruhigende Zuwendung der Mutter. Die Größeren zeigen sich mit allem unzufrieden in ihren Spielen oder Erkundungen, sie können sich weniger als üblich selbst beschäftigen, sie suchen den Beistand ihrer Mütter, ohne dadurch zur Ruhe zu kommen. Die Dynamik der Gruppe geht dahin, dass die dyadischen Beziehungen enger werden, was die Auflösung des Gruppenzusammenhalts und das Gefühl der Isolierung bei den Müttern verstärkt. Wenn die Spannung in der Gruppe zu groß ist – wie in der zweiten geschilderten Szene –, tritt eine andere Komponente der Dynamik in Erscheinung. Es sieht so aus, als könnten die Mütter ihre Spannung nicht aushalten und als suchten sie einen Ausweg in hektischen Aktivitäten mit den Kindern. Auf den Beobachter wirkt die Geschäftigkeit übertrieben oder unbegründet, nicht vom Bedürfnis des Kindes diktiert. Die Mütter benutzen ihre Babys zur eigenen Spannungsabfuhr, die Babys werden sekundär von der Unruhe ihrer Mütter erfasst.

Die Reaktion der Kinder auf atmosphärische Spannung war so zuverlässig zu beobachten, dass eine Gruppenteilnehmerin, die nur im ersten halben Jahr dabei war, sich noch in der ein Jahr später erfolgten Nachuntersuchung daran erinnerte. Sie war fasziniert vom Phänomen, dass kleine Kinder die Stimmung der Gruppe so genau bemerkten, und bezeichnete sie als »Seismographen der Gruppenstimmung«. Diese Aussagen gelten aber vorwiegend für die ganz kleinen Säuglinge. Im Gruppenverlauf wurde beobachtet, dass die Kinder mit zunehmendem Alter und zunehmender Erfahrung in der Gruppe weniger »anfällig« für die Übernahme der Gefühlslagen ihrer Mütter wurden. Sie konnten ungeachtet der Auseinandersetzungen unter den Müttern besser ihre eigenen Aktivitäten aufrechterhalten. Sie nahmen, ohne sich stören zu lassen, an zunehmend längeren Spielsequenzen teil und orientierten sich vermehrt an Gleichaltrigen. Die Mütter wendeten sich ihrerseits weniger schnell den Kindern zu, da sie mehr Vertrauen sowohl in die Kinder wie auch in die Tragfähigkeit der Gruppe als ganze gewonnen hatten. Sie konnten zudem mit dem Fortschreiten des Gruppenprozesses Konflikte schneller offen ansprechen. Dadurch gab es weniger atmosphärische Spannungen und stattdessen mehr direkte Auseinandersetzungen. Aufgeregte Diskussionen, sogar lautes Streiten war für die Kinder viel weniger ein Grund für Unruhe, als es die unausgesprochenen, diffusen Spannungen waren.

5.3. Bedeutende gruppendynamische Prozesse

5.3.1. Subgruppendynamik

Die Bildung von Subgruppen, die in jeder Gruppe beobachtet werden kann, bildet einen Teil des sich entfaltenden gruppendynamischen Prozesses. In therapeutischer Perspektive ist die Subgruppendynamik eine wichtige Orientierungshilfe. In reinen Erwachsenentherapiegruppen wird jede Abwendung von der Beschäftigung, die sich die Gruppe als Ganzes vorgenommen hat, als »Störung« der Gruppenkommunikation verstanden. Eine wichtige Aufgabe im Gruppenprozess ist es, die Hintergründe dieser Störung zu klären, um den Kommunikationsfluss wiederherzustellen. In der gemischten Gruppe mit Müttern und Babys gilt diese Aussage nicht in jeder Hinsicht. Es treten zwei spezifische Formen von Subgruppenbildung auf: zum einen die Betonung der dyadischen Mutter-Kind-Beziehung und zum anderen die Aufteilung in die Gruppen der Mütter und die der Kinder. Nur für den ersten Fall, die Betonung der Dyade, gilt, dass sie leicht eine Abwehrfunktion übernehmen kann. Demgegenüber bedeutet die Entstehung der Kindergruppe im Rahmen der Gesamtgruppe (zumindest in dieser Phase der Kleinkindentwicklung) einen Entwicklungsschritt im Autonomieprozess aufseiten der Mütter wie aufseiten der Kinder und für die Sozialisation der Kinder.

Betonung der Dyaden
Dass sich eine einzelne Mutter im Laufe einer Sitzung (anderthalb Stunden) wiederholt mit ihrem Kind beschäftigt, ist selbstverständlich. Je jünger das Kind ist, desto deutlicher ist sein Bedürfnis, im wachen Zustand mit der vertrauten Betreuerin in emotionalem Kontakt zu sein und sich ihrer Präsenz zu versichern. Zudem gibt es Gründe – Hunger, Müdigkeit, Unbehagen –, die einer spezifischeren Verständigung bedürfen und nach einer entsprechenden Handlung verlangen. All diese Interaktionen sind der unumgängliche Alltag der Mutter. Wann also kann man von einer Betonung der dyadischen Beziehung sprechen oder von einer besonderen Funktion, die die Dyade im gruppendynamischen Setting erhält?

Das *Verhältnis der intimen Mutter-Kind-Beziehung zur sozialen Öffentlichkeit* ist keine einfache Angelegenheit, sondern eine risikoreiche Gratwanderung für die Mutter. Diese Schwierigkeit muss bei der Durchführung einer Mutter-Kind-Therapiegruppe im Auge behalten werden. Indem sich die Mutter mit ihrem Baby den anderen zeigt, gewährt sie einen tiefen Einblick in ihren privaten Bereich. Viele Haltungen und Gewohnheiten, die sie sich im Laufe ihres Lebens für den kontrollierten Auftritt in der Öffentlichkeit angeeignet hat und die auch ihre eigene Identität ausdrücken, werden nun durch die Intimität und den sichtbaren Dialog in der Beziehung zum Baby unterwandert. Nicht zufällig machen sich viele junge Mütter Gedanken, bevor sie es wagen, mit dem Baby aus dem Haus zu gehen. Wenn eine Mutter nicht sehr stabil ist oder sich im Umgang mit dem Baby überfordert fühlt, verlangt dieser Schritt große Überwindung und die Hoffnung, dadurch nicht noch zusätzlich belastet zu werden. Die Teilnehmerinnen der therapeutischen Gruppe kamen im Gegenteil mit der Hoffnung, bei anderen Frauen in ähnlicher Situation Verständnis zu finden. Ein gegenseitiges Vertrauen, dass es nicht gefährlich werden würde, wenn sie sich derart den Blicken und Urteilen der anderen aussetzten, musste in den ersten Sitzungen erst noch geschaffen werden.

P. gelang es nicht, in der ersten Sitzung genügend Vertrauen in die Gruppe zu fassen. Sie sagte die weitere Teilnahme an der Gruppe ab. Ihr Anliegen, ihr älteres Kind in die Gruppe mitzubringen, wurde zwar verbal akzeptiert, aber es blieben unausgesprochene Vorbehalte bestehen. Bemerkungen in diesem Sinne wurden in der folgenden Sitzung von den Müttern gemacht. Sie fanden, dass P. sich zu wenig darum gekümmert habe, ihre zwei Kinder zu überwachen und ihnen Grenzen zu setzen. In diesem Fall ist die Erwartung der Mutter, Verständnis zu finden, enttäuscht worden (s. auch Vignette unter 3.1.1.).

M. hingegen, die erst nach einiger Zeit dazukam, betonte mehrmals, wie gut diese Gruppe für sie war. Sie hatte schon wiederholt versucht, mit ihrer Tochter Maria in einer Krabbelgruppe oder zum Quartiertreff zu gehen, aber immer fühlte sie sich von den anderen Frauen zurückgewiesen, sodass sie ihr Vorhaben fallen ließ. Für die Leiterinnen waren die erwähnten Abbrüche aufgrund der aktuellen Erfahrung mit ihr nachvollziehbar. M. hatte in ihrer zweiten Gruppensitzung mit ihren Mitteilungen so viel Angst mobilisiert, dass sich fast alle anderen Frauen zurückgezogen hatten und erst nach den Interventionen der Leiterinnen die Wiederaufnahme des Gesprächs wagten (zwölfte Sitzung, s. Vignette unter 5.2.2.). In der Folge akzeptierten sie M. trotz ihrer großen Schwierigkeiten mehr und mehr. Sie konnten sie mit der Zeit auch konstruktiv kritisieren, zum Beispiel wenn M. Maria zu schroff behandelte.

Vertrauen ist die Voraussetzung, dass mehr Öffnung in Bezug auf intime Erfahrungen möglich wird – in der Gruppe noch mehr als in der sozialen Öffentlichkeit. Vertrauen bedeutet in diesem Zusammenhang für die Mutter die Sicherheit, dass sie auch dann, wenn Unzulänglichkeiten in ihrem Verhältnis zum Kind sichtbar werden, weiterhin anerkannt und unterstützt wird. Nur dann kann sie sich im Umgang mit ihrem Baby den anderen zeigen. Belastete Mutter-Kind-Interaktionen können sich sehr eindrücklich gestalten und teilen in einem Augenblick etwas über die Beziehung mit, das unter Umständen der betroffenen Mutter selbst noch gar nicht klar ist. Wie in der Therapiesitzung mit einzelnen Eltern mit ihrem Baby bringt die Inszenierung wichtige Tatsachen und Gefühle in die Kommunikation, die sonst stumm bleiben würden. Sie macht auch Mitteilungen emotional greifbar, die in anderer Form unterschätzt werden könnten. Wenn eine vertrauensvolle Gruppenstimmung herrscht, kann sich die Mutter eher so verhalten, wie es ihrer Befindlichkeit entspricht, und wird schnell richtig verstanden. In der Projektgruppe waren solche Interaktionssequenzen häufig beobachtbar. Die Vertiefung des gegenseitigen Verständnisses konnte an der Entwicklung dieser Inszenierungen verfolgt werden.

In der ersten Sitzung stellt A. sich frisch und adrett vor. Sie habe ein sechs Wochen altes Baby, sagt sie stolz und konkurriert scherzhaft mit T., die vor ihr gesprochen hat. Man könne sich streiten, welches Kind hier das jüngste sei. A. erzählt vor allem über ihren Beruf und wie sie ihre Aktivitäten als selbstständige Geschäftsfrau neben dem Kind gut einrichten könne. Sie kennt aber wenige Mütter und sucht Kontakt. An ihrem Kind hat sie große Freude, fühlt sich aber auch häufig überfordert. Im Kontrast zu A.s selbstsicherer Haltung – auch ihre Mitteilung, dass sie überfordert sei, wird mit überlegener Ruhe vorgetragen – steht ihre unruhige Geschäftigkeit im Umgang mit Aline. Aline wird unablässig gestreichelt oder hin und her gewiegelt.

In dieser ersten Stunde versuchte diese Mutter mit großer Anstrengung, mit ihrem manifesten Verhalten zu verdecken, was sie in der Beziehung zum Kind als problematisch empfand. Es vergehen mehrere Sitzungen, bevor A. darüber spricht, dass sie selbst darunter litt, dass sie sich immer so bewegen musste und nicht anders konnte. Erst in Verbindung mit diesem Fortschritt zeigt sich die dahinter stehende depressive Verstimmung in ihrer emotionalen Ausdrucksweise und in der Mutter-Kind-Interaktion: A. weint leise, Aline ist auf ihrem Schoß eindrücklich hypoton und inaktiv (s. ausführliches Protokoll dieser Szene aus der neunten Sitzung unter 5.1.3.).

Bisher wurde das Spannungsfeld zwischen dem Bedürfnis, das Intime der Mutter-Kind-Beziehung verdeckt zu halten, einerseits, und der Fähigkeit und Bereitschaft, sich in der sozialen Gruppe zu öffnen, anderseits beschrieben. Mit fortschreitendem Gruppenprozess verlor dieses Problem an Bedeutung.

Bei der Untersuchung der Subgruppendynamik unter dem Aspekt der Dyadenbildung geht es spezifischer um die Bewegung von einer engagierten Teilnahme am Gruppenthema zum Rückzug in die Beschäftigung mit dem Kind, welcher im Zusammenhang mit der laufenden Auseinandersetzung unter den Müttern stattfindet. Hier hat die Betonung der Dyade eine *defensive Funktion* mit der Tendenz, sich gegenüber der Gruppe abzuschließen. Da die Beschäftigung mit dem Kind aus vielen anderen Gründen sinnvoll ist, ist am manifesten Verhalten der Mutter alleine nicht ablesbar, ob es sich um eine Konfliktabwehr handelt. Eine wichtige Grundlage, dies zu erkennen, stellt die Gegenübertragung dar, die sich bei den Leiterinnen wie bei den anderen Gruppenteilnehmerinnen einstellt. So wird die Beschäftigung einer Mutter mit ihrem Kind nicht als selbstverständlich, sondern als forciert wahrgenommen; sie scheint der inneren Anspannung dieser Mutter zu entstammen und an den Bedürfnissen des Kindes vorbeizugehen. Dieses Gefühl stellte sich im Laufe des Gruppenprozesses sowohl gegenüber einem einzelnen Mutter-Kind-Paar ein, konnte aber auch mehrere Dyaden betreffen und eine insgesamt gespannte Gruppensituation verraten. Die übertriebene Hinwendung zum Kind als Spannungsabfuhr wird vornehmlich von denjenigen Müttern eingesetzt, die aufgrund ihrer depressiven Problematik zu einer zu engen Bezogenheit und zum betont proximalen Betreuungsstil neigen (s. diagnostische Auswertung der Mutter-Kind-Beziehung unter 3.2.5. und 3.2.6. sowie *Tabelle 3*). Bei den Müttern, die im Rahmen ihrer Persönlichkeitsproblematik eher zu wechselnder Bezogenheit zum Baby und disharmonischen Interaktionen neigen, ergibt sich eher eine Verstärkung der Ambivalenz im dyadischen Austausch. Die Gruppe und die Gruppenleiterinnen konnten deshalb durch die Betonung dieser Verhaltensauffälligkeiten auf das Vorliegen von Konflikten – sowohl bei einzelnen Teilnehmerinnen wie auch im Gruppenumfeld – aufmerksam werden.

Aus der dritten Sitzung
Die Gruppe ist noch dabei, sich zusammenzufinden, und ist unsicher im Umgang mit schwierigen Gefühlen. J. und A. nehmen das Gespräch über ihre Beziehung mit dem Partner auf. Es geht um Erwartungen an Unterstützung und um Unstimmigkeiten, die in Überforderungssituationen auftreten. Auch L. steigt in die Diskussion ein, die sie selbst in der vorangehenden Sitzung angestoßen hatte. Am Schluss jener Sitzung hatte sie einen kleinen Zusammenbruch, der nicht mehr gut aufgefangen werden konnte. Sie weinte, als bei ihr die Angst aufkam, dass sie ihren Mann mit Vorwürfen und ihre Ehe durch ihre Unzulänglichkeit zu sehr belasten würde. L. ist immer noch bedrückt und anklagend; während sie sich ausspricht, nimmt die Gruppe ihre Unruhe auf. T. wickelt ihren

Sohn Till am Boden, sie nimmt sich sehr viel Zeit, sie tuschelt mit ihm und legt sich zwischendurch fast über ihn. A. ist aufgestanden und läuft mit Aline auf dem Arm herum. J. gibt sich mit Jan ab, der eigentlich ganz ruhig im Buggy mit sich selbst beschäftigt war. Als L. von anderen Frauen im Gespräch abgelöst wird, widmet sich diese ganz ihrer Tochter Laura, stellt sie auf die Beine, lässt sie hopsen und »bäbelet« (schweizerdeutsch: spricht in forcierter Babysprache) mit ihr. Eine Gruppenleiterin (CZ) hat ihre Wahrnehmung klar protokolliert: Sie notiert ihr Unwohlsein über das vereinnahmende Verhalten der Mütter gegenüber ihren Kindern und hält fest, dass sie nur noch lauter Individuen und keine Gruppe mehr erkennen könne.

Die Spannung kann in dieser Sitzung nicht ganz aufgelöst werden, aber durch die Intervention der Leiterinnen, die auf das gemeinsame, aber noch konfuse Thema dieser Stunde aufmerksam machen, entsteht ein besseres Gruppengefühl. Sie wiesen auf den Umgang der einzelnen Mütter mit dem Druck in ihrer Partnerschaft hin. Die Spannung ist in der vierten Sitzung noch erhalten und gelangt erst hier zu einer offen ausgetragenen Auseinandersetzung (s. Vignette unter 5.1.2.).

Die Hinwendung zum Kind als Abwehr des behandelten konflikthaften Themas zeigte sich besonders eindrucksvoll auch in der zwölften Sitzung (ausführliche Beschreibung unter 5.2.1.). Die Gruppe ist in dieser Phase bereits erfahrener und tragfähiger, und die Mütter kehren schneller zum Gruppengespräch zurück. Auffallend ist, dass, sobald die Mütter zur Kommunikation zueinander zurückfinden, auch die Kinder sich wieder den eigenen Aktivitäten und Interaktionen zuwenden.

Darüber hinaus wird die Zuwendung zum eigenen Kind in Drucksituationen von einigen Müttern selbst als ausweichende Reaktion erkannt. Sie sprechen über die negativen Folgen, nämlich die Isolierung, in die sie dadurch geraten. Die Entwicklung dieser Auseinandersetzung gehört zu den wichtigen Themen der Projektgruppe, die im nächsten Kapitel (5.4.) eingehend behandelt werden.

Die Subgruppe der Kinder
Es war anzunehmen, dass die Kinder miteinander Kontakt aufnehmen und dass sie dabei zeitweise von den Müttern unterstützt werden würden. Bald wurde auch festgestellt, dass die Kinder als eigene Gruppe in der gesamten Gruppe vorhanden sind, dass sie in eigene Tätigkeiten verwickelt sind und Beziehungen untereinander unterhalten. Dem Interesse, die Subgruppenbildung der Kinder zu verfolgen, liegt die Frage zu Grunde, welche Funktion diese im therapeutischen Prozess der Mütter erfüllt und welchen Belastungen

sie ausgesetzt ist. Es zeigte sich, dass gegenseitige Kontakte unter den Kindern früh aufgenommen wurden und dass ihre Entfaltung nur möglich war, wenn die Mütter keine zu starken Konflikte zu bewältigen hatten. Es handelte sich bei der Subgruppe der Kinder um eine wandelbare, nicht homogene Konstellation, die nach eigenständigen Impulsen handelte und nicht als Abwehr im Gruppenprozess zu verstehen war. Die Kindergruppe wirkte bei den Müttern als Anstoß für das Aufgreifen bestimmter Themen und unterstützte den Austausch über Wahrnehmungen und Erfahrungen der Beziehung zum eigenen Kind. Indem solche Betrachtungen unter den Müttern ausgetauscht wurden, bildete sich damit zugleich die Subgruppe der Mütter heraus. Die Subgruppe der Mütter entstand aber auch dadurch, dass es eigene Motive für den Austausch mit anderen Müttern gab und Interessen, die zum Gegenstand intensiver Diskussionen unter den Erwachsenen wurden.

Kontakte unter den Babys setzten erstaunlich früh ein, ebenso früh wurde ihr Austausch als eigenständige Kategorie wahrgenommen. In den Protokollen werden die Kinder als Subgruppe erstmals in der sechsten Sitzung explizit erörtert und zwar gleichzeitig mit der Etablierung eines sicheren Gruppengefühls unter den Müttern. Am Anfang dieser Sitzung hatte noch eine kurze aggressionsgeladene Auseinandersetzung stattgefunden, die aber das Ende der mit A.s Wutausbruch eröffneten Klärung der Tragfähigkeit der Gruppe und der Zuverlässigkeit der Leiterinnen bedeutete (ab der vierten Sitzung, s. 5.1.2.).

Aus der sechsten Sitzung

Alle Mütter sind anwesend. L. und J. haben ihr Kind nicht dabei. L., die in den zwei vorangehenden Sitzungen fehlte, regt sich über das betretene Anfangsschweigen auf und beginnt unvermittelt mit einem scharfen Angriff gegen die Gruppe. Alle anderen erkennen jedoch die Argumente, die in der Gruppe bereits durchgearbeitet wurden, und sind zuversichtlich, dass es gelingen wird, L. auf gute Art einzubinden. FP findet deshalb die Muße, auch während dieser Auseinandersetzung die Kinder zu beobachten. Enzo war als Erster mit seiner Mutter angekommen und wurde kurze Zeit mit den beiden Leiterinnen allein gelassen. Er zeigte sich auf der Bodenmatte liegend gut aufgelegt und gab den Leiterinnen das Gefühl, dass die Gruppensitzung jetzt mit ihm beginnen würde. Während der angeregten Diskussion schaut er neugierig den Erwachsenen zu und lässt sich mit FP auf einen Blickaustausch ein (FP fühlt sich unterstützt, wie wenn er sagen würde: »Komm, reg dich nicht über L. auf«). L.s Einwände scheinen bereinigt zu sein; sie sagt plötzlich, sie fühle sich zum ersten Mal mitten in einer Gruppe. FP fällt jetzt die ausgesprochene Ruhe unter den Kindern auf und dass Enzo und Till sich gemeinsam mit etwas beschäftigen. Urs und Aline sind in diesem Moment nahe bei ihren Müttern. FP vermisst Jan und fragt seine Mutter nach ihm. Sie erklärt lange, wie er jetzt herumlaufe und dass er sie hier – so befürchtet sie – nicht mehr in Ruhe lassen würde. FP weist darauf hin, dass er schön zu Enzo und Till gepasst hätte. E. nickt überzeugt, auch ihr war die Szene unter den Kindern aufgefallen.

In der Videoaufnahme ist eine längere ruhige Phase zu sehen, in der Enzo, Aline und Till nebeneinander liegen. Urs liegt auf dem Rücken etwas abseits neben den Füssen seiner Mutter und ist mit einem Spielzeug beschäftigt. Keine Mutter sitzt jetzt am Boden wie in der Anfangszeit der Gruppe. Das betont den Unterschied zwischen Kindern und Erwachsenen. Enzo ist am aktivsten, er spielt mit den Schuhbändern von L., und Aline schaut ihm interessiert zu. Kurze Zeit später hadert Aline ein wenig mit ihrer Bauchlage, A. nimmt sie hoch und legt sie an die Brust. Es ist nicht ersichtlich, warum sie die gemeinsame Betätigung der Kinder unterbricht. Auch Enzo wirkt nun unzufrieden, E. kehrt ihn auf den Rücken, lässt ihn aber weiterhin auf der Matte. Enzo beforscht jetzt ein Plastikbüchlein. Till schaut interessiert zu. Enzo kaut wiederholt am Büchlein und legt es mit einem Seitenblick zu Till weg, als wolle er sehen, wie dieser darauf reagiert. Hier werden die Erwachsenen der Szene gewahr und kommentieren sie untereinander. Enzo dreht sich von selbst wieder auf den Bauch und fällt leicht gegen Till. T. interveniert – für den Beobachter überfürsorglich. Diese Spielphase dauert über eine halbe Stunde, die einzelnen Spielsequenzen unter den Kindern etwa eine halbe Minute, mit Wiederholungen.

Das Gespräch unter den Müttern geht angeregt weiter. Die gute Gruppenatmosphäre hat den Weg für vertiefte, persönliche Diskussionsbeiträge geebnet. Wo es einzelne Interventionen von Müttern gegenüber ihren Kindern gibt, erscheinen sie aus der Sicht der Leiterinnen kaum erforderlich. Als die beiden Mütter (U. und E.) im Fortgang der Diskussion etwas emotional Belastendes sagen wollen, nehmen sie zuerst das Kind auf den Schoß. Damit fällt die Kindergruppe auseinander.

Episoden von gemeinsamer Tätigkeit unter den Kindern – häufig zu zweit oder zu dritt – kamen besonders dann vor, wenn die Auseinandersetzungen unter den Müttern zu guter Gruppenkohäsion geführt hatten. Im soeben dargestellten Beispiel wird ersichtlich, dass die Zeit, die die Kinder für gemeinsame Aktivität nutzen können, von einem optimalen Spannungsniveau bei den einzelnen Müttern und der Müttergruppe abhängig zu sein scheint. Bei zu starker Gruppenkohäsion mit der Schwierigkeit, sich voneinander abzugrenzen, neigen die Mütter dazu, die Kinder aus eigenen Bedürfnissen an sich zu ziehen. Bei ungenügendem Zusammenhalt hingegen werden die Kinder nur zögernd auf die Matte gelegt.

Im Verlaufe der Gruppentherapie wurden immer wieder Situationen eines optimalen Spannungsniveaus erreicht, in denen die Mütter den Autonomieprozess der Kinder zulassen oder sogar fördern konnten. Im Verhalten der Mütter selbst gab es eine progressive Entwicklung, die in Abhängigkeit vom Alter, aber auch von den Fortschritten der Kinder stattfand. Im ersten halben Jahr griffen die Mütter in das beginnende Geschehen unter den Kindern relativ häufig ein, um das eigene Kind bei einer kleinen Schwierigkeit zu unterstützen. Vielfach war das mit einer kurzen Handlung getan. Zum Teil engagierten sich die Mütter mit ausgedehnteren Unterstützungshandlungen, was nicht immer erforderlich erschien. Als die Kinder selbstständiger wurden, insbesondere in Zusammenhang damit, dass die meisten von ihnen krabbeln und sich entfernen konnten, blieben die Mütter eher zurückhaltend und beobachteten die Kinder. In dieser Zeit schien es noch eher zufällig zu sein, ob sich jedes Kind eher allein neben den anderen oder mit anderen zusammen beschäftigte.

Aus der 18. Sitzung
Fünf Mütter und vier Kinder sind anwesend. Diese Gruppensitzung ist vom Thema Trennung in unterschiedlichen Formen geprägt. Es ist auch die letzte Sitzung, an der T. teilnehmen wird. A. teilt mit, dass sie Aline nicht mehr durch eine Tagesmutter betreuen lassen möchte, und schildert zugleich ihr Gefühl, sich in einem »Sumpf« zu befinden, in der ihr jede Entscheidung schwer falle (s. auch 5.1.3.). Andere Frauen erfahren die Nähe zum Kind ganz anders. U. hat zwar einen Streit mit ihrer Tagesmutter gehabt, weil diese ihr vorwarf, sie sei bei Urs zu wenig präsent. Urs zeige aber noch keine Probleme mit den Trennungen. J. sagt, dass die Trennungsprobleme mit Jan überwunden seien; er habe sie heute leicht gehen lassen und sich mit Winken verabschiedet. T. nimmt die Position ein, dass diese Probleme davon abhängig seien, wem das Kind anvertraut werden solle. Dann holt sie länger aus, um – im Sinne eines Abschiedes – ihre Entwicklung von einer sehr umsorgenden und überforderten Mutter zu einer gewährenden zu schildern. Dabei fühle sie sich selber auch wieder freier.

Die Kinder sind einzeln sehr aktiv und unterschiedlich gut aufgelegt. Maria kommt sehr selbstständig in den Kreis, zieht sich an den Beinen von FP kurz hoch und krabbelt wieder davon. Till folgt ihr. Später wird Maria unruhig; M. meint, sie sei müde, legt sie in den Buggy und wiegt sie in den Schlaf. Till lässt sich von seinem Interesse an Maria nicht abhalten und stellt sich vor den Buggy. Als Maria einschläft, hantiert er an einem elektrischen Stecker, sodass man auf ihn aufpassen muss. Aline und Laura sind derweil bei ihren Müttern und wirken eher zurückgezogen. Laura ist sogar etwas quengelig anhänglich, seit ihre Mutter schwanger ist. Bald wird Aline von A. gefüttert, eine länger dauernde Löffelmahlzeit. Laura hingegen wird von L. mit Ungeduld zu den Spielsachen in der Mitte des Raumes geschickt; das Kind beginnt, mit Energie Klötze und eine leere Schachtel herumzustoßen. Till kommt sofort dazu und spielt mit, Aline beobachtet nur und hält beim Essen inne. Bald krabbeln aber die beiden davon. Nach längerer Zeit gehen T. und L. sie im Nebenraum suchen.

Ein Vierteljahr später, bereits gegen Ende der Gruppentherapie, war das gegenseitige Interesse der Kinder konsequenter, und die Spielsequenzen waren länger. Die Szenen wurden durch die zunehmenden motorischen Fähigkeiten der Kinder reicher; sie experimentierten mit Laufen und neuen Gegenständen. Zudem verfolgten sie ihre Tätigkeiten selbstbestimmter, kaum noch mit sichtbarer Bezogenheit zu den Stimmungen und Absichten ihrer Mütter. In dieser Phase neigten auch die Mütter nicht mehr dazu, bei erhöhter Spannung die Kinder zu sich zu nehmen. Es war auffallend, dass bei besonders affektgeladenen Diskussionen und bei offenem Streit unter den Müttern die Kinder ruhig weiterspielten und manchmal neugierig zuschauten. Die Entstehung der Subgruppe der Kinder wurde auch von den Müttern wahrgenommen, und Beobachtungen darüber wurden ausgetauscht. Die szenische Aufführung sorgte dafür, dass die Mütter die Entwicklungsfortschritte und die Entfaltung der sozialen Kompetenzen der Kinder sehr klar und in ihrer Bedeutung erkennen konnten.

Aus der 22. Sitzung
Die Gruppe beginnt mit einem schwierigen Gespräch und zwiespältigen Gefühlen unter den Müttern. M., die sich in letzter Zeit besonders belastet gezeigt hat, kündigt ihre zweite Schwangerschaft an. L., die andere schwangere Mutter in der Gruppe, ist schon in einer fortgeschrittenen Phase ihrer Schwangerschaft. Alle wissen, dass sie eine Wiederholung des traumatischen Erlebnisses der ersten Geburt, bei dem sie nicht genügend Beistand gehabt hatte, befürchtet. Auf die Frage, ob dafür gesorgt sei, dass sie diesmal gut betreut werde, antwortet sie, dass sie zurzeit unfähig sei, ihre Ängste ihrem Mann und dem Arzt anzuvertrauen.

Unter den Kindern hat sich unbeeinträchtigt von dieser gespannten Stimmung Betriebsamkeit entwickelt. Laura hat einen Keks bekommen, und die anderen möchten auch etwas haben. Die Erwachsenen beachten dies aber nicht. Enzo greift kurzerhand zu einer am Boden liegenden Saftflasche und beginnt zu trinken. Laura nimmt sie ihm weg und trinkt weiter. Maria, die mit ihrem Teddy Daumen lutschend herumläuft, wird von der Mutter – ohne zu beachten, was sie möchte – weggezogen und in den Buggy gesetzt. Sie wehrt sich aber und erreicht bald, dass sie wieder zur Kindergruppe darf. Sie holt gleich ihren Teddybären zurück, für den sich Laura gerade interessiert. Laura geht weinerlich vornüber gebückt zu ihrer Mutter. Urs steht zufällig daneben und hebt hinter ihr den Rock hoch, um, wie es kurz davor Lauras Mutter gemacht hat, darunter zu schauen. U. und FP sehen diese köstliche Szene und lachen laut. Die anderen Frauen schauen sie verdutzt an; das Lachen passt so gar nicht zur Stimmung unter den Erwachsenen. U. und FP müssen erklären, was sie gesehen haben.

Angeregt vom Stimmungswechsel kommen im weiteren Gespräch die Mütter zum Zug, die sich eher von der Babyzeit verabschieden möchten. E. erzählt, dass sie erstmals seit der Geburt Enzos wegen einer beruflichen Fortbildung auswärts übernachten wird. Nach anderen ähnlichen Bemerkungen wird den Frauen bewusst, dass keine Babys mehr in der Gruppe sind. M. stellt fest, dass alle laufen! Alle beobachten jetzt die Kinder. Enzo ist im Nebenraum und versucht, auf einen Kinderwagen zu klettern. Urs spielt versunken mit einem kleinen Auto. Laura klebt unzufrieden an L., die ihr den Schnuller anbietet. Laura lässt ihn fallen. Maria, die das genau beobachtet, bemächtigt sich des Schnullers, läuft triumphierend weg und zeigt allen ihren Fund. L. beruhigt Laura mit einem Keks. Die Kinder merken das, tauchen eines nach dem anderen aus ihren entfernten Orten auf und holen sich ihren Keks von der nun aufmerksamen L. ab. Alle knabbern und beobachten einander. Die Kinder erscheinen nun als Gruppe für sich inmitten des Kreises der Mütter.

5.3.2. Resonanz zwischen Kindern und Erwachsenen

Ein weiteres dynamisches Element, das in der Gruppe wirksam war und beim Durchlesen der Protokolle sehr häufig hervorgehoben wurde, war die Resonanz. Mit dem Begriff der Resonanz wird in der gruppenanalytischen Literatur die Tatsache bezeichnet, dass neben der allgemeinen latenten Kommunikation (die hier als Matrix bezeichnet wurde) auch ausgesprochen selektive, spezifische Affinitäten zwischen einem Teil der Gruppenmitglieder kommuniziert werden. Einzelne Personen reagieren instinktiv auf sehr sensible Weise auf Andeutungen anderer Personen, die in ihnen eine offenbar vorhandene Bereitschaft berühren (Foulkes, 1964).

In der Mutter-Kind-Gruppe war zu beobachten, dass Mütter häufig besonders empfänglich für emotionale Mitteilungen waren, die vom Kind ausgingen. Die kindliche Regung inszeniert einen Affekt, der im Gruppengeschehen begründet ist und von einem oder einigen erwachsenen Mitgliedern der Gruppe aufgenommen wird. In einem zweiten Schritt wird dies in der Gesamtgruppe kommuniziert. Am Anfang trat Resonanz in Bezug auf Szenen auf, die allgemein auf Fortschritte bei den Kindern hinwiesen. Sie berührten die unterschwellig kontinuierliche Beteiligung der Mütter an dem progressiven Prozess der frühen kindlichen Entwicklung. Sie waren besonders erlösend, wenn die Gruppe gerade Zweifel hegte und sich dadurch versichern konnte, dass es doch weitergeht.

Aus der sechsten Sitzung
Die Gruppe ist dabei, eine grundsätzliche Infragestellung der Gruppenarbeit durch L. abzuwenden. Nach ihrer anfänglichen Erschütterung beginnt sie, wieder Vertrauen zu fassen. Drei Säuglinge liegen nebeneinander auf dem Rücken und sind auf eher zurückhaltende Weise beschäftigt. Am aktivsten ist Enzo, Aline schaut schräg nach hinten zu ihm hin. Plötzlich gibt sie sich einen Ruck und landet auf dem Bauch, näher bei Enzo. Nicht allen ist die Szene aufgefallen. Es ertönt ein bewunderndes »O-ho!« und Gekicher von denjenigen Müttern, die es bemerkt haben. Sie erklären den anderen, was geschehen ist. Alle Mütter tuscheln erfreut und erleichtert. Eine von ihnen fragt bewundernd und anerkennend Alines Mutter: »Wie alt ist sie?« (Ausführlichere Darstellung dieser Sitzung oben unter 5.3.1.)

Aus der achten Sitzung
In dieser Sitzung spricht A. in fast verzweifelter Weise darüber, dass ihr Kind offensichtlich Fortschritte macht und sie da nicht mithalten könne (die Szene ist verbatim wiedergegeben unter 5.1.3.). In dem Moment, als A. nochmals ansetzt, um ihre Überlegungen zu formulieren, dass sie besser auf den Babysitter verzichten sollte, fällt es einigen Müttern auf, dass Enzo es geschafft hat, auf die Knie zu kommen, und zu wippen beginnt. Sie lachen herzhaft. Bald lachen alle und reden weiter in progressiver Perspektive über mögliche Fremdbetreuung der Kinder und wie sie mit der Sehnsucht nach dem ewig kleinen Kind umgehen können.

Im weiteren Verlauf waren es andere Entwicklungsthemen, die sich in einer kondensierten Inszenierung mit einem emotionalen Ausbruch kundtaten, weil es bei einzelnen Müttern eine Resonanz auf das kindliche Verhalten gab. Das folgende Beispiel bezieht sich auf das Thema eines dualen Machtkampfes.

Aus der 21. Sitzung

L. und J. fochten in den letzten Sitzungen einen Machtkampf aus und machen nun den Versuch, sich zu versöhnen. Es ist nur noch eine dritte Mutter anwesend, A., und zwei Kinder sind da, Aline und Laura. Aline, die erkundungsfreudig ist, verlässt ihre Mutter, worauf Laura deren Nähe sucht und sich von ihr auf den Arm nehmen lässt. Das erträgt Aline nicht und kommt protestierend zurück. Als Laura zu ihrer Mutter zurückgeht, folgt Aline ihr, und beide landen auf L.s Schoss. Teilen wollte Aline offensichtlich nicht, quengelnd geht sie zu ihrer Mutter und lässt sich von ihr hochnehmen. Hier hat sie ihren unangefochtenen Platz. Dass dieser Anspruch bedroht ist, wird sichtbar, als sie A. etwas später wieder runterlässt. Aline beginnt sofort zu schreien. A. nimmt sie mit einer ironisch-demonstrativen Geste und einem Blick wieder auf, der bedeutet: »Seht, wie es funktioniert.« Aline stoppt ihr Geschrei so schnell, wie sie damit begonnen hat. Die Geste der Mutter deckt den Machtkampf ihrer Tochter auf. J. und L., die mit dem gleichen Kampf beschäftigt sind, lachen befreit. Für sie wirkt A.s wortlose Mitteilung wie eine Deutung.

5.3.3. Polarisierungsprozesse in der postpartalen Adaptation

Im Verlauf des Therapieprozesses kam es in Bezug auf zwei Themen zu einer Polarisierung, wobei es jeweils um zentrale Themen der postpartalen Entwicklung ging. Mit dem Begriff der Polarisierung wird im Rahmen des gruppendynamischen Konzeptes die Tatsache gefasst, dass verschiedene Mitglieder je eine Komponente einer komplexen Reaktion auf einen beunruhigenden Sachverhalt hin zum Ausdruck bringen, die zusammengenommen zu einer ausgewogenen Stellungnahme gehören würden. Einzelne Personen lassen sich im Rahmen der Gruppe als Repräsentanten eines Aspektes einsetzen und haben die Tendenz, als Gegenspieler des Repräsentanten eines anderen Aspektes ins Extrem zu verfallen (Foulkes, 1964). Es entstehen so sich ausschließende Pole. Bei der näheren Untersuchung wurde klar, dass Polarisierungen sich aus den typischen Ambivalenzen, die den mütterlichen Veränderungen dieser Lebensphase innewohnen, speisen. Wenn die Widersprüchlichkeit der ambivalenten Gefühlssituation nicht auszuhalten ist, gibt es eine Aufspaltung und die Neigung zur Projektion. Projektionsfiguren für die Tendenz in die eine oder andere Richtung werden Mütter, bei denen es ein entsprechendes Entgegenkommen gibt. Für bestimmte Projektionen bieten sich die Positionen der Leiterinnen an.

Solche Projektionen mit Polarisierungen können und sollen nicht unter-

drückt werden. Da sie aber das Weiterbestehen der Gruppe gefährden können, müssen sie frühzeitig erkannt und bearbeitet werden, um sie einzudäm-
men. Eine Reduktion der Spannung unter den Gruppenmitgliedern kann unter
Umständen dadurch erreicht werden, dass eine Leiterin vorübergehend eine
Projektion auf sich zieht. In jedem Fall muss ein Weg gefunden werden, um
die Ausschließlichkeit der polaren Positionen durch ausgewogenere Stellungnahmen aus dem Kreis der Gruppenteilnehmerinnen zu relativieren. Indem die Gruppenmitglieder wieder zueinander finden, zeigen sie auch, dass
es ihnen gelingt, den entgegengesetzten Seiten ihrer Ambivalenz die Schärfe
zu nehmen und diese zu integrieren.

Gewähren lassen versus Anforderungen stellen
Eine Polarisierung bahnt sich schon in der ersten Sitzung an, in der die Gruppe die beiden Leiterinnen in einen Gegensatz zueinander bringt – wie in einer
Bemerkung in den Supervisionsnotizen über diese Sitzung festgehalten ist.
Das äußert sich unter anderem darin, dass die Leiterinnen je verschiedene
Gesprächsabschnitte oder Szenen als bedeutsam angesehen und aufgezeichnet haben. Die Spannung und eine gewisse Zunahme der Polarisierung bleiben bis zur vierten Sitzung unterschwellig, bis eine Teilnehmerin unvermittelt beide Gruppenleiterinnen heftig kritisiert. Sie wirft FP vor, dass sie zu
sehr analytisch-zurückhaltend sei, und CZ, dass sie zu selbstgewiss wisse,
was zu tun sei (s. auch Vignette unter 5.1.2.). In der folgenden Sitzung wird
klar, dass sich die Gruppe von beiden Leiterinnen einerseits mehr aktiven
Beistand und andererseits mehr Strukturierung wünscht. Die Spannung hat sich
damit zunächst zurückgebildet, aber die Zuordnung der Leiterinnen in zwei
unterschiedliche Rollen – die gewährend-verständnisvolle auf der einen Seite
und die streng-fordernde auf der anderen Seite – wird deutlicher. Sie lehnt
sich an die genau wahrgenommenen, tatsächlichen Unterschiede, die durch
den beruflichen Hintergrund als Mütterberaterin und Psychotherapeutin bedingt sind. In den weiteren Sitzungen häufen sich kleine Vorfälle, in denen
die »strenge« Mütterberaterin ungnädig für ihre Äußerungen zur Rede gestellt wird, während die Psychotherapeutin verschont bleibt. Die Spannung
erreicht den Höhepunkt in der achten Sitzung, löst sich dann aber auch, als
erkennbar wird, dass die Mütter mit demselben Thema der Ambivalenz von
Gewähren und Fordern ihren Kindern gegenüber zu kämpfen haben, was
durch die Leiterinnen personifiziert zu sein schien.

Aus der achten Sitzung
Ein wichtiges Gesprächsthema in dieser Sitzung ist die Abgrenzung gegenüber dem Kind und die Frage, inwiefern die Mütter sich dafür bei
anderen Rat holen sollen. E. greift die allgemein vertretene Meinung

auf, dass es besser sei, wenn die Kinder alleine im Bett schlafen würden. Sie hat sich sehr intensiv mit dieser Frage beschäftigt und ist zu dem Schluss gekommen, dass man das weinende Kind nachts zu sich holen solle, wenn man es vermögen würde. Nur wenn sie sehr erschöpft ist, schafft sie das nicht und lässt es weinen. E. begründet ihre Haltung mit der eigenen Kindheitserfahrung. Ihre Mutter ging bald nach der Geburt wieder arbeiten und gab ihr zu wenig Zuwendung. T. vertritt, dass Ratschläge sehr hilfreich sein können. Sie erzählt, dass Till kürzlich krank und sie selbst überfordert gewesen sei; in solchen Situationen brauche sie Rat und die Bestätigung, dass sie es nicht falsch mache. J. sagt dazu, dass sie aufgrund langer Erfahrung der Meinung sei, man könne nicht immer dem eigenen Gefühl (dem Drang, sich dem Kind zuzuwenden) trauen. Ihr dreijähriger Sohn habe trotz ihrer gewährenden Haltung immer noch eine schwere Schlafstörung, und sie sei gerade daran, mit Hilfe der Mütterberaterin ein Programm durchzuführen, das ihn dazu bringen soll, im eigenen Bett zu schlafen. Das findet sie jetzt richtig, da die ganze Familie zu sehr unter ihrer Erschöpfung leide. Mit dem zweiten Kind hat sie es von Anfang an anders angepackt, sie kam ihm weniger entgegen. Auch J. vermutet, dass sie wie E. wegen ihrer Kindheitserfahrungen – auch sie hatte eine »Rabenmutter« – so gehandelt habe. Die Stimmung unter den Frauen ist gelöster geworden.

Für die Leiterinnen, die bis dahin zunehmend in die Spannung der Polarisierung gekommen waren, wird hier der Hintergrund dafür bei den Müttern selbst sichtbar. E., T. und J. haben alle ihren inneren Konflikt angesprochen: Einerseits streben sie danach, sich den Bedürfnissen des Kindes anzupassen und der gefühlsmäßigen Identifikation mit dem Kind nachzugeben, andererseits finden sie es klüger, die eigenen Bedürfnisse gegenüber denjenigen des Kindes abzuwägen und sich nicht nur nach dem Gefühl, sondern auch nach übergeordneten Überlegungen zu richten.

Die Spannung unter den Leiterinnen wurde erträglicher und flexibler, weil fortan reale Anteile (die unterschiedliche Ausbildung, der persönliche Stil) und von der Gruppe auf die Leiterinnen projizierte Anteile unterschieden werden konnten. Im weiteren Verlauf wurde die Polarisierungstendenz wiederholt wahrgenommen, konnte aber schneller verstanden und zu Situationen der Mütter mit den Kindern in Beziehung gesetzt werden.

Aufopferung versus Schuldzuweisung
Eine zweite Polarisierung in der Projektgruppe entstand zwischen zwei Teilnehmerinnen und betraf ebenfalls eine mit dem Abgrenzungsprozess gegen-

über dem Baby verwickelte Thematik. Diese Polarisierung kündigte sich ebenfalls früh an und wurde bald von den beiden Beteiligten hinterfragt. Sie stellten mit Verwunderung fest, dass sich die meisten Streitigkeiten unter ihnen beiden zuspitzten, und fragten sich, ob sie aus Gründen des Charakters unverträglich waren oder ob sie einfach die Mutigsten bezüglich der in der Gruppe anstehenden Auseinandersetzungen waren. In diesem Fall wurde man mit der individuellen psychodynamischen Grundlage der sozialen Inszenierung konfrontiert. Die Interventionsstrategie der Leiterinnen beim wiederholten Aufflammen dieses Konfliktes bestand anfänglich darin, die unvereinbaren Gegensätze, die die beiden Kontrahentinnen stellvertretend für die ganze Gruppe zum Ausdruck brachten, aufzuzeigen und zu versuchen, eine Verarbeitung in der Gruppe anzuregen. Das genügte aber nicht; es entstand jeweils nur eine vorübergehende Beruhigung, die nicht lange anhielt. Es bestand die Gefahr der Scheinlösung und für die beiden meistbetroffenen Mütter die der Resignation und Entmutigung. Therapeutisch war es an diesem Punkt wichtig, die Resignation anzusprechen. Auf diese Weise wurde eine weitergehende Öffnung möglich, und die betroffenen Frauen konnten über ihre persönlichen Verletzungen sprechen. Erst mit der Anerkennung der Leidenserfahrung löste sich die grundlegende Spannung.

Inhaltlich ging es um die komplexe Thematik der Schuld, die daraus erwächst, dass die Mutter das Gefühl hat, der Aufgabe der Babybetreuung nicht zu genügen. Um mit dieser Schuld fertig zu werden, entsteht einerseits die Neigung, die Schuld von sich weg auf andere zu schieben, anderseits wird versucht, die Schuld durch Wiedergutmachung zu tilgen. Diese beiden Tendenzen geraten im Alltag der Mütter und in den Auseinandersetzungen in der Müttergruppe in folgender Weise in einen Gegensatz: Auf der einen Seite stehen Passivität und Klagen, auf der anderen Seite ständige aktive Versuche, alle Probleme zu lösen. Ein weiterer Gegensatz liegt darin, Ungezwungenheit im Gespräch und Selbstöffnung herausfordernd gegen die betonte Selbstkontrolle zu verteidigen und vice versa. Ungezwungenheit wird wegen der Spontaneität, die den Austausch prägt, geschätzt, aber sie kann leicht zu der Tendenz führen, eigene Probleme anderen Anwesenden anzulasten. Bei der übermäßigen Selbstkontrolle wird hingegen beklagt, dass die anderen zu sehr auf Distanz gehalten werden; dies geht aber mit der Fähigkeit einher, etwas bei sich auszuhalten und für die eigenen Angelegenheiten verantwortlich zu sein. J. und L. verkörperten von Anfang an zwei verschiedene Arten, die Mutterrolle wahrzunehmen – sowohl innerhalb der Familie wie auch in der Projektgruppe. J. – zu Beginn der Gruppen eine bereits erfahrene Mutter von zwei Kindern – neigte dazu, sich weitgehend den Kindern zu widmen und ihnen sehr entgegenzukommen, für das harmonische Zusammensein besorgt zu sein und sich selbst zurückzunehmen. L. – eine junge Mutter kurz nach einer traumatischen Geburtserfahrung – neigte dazu, ihre Unzufriedenheit, die sie in allen ihren Beziehungen erlebte, auszubreiten und im Allgemeinen spontan ihre Gefühle zu zeigen, obwohl es ihr nicht immer gelang, die Folgen dieser Haltung zu handhaben. Ihr Kind konnte sie gut anderen anvertrauen, in dem Wissen, dass sie in ihrer Erschöpfung nicht immer gut verfügbar war. In der folgenden Episode zeigt sich, wie das Aufgreifen der Resignation durch die Leiterin die ungelöste Spannung zwischen J. und L. wieder auf den Tisch brachte. In dem Verarbeitungsschritt, der daraufhin geleistet wurde, wird sichtbar, dass die Polarisierung auch durch Spannungen, die in der Müttergruppe liegen, aufgeladen ist.

Aus der zehnten Sitzung

An dem etwas schleppenden Gespräch über verschiedene Vorfälle beteiligt sich J. in der ersten Hälfte dieser Sitzung kaum. Sie fällt den Leiterinnen auf, weil sie blass und missmutig aussieht und unnötigerweise ihr Kind streichelt oder küsst. FP spricht sie auf ihre Stimmung an. J. bringt ihre große Resignation vor: Es gebe zu viele und zu verschiedene Probleme in dieser Gruppe. Einige Frauen sehen die Probleme eher draußen, einige bei sich selbst. Für jedes dieser Probleme bräuchte es Zeit für Reifung. FP verbalisiert, dass sie im Moment keine Hoffnung in der Gruppenarbeit sehe und dass sie vielleicht sogar in Bezug auf das, was sie sich von der Gruppe erhofft hatte, enttäuscht sei. J. wird jetzt präziser: Sie wendet sich an L. und zeigt auf, wie diese die immer gleichen Probleme mit ihrem Partner oder mit der Schwiegermutter beklage und anscheinend nicht gewillt sei, etwas zu verändern. Sie mag gar nicht mehr bei Problemlösungen mitdenken, da es doch nichts nütze. U. und E. wehren sich gegen die pauschale Abwertung der ganzen Gruppe. Es sei vermessen zu glauben, dass die Gruppe Probleme eines Einzelnen lösen könnte, sie könne nur Anregungen geben. E. nennt Beispiele, wie sie davon profitieren konnte. T. tritt sehr dezidiert, wie schon bei einer früheren Gelegenheit, an die Seite von L.: Auch sie habe in den ersten drei Monaten nach Tills Geburt alles fahren lassen und habe Verständnis für L. In diesem Zustand nehme man sich etwas vor und schaffe es doch nicht, es umzusetzen. Man hoffe, alles renke sich von selber ein, aber das passiere nicht von alleine. Man müsse aktiv werden. Für sie war es hilfreich, dass sie mit ihrem Partner feste Abmachungen traf. Mehr Organisation brachte Entlastung. Einige Frauen beteiligen sich an dem Austausch über Fragen der Organisation, auch in dem Sinne, dass nicht alles bezüglich der Kinder organisierbar sei. Trotz der vielen Voten aus der Gruppe bleibt J. bei ihrem Zweifel, ob sie in der Gruppe weiterkommen könne.

Die Spannung zwischen J. und L. löst sich im Laufe der nächsten Sitzungen auf. J. erkennt, dass sie zu sehr von der Unsicherheit beeinflusst war, ob die Gruppe nach dem ersten halben Jahr weiter bestehen würde. Die Klärung der längerfristigen Perspektive, die die Leiterinnen in der nachfolgenden Sitzung vorgenommen haben, hat ihr wieder Zuversicht gegeben, dass sie genügend Zeit für ihre Weiterentwicklung hat.

In dieser Kontroverse beziehen sich die Positionen darauf, »selbst etwas zu tun« im Gegensatz zu »alles von den anderen zu erwarten«. Es handelt es sich hier um Anliegen, die alle Mütter anregen und bei denen sie eigene widerstreitende Bedürfnisse erkennen.

Doch die Anfälligkeit von J. und L. für die unkontrollierte Rollenübernahme ist noch nicht überwunden. Ein letztes Mal kommt die Polarisierung so heftig zum Ausdruck, dass es die Gruppe fast sprengt; die am Streit beteiligten Mütter verstreuen sich in den Nebenräumen und lassen sich nur knapp dazu bewegen, zum gemeinsamen Kreis zurückzukommen. Mit Einzelbesprechungen vor der folgenden Sitzung und weiteren Gesprächen in der Gruppe werden verschiedene Anteile des Konflikts bearbeitet. Die Gruppe erweist sich als sehr tragfähig. Mit diesem gestärkten Vertrauen wird es für J. und L. möglich, sich über die persönlichen Hintergründe ihrer Reaktionsneigungen auszutauschen, was eine wirkliche Annäherung bewirkt und gegenseitigen Respekt hervorruft.

Aus der 19. und den folgenden Sitzungen
Nach dem Austritt einer Teilnehmerin, T., und kurz vor einer längeren Sommerpause ist eine Verunsicherung bezüglich des Weiterbestehens der Gruppe spürbar. Einige Voten drücken diese Sorge indirekt und doch deutlich aus. J. fragt die Leiterinnen eindringlich, was sie vom Gang der Gruppe hielten. E. spürt die Verunsicherung und beteuert, sie wolle unbedingt weitermachen, die Gruppe war ihr bei der Abgrenzung gegenüber Enzo sehr hilfreich. Andere Mütter nehmen das Thema Abgrenzung anhand des Umgangs mit kindlichen Schlafstörungen auf – dem großen Problem von J., die aber still bleibt. M., die sehr angeschlagen und abwesend ist, sagt nebenbei und für die anderen unpassend: »Wenn man das will, dann wird es schon gehen.« J. schießt aufgeregt drein und greift M. an: »Du hast gar nicht zugehört! Was soll das mit dem Wollen? Wenn dem so wäre, müssten wir gar nicht darüber diskutieren.« M. zuckt zusammen und bald bricht sie in Tränen aus. Alle stützen M.: Sie hätten ihre Bemerkung nicht so empfunden. A. kommentiert, dass J. auf ein Reizwort hin so heftig reagiere. J. will dem aber nicht nachgehen; sie habe hier einen »Stempel«, das führe nirgends hin.

Welchen Stempel? L. hat begriffen: J.s Reaktion hätte eher mit ihr zu tun als mit M.s Bemerkung. Sie fügt mit Gegenaggression hinzu: »Du hast es leicht zu sagen, man solle zuhören; du bist die Einzige ohne Kind hier. Warum kommst du eigentlich immer ohne Kind?« Der Streit wird jetzt wieder zwischen J. und L. ausgetragen, beiden treten sich schnell zu nahe. L. steht auf, will sich solche Lektionen nicht bieten lassen und geht weg, gefolgt von CZ. M. fühlt sich an allem schuldig und geht weinend weg, gefolgt von einer Mutter. Auch J. geht weg. In der restlichen Zeit dieser Sitzung wird vor allem M. gestützt, damit sie sich nicht übermäßig Schuld auflade.

In der Sitzung nach den Ferien (der 20.) ist L. nicht dabei. J. eröffnet das Gespräch: Sie erzählt vom Geschehen in ihrer Nachbarschaft, von ihrer Mitwirkung und fragt sich, warum sie immer wieder in die Situation komme, dass sie an sie gerichtete Erwartungen spüre, für andere die Initiative ergreife, Hoffnung schöpfe und dann, wenn diese scheiterten, maßlos enttäuscht sei. Sie beginnt zu begreifen, dass sie immer wieder eine ihr bekannte, unerwünschte Rolle übernimmt. Die Gruppe findet in ihrem Gespräch allzu deutliche Worte dafür: Opfer, Winkelried,[41] Hexe. Einige bemerken, dass es gut wäre, wenn man gegenüber Personen, die nicht verlässlich sind oder einem nicht entsprechen, etwas Distanz wahren könne. J. stellt fest, dass sie dies nicht kann, sie müsse mit allen freundlich sein, sie werde hineingezogen. Ob es den anderen nicht auch gelegentlich so gehe mit der Folge, dass sie sich danach über Einzelne in der Gruppe aufregen müssten. Nun wird dies konkret anhand störender Eigenschaften von L. geklärt, wie ihres Pessimismus, ihrer aufgesetzten Ironie, ihrer fehlenden Kontinuität. Die meisten Mütter kennen L. so und können sie so annehmen. A. bemerkt, dass allenfalls emotionale Ausbrüche weiter bringen könnten, wie sie es in solchen Situationen mit ihrem Mann erlebe. J. hingegen ist L. gegenüber dauernd in Spannung und der festen Meinung, dass Aggressionsausbrüche nur destruktiv sein können.

Die Bearbeitung dieser Problematik geht in den folgenden Sitzungen weiter. An der 21. Sitzung sind J., L. und A. anwesend. Den Einstieg bietet die Reflexion über aufgezwungene Rollen. L. erzählt, dass sie in ihrer Jugend der »Blitzableiter« für ihre Mutter gewesen sei, darum sei sie heute darauf bedacht, niemand an sich herankommen zu lassen. Bei-

---

[41] Held der Schweizer Militärgeschichte. Winkelried warf sich in einer Schlacht zwischen Eidgenossen und Habsburgern in die Lanzen des gegnerischen Heers und eröffnete so den Mitstreitern eine Bresche, die siegesbestimmend war. Im Volksmund gibt es auch die Version, dass Winkelried von seinen Genossen in die Lanzen gestoßen wurde. Symbol also für Selbstopferung wie für Opfer wider Willen.

de Frauen, L. und J., stellen fest, dass ihre Rolle in der Gruppe frühere Erfahrungen in Erinnerung rufe, und sie legen ihre belastete Vorgeschichte offen, mit viel Emotionen und Tränen. In der 22. Sitzung geht es darum, die Frauen, die nicht dabei waren, über die Veränderung, die durch das offene Gespräch entstanden ist und für alle spürbar ist, zu informieren. L. erzählt auf gute Art, wie die gegenseitige Verständigung zu Stande kam, ohne allzu Persönliches zu wiederholen. »J. und ich, wir hatten offenbar beide große Probleme mit unseren Müttern.«

Das Ergebnis dieser Bearbeitungsphase war, dass das Gewicht, das durch die frühen Leidenserfahrungen auf diesen Müttern lastete, anerkannt wurde und damit die Hoffnung entstand, dass diese nicht in ihre Mutterschaft zurückkehren würden. Das war befreiend.

5.4. Bedeutende Gruppenthemen und individuelle Entwicklungen

Die Wahl des Gesprächsthemas war frei, die Teilnehmerinnen konnten ihrem Interesse nachgehen, soweit die Gruppensituation es ihnen ermöglichte. Was bedrückt Mütter in der postpartalen Krise und was bringen sie in der Auseinandersetzung mit anderen Frauen in der gleichen Lebenssituation zur Sprache? Was sind die gemeinsamen Anliegen? In der Mutter-Kind-Gruppe konnten drei große Themen herausgearbeitet werden, die eine besondere Bedeutung für die Verarbeitung der postpartalen Mutterschaftsentwicklung haben. Weitere Gesprächspunkte erschienen in Verbindung mit diesen Hauptthemen und werden ihnen hier untergeordnet. Bei den Hauptthemen handelt es sich um:
– die Problematik von Abhängigkeit und Abgrenzung (5.4.1.),
– den Umgang mit Aggression (5.4.2.),
– die Identitätsentwicklung (5.4.3.).

Die ersten beiden Problemkreise wurden von Beginn an angesprochen. Sie sind eng miteinander verflochten, sind bedrängend für die Mütter und erfordern dringend eine Lösung. Fragen zur Identität tauchten erst später auf, sie hatten die Bearbeitung der ersten Themenkomplexe zur Voraussetzung und entfalteten sich mit einer ruhigeren Dynamik.

Hier sollen die therapeutischen Entwicklungsprozesse über den ganzen Gruppenverlauf in den Blick gerückt werden. Dabei wir untersucht, was aus den in den diagnostischen Anfangsgesprächen beklagten Problemen geworden ist, ob und wie diese in der Gruppe behandelt wurden. Die Klagen bezogen sich im Wesentlichen auf zwei Krisenmomente, auf Schwierigkeiten der Mütter mit der Abhängigkeitsproblematik und auf die Labilisierung ihrer psychischen Struktur. Ersteres war im Verlauf der Gruppenarbeit ein zentrales Thema, Letzteres – der Prozess einer zunehmenden psychischen Stabilisierung – tauchte als Bedingung der Identitätsentwicklung auf. In den entsprechenden Kapiteln (5.4.1. und 5.4.3.) wird dieser Zusammenhang unter Bezugnahme auf die Befunde der Anfangsdiagnostik dargestellt.

Die Behandlung der Identitätsproblematik vonseiten der Mütter lenkte die Aufmerksamkeit immer wieder auf die Individualität der Entwicklungen bei den Kindern. Die szenischen Beobachtungen dazu sind als frühe Persönlichkeitsentwicklung der Babys und Kleinkinder im Gruppenkontext dargestellt (5.4.4.). Zuletzt werden einige Erörterungen zum Verhältnis zwischen Individuum und Gruppe angefügt, die in der Behandlung jedes der genannten Themen eine wichtige Rolle spielten (5.4.5.).

5.4.1. Abhängigkeit und Abgrenzung

Der Abhängigkeit-Autonomie-Konflikt wurde bereits in der Anfangsdiagnostik als der zentrale Konflikt bei allen Gruppenteilnehmerinnen aufgespürt. Seine Auswirkungen waren in der Gestaltung der meisten Beziehungen dieser Mütter festzustellen, die durch zu große Nähe oder defensive Distanzierung gekennzeichnet waren.

Abhängigkeit wird von der ersten Sitzung an in der Gruppe thematisiert, und zwar als Erfahrung im Zusammenhang mit dem Geburtserlebnis. Die Schilderungen nehmen einen großen Raum ein. Besonders emotionsgeladen ist die derjenigen Mutter, für die die Geburt traumatisch verlaufen war. Sie beklagt sich bitter über Ärzte, Hebammen und andere Helfer, denen sie sich ausgeliefert fühlte. Auch andere Mütter fühlten sich Übergriffen ausgesetzt; das schloss nicht aus, dass dieselben Mütter auch über erfahrene Hilfe berichteten.

In der zweiten und vor allem in der dritten Sitzung kommt Abhängigkeit in Bezug auf die Beziehung zum Partner zur Sprache. Die Frauen klagen darüber, wie die Aufgabe der Babybetreuung sie in verschiedenen neuen Formen und Einzelheiten vom Partner abhängig mache. Es wird die finanzielle Abhängigkeit erwähnt, aber die emotionale mache noch mehr zu schaffen. Einer Mutter ist dies durch den Zusammenbruch bewusst geworden, den sie kürzlich erlitten hatte, nur weil der Mann – anders als üblich – an einem Samstag nicht zu Hause sein konnte. In späteren Sitzungen machen sich die Frauen

Gedanken darüber, ob ihre Erschöpfung die Männer zu sehr belaste. Einerseits haben sie Angst, dass auch die Partner bald erschöpft sein könnten und die Mütter dann weniger Unterstützung von ihnen zu erwarten hätten. Anderseits kommt die Wut auf, dass die Väter weniger in der Pflicht sind, die Babybetreuung zu übernehmen, und es sich eher leisten können, erschöpft zu sein. Einige Frauen überlegen, ob ihr gegenwärtiges Desinteresse an der Sexualität dazu führen könnte, dass sich die Männer entfernen. Auch hier kommt zum Teil Angst auf, er könnte fremdgehen, zum Teil Wut, dass sie in diesem Fall wegen des Babys nicht gleich davonlaufen könnten. Nur eine Frau versucht, die Abhängigkeit vom Partner zu vermeiden: Sie hat schon während der Schwangerschaft die Erwartungen an ihn aufgegeben und sich entschlossen, alles selbst zu machen. Sie ist nun extrem erschöpft, was dazu geführt hat, dass sie andere Personen braucht, die ihr zur Seite stehen.

Die Abhängigkeit vom Baby charakterisiert in stärkstem Maße die frühe Mutterschaft. Es ist deutlich geworden, dass die Mütter für ihre Erfahrungen in diesem schwierigen Feld erst eine Sprache suchen müssen. Sehr feinfühlig gehen sie den unbefriedigenden oder belastenden Interaktionen im Umgang mit ihrem Kind nach. Oft geht das von aktuellen Inszenierungen aus. Eine Frau klagt darüber, dass sie unter dem Zwang stehe, sich mit dem Kind im Arm immer hin- und herzuwiegen. Sie fühlt sich – wenn sie es merkt – wie eine mechanische Pendeluhr. Sie weiß, dass dieses Wiegen nicht viel hilft, findet aber unter dem Druck, das Baby so schnell wie möglich zu besänftigen, keine andere Lösung. Eine andere Frau beschreibt, dass sie immer nachts zum Kind gehen muss, da ihr seine Not und Unbeholfenheit unerträglich ist. Sie sieht selbst, dass diese Wahrnehmung nicht immer der Realität entspricht und dass ihre Handlung manchmal kontraproduktiv ist. Die Mütter scheinen in dieser Lebensphase, wenn sie den Spielraum dafür erhalten, auf eindrucksvolle Weise für die Wahrnehmung dieser interaktiven, averbalen Kommunikationskreisläufe sensibilisiert – bei denen es um die schmerzhafte Feststellung geht, dass sie selbst in einer gestörten Interaktion gefangen sind.

Im Verlauf der Gruppe wurde die Abhängigkeitsthematik auf verschiedenen Ebenen abgehandelt. Rückblickend kann man feststellen, dass sie zuerst in Inszenierungen und im Agieren zum Ausdruck kam. Auf dieser Ebene könnte der Konflikt als *Schwächung der Grenzen* bezeichnet werden, und zwar der persönlichen und derjenigen der Gruppe. Wenn sich die eigenen Grenzen auflösen, entsteht bei der Mutter das Bedürfnis, gehalten zu werden, und erzeugt bei den Bezugspersonen den Impuls, sie zu halten *(»containment«)*. Schon in der ersten Sitzung wird diese Dynamik deutlich.

L. schildert ihre schweren Ohnmachtsgefühle bei der Geburt, die immer noch nachhallen. Sie erzählt von ihrer Suche nach Halt und von den vielen Enttäuschungen, die sie dabei erlebte. Als sie in ihren Beschuldigungen das Maß zu verlieren droht, beginnen einige Teilnehmerinnen, ihre eigenen Erfahrungen dagegenzusetzen, um die Kritik von L. »an aller Welt«, mit der sie nichts mehr gelten lässt, zu relativieren und einzugrenzen.

In der geschilderten Szene stehen sich der Wunsch, sich in der Gruppe mitzuteilen, und die Gefahr, sich zu verlieren und zu viel Halt zu erwarten, gegenüber. Dieses Spannungsfeld, in dem sich der individuelle Konflikt zwischen Abhängigkeits- und Autonomiewünschen auf der Gruppenebene inszeniert, wird die ganze Therapie hindurch immer wiederkehren und dabei Veränderungen erfahren. Die wuchtige Erstinszenierung ist sozusagen eine Ankündigung, ein Programm – ähnlich wie der erste Traum in einer psychoanalytischen Einzelbehandlung. In dieser Sitzung wirkt die Gruppe als guter »Container« für die Angst, die die Mutter geweckt hat. Bereits in der zweiten Sitzung in einer ähnlichen Szene – die gleiche Mutter äußert noch deutlicher ihre Verzweiflung und bricht in Tränen aus – fühlt sich die Gruppe in dieser Funktion überfordert und beginnt indirekt, mehr Unterstützung durch die Leiterinnen zu verlangen. In schwierigen Situationen wird die Containing-Funktion den Leiterinnen übertragen. Episoden, in denen von einzelnen Teilnehmerinnen viel persönliche Not in die Gruppe hineingebracht und damit Angst geweckt wurde, kamen mehrmals vor und verlangten ein dezidiertes psychiatrisches Management, zum Beispiel die Anleitung für das Vorgehen in den nächsten Tagen oder das Organisieren einer Anlaufstelle für die betroffene Mutter.

Die Auflösung von Grenzen äußert sich auch als Erosion des Settings. Zum Beispiel wurde es in bestimmten Phasen sehr schwierig, einen klaren Beginn und ein klares Ende der Sitzung einzuhalten. In anderen Fällen kamen Frauen zu spät und bürdeten der Gruppe einen zweiten, dritten Start auf. Oder aber der Abschluss der Sitzung verdünnte sich in langen Aufbruchsvorbereitungen mit den Kindern, in Abschiedszeremonien und dergleichen. Die Einhaltung des therapeutischen Rahmens wurde zu einem Anliegen, mit dem die Leiterinnen ihren Strukturierungswillen immer wieder zur Geltung brachten.

Auf diese Leistung der Leiterinnen musste die Gruppe aber immer weniger zurückgreifen. Stattdessen kamen die Spannungen, die aus dem Konflikt Abhängigkeit/Autonomie resultierten, immer mehr auf der Ebene der Beziehungen unter den Müttern oder bei den einzelnen Müttern zum Ausdruck. Beispiele für diese Entwicklung wurden anhand der Polarisierungsprozesse unter den Teilnehmerinnen dargestellt (s. unter 5.3.3., 2. Beispiel). Eine sozial fassbare Form dieses Konfliktes war *Sich-gehen-Lassen versus Selbstkontrolle*. Die damit einhergehende Haltung gegenüber Mitmenschen kann beschrieben werden als *Etwas-von-den-anderen-Erwarten oder Selbst-etwas-Tun*. In diesem Zusammenhang wurde eingehend diskutiert, wie sich die Mütter selbst äußere Strukturen geben (Abmachungen, Organisation) und schließlich auch zu inneren Strukturen zurückfinden können. In der Fortsetzung dieser Diskussion wurde die eigene Entgrenzung und der Wunsch nach Struktur mit dem Bild des »Sumpfes« dargestellt (18. Sitzung unter 5.1.3.), wobei klar wurde, dass der Entgrenzungsprozess auch fundamentale Aspekte der Person wie den der Zeitstruktur und des Gefühls der eigenen Wirksamkeit angreift. In dieser Verfassung braucht die Mutter sowohl Verständnis als auch die Konfrontation mit angemessenen Forderungen von außen, um wieder Halt zu finden.

Die wichtigste und schwierigste Aufgabe der Mütter im Bereich von Abhängigkeit und Autonomie bestand darin, eine sichere *Abgrenzung gegenüber dem Kind* zu erreichen. Zentral ist dafür die Auseinandersetzung um das Abstillen. Das Thema Abstillen wurde in der 16. Sitzung ausführlich behandelt.

Die Gruppe ist relativ unruhig, die Mütter finden kein gemeinsames Gesprächsthema. FP gibt zu bedenken, dass möglicherweise Unzufriedenheit besteht, weil viele Probleme doch chronisch seien und nicht leicht zu lösen. E. läuft schon lange auf und ab und versucht vergeblich, den schreienden Enzo zu beruhigen. Sie bekennt, dass sie in der Tat immer noch mit dem Abstillproblem beschäftigt sei. Kürzlich sei sie auf einer alternativen Gesundheitsmesse auf den Ausstellungsstand eines Stillfördervereins gestoßen und habe sich beraten lassen. Die Beraterin sei der Meinung gewesen, dass, solange das Kind noch gerne an der Brust trinke und die Mutter es ertrage, kein Grund gegeben sei, damit aufzuhören. In Bezug aufs Schlafen habe ihr diese Beraterin gesagt, dass viele Frauen ihr drei- oder gar fünfjähriges Kind bei den beruflich bedingten Abwesenheiten des Vaters wieder ins eigene Bett nehmen würden, ohne dass sie Schaden davon trügen. Die anderen Mütter reagieren belustigt und erstaunt. J. kommentiert, dass diese Meinung E. in der Abstillproblematik doch auch nicht helfen würde. E. reagiert aufgeregt: Doch, sie habe entschieden weiterzustillen, solange sie das eben vermöge. Enzo schreit weiter. Dazu E.: Wenn sie ihn jetzt stillen würde, würde er gleich einschlafen. Verschiedene Mütter ermutigen E. jetzt, ihn hier zu stillen, wenn sie es richtig finde. Und so stillt sie den bald einjährigen Buben. Augenblicklich herrscht Ruhe und Andacht im Raum. Das ist so eindrücklich, dass sich eine Mutter fragt, warum jetzt alle anderen Kinder auch ruhig geworden sind.

Das Gespräch geht angeregt weiter. E. hatte angedeutet, dass sie den Eindruck habe, dass es sich hier nicht gezieme, ein großes Kind zu stillen. Daraufhin wird vor allem den Leiterinnen vorgeworfen, dass sie zu sehr für Abgrenzung und Strukturierung einstehen würden. Da ist etwas dran: Diese Haltung wurde ihnen bei verschiedenen Gelegenheiten nahe gelegt, und die Leiterinnen hatten dem entsprochen. Aber nun scheinen die Mütter in einer neuen Phase zu sein, in der sie sich sicherer fühlen und sich nicht mehr vor der eigenen Regressionstendenz fürchten. Sie verlangen, selbst darüber entscheiden zu können, wie weit sie ihrem Kind entgegenkommen. Mehrmals sagen sie, wie wichtig es ist, dass man das tut, was man selbst für richtig hält, auch wenn es nicht der Meinung der Gruppe entspreche. E. erwähnt, dass die Schwierigkeit manchmal in ihrer eigenen Ambivalenz liege.

In der nächsten Sitzung berichtet E., dass sie entschiedener die Trennungsproblematik mit ihrer älteren Tochter, die in die Spielgruppe gehen sollte, anpacken kann. Über das Vorgehen hat sie lange mit ihrem Mann diskutiert, und sie erwartet, dass er bei ihren Bemühungen mitmacht. Das Abstillen von Enzo wird nicht mehr direkt angesprochen; die Gruppe erfährt später, dass es nach den Sommerferien – drei Monate nach der geschilderten Szene – so weit war.

Die in diesem Beispiel gefundene Lösung zeigt, dass es für eine Mutter wichtig sein kann, eine eigene, für sie gültige Position innerhalb den vielen denkbaren Möglichkeiten zu finden. E. setzte ihre Meinung gegen die vorherrschende Gruppenauffassung durch und gewann dafür die Unterstützung weiterer Gruppenteilnehmerinnen. Nicht das Abstillen stand in dem Moment im Zentrum, sondern die Gewissheit, das für sie Richtige zu tun. Sie war damit eine Mutter, die stark genug geworden war, für die positiven Seiten vorübergehender Regression zu plädieren und sie ohne Angst vorzuleben. Regression bedeutet hier, dass die Mutter sich der identifikatorischen Bewegung mit dem Kind hingibt, und das ist gut, solange sie auch noch weiß, dass sie Mutter und erwachsene Frau ist. Die Grenze, die aufrechterhalten werden soll, ist die Generationengrenze, und es ist zu vermuten, dass die ständige Präsenz der zwei Kollektive in der Gruppe – das der Mütter und das der Kinder – zur Stärkung der inneren Repräsentation der Generationengrenze beigetragen hat. Der bewegliche Umgang mit diesem Grundkonflikt war eine Errungenschaft dieser Gruppe und wurde zu einem wichtigen Bestandteil der Gruppenkultur.

Eine zweite Aufgabe, die denjenigen Gruppenteilnehmerinnen bevorstand, die sich zu sehr von ihrem Partner abhängig fühlten, bestand darin, genügend gegenseitige *Autonomie innerhalb der Partnerschaft* zu gewinnen. Dieser Prozess gehört zur Frage der Rollendifferenzierung in der Elternschaft und wird im Abschnitt über Identitätsentwicklung behandelt (5.4.3.).

5.4.2. Umgang mit Aggression

Obwohl depressive Entwicklungen fast unausweichlich mit vermehrter Wut und Aggression einhergehen, haben nur wenige Mütter solche Affekte schon während der Vorgespräche direkt angesprochen. Umso erstaunlicher ist es, dass diese belastenden und offenbar auch beschämenden Gefühle ganz schnell in der Gruppe zur Sprache kamen. Eine Erklärung dafür ist, dass Mütter, auch wenn sie nur Andeutungen machten, bei den anderen Müttern, die sich in der gleichen Situation befanden, schon auf Verständnis und Toleranz stießen. Zudem verstärkte die Anwesenheit der Kinder und das Gewahrwerden aggressiver Impulse ihnen gegenüber die Dringlichkeit des Problems.

In der ersten Sitzung werden aggressive Gefühle von der Mutter, die eine traumatische Geburt erlebt hatte, vor allem gegen Geburtshelfer und andere Betreuer vorgebracht. Das wird als Reaktion auf die damalige Ohnmacht verstanden, die seinerzeit dazu führte, dass sie alles unvermittelt und ohne die Möglichkeit, selbst zu handeln, über sich ergehen lassen musste. Darin kommt die enge Beziehung zwischen Aggression und der Abhängigkeitsthematik zum Ausdruck, die vor allem am Anfang der Gruppenarbeit regelmäßig vorhanden war. In der zweiten Sitzung wird bereits Wut in Verbindung mit der Abhängigkeit vom Partner geäußert. Die Mütter schildern, wie sich unbemerkt Erwartungen dem Mann gegenüber einstellen und wie enttäuscht sie sind, wenn sie merken, dass diese nicht erfüllt werden. Es kann sich dabei um Nichtigkeiten des Alltags handeln; zum Beispiel kann Wut aufkommen, wenn der Vater später als üblich zum gemeinsamen Nachtessen nach Hause kommt. Auch in Bezug auf die Nähe zum Kind wird gesagt, dass das manchmal schwer zu ertragen ist. Eine Mutter zum Beispiel registriert ihren steigenden Unmut, wenn sie stundenlang das Kind auf dem Arm tragen muss, da es bei jedem Ablegen weint. Am deutlichsten äußert sich dazu diejenige Mutter, die seit langer Zeit von ihrem älteren Sohn und seiner Schlafstörung in Beschlag genommen wird; sie bekommt Angst, sobald sich ihre Wut körperlich bemerkbar macht. Die Anforderungen der postpartalen Anpassung an das Baby und das Bedürfnis nach Unterstützung bei dieser Aufgabe sind wichtige Quellen gesteigerter Aggression bei den Müttern.

Wie werden die Probleme mit der Aggression innerhalb der Gruppe verarbeitet? Auch hier kündigen sich – wie bei der Abhängigkeitsthematik – die Affekte in frühen Inszenierungen an. Erste aggressive Regungen werden gegen eine Mutter spürbar, die während der ersten Sitzung ihre zwei Kinder allzu expansiv und störend gewähren ließ. Sie werden in der folgenden Sitzung geäußert, vielleicht deshalb, weil diese Mutter bereits aus der Gruppe ausgetreten ist. Obgleich die Mütter über ihre aggressiven Gefühle in der Gruppe sprechen, besteht weiterhin unterschwellig eine starke Wut, die sich ausbruchartig in der dramatischen vierten Sitzung gegen die Leiterinnen entlädt (s. unter 5.1.2.). Die Besprechung der Hintergründe zeigt eine bereits komplexe Schichtung dieses Gefühls. Die Beschimpfung der Leiterinnen durch eine Mutter führt dazu, dass diese eingesteht, auch gegen ihren Mann solche Ausfälle zu haben, und dass sie vermutet, er müsse in Wirklichkeit für die Wut gegen das Kind herhalten. Kurze Zeit später wird erkannt, dass die ganze Gruppe Erwartungen an die Leiterinnen hatte, die enttäuscht wurden und Anlass zur Kritik gaben, dass sie die Gruppe zu sehr sich selbst überlassen und sie zu wenig auffangen würden.

Nachdem die Aggression gegen die Leiterinnen verarbeitet, das heißt, ihre realen Anteile berücksichtigt und ungerechtfertigte Anteile geklärt worden sind, wird in einer mit aggressiven Gefühlen durchzogenen Sitzung das Angst machende Problem der Wut gegen das Baby und die Gefahr der Kindesmisshandlung ganz bewusst angegangen.

Aus der sechsten Sitzung
Im ersten Teil dieser Sitzung greift L. die Gruppe an, die ihre Einwände gut relativieren kann. Als die Stimmung etwas versöhnlicher wird, beginnt J. eine kurze aggressive Auseinandersetzung mit L., die sie wegen ihrer pauschalen Schuldzuweisungen kritisiert. Andere Mütter stehen L. bei und glätten die Wogen. Die Gruppenmitglieder kommen sich näher. U. startet unerwartet eine dritte Attacke: Was soll die Kamera? Sie habe von Missbräuchen gehört und von der ekligen Art der Forscher, das Verhalten der Patienten zu kritisieren. Die Leiterinnen müssen darlegen, was sie mit den Aufnahmen tun, und viele diesbezügliche Fragen beantworten. Endlich scheint eine ruhigere Stimmung einzukehren. Da meldet E. sich sichtlich bewegt und den Tränen nahe. Sie möchte durch die Gruppe beobachtet werden, sie möchte Kontrolle und Rückmeldungen über das, was sie falsch mache. E. erzählt, wie es gestern bei ihr zu Hause war: Schon am Morgen musste sie sich wegen der quengelnden Tochter aufregen, sie war richtig froh, als sie sie endlich in der Krippe abgeben konnte. Der Tag mit dem Kleineren war ebenso anstrengend. Als sie am Abend endlich glaubte, Ruhe zu haben, wollte er nicht schlafen. Das brachte sie an die Grenze ihrer Beherrschung, sie nahm ihn hoch und schüttelte ihn so ... E. macht das vor, auf sehr gesittete Weise. Einerseits erschauern einige Mütter beim Stichwort »schütteln« (sie wissen, dass es eine gefährliche Handlung mit schädigenden Folgen sein kann), anderseits traut niemand E. zu, ihr Kind zu schädigen. Alle Mütter bekennen, dass sie mit bedrohlichen aggressiven Impulsen gegen die Kinder vertraut sind. Unter den Kindern ist bei diesem Gespräch so viel

Unruhe, dass sie besänftigt werden müssen. Das Gespräch nimmt eine Wende, als E. noch einmal an den Bericht über die Wut auf ihre Tochter anknüpft. Sie selbst hat eine Schwester, die als Kind keine Chance hatte, aus der Rolle der Bösen wieder herauszukommen. Sie hat Angst, dass es durch ihre Schuld passieren könnte, dass ihre Tochter das gleiche Schicksal erleidet. Auch andere Mütter werden traurig bei der Erinnerung an eigene Kindheitserfahrungen, in denen sie unter Wut und Abwertung gelitten hatten.

Die Teilnehmerinnen fühlen sich nach dieser Sitzung erschöpft und zum Teil erlöst. Sie haben einander sehr intime Geheimnisse anvertraut und, anstatt Wut zu agieren, ein Stück weit Trauerarbeit geleistet. Es war auffallend, wie sehr sie sich in der Betreuung der Kinder gegenseitig ablösten und damit einen Lösungsansatz aufzeigten, nämlich dass es gut ist, in solchen Krisensituationen Abstand zum Kind zu gewinnen, allenfalls mit Hilfe anderer Personen. Von hier aus werden auch Überlegungen angestellt, wo man dem Verlangen des Kindes eine Grenze setzen soll.

Parallel zu dieser Verarbeitung fallen interessanterweise wiederholt aggressive Szenen unter den Kindern auf. Die Kinder sind eindeutig nicht mehr auf die jeweils eigene Mutter fixiert, manchmal wenden sie sich sehr entschieden dem sozialen Leben untereinander zu. Dabei sind sie oft wenig zimperlich; wenn sie zu grob werden, intervenieren die Mütter.

Die weitere Verarbeitung der Aggressionsproblematik wird mehr und mehr zwei Frauen übertragen, die sich über längere Zeit in einer Polarisierungsdynamik miteinander verstrickten (s. unter 5.3.3., 2. Beispiel). Die eine hat die Neigung, über die fehlende Unterstützung zu klagen; die andere den Impuls, die Probleme aus der Welt zu schaffen. Die Lösung bahnt sich nach einer außerordentlich heftigen Auseinandersetzung an, bei der – es war ein kleiner vertraulicher Rahmen mit insgesamt drei anwesenden Frauen – beide Kontrahentinnen der Gruppe Einblicke in ihre Kindheitserfahrungen gewährten. Diese Öffnung gegenüber den eigenen Kindheitserinnerungen ging weit genug, um erlösend zu sein, sodass sich für die betroffenen Frauen die Perspektive eröffnete, den wiederbelebten Gefühlen aus dieser Zeit nicht mehr hilflos ausgeliefert zu sein.

Gegen Ende der Gruppentherapie tauchten neue Formen von Aggression auf, die sich zuerst im Szenischen manifestierten. Eine Frau kann sich den Namen einer anderen Teilnehmerin nicht merken, sie nennt zweimal einen falschen Namen. Es fallen wie nebenbei abwertende Bemerkungen: Eine Mutter spricht zum Beispiel den Leiterinnen die Kompetenz ab, eine Männergruppe zu führen. Es bahnt sich an, dass einzelne Mütter sich immer weniger beteiligen, wie wenn die Gruppe es nicht mehr wert wäre. Eine Teilnehmerin spricht diese Frauen direkt darauf an. Im nachfolgenden Gespräch sagen sie, was sie bewegt. Sie sind entmutigt, weil ihre Beiträge zu einem Problem nicht so aufgenommen würden, wie sie gemeint seien, und sie deshalb nutzlos wären. Oder auch weil sie nicht sicher sind, dass ihre persönlichen Sorgen aufmerksam genug gehört und verstanden würden. Sie ziehen sich lieber zurück, wollen nicht gezwungen sein zu kämpfen. Eine Mutter bezeichnet sich selbst als scheu. Die Quelle der aggressiven Reaktionen, die als Skotomisierung und Entwertung in Erscheinung treten, liegt also in der Frustration, sich nicht leicht mitteilen zu können. Das erscheint als eine Problematik, die eine reifere Ebene als den Kampf um Überwindung von Abhängigkeiten betrifft.

Es ist bemerkenswert, dass das Hauptthema der allerletzten Sitzungen dem Umgang mit Aggressionen gewidmet ist. Einerseits werden die Trotzanfälle der Kinder thematisiert und die neuen Umstände erörtert, die das Setzen von Grenzen erforderlich machen, wie zum Beispiel die gefährlichen Aktionen, die die Kinder mit ihren neuen motorischen Fähigkeiten veranstalten können. Anderseits wird wieder erwähnt, dass die Partner immer noch häufig Zielscheibe von Aggressionen werden, wenn die Mütter während des Tages zu sehr durch das Kind gefordert wurden. Bei der Beobachtung von Kinderszenen, auch aggressiven, können die Mütter sich jetzt besser zurückhalten und zusehen, ob die Kinder alleine ihre Streitigkeiten lösen.

5.4.3. Mütterliche Identitätsentwicklung

Ein weiterer Schwerpunkt der Gruppenarbeit, der in den Anfangsgesprächen noch nicht im Vordergrund stand, sondern erst im späteren Verlauf der Therapie mehr Platz einnahm, ist die Suche nach einer neuen Identität als Mutter. Sehr häufig wird in der öffentlichen Meinung und auch in der Fachliteratur die Identitätskrise der Frau am Übergang zum Muttersein als Ursache der postpartalen psychischen Dekompensierung betrachtet. Die hier vorliegende genauere Beobachtung lässt eher den Schluss zu, dass die Identitätsthematik sich erst im Genesungsprozess nach der Verarbeitung der durch die jeweiligen Vorerfahrungen geprägten Abhängigkeit-Autonomie-Konflikte entfaltet. Die zu dieser Lebensphase gehörende Identitätsentwicklung, die in der Aufgabe besteht, die Mutterschaft ins Selbstbild zu integrieren, führt zu einer Stabilisierung der psychischen Struktur. Dem geht eine Phase psychischer Labilität voraus, die im diagnostischen Erstgespräch erfasst wurde. Dort wurden oszillierendes Krankheitserleben, Verunsicherung in der Selbstwahrnehmung und Verwischung von Selbst- und Objektaspekten in der Beziehung zum Baby als Merkmale bei den meisten Müttern festgehalten. Sie wurden nicht als Ausdruck vorher bestehender Psychopathologie betrachtet, sondern als situativ bedingte Labilität der psychischen Struktur aufgefasst. Weiterhin ist die frühe Mutterschaft mit einem Zustand sozialer Isolierung verbunden. Mit der Wiedererlangung einer stabilen Identität können sich die Frauen auch im sozialen Umfeld besser bewegen und das Netz ihrer Beziehungen neu gestalten.

Erste Überlegungen dazu, wie sich die Mütter mit den neuen Verpflichtungen im Leben einrichten sollen, betreffen die Frage, die sich für einige von ihnen bald aufgedrängt hat: ob und wann der angestammte Beruf wieder aufgenommen werden soll. Dies erscheint zuerst wie ein technisch zu lösendes Problem. Es geht um Termine, um Krippenplatz, um Organisatorisches. Bei jeder neuen Begegnung mit diesem Thema kommen neue Aspekte hinzu: die vielen kleinen Umstellungen, die mit dem Mutterwerden verbunden sind, die Gleichzeitigkeit verschiedener Rollen (Tochter, Partnerin, Mutter), der andauernde Druck und die Unausweichlichkeit der Verantwortung für das Kind, die Fähigkeit, mit der chronischen Belastung fertig zu werden. Zentral für das Selbstgefühl als Mutter ist die Art und Weise, wie jede Frau das Verhältnis von Berücksichtigung eigener Bedürfnisse und Zuwendung zu Kindern und Familie zu regeln versteht. In Verlauf dieses Prozesses wird die Gegenüberstellung von Nur-Mutter versus berufstätige Mutter leidenschaftlich diskutiert.

Aus der siebten und späteren Sitzungen

Die Sitzung beginnt mit der Frage: »Arbeitest du jetzt?« J. fragt E., ob sie, wie geplant, ihre frühere Arbeit mit einem kleinen Teilzeitpensum wieder aufgenommen habe. E. bestätigt mit Genugtuung, dass sie zweimal wöchentlich einen halben Tag arbeiten kann. A., die eine selbstständige Tätigkeit ausübt und diese flexibel gestalten kann, befindet sich in einer ganz anderen Lage; sie hat zurzeit große Mühe, sich von Aline zu trennen, und ihre Arbeit kommt ihr zusehends sinnlos vor. L., die sich in den vergangenen Wochen aktiv für den Wiedereinstieg in den Beruf vorbereitet hat, sich für einen entsprechenden Kurs angemeldet und sich nach verfügbaren Teilzeitstellen erkundigt hat, zweifelt plötzlich auch, ob sie das überhaupt will. Sie fügt hinzu, dass Nur-Mutter-Sein eigentlich »out« sei. Dann erinnert sie sich aber an ihre berufstätige Mutter und an das unangenehme Gefühl, sie sei ihr nicht so wichtig gewesen wie die Arbeit. J. kommentiert nach längerem Zuhören: »In Wirklichkeit willst du nur Mutter sein.« J. regt sich darüber auf, dass man als Nur-Mutter »out« sein soll, und prangert dies als eine Ideologie der Männer und der Reichen an, die die Mutterarbeit nicht selbst machen müssen oder ein Kindermädchen anstellen können. FP fasst am Schluss die

Standpunkte zusammen, um damit zu betonen, dass alle Optionen in Betracht gezogen werden sollen und jeweils einen möglichen Weg darstellen.

In der 13. und 14. Sitzung findet diese Auseinandersetzung eine Weiterentwicklung.

T., eine sehr fürsorgliche Mutter, macht in der 13. Sitzung eine in der Mutterrunde nicht beachtete Bemerkung:»Ich bin nicht die geborene Hausfrau.«Für J. wird diese Bemerkung anschließend zu einer Offenbarung, über die sie in der 14. Sitzung spricht. Sie hat realisiert, dass auch sie, die nur Mutter sein möchte, dennoch keine geborene Hausfrau ist. Den Unterschied zwischen Mutter und Hausfrau hatte sie zuvor nicht so klar gesehen. Sie will zwar nach wie vor nicht außer Haus arbeiten, wie T. es sich überlegt, will aber sportliche Tätigkeiten wieder aufnehmen. Sie war vor der Geburt ihrer Kinder Leistungssportlerin. J. weist ausdrücklich darauf hin, dass sie die Berufsausübung durch Mütter nicht ablehnt; sie hatte den Eindruck, dass sie in der Gruppe diesen Ruf hat, und will es korrigieren. Auf die Frage, warum sie denn auch jetzt, wo sie aus dem Haus wolle, nicht die Arbeit in Betracht ziehe, hat sie eine einleuchtende Antwort: In ihrem angestammten Beruf musste sie auch Leute betreuen, jetzt brauche sie Freizeit, keine zusätzlichen Betreuungsaufgaben.

Diese Mutter traf eine mutige Wahl gegen die in der Gesellschaft und auch in der Gruppe herrschende Meinung, die dem Beruf einen hohen Stellenwert einräumt. Einerseits wurde sie als Zuschauerin der Entwicklung einer ihr nahe stehenden Mutter und Mitstreiterin angeregt. Andererseits gibt sie mit dem Hinweis auf die unpassende Rollenzuschreibung zu erkennen, dass sie sich schon länger Gedanken über ihre Rolle macht.

Rollenbildung ist ein wichtiger Bestandteil des gruppendynamischen Prozesses, und Rollen können von einzelnen Teilnehmern entsprechend ihrer Persönlichkeit und ihren Neigungen über längere Zeit, unter Umständen dauernd, eingenommen werden. In einer Gruppe von Personen, die sich stark verändern, ist zu erwarten, dass auch Rollen eher provisorisch sind. Eine einmal ausgebildete Rolle kann plötzlich von einer Mutter als fremde Zuschreibung empfunden werden und sie dazu anregen, sich dagegen zu positionieren. Die anderen Gruppenteilnehmerinnen werden dadurch aufgefordert, ihre Rollenbilder zu verändern. Die Prozesse der *Rollenbildung* und der *Auflösung einer nicht mehr syntonen Rollenfixierung* sind maßgeblich an der Klärung und Neugestaltung der Identität beteiligt. Die folgende Ergänzung zur oben geschilderten Vignette soll dies verdeutlichen.

In der vorangehenden sechsten Sitzung äußert T. ihre Zuneigung zu J. Sie ist berührt von ihrer Fähigkeit, Kinder so vorbehaltlos ins Herz zu schließen. Etwas später weist FP darauf hin, dass T. und J. diejenigen Frauen sind, die sich auch in der Gruppe am meisten um die anderen kümmern, und fragt, ob sie sich damit nicht überforderten. T. reagiert abweisend, sieht sich falsch eingeschätzt, denn sie fühlt sich stärker als einige Monate zuvor. J. räumt ein, dass ihr manchmal alles zu viel sei und sie davonlaufen möchte. Sie kämpft darum, ihre frühere Stärke wiederzugewinnen. Sie müsse aber einsehen, dass sie Beschränkungen akzeptieren muss, die ihr schwer fallen. »Ich bin noch nicht, wie ich mich von früher in Erinnerung habe.« Und: »Ich verändere mich, und das ist gut so.«

Nachdem J. die Anliegen der Nur-Mütter nicht mehr eindeutig vertritt, wird das Thema von anderen Müttern aufgenommen.

In der 18. Sitzung werden Erfahrungen mit Tagesmüttern ausgetauscht. A., die eigenständig berufstätig ist und enttäuschende Erfahrungen mit ihrer Tagesmutter gemacht hat, wird gefragt, wie es jetzt damit stehe. A. will keine Kompromisse bezüglich der Betreuungsqualität mehr machen und hat sich entschieden, keine Tagesmütter mehr einzustellen. Eigentlich weiß sie im Moment nicht, was sie will. Ihre schon früher angedeutete Krise hat sich vertieft. Ihr Arbeiten hat sie ganz eingestellt, und falls sie wieder mehr arbeiten sollte, würde sie es ganz anders machen. Früher konnte sie sich nicht vorstellen – wie jetzt –, nur Mutter zu sein; dafür kann sie sich heute vorstellen, angestellt zu arbeiten, was bis vor kurzem tabu für sie war.

Der Teilaspekt der Identität, der soeben besprochen wurde, entspringt einer komplexen Verarbeitung des Hauptkonfliktes zwischen Abhängigkeit und Autonomie, der den ganzen Gruppenprozess durchzieht. Ein weiterer Aspekt ist die Notwendigkeit, mit Chaos und Ambivalenz umgehen zu können. Manchmal fühlen sich die Frauen durch die Komplexität ihrer Lebenssituation und durch ihre ambivalenten Gefühle überwältigt. Der Vergleich mit den Erfahrungen anderer Frauen hilft mit, die nötige Distanz zu gewinnen und beides besser ertragen zu können. Die Gruppe selbst erscheint von außen gesehen vielfach unübersichtlich: Die Mütter dürfen sich nach den Bedürfnissen der Kinder richten, sie holen die Teeflasche oder ein Spielzeug, sie begeben sich in den Nebenraum, um die Kinder zu wickeln oder im Kinderwagen hin und her zu schieben; als die Kinder beweglicher und autonomer werden, müssen sie ihnen zuweilen wegen ihrer ausufernden Aktivitäten nachgehen.

Es kann nicht darum gehen, die Vielfalt dieser Aktivitäten zu reduzieren, um dadurch den Freiraum für die Gespräche unter den Müttern zu schaffen. Die meisten Mütter begründen, dass sie das gegebene Setting mit der Absicht eingegangen sind, eine lebensnahe, naturalistische Situation zu erleben und gestalten zu lernen. Der Umgang mit der Komplexität der Gruppensituation ist eine Herausforderung, vergleichbar der, mit einer erweiterten Familie zurechtzukommen. Der Lernprozess ist nicht unbedingt am äußeren Verhalten und an der beobachtbaren Szenerie abzulesen, sondern liegt in dem zunehmenden Vertrauen, dass die besondere Art der Kommunikation, die in der gemischten Gruppe erlebt wird, eine Kontinuität hat und zuverlässig ist. Die Frauen sind sehr stolz darauf, dass sie trotz der Geschäftigkeit den Faden der Gespräche immer wieder aufnehmen können, zuhören und reagieren können und immer häufiger die Übersicht haben.

Dieser Stolz, dieser narzisstische Gewinn der Mütter, wird den Leiterinnen auch durch die Vätergruppe zurückgemeldet. Die Väter wundern sich über Gruppenepisoden, die ihnen von ihren Partnerinnen geschildert worden sind, und stellen Vergleiche mit ihrer viel stärker strukturierten Art zu funktionieren her. Das geht so weit, dass auch den Vätern eine Sitzung mit Kindern angeboten wird, um ihnen diese Erfahrung zu ermöglichen.

Zur Identität als Mutter gehören auch Vorstellungen, wie man sich mit dem Partner abstimmt, wenn man als Familie mit einem Baby lebt. Diese Vorstellungen, die in der individuellen Biographie entstehen, werden in den gelebten triadischen Interaktionen aktualisiert und verändert. In den Gruppengesprächen kamen gelegentlich Aspekte dieses Entwicklungsprozesses zur Sprache. Da die geschlechtsspezifischen Merkmale der mütterlichen beziehungsweise väterlichen Rolle in der Gesellschaft im Wandel begriffen sind, war in der Gruppe eine weite Palette von gelebten Modellen vertreten. Die Mütter konnten anhand grundlegender Aspekte der Kinderbetreuung vergleichen, wie gegenseitige Erwartungen in den verschiedenen Auffassungen von Rollenteilung geklärt und diesbezügliche Probleme gelöst werden. Die Diskussionen mit den Vätern gaben den Leiterinnen die Möglichkeit, ihre Sicht in Bezug auf die gleichen, von den Frauen besprochenen Themen kennen zu lernen. Es war auf diese Weise möglich zu verfolgen, wie schnell sich Veränderungen im therapeutischen Raum auf das Beziehungsgefüge außerhalb der Gruppe auswirkten.

A. und ihr Mann waren während langer Zeit damit beschäftigt, nach der geeigneten Mutter- beziehungsweise Vaterrolle zu suchen. Sie strebten eine partnerschaftliche Lösung an, die sich von derjenigen ihrer Herkunftsfamilien unterscheiden sollte – ein modernes Problem noch ohne sozial vorgegebene Antwort. Am Anfang will A. teils berufstätig bleiben und kämpft gegen ihre regressiven Wünsche; der berufstätige Vater will seinerseits auch mehr, als nur für den materiellen Rahmen der Familie sorgen, fühlt sich aber zugleich durch die emotionale Beschäftigung mit dem Kind überrollt. Da A. eine Weile überfordert ist, findet sich der Vater in der Mutterrolle wieder, und beide empfinden, dass es so nicht stimmt. Durch enttäuschende Erfahrungen mit Babysitterinnen, die die Mutter während ihrer Arbeit von der Pflege des Kindes hätten entlasten sollen, beginnt diese, ihre bisherigen Tätigkeiten zu überdenken und das Kind höher zu besetzen. Sie kommt zu der Entscheidung, den bis dahin überaus wichtigen Beruf einstweilen aufzugeben. Der Vater kann die Verwandlung seiner Frau kaum glauben, fühlt sich aber nun als marginalisierte »Ersatzmutter« wohler und entdeckt zusehends spezifische, männliche Arten, mit dem Kind zusammen zu sein.

E. und ihr Mann arbeiten beide Teilzeit. Sie sind in gegenseitigem, stillem Einvernehmen zu sehr autonom: Sie funktionieren gut, aber aneinander vorbei. Beim Problem des Abstillens des zweiten Kindes wird offensichtlich, dass diese Einstellung nicht genügt. E. fühlt sich düpiert, als der Partner sie bei einer heftigen Auseinandersetzung mit dem Kind wegen des Abstillens alleine lässt. Sie merkt erst aus der Reaktion der anderen Frauen in der Gruppe, dass die meisten das Verhalten des Vaters in dieser Angelegenheit »nicht in Ordnung« finden, dass die meisten sehr wohl vom Partner Hilfe erwartet hätten. Sie kann ihm danach klar machen, dass er als Vater für das von der Mutter frustrierte Kind in dieser Situation zur Verfügung stehen könnte, ohne dass sich beide in ihrer Eigenständigkeit bedroht sehen müssen.

5.4.4. Persönlichkeitsentwicklung bei den Babys und Kleinkindern

Die Entwicklung, die bei den Kindern in der Zeit der Gruppenarbeit stattfand, betrifft eine Lebenszeit, in der bei gesunden Kindern schnelle und große Veränderungen zu erwarten sind. Diese Kinder haben alle eine Entwicklung durchgemacht, die sich gemäß den üblichen Kriterien zur Beurteilung des altersgemäßen physischen und psychischen Zustandes im Rahmen der normalen Variabilität bewegte. Die Frage, inwiefern die Teilnahme an der Mutter-Kind-Gruppe diese Entwicklung beeinflusste, sowohl im Sinne einer Unterstützung wie auch in dem einer Belastung, kann so nicht beantwortet werden; dazu fehlen fassbare Abweichungen, die auf ihren Zusammenhang mit dem Gruppenprozess hin untersucht werden könnten. Interessant im Kontext dieser Studie zur postpartalen Krise ist es jedoch zu verfolgen, ob und wie sich die Verfassung und der Interaktionsstil der mehrheitlich psychisch belasteten Mütter auf die Verfassung und auf die Qualität des Beziehungsverhaltens des Kindes, sozusagen als Prägung in der kindlichen Entwicklung, nachweisen lässt. Die Frage also, inwiefern die Persönlichkeitsentwicklung[42] von der Mutter-Kind-Interaktion abhängt und wie früh bestehende Eigenheiten des Kindes unberührt bleiben oder sich gegebenenfalls gegen eine bestimmende mütterliche Beeinflussung durchsetzen können. Hier stehen nicht die unverzichtbaren und fördernden Aspekte der Eltern-Kind-Interaktion zur Diskussion, sondern diejenigen Aspekte, die mit der elterlichen Dekompensation in Zusammenhang stehen und potentiell eine Gefährdung für das Kind bedeuten. Damit kommt auch ins Blickfeld, welche persönlichen Eigenschaften die Kinder dazu befähigen, mit der belasteten und für sie alltäglichen Interaktion umzugehen, sowie welche anderen Ressourcen ihnen im alltäglichen Umfeld bei der Bewältigung der schwierigen Situation zur Verfügung stehen. Die Gruppe bot außerordentlich reiches Beobachtungsmaterial, um diesen Fragen nachzugehen.

Am Anfang waren die Babys für die Beobachterinnen nicht sicher zu unterscheiden. Bei den meisten stellten sich aber schnell kleine interaktive Erfahrungen ein, die sie erkennbar machten. Ein Kind war dann zum Beispiel in typischer Weise forsch, ein anderes auf Besorgnis erregende Weise inaktiv. Es scheint generalisierbare Bedingungen zu geben, die den Zeitpunkt, zu dem das Kind für andere als eigene Persönlichkeit in Erscheinung tritt, bestimmen. In diesem Projekt fiel auf, dass diejenigen Babys, die am längsten in der unmittelbaren Sphäre ihrer Mütter (im Sinne der für die mittelschwere postpartale Depression typischen, zu engen Beziehung zum Kind, s. 3.2.6.) gehalten wurden, nur schwer als Individuen zu kennzeichnen, das heißt auch schwerer emotional zu besetzen waren. Zwei Babys, deren Mütter zwar in der Gruppe unterschiedlich auftraten, jedoch im Umgang mit dem Kind sehr de-

---

[42] Hier besteht ein terminologisches Problem. Ist es sinnvoller, von Persönlichkeitsentwicklung oder von kindlicher Identitätsentwicklung zu sprechen? In den Gruppengesprächen der Mütter wurde stets auf die Persönlichkeit hingewiesen, wenn sich ein Kind mit seiner Eigenart hervortat – weshalb hier diese Bezeichnung bevorzugt wurde. In der fachlichen Definition verweist dieser Begriff aber auf über lange Zeitabschnitte stabile individuelle Merkmale, eine Bedingung, die in der frühen Kindheit gar nicht erfüllt werden kann. In Bezug auf Kinder widmet sich die Temperamentsforschung der Erfassung stabiler Eigenschaften; sie untersucht mit der ihr eigenen Methodik andere Tatbestände als die hier aufgeführten, die auf eine eigene umschriebene Definition von Temperament beruhen. Der psychoanalytische Begriff der Identität wird hier nicht benutzt, weil er eine vorwiegend intrapsychische Kategorie bezeichnet; deren Anwendung in der präsymbolischen Zeit deshalb problematisch ist. Zudem soll hier der Unterschied mit dem gleichzeitig stattfindenden Identitätsprozess der Mütter nicht zugedeckt werden.

pressiv wirkten, waren lange Zeit kaum voneinander zu unterscheiden, sodass in den Protokollen gelegentlich ihre Namen verwechselt wurden. Dies weist darauf hin, dass es zumindest am Anfang für einen externen Beobachter schwer ist, das Kind anders denn als Teil der Mutter-Kind-Dyade zu sehen, und dass es für die Wahrnehmung und Charakterisierung des individuellen Kindes bedeutsam ist, ob die Mutter ihm einen genügenden Spielraum lässt. Bei anderen Kindern entstanden sehr früh Inszenierungen, mit denen sie sich von Anfang an als eigenständige Personen in der Vorstellung der Leiterinnen einprägten. Dabei handelte sich eher um Kinder, die eine ambivalente Beziehung mit ihrer Mutter hatten und somit zeitweise ausgesprochen nach außen orientiert waren, oder um Kinder, die starke Eigenschaften – so schien es – mit auf die Welt gebracht hatten.

Es werden nachfolgend zwei Beispiele skizziert, die der Thematik, ob gewisse Verhaltensweisen eher den Eigenheiten des Kindes oder den Gegebenheiten der Interaktion zuzuschreiben sind, nachgegangen wird. Im ersten Fall, in dem die schwierige Mutter-Kind-Interaktion auf die Entwicklung des Kindes zu sehr einzuwirken drohte, wird auf die Bedeutung der persönlichen Ressourcen dieses Kindes und der Leistungen anderer wichtiger Bezugspersonen hingewiesen. Im zweiten Fall erweist sich die Art des Kindes, die anfangs als interaktiv bedingt erschien, eher als Ausdruck eines persönlichen Charakterzuges, der es von seinen Eltern unterschied.

Die Kämpferin

M. und Maria sind bei der elften Sitzung erstmals dabei. Bei der gegenseitigen Vorstellung unter den Teilnehmerinnen erzählt M. kurz und klar, dass sie nach dem Abstillen in ein Loch fiel und durch die vielen negativ getönten Kommentare ihrer Mutter auch noch Angst bekam, dass sie wie diese psychisch krank werden könnte. Über das Kind sagt sie auffallend wenig: »Das ist Maria.« Die Gruppe bespricht in der Folge intensiv Themen, die sich auf frühere Sitzungen beziehen. CZ beobachtet, dass M. am Anfang Maria auf die Matte legt, um sich kurz zu entfernen, ihr mehr aufgeregt denn beruhigend sagt: »Ich bin da!«, und zu FP: »Sie fremdelt so sehr.« Danach hält sie Maria eng an sich gebunden, ohne mit ihr Kontakt aufzunehmen. Sie ist unruhig und wiegelt das bald siebenmonatige Kind heftig. Maria macht einmal Lautspiele; die Mutter sagt ihr, sie solle ruhig bleiben, und hält ihr eine Hand vor den Mund; kurze Zeit später nuckelt Maria an ihrem Finger. CZ wundert sich, wie gutmütig Maria ist und dass sie mit wenig Protest mitmacht. In der nächsten Sitzung wird M.s Anspannung und ihre mangelnde emotionale Einstimmung auf das Kind verständlich. Sie teilt mit großem Druck ihre belastenden Gefühle mit und schildert einen kürzlich erlittenen Zusammenbruch, bei dem sie sogar den Gedanken hatte, ihrem Kind etwas anzutun (s. auch unter 5.2.2. und zwölfte Sitzung). Maria fällt am Anfang dieser Sitzung wegen des innigen Verhältnisses zu ihrem Teddybären auf. Im Laufe der Sitzung schiebt ihr M. auch ohne Anlass den Teddy zu. Als Maria auf der Matte liegt, lässt sie sich gleich mit den anderen Kleinen ein. Maria und Urs schauen sich an, betasten sich; plötzlich reißt ihm Maria den Schnuller aus dem Mund; Urs ist verdutzt und streckt die Hand aus, ihr entgegen; Maria versucht, daran zu nuckeln. Auch als sie auf dem Schoß ihrer deprimierten Mutter sitzt, scheint sie Kontakt mit der Umwelt zu suchen und wegzuwollen (vergleiche im Gegensatz dazu die Reaktion von Aline, die auf dem Schoß der deprimierten Mutter total hypoton wurde, s. 5.1.3. und neunte Sitzung).

Als M. von ihrem Ausbruch absorbiert ist, wird Maria von J. aufgenommen und in den anderen Raum geführt. In der Folge wird Maria in der Vorstellung der Leiterinnen zu einem in der Not überselbstständigen Mädchen, das den Eindruck einer Kämpferin und einer begabten kleinen Person, die erfolgreich Unterstützung herausfordert, hinterlässt. Ab und zu ertappen sich die Leiterinnen dabei, ihr den hilfreichen Teddybären zuzuschieben, wenn sie ihn im Raum verlegt hat. Es ist auch Bewunderung für ihre »Flucht nach vorne« dabei, die von ihren guten persönlichen Ressourcen zeugen.

In ruhigeren Zeiten wirkt die Interaktion zwischen Maria und ihrer Mutter ambivalent; die Mutter ist die Vertrauensperson, zu der Maria immer wieder geht; diese reagiert zum Teil liebevoll, weist sie aber auch häufig zurecht, weil sie strengere Vorstellungen als andere Gruppenteilnehmerinnen darüber hat, was den Kindern im sozialen Umgang gestattet sein soll.

Einige Mütter intervenieren gelegentlich zugunsten von Maria. Die Tatsache, dass Maria sich eigenständig von der Mutter abwendet und andere zu ihren Unterstützern macht, setzt die Mutter ins Unrecht. Bei der Durchsicht der Videoaufnahmen wurde es FP klar, wie trügerisch dieses Bild, das aus dem Miterleben in der Gruppe entstanden war, ist. In der 18. Sitzung und später sind Sequenzen mit den für Maria und ihre Mutter charakteristischen ambivalenten Verhaltensweisen zu sehen. In diesen Szenen erscheint die Reaktion der Mutter, ihre beruhigende Geste, vollkommen adäquat; der Fluchtimpuls kommt von Maria. Sie muss einfach weg und sucht kurze Zeit später die Mutter wieder auf. Sie wirkt, als ob sie nicht recht wüsste, was sie will. Deshalb ist es für die Mutter schwierig, das Verhalten ihrer Tochter zu deuten. Sie muss mehrmaliges Hin und Her geduldig mitmachen, bevor Maria zur Ruhe kommt. Die Klage der Mutter, dass Maria Phasen habe, in denen sie sehr an ihr klebe, wird daraus nachträglich besser verständlich.

Eindrücklich war auch die Interaktion von Maria mit ihrem Vater in der letzten Sitzung der Vätergruppe. Maria ist unternehmungslustig und hält sich in dieser Situation weniger vorsichtig in der Nähe des Vaters auf als die anderen Kinder. Sie geht ab und zu zu ihm hin und ruft ihn »Papa«; sie hat ein gutes Verhältnis zu ihm, obwohl er eindeutig eine Respektsperson, mit der sie nicht spielt, für sie ist. Der Vater schaut ihr mit gelassener Distanz zu; als sie einmal alleine unter dem Stuhl einer Leiterin spielt, fragt er belustigt: »Was machst du dort?« Maria hat auch hier den Teddy dabei; sie benutzt ihn, um nach längerer Beobachtung kleine Szenen zu imitieren, die zwischen Enzo und seinem Vater, Herrn E., ablaufen. Als sie müde ist, zeigt sie dem Vater, dass sie auf dem Stuhl neben ihm sitzen will. Da sitzt sie dann ruhig wie eine Große.

Der Bedächtige

Der kleine Enzo (dreieinhalb Monate) bleibt in der ersten Sitzung hinter der Fürsorge seiner Mutter versteckt. E. legt ihn kurz auf die Matte, ein größeres Mädchen wendet sich etwas intrusiv ihm zu. E. nimmt ihn bald wieder in den »Snuggly« und behält ihn fortan in ihrem Schutz. In den nächsten Sitzungen notieren die Beobachterinnen häufig, dass E. Enzo stillt; manchmal scheint es ganz adäquat, manchmal entscheidet sich die Mutter zu schnell dazu. E. erklärt bald auch, dass die Abgrenzung von Enzo ihr aktuelles Problem sei. In der fünften Sitzung sagt sie, dass die Tatsache, dass Enzo es nur bei ihr gut zu haben scheine, ihr zusetzt. »Muss ich ihn denn immer bei mir haben?« Enzo ist in dem Moment an ihrer Brust und nuckelt nebenbei, nicht sehr involviert, eher aus Gewohnheit.

Es gibt Momente, in denen Enzo am Boden liegt und extrovertiert wirkt; er schaut neugierig zu anderen Kindern und zu den Erwachsenen, Letzteres auf eine Art, die gehaltvoll ist und als Austausch wahrgenommen wird (s. Szene in der sechsten Sitzung unter 5.3.1., Abschnitt 2). Aber längere Zeit haben die Leiterinnen die Vorstellung, dass Enzo einerseits vieles übt, anderseits aber grundsätzlich in der Sphäre seiner Mutter bleibt, die mit dem Problem ringt, wie viel Nähe eine Mutter dem Kind schuldig ist und wie viel Handlungen sie für es übernehmen muss. Dieser Eindruck wird bestätigt in einer Szene, die sich in der neunten Sitzung ereignet. E. ist gerade dabei, über einen gescheiterten Versuch, Enzo in seinem eigenen Zimmer schlafen zu lassen, zu berichten. Enzo sitzt auf ihrem Schoß und wirkt nicht sehr wach; er lässt unversehens ein Spielzeug fallen. FP bückt sich und gibt ihm das Spielzeug zurück – aber es ist nicht Enzo, der das Spielzeug entgegennimmt, sondern die Hand seiner Mutter, die gerade vor Enzos Bauch liegt. Die Mutter spricht währenddessen konzentriert weiter, wie wenn sie sich ihrer Handlung nicht bewusst wäre. Kurz darauf lässt Enzo das Spielzeug wieder fallen, und diesmal ist es A., die das Spielzeug zurückgibt. Es spielt sich das Gleiche ab wie vorher. Das wiederholt sich ein drittes Mal, wobei es J. ist, die das Spielzeug zurückgibt, das in E.s Hand landet. FP ist beeindruckt von diesem lautlosen Zusammenspiel.

In der zehnten Sitzung zeigt Enzo, dass er die Gaben seiner Mutter schätzt und keinen Grund hat, sie davon abzuhalten; oder – anders gesagt – er tut wenig, um die Mutter von ihren Zweifeln zu befreien, indem er ihr zeigen würde, dass er die Brust nicht mehr wirklich braucht. Als E. angeregt mit den anderen Müttern spricht, hält er die Brustwarze im Mund wie ein Mann eine Zigarre und untersucht intensiv mit dem Blick die interessante Umgebung, mal die Mutter, mal andere. FP fühlt sich angesprochen und empfindet ihn als schelmisch.

In späteren Sitzungen findet die kräftige Mutter trotzdem ihren Weg zum Abstillen und zur Abgrenzung gegenüber ihrem Kind (s. 16. Sitzung unter 5.4.1. und folgende Entwicklung). Sie strahlt jetzt eine sichere Haltung aus. Enzo, der über ein Jahr alt ist, scheint jetzt derjenige zu sein, der Mühe hat, sich von der Mutter zu trennen. Er sucht vermehrt die Nähe seiner Mutter, schläft häufig und kuschelt sich nach dem Schlaf bequem bei ihr ein. Die Leiterinnen schreiben nach dieser Phase wiederholt: »Heute ist er immerhin wach.« E. ermutigt ihn bald, sich von ihr zu lösen und sich den anderen Kindern zuzuwenden. Zunehmend wird Enzo ein lebendiges, zeitweise forsches Kind; er behält aber eine Grundhaltung bei, die darin besteht, in der sicheren Nähe seiner Mutter zu sein, dabei die Umwelt intensiv zu beobachten und sich seine Gedanken dazu zu machen.

In der allerletzten Sitzung, als es um Bilanz und Abschied geht, sitzt er plötzlich auf dem Sofa neben FP und macht sich bemerkbar, indem er sich fest reckt. Darauf durchsucht er mit seinem sprechenden Blick die aufmerksam gewordene Leiterin. Sie gibt ihm einen Finger, und so entsteht ein kleines persönliches Abschiedspiel.

Auch Enzo konnte im Austausch mit seinem Vater beobachtet werden. Er kriecht zunächst auf dem Schoß des Vaters und hat nicht die geringste Absicht, in die Welt zu gehen. Herr E. streichelt seinen Kopf. Nach längerer Zeit stellt er den Buben auf den Boden und sagt zu ihm. »Willst du nicht zu anderen Kindern spielen gehen?« Enzo schüttelt verneinend den Kopf. Dann macht er sich zögernd auf den Weg.

Eine weitere lohnenswerte Aussage, die sich auf die Beobachtung der Entwicklung des Kindes im Zusammenhang mit der Mutter-Kind-Interaktion stützt, ist, dass einmal festgestellte Haltungen und wiederkehrende Interaktionsmuster sich im Verlauf der Zeit sehr tief greifend verändern können. Dies betrifft insbesondere die manchmal Besorgnis erregenden Erscheinungen einer »zu engen Beziehung« zwischen Mutter und Kind, die in dieser Projektgruppe anfangs bei einigen Müttern festgestellt wurde. Bei allen beobachteten Verläufen konnte eine positive Entwicklung verzeichnet werden. Dies soll Berater und Betreuer bezüglich ihrer prognostischen Einschätzung zur Vorsicht mahnen. Optimistische Perspektiven sind möglich, wie folgendes Beispiel einer verstrickten Mutter-Kind-Beziehung, die eine unerwartet gute Wende nimmt, zeigt.

Der Zurückgebundene

T. sieht in der ersten Gruppensitzung sehr erschöpft aus. Sie hält den erst eineinhalb Monate alten Till sehr eng an ihren Körper geschmiegt und streichelt ihn ununterbrochen. Zuweilen scheint er ein Teil ihres Körpers zu sein. Wenn er unruhig wird, lässt sie ihn leicht auf dem Arm hüpfen, ohne ihn beruhigen zu können. Manchmal legt sie Till auf seine Decke am Boden und legt sich umsorgend fast über ihn. Für lange Zeit bleibt diese Art des Umganges typisch für T. und Till. T. wirkt wie eine Löwenmutter, die Till schnell unter ihren Schutz zieht, wenn etwas Fremdes naht. Als Till sechs Monate alt ist, kriegt T. vom vielen Tragen eine Sehnenentzündung am Handgelenk. In ihren Mitteilungen wirkt sie immer noch diffus wie am Anfang, als sie von Till so stark absorbiert war. Zu diesem Zeitpunkt beobachtet einmal eine Leiterin Till intensiver: Er ist sehr passiv auf dem Schoß der Mutter und wirkt verloren, nicht gerade glücklich. Es kommt immer noch vor, dass T. sich fast über ihn legt, um sich mit ihm auszutauschen, oder dass sie ihn vorschnell zu sich zieht. Till erscheint weniger babyhaft als früher und doch noch nicht als eigene Person. Diese Vorstellung bleibt bei den Leiterinnen längere Zeit eingeprägt, sodass Szenen, die eine andere Ausstrahlung haben, nicht wahrgenommen werden.

In der nachträglichen Betrachtung der Videoaufnahmen fällt in der elften Sitzung eine Szene auf, in der T. ihren Sohn, nun sieben Monate alt, in die Runde der Kinder setzt und ihn auch dort belässt, als er Unmut äußert. Die Korrektur des alten Bildes und die Anpassung an die neue, progressivere Situation erfolgt, nachdem T. auf die Bemerkung einer Leiterin hin, die sich auf ihre frühere zu enge Bezogenheit zu Till bezieht, scharf reagiert. Es wird deutlich, dass T. sich von ihrer Depression erholt hat und aktiver wird. Bald wünscht sie für ihren Sohn eine richtige Krabbelgruppe und verlässt die Mutter-Kind-Gruppe.

Im Bericht der Nachuntersuchung, die mehrere Monate später erfolgte, beschreibt die Untersucherin Till (eineinhalbjährig) als ein sehr gut entwickeltes Kind, das gut gelaunt und gewinnend ist. Er spricht verständlich und verfügt über einen großen Wortschatz. Er kann sich lang und reichhaltig selbst beschäftigen. T. berichtet, dass sie sich nach der langen depressiven Phase schnell erholt und mit Till und seinem Vater eine gute Zeit verbracht habe.

Es ist bemerkenswert, dass Rollenzuweisungen – deren Bedeutung für die Identitätsentwicklung bei den Müttern im vorangehenden Abschnitt hervorgehoben wurde – schon gegenüber Babys vorgenommen werden, und zwar nicht nur durch die Eltern, sondern auch durch andere Personen in der Umwelt des Kindes. Noch mehr als bei den Müttern handelt es sich dabei um eine sensible Angelegenheit. Es sei ausdrücklich auf das Problem hingewiesen, dass daraus unbedacht belastende Rollenfixierungen entstehen können.

Im Falle der kleinen Kämpferin beispielsweise könnten die Personen ihrer Umgebung dazu verleitet werden, ihr zuzumuten, dass sie sich immer selbst zu helfen weiß, und mit ihren einseitigen Interaktionsangeboten verhindern, dass sie andere Fähigkeiten und andere Persönlichkeitszüge entwickeln kann. Eine in der belasteten Interaktion eingeübte Verhaltensweise, die anfänglich hilfreich war, kann unter Umständen zu einer Behinderung werden.

Einige Mütter in der Gruppe erinnerten sich mit Unbehagen an Positionen, die sie in ihren Ursprungsfamilien sehr früh einnehmen mussten und an den großen Aufwand, der nötig war, um sich daraus zu befreien. Auch ihnen wurde als wesentlicher Persönlichkeitszug etwas zugeschrieben, was möglicherweise in einer überforderten Eltern-Kind-Interaktion entstanden war. Solche Erinnerungen, die in der Gruppe geäußert wurden, waren sehr nützlich, um die Aufmerksamkeit der Mütter auf die vielschichtigen Einflüsse in den zirkulären Interaktionen mit den Kindern zu schärfen und um unbehagliche Zuschreibungen zu hinterfragen.

5.4.5. Individuen in der Gruppe

Das Spannungsfeld zwischen Individuum und Gruppe war nicht ein Thema, das ausdrücklich unter den Teilnehmerinnen besprochen wurde, sondern eine Hintergrundfolie, die sowohl für die Leiterinnen wie auch für die Mütter bei jeder Auseinandersetzung von Bedeutung war.

Die Leiterinnen hatten sich im Vorfeld der Intervention Gedanken gemacht, wie sie diesen Gegensatz behandlungstechnisch handhaben sollten. Die Gruppentherapie kennt verschiedene Schulen, die sich diesbezüglich unterscheiden. Es werden sowohl Einzeltherapien im Kontext der Gruppe gemacht wie auch Gruppentherapien, in denen nur die Gruppe als Ganze berücksichtigt wird. Im Foulkes'schen Ansatz, der für dieses Projekt gewählt wurde, werden neben den Gruppenaspekten punktuell auch individuelle Gesichtspunkte einbezogen. In der Anfangsphase der Gruppe ist die Etablierung der Gruppenkohäsion vorrangig; erst wenn sich die Gruppe als zuverlässig erweist, wird es möglich, Individuelles und Trennendes hervorzuheben. Die Leiterinnen führten die Gespräche nicht in die Richtung, dass persönliche Hintergründe eines Konfliktes geklärt würden. Sie begleiteten aber die Frauen auf diesem Weg, wenn es für sie wichtig war, eine vergangene Beziehungskonstellation im Lichte der gegenwärtigen Änderungen zur Sprache zu bringen. Das war der Fall in der Auseinandersetzung zwischen zwei Müttern, die in der 19. und den folgenden Sitzungen erfolgte (s. unter Polarisierung 5.3.3., 2. Beispiel).

Unter den Teilnehmerinnen selbst hatte der Gegensatz Individuum oder Gruppe eine andere Schattierung. Die Frage war, wie viel Rücksicht die einzelne Teilnehmerin auf die gemeinsame Meinungsbildung nehmen musste. Es ging also nicht um die Berücksichtigung der individuellen Vergangenheit, sondern vielmehr um das Entwerfen persönlicher Ziele. Exemplarisch für dieses Problem war die Art und Weise, wie sich eine Mutter gegen die herrschende oder vermeintliche Gruppenmeinung in Bezug auf das Abstillen für eine Lösung entschied, die für sie in dem Moment die richtige war (s. 16. Sitzung unter 5.4.1.). In ihrer Entscheidung für den eigenen Weg wurde sie von einigen anderen Müttern unterstützt, und die Schwierigkeit, im Gruppenkontext für die eigene Position einzutreten, wurde von allen thematisiert. Eine andere Mutter fühlte sich in der gleichen Drucksituation, als sie als Einzige sich entschied, vorzeitig mit der Gruppe aufzuhören. Für beide Mütter war es schwierig, etwas noch Unklares für die anderen deutlich zu formulieren und zu begründen.

Auf emotionaler Ebene kommt hinzu, dass Ambivalenz entsteht, wenn man die anderen Gruppenteilnehmerinnen zu brüskieren meint und dies eigentlich aus Zuwendung und Zugehörigkeitsgefühl nicht tun möchte. Die Lösung kommt erst, wenn die Frau trotz der selbstbezogenen Stellungnahme in der Gruppe weiterhin akzeptiert ist. Es wurde gegenseitig anerkannt, dass es wichtig ist, individuelle Wege für die Weiterentwicklung wählen zu können, und dass die Funktion der Gruppe ist, das Spektrum bestehender Möglichkeiten aufzuzeigen.

Die Betonung der verschiedenen Perspektiven war dadurch, dass zwei Teilnehmerinnen während des Gruppenverlaufs ankündigten, dass sie von neuem schwanger waren, unübersehbar geworden. Bei der ersten Ankündigung in der 14. Sitzung reagieren alle Mütter mit verlegener Stille, eine Leiterin gratuliert. Es ist offensichtlich, dass die Mehrheit von ihnen noch damit beschäftigt ist, mit den bereits geborenen Kindern zurechtzukommen. Im folgenden Gespräch wird die Schwangerschaft beiseite gelassen, und die jeweiligen Interessen der anderen Mütter werden in den Vordergrund gerückt. Vor dem Schluss fragt die schwangere Frau direkt, ob sich die anderen auch Gedanken über ein zweites Kind machen würden. Die Frauen sind herausgefordert und müssen ihrer Verlegenheit Ausdruck geben: Zwei sagen, sie hätten genug; eine sagt: »Ein großes Kind ja, aber kein Baby mehr«; eine weitere bemerkt: »Dann hast du das hinter dir.«

Bei der zweiten Ankündigung einer Schwangerschaft in der 22. Sitzung reagieren die meisten Mütter wieder sehr reserviert. Das Thema kann aber mit weniger Härte angepackt werden, weil die Mütter sich in ihrem jeweiligen Weg sicherer fühlen. Im nachfolgenden Gespräch kommen einerseits die Perspektiven der Schwangeren zur Sprache, indem auf die Geburtsvorbereitungen der anderen schwangeren Mutter eingegangen wird. Andererseits äußern sich die anderen Mütter über ihre künftigen Pläne außerhalb des engeren Familienrahmens. Solche divergenten Entwicklungen sind eine Belastung für die Gruppenkohäsion. Die Erfahrung, Individuelles zuzulassen und die Gruppe trotzdem zusammenzuhalten, wird mit der Erfahrung in der Familie verglichen, bei der sich die Mutter auf die verschiedenen wechselnden Bedürfnisse der Kinder einstellen muss und trotzdem das Ganze nicht aus den Augen verlieren darf.

5.5. Beiträge aus der Vätergruppe

Den Partnern der Gruppenteilnehmerinnen wurde das Angebot gemacht, an gelegentlichen gemeinsamen Treffen teilzunehmen, an denen sie ihre Anliegen in Bezug auf die Krise ihrer Partnerinnen nach der Geburt besprechen konnten, Verständnis für die Entwicklungen in der Frauengruppe und eventuell Anregung für eigene Fragestellungen in Zusammenhang mit der Vaterschaft erhalten konnten. Die Teilnahme war freiwillig.

An der ersten Sitzung, die nach der achten Sitzung der Mutter-Baby-Gruppe stattfand, kamen zwei Väter; an den folgenden drei Sitzungen kamen zwei weitere dazu. Die letzte Sitzung fand vor der Beendigung der Müttergruppe statt. Die Zusammensetzung der Vätergruppe blieb konstant, und die Motivation der Teilnehmer war gut. Bei einem der Väter wurde in der Voruntersuchung eine depressive Entwicklung oder ein Erschöpfungszustand vermutet, was sich im Gruppenverlauf bestätigte. Dieser Vater war sich über seinem Zustand im Klaren und wünschte sich eine intensivere Begleitung, als es die Gruppe darstellen konnte. Ein weiterer Vater war klinisch knapp nicht dekompensiert, aber psychodynamisch intensiv mit den Veränderungen der Vaterschaft beschäftigt. Die zwei Väter, die später dazukamen, beteiligten sich an der Gruppe aus Interesse und weniger aus Not.

Über die Väter, die nicht teilnahmen, hatten die Leiterinnen nur indirekte Informationen durch die Partnerinnen. Gemäß diesen Auskünften war es allen Vätern wichtig, dass sie sich frei für die nähere Beteiligung am Projekt entscheiden konnten. Einige Väter zogen es vor, auf andere Weise ihre Partnerin durch die Krise zu begleiten. Auch für die Mütter war die Freiwilligkeit wichtig. Eine Mutter prangerte den Druck an, den gewisse Veranstalter auf die Partner ausüben würden, damit auch sie Säuglingspflege- oder Elternkurse mitmachen. Dies würde nicht allen Vätern und allen Paaren entsprechen.

Anders als bei der Planung der Gruppe erwartet, zeigte sich von Anfang klar, dass die Arbeit in der Vätergruppe nicht einfach eine Begleitung der intensiver geführten Auseinandersetzungen unter den Müttern sein würde. Sie entwickelte gleich eine eigene Dynamik, in der die Sorgen und eigenständigen Entwicklungsprozesse der Väter selbst im Mittelpunkt standen. Auch die im Vorfeld formulierten Bedenken in Bezug auf die Doppelrolle der Leiterinnen als Verantwortliche für beide Gruppen entpuppten sich als gegenstandslos.

Beide Gruppen nahmen wenig Bezug aufeinander. Die Leiterinnen hatten nicht den Eindruck, dass es sich dabei um eine massive Abwehr handelte. Die hypothetisierte Funktion der Vätergruppe als Hilfe bei Triangulierungsvorgängen bei den Müttern während des Gruppenprozesses kam nicht wie erwartet zu Stande. Strukturierungshilfe für Mütter, die sich in der Mutter-Kind-Dyade zu verlieren drohten, kam im Gruppenkontext – wie ausführlich geschildert – aus verschiedenen Quellen: von den Ratgebern, von anderen Gruppenmitgliedern, von Verweisen auf gesellschaftliche Erwartungen und Regeln. Die Übertragung dieser Erfahrungen mit Einbezug der Väter geschah auf individueller Ebene zu Hause.

Für die Leiterinnen war es eindrücklich zu erleben, wie unterschiedlich der Diskussionsstil beider Gruppen war. Die Männer waren aktiver im Gestalten des Gesprächs, tolerierten wenig Schweigen, stellten sich schnell gegenseitig Fragen. Sie präsentierten sich gut strukturiert und überlegen, wobei der Druck, sich gesellschaftlich angemessen zu verhalten, spürbar und vielleicht durch die Anwesenheit der zwei weiblichen Leiterinnen verstärkt war. Die Gespräche hatten stets einen logischen Faden, sodass sie sehr leicht zu protokollieren waren. Auch im Vokabular kam die Orientierung an gesellschaftlichen Erfahrungen in der Arbeitswelt zum Vorschein. Es wurden in Zusammenhang mit Familie – zum Teil ironisch – Wörter benutzt, die für Frauen ungewöhnlich klingen: Lagebeurteilung, Logistik, Kalkulierbarkeit, Anfängerfehler, optimale und suboptimale Lösungen. Bei der letzten Sitzung, an der die Väter ihre Kinder mitnahmen, konnten sie diese überlegene Haltung nicht mehr ganz durchhalten. Ein Teilnehmer sagte dazu, dass er sich am Anfang – bei den ersten Sitzungen – dieses Experiment, bei dem das Risiko bestand, sich zu sehr exponieren zu müssen, gar nicht zugetraut hätte.

Im Folgenden werden nur wenige Entwicklungen innerhalb der Vätergruppe erörtert und einige Bezüge zwischen mütterlicher Entwicklung und Familie hergestellt, die für die Leiterinnen aus der Gegenüberstellung der Beobachtungen bei den Müttern und der Berichte der Väter ersichtlich wurden.

5.5.1. Gruppenthemen der Väter

In den ersten Sitzungen wurden Probleme angesprochen, die denjenigen der Müttergruppe erstaunlich nahe waren. Es schien, dass am Anfang der Vaterschaftsentwicklung bei den Männern viele Eigenschaften herausgefordert werden, die man gewöhnlicherweise als »mütterlich« bezeichnet. Die Väter, die schon das zweite Kind hatten, konnten mit mehr Distanz über diese Erfahrung berichten. Es kam der große emotionale Sog zum Baby zur Sprache, der zuweilen die Beziehung zur Partnerin in den Schatten stellt, und die Verunsicherung, die sich auch in anderen Beziehungen und in Bezug auf die Arbeit einstellt. Das Thema Abgrenzung stand auch bei den Vätern ganz oben, auch sie hatten Mühe, das Kind in fremde Pflege zu übergeben.

Abgrenzungsprobleme wurden insbesondere in Bezug auf die eigene Mutter formuliert. Ein Vater schilderte auf plastische Weise, wie er, nachdem er jahrelang als selbstständiger Mann gelebt hatte, nach der Geburt des ersten Kindes für seine Mutter plötzlich wieder zum kleinen Sohn wurde. Er hatte unerwartet die schwierige Aufgabe, mit der er früher nicht konfrontiert worden war, Platz für seine Frau frei zu machen. Die Väter meldeten ihre Überforderung in Belangen, die denjenigen der Mütter sehr ähnlich waren.

Einige der Väter formulierten das Bedürfnis nach Strukturen, in denen es möglich wäre, über die Vaterschaft und die damit verbundenen Veränderungen zu reflektieren. Auch für sie stellte die Gruppe einen Ort dar, wo Möglichkeiten aufgezeigt werden sollten, die die Suche nach individuellen Lösungen der anstehenden Probleme hätten erleichtern können. Als ein Vater zum Beispiel einen Streit mit seiner Partnerin schilderte, der aus seiner Identifikation und Parteinahme für das Baby entstand, stellte ihm ein erfahrener Vater seine Meinung gegenüber, dass die elterliche Solidarität auf die Dauer unabdingbar sei und dass die Haltung der Eltern nur so weit auseinander gehen könne, dass diese grundlegende Solidarität nicht in Frage gestellt sei.

Die Aufteilung zwischen Familie und Beruf war eine spezifisch männliche Diskussion, die zum Ausdruck brachte, wie sehr sich auch Väter auf die Familie einstellen müssen. »Kinder haben ist subversiv«, meinte ein Vater. Ein anderer Vater, pragmatischer: »Kinder haben ist nicht Karriere fördernd.« Ein Vater schilderte einfühlsam, wie Kinder große Zeitverzettelung nicht mögen und wie er lernte, seine Freizeit in großen Blöcken zu organisieren.

In den späteren Sitzungen kam das Thema der Rollendifferenzierung zwischen den Partnern in den Vordergrund. In Zusammenhang mit der Abgrenzung vom Kind ging es um die Frage, wer der »Hardliner« sein solle. Manche Eltern versuchten es abwechselnd, andere Väter in der Gruppe waren entschieden für eine klare Rollenzuweisung. Bei letzterer Position sollten die Eltern nur in Ausnahmefällen eine Aufgabe mit dem Kind gemeinsam anpakken (beim Schlafenlegen, Nägelschneiden und Ähnlichem), in der Regel sollte einer der Eltern das übernehmen. Unter den vier Vätern der Gruppe entwickelte sich allmählich ein Selbstverständnis der väterlichen Rolle, die einerseits eine härtere, distanzierende Seite und andererseits eine gute Abstimmung mit der Partnerin beinhaltete. Für einen Vater war diese Haltung eindeutig das Ergebnis eines Entwicklungsprozesses weg von der exzessiven Involvierung, die er in der Babyzeit erlebt hatte. Ein anderer Vater kam dazu, nachdem er seine etwas starre Abgrenzung gegenüber seiner Frau mildern konnte. Die Familienbilder dieser Väter waren und blieben sehr unterschiedlich. Für die einen war die Vorstellung der Mutter als Hausfrau für die Zeit, in der die Kinder klein sind, selbstverständlich, für andere eher absurd. Ein Vater erlebte völlig unvorbereitet, dass seine beruflich hoch engagierte Frau zur Hausfrau wurde.

Gegen Ende der Gruppenarbeit hin lassen sich die Väter auf ein »Experiment« ein, bei dem sie sich von der Mutter-Kinder-Gruppe inspirieren lassen. In der dritten Sitzung diskutieren sie intensiv darüber, wie sehr ein Kind im Zentrum des eigenen Lebens stehen darf. Dabei werden Beispiele über den Umgang ihrer Partnerinnen mit der Gleichzeitigkeit von Arbeit und Kind genannt. Die Väter erzählen auch Episoden aus der Müttergruppe, die ihnen von den Partnerinnen zugetragen wurden. Sie bewundern sehr, ihre Fähigkeit sich an einer Diskussion zu beteiligen, obwohl die Kinder zeitweise unruhig und laut sind. »Wie können sie das nur?« Bei den Leiterinnen kommt als Reaktion dazu ein Gefühl von Stolz auf, das die Mütter selbst erfüllen mag, wenn es ihnen bewusst wird, dass sie die Wellen von Unruhe und großer Involvierung mit den Kindern miterlebt haben und viele chaotische Momente der Gruppe ausgehalten haben. Sie bieten deshalb den Vätern die Gelegenheit an, die letzte Sitzung ebenfalls zusammen mit ihren Kindern abzuhalten, was diese gerne annehmen. Rückblickend muss man sagen, dass eine einzige Sitzung nicht genügt, um diese komplexe Erfahrung auf gleich befriedigende Weise zu erleben.

Alle Väter erschienen mit ihrem jüngsten Kind. Als gefragt wurde, was sie besprechen wollten, sagte ein Vater, ihm sei die Tatsache, dass er mit dem Kind komme, schon Herausforderung genug, die ihn ins Schwitzen bringe. Ein zweiter Vater musste sich die ganze Zeit über immer wieder mit seinem unruhigen Kind abgeben. Zwei weitere Väter fanden leichter den Weg, um zwischen Gespräch unter Erwachsenen und Betreuung des Kindes abzuwechseln. Zum Hauptthema des Gesprächs wurde die Spontaneität der Interaktionen. Als positiver Aspekt wurde einerseits festgehalten, dass die Kinder den Vater zwingen, von seinen fixen Abläufen abzusehen, und so den Alltag bereichern. Anderseits kann die Spontaneität der Kinder überbordend sein und die Väter dazu bewegen, eingrenzend zu intervenieren, wobei die richtige Art nicht immer feststeht.

Es ist bemerkenswert, dass zwei Väter am Ende der Gruppenarbeit eine depressive Stimmung aufwiesen. Bei einem Vater war sie schon am Anfang angedeutet, beim zweiten nicht. Dieses Phänomen ist aus der Behandlung von Müttern mit postpartaler Depression im Einzelsetting wohl bekannt und könnte unterschiedlich gedeutet werden. Manchmal ist es eine später eintretende Erschöpfungsreaktion, nachdem der Vater eine längere Zeit für die nicht leistungsfähige Mutter in die Kindsbetreuung einspringen musste. Manchmal scheint es eine Reaktion auf die Erholung der Mutter, die nicht mehr in gleichem Maße auf den Partner angewiesen ist. Manchmal sind situative Faktoren maßgebend. Wenn man sich auf die hohe Selbstkontrolle dieser Väter am Anfang des Gruppenverlaufes besinnt, dann könnte vermutet werden, dass auch die Verminderung der Abwehr das Manifestwerden der depressiven Reaktion ermöglicht, die also positiv als Zeichen des laufenden Verarbeitungsprozesses zu werten ist.

5.5.2. Bezüge zwischen Entwicklung der Mütter in der Gruppe und in der Familie

Es wurde in der Einleitung dieses Kapitels betont, dass Kleinfamilie und Gruppe zu unterschiedliche Gebilde sind, als dass familiäre und gruppendynamische Prozesse ohne weiteres verglichen werden können. In diesem Abschnitt werden lediglich vereinzelte Beobachtungen und Überlegungen der Leiterinnen wiedergegeben, die durch ihren Einblick in beide Gruppen und die entsprechenden Vergleichsmöglichkeiten ermöglicht wurden.

Eine erste Beobachtung betrifft die Abgrenzungsproblematik als Familienthema. In der Arbeit mit den Müttern wurden Abgrenzungsprobleme gegenüber dem Partner erörtert. Die Mütter machten einen Prozess durch, bei dem sie eine jeweils persönliche Lösung in Hinblick auf die richtige Distanz zum Partner fanden: entweder in der Richtung, dass sich der Partner weniger einmischt, oder in der Richtung, dass der Partner weniger ängstlich auf Distanz gehalten werden muss. In der Vätergruppe konnten die Leiterinnen diese Partner kennen lernen und feststellen, dass häufig eine komplementäre Problematik angesprochen wurde. So fühlte sich ein Partner, dessen Frau über die unterschwellige Konkurrenz bezüglich der Mutterrolle klagte, tatsächlich zu sehr in der Mutterfunktion. Ein anderer Partner wies solche Impulse weit von sich, er vertrat eine in seiner Kultur gültige Auffassung, dass für bestimmte Aufgaben ausschließlich die Mutter zuständig sei; ein Bild, das auch seine Frau, die jedoch etwas mehr Austausch darüber benötigt hätte, vermittelt hatte. Am Ende der Intervention waren in Bezug auf gegenseitige Abgrenzung gute Kompromisse zu Stande gekommen, wobei sowohl die Mütter wie auch die Väter sich weiterentwickelt hatten.

Eng verbunden mit dieser Entwicklung ist der Abgrenzungsprozess gegenüber dem Kind, und zwar deshalb, weil sich die Mütter dabei auf die Hilfe anderer Personen abstützten: in der Gruppe von anderen Müttern, zu Hause meist vom Vater. Bei einer Mutter gelang das Abstillen unter anderem auch, weil die Gruppe sie darin unterstützte, die Hilfe des Vaters zu beanspruchen. Es ist schwer zu sagen, inwiefern die intensive Gruppenarbeit mit den Müttern die spiegelbildliche Entwicklung bei den Vätern in Gang setzte und wie viel die Diskussionen in der Männergruppe (neben anderen Erfahrungen) bewirkten.

Verwandt mit dieser ersten Thematik ist die Rollendifferenzierung. Diese nimmt Bezug auf die jeweiligen Identitätsentwicklungen als Mutter und als Vater. Die mütterliche Identitätsentwicklung konnte in ihren verschiedenen Facetten über mehrere Sitzungen verfolgt werden. Die väterliche Entwicklung ist wiederum komplementär. Dieser Eindruck entstand aus den Erzählungen der Mütter und konnte mit der Sicht der Väter teilweise ergänzt werden. Zwei Beispiele für solche komplementäre Mutterschafts- beziehungsweise Vaterschaftsentwicklungsprofile wurden unter 5.4.3. kurz dargestellt.

5.6. Besonderheiten bei therapeutischen Faktoren und Behandlungstechnik

Die letzten Überlegungen in der Auswertung der Gruppenprozesse sind den Besonderheiten hinsichtlich der therapeutischen Faktoren und in der Behandlungstechnik der gemischten Mutter-Baby-Gruppe gewidmet. Diese zusammenfassende Aufzählung beruht auf den bisher ausgeführten Beispielen, weshalb hier auf eine eingehende Illustrierung verzichtet wird.

5.6.1. Therapie durch Zuschauen

Dieser Faktor wird im Lehrbuch von Irvin Yalom [Yalom, 1985 (1970), S. 51] als einer der wichtigen therapeutischen Faktoren aufgezählt und als Nachahmungsverhalten spezifiziert.

Dabei werden gewisse Verhaltensweisen sowohl der Therapeuten wie auch anderer Gruppenmitglieder nachgeahmt, zum Teil auch nur vorübergehend, sozusagen »zum Ausprobieren«. Eine besondere Bedeutung in der gemischten Gruppe kommt der Möglichkeit der Mütter zu, den Aktivitäten der Kinder zuzuschauen. Die Beobachtung anderer Kinder in ähnlichem Alter schärft den Blick für Unterschiede und erweitert die Aufnahmefähigkeit der Mütter. Gemeinsam beobachten beinhaltet auch vergleichen können, ohne in übermäßiger Weise in Konkurrenz zu treten; es bedeutet, Differenzen feststellen zu können, ohne destruktiv zu werten, und einmalige persönliche Entwicklungen zu akzeptieren. Außerdem werden durch die gemeinsame Beobachtung die Kinder als wichtige Gruppenteilnehmer und damit als Individuen definiert; das hilft den Müttern, zusammen mit der Besetzung der Beziehungen zu den anderen Teilnehmerinnen, von der gewohnten Nähe zum Kind mehr Distanz zu gewinnen.

Bei den Babys war gegenseitiges Nachahmen sehr häufig zu beobachten. Es konnte bei einer einzelnen Handlung sein, zum Beispiel als ein Baby das Husten ausprobierte, gleich nachdem es ein anderes beim Husten sehen konnte; oder es waren komplexere Aktivitäten, zum Beispiel eine ganze Spielsequenz, die nachgeahmt wurden. Diese Tätigkeiten der Kinder werden als Teil der normalen psychosozialen Entwicklung verstanden; der therapeutische Aspekt ist nur insofern vorhanden, als diese Schritte durch die Beobachtungen der Mütter in die allgemeine Reflexion aufgenommen werden.

5.6.2. Inszenierungen und interpersonales Lernen

Der ebenfalls von Yalom erwähnte therapeutische Faktor des interpersonalen Lernens umschreibt eine umfangreiche und komplexe Entwicklung, die individuell wirksame Elemente wie Einsicht und Durcharbeiten der Übertragung neben gruppenspezifischen Elementen beinhaltet. Letztere sind mit der Bedeutung interpersonaler Beziehungen und der Möglichkeit, korrigierende emotionale Erfahrungen in der Gruppe zu erleben, verbunden. Weil im Gruppenverlauf häufig averbale Inszenierungen solche Lernprozesse in Gang setzten, werden hier beide Begriffe zusammen behandelt. Ein verwandter Begriff, der in den den Gruppenprozess begleitenden Supervisionen mehrfach erwähnt wurde, war derjenige des sozialen Übungsraumes.

Die Gruppe war am Anfang ein *sozialer Übungsraum* für die Mütter hinsichtlich der Suche nach der richtigen Distanz zum Kind. Es waren stets verschiedene Aufführungen der Mutter-Kind-Dyade vorhanden: vom innigen Stillen bis zum Kontakt auf Entfernung. Jede Mutter änderte ihre Position zum Kind während einer Sitzung, und dennoch waren Tendenzen und Stile in der Betreuung erkennbar. Über mehrere Sitzungen waren diesbezüglich persönliche Entwicklungen erkennbar.

Ein weiteres Übungsfeld betraf die Erfindung neuer Umgangsformen mit dem wachsenden Kind. Eingeübte, einmal adäquate Formen waren plötzlich nicht mehr passend. An den Handlungen der Mütter mit älteren Kindern konnte die jüngere Mutter Anregung erhalten, und doch musste sie das im Moment für ihr Kind Richtige selbst erfinden. In folgendem Beispiel aus der 14. Sitzung wird illustriert, wie in der Gruppe die richtige Handlung, um ein Kind zu beruhigen, gesucht und gefunden wird. Es geht um altersgerechte Beschäftigung, aber die Frage ist nicht leicht zu beantworten, weil das Kind in einer regressiven Bewegung steckt.

In dieser Sitzung meldete L. ihre zweite Schwangerschaft an. Sie klagt später, dass Laura in letzter Zeit weinerlich ist und an ihr »klebt«; Laura will aufrecht gehen, kann es aber noch nicht alleine und fordert dauernd die Begleitung der Mutter. Es kommt auch in der Sitzung so weit, dass L. lange Zeit mit leidendem Ausdruck Laura im Nebenraum herumführt. Als sie sich wieder hinsetzt, beginnt Laura zu weinen und zu quengeln. Weil die Mutter sie diesmal nicht beachtet, torkelt sie zu U., fällt aber um. FP möchte L. entlasten, nimmt Laura zu sich und versucht, sie mit Reden und Streicheln zu trösten – erfolglos. Laura steht wieder quengelnd vor ihrer Mutter. Jetzt versucht J., sie abzulenken, und zwar indem sie ihr einen Plastikzylinder entgegenrollt. Das Ding rollt anderswo hin, aber Laura scheint interessiert. J. nähert sich und baut mit den Zylindern vor ihr einen Turm. Laura ist endlich beruhigt und macht mit. Das Einsteigen auf Lauras regressives Verhalten war wirkungslos, ein altersgemäßes Spielangebot holte sie aus ihrer Verstimmung heraus.

Die Gruppe ist für die Mütter ein sozialer Übungsraum auch in einem weniger konkretistischen Sinn als bisher geschildert. Die Abgrenzungsproblematik gegenüber anderen Erwachsenen äußert sich auf der Ebene des Sich-Öffnens und Einlassens auf eine Auseinandersetzung, ohne sich zu verlieren. Die Wiederholung solcher Sequenzen trägt zur Festigung der Ich-Grenzen bei. In gruppenanalytischen Begriffen spricht man in diesem Zusammenhang von »Ego-Training in action«.

Auch für die Kinder ist die Gruppe als sozialer Übungsraum wirksam. Darin finden sie nicht nur Gelegenheit für Nachahmung, sondern wie die Mütter die Bedingungen für das Einüben von zunehmender Autonomie. Sie können die Umwelt erkunden mit der Möglichkeit, jederzeit Beruhigung oder Unterstützung in der Nähe mit der Mutter zu finden.

5.6.3. Übergänge von der averbalen Kommunikation zur Sprache

In der Gruppe mussten averbales Verhalten und die Gruppenstimmung gezielt zur Kenntnis genommen werden, wenn sie eine Störung in der Kommunikation darstellten. Eine bis anhin vage wahrgenommene Spannung im Beziehungsgeschehen konnte durch Verbalisierung und kognitive Erarbeitung in der Gruppendiskussion zumeist die Lösung des anstehenden Konfliktes anbahnen. Diskussionen waren das Medium, in dem eine Palette von Lösungsansätzen für die typischen Konflikte der Mutterschaft erarbeitet wurden. Spannungen konnten auch ein Indiz eines Missverständnisses sein. Wenn bei einer Gruppenteilnehmerin Veränderungen eingetreten waren, die von anderen Frauen nicht richtig eingeschätzt wurden, konnte das Gespräch dazu führen, dass falsch gewordene Vorstellungen und Vorurteile korrigiert wurden.

5.6.4. Therapeutische Leistungen und Meinungsbildung der Gruppenleiterinnen

Die erste Aufgabe der Gruppenleiterinnen war, die Rahmenbedingungen der Gruppe zu definieren und aufrechtzuerhalten. Erste Angriffe gegen den Rahmen wurden schon im Vorfeld geführt, indem von einer Mutter die Teilnahme der älteren Geschwister gefordert wurde. Infragestellungen des Rahmens (Geschwister, Zeitstruktur, Ein- und Austrittregeln) waren Bestandteil der Auseinandersetzungen um die Abgrenzung.

Eine weitere Aufgabe war die Eingrenzung von Angst, die bei zu bedrohlichen Dekompensierungserscheinungen einzelner Gruppenteilnehmerinnen die Gruppe anzustecken drohte. Die Leiterinnen mussten dies mit Strukturierung sowohl innerhalb der Beratung mit der betroffenen Frau wie auch mit der Bereitstellung von externer Hilfe zwischen den Gruppensitzungen bewerkstelligen. Es handelte sich dabei um eine genuin psychiatrische Funktion; die Gruppenteilnehmerinnen appellierten in solchen Situationen an ihre Fachkompetenz.

Des Weiteren waren die Leiterinnen in einer Art und Weise am gruppen-

244

dynamischen Prozess beteiligt, die sie nicht von den anderen Gruppenteil-nehmerinnen unterschied. So wurden sie in Polarisierungsprozesse verstrickt, bekamen Rollen zugeschrieben und bildeten sich Vorstellungen über Rollen anderer Teilnehmerinnen. Sie waren vielleicht erfahrener als die anderen Frauen im Wahrnehmen latenter Prozesse und konnten sie häufig früher er-kennen. Verbalisieren und deuten – in bestimmten Situationen aufgrund des Prozessverständnisses averbal intervenieren und handeln – waren Tätigkei-ten, die nicht nur Privileg der Leiterinnen und Therapeutinnen waren, son-dern sie waren häufig in der Kompetenz der ganzen Gruppe. In sehr schwie-rigen Konflikten verließen sich aber die Teilnehmerinnen auf die Erfahrung der Leiterinnen.

Die wichtigste Hilfe für persönliche therapeutische Entwicklungen war die Einbettung in eine Gruppenkultur, die eine spezifische Orientierung an die Bedürfnisse junger Mütter mit Babys und eine spezifische Affinität für ihre Veränderungsprozesse und ihre Konflikte aufwies. Die Gruppenleiterinnen unterstützten die Entwicklung dieser Kultur und versuchten sie so zu lenken, dass sie so viel Offenheit, Ambivalenz und Toleranz wie möglich aushalten würde, ohne dass sich die Extreme zu bekämpfen beginnen würden.

Die intensive und zeitweise leidenschaftliche Gruppenarbeit veränderte nicht nur die Mütter, die ohnehin einen Veränderungsprozess durchmachen mussten und auch erwünschten, sondern beeinflussten auch wichtige Mei-nungen der Leiterinnen und gestalteten sie mit. Diese flossen bei den Pro-zessdarstellungen ein und sind dort besonders deutlich gekennzeichnet, wo sie als Korrektur von Vorurteilen bezeichnet wurden. Häufig handelte es sich um diskret unterschiedliche Wertungen von der Mutterschaft inhärenten Haltungen. Ein Beispiel dazu ist die Diskussion über Regression, die ganz anders gesehen werden soll, je nachdem ob die Mutter diese psychische Be-wegung aus einer Position der Stärke zulässt oder ob sie aus Schwäche davon überrollt wird.

Eine wichtige Klärung ergab sich bei der Diskussion mit den Müttern über den Begriff Depression. Die Reaktion der Mütter, die sich gegen diese als negativ empfundene Bezeichnung wehrten, obwohl es ihnen klar war, dass sie die entsprechenden diagnostischen Kriterien erfüllten, eröffnete eine Dis-kussion darüber, wo die Grenze des Leidens ist, wofür sich die medizinische Institution für zuständig erklären soll und damit als Pathologie erklären soll. Es wird als zutiefst ungerecht empfunden, wenn man eine psychische Arbeit leistet – die Anpassung an das Baby und an seine Sozialisierung –, die obligat ist und allen zugute kommt, und wegen der dabei auftretenden Schwierigkei-ten sich pathologisieren lassen muss.

Die Projektgruppe vollzog die Gratwanderung zwischen therapeutischer Intervention und präventiver Selbsthilfearbeit: Sie war eindeutig vom aktiven

Interesse der Teilnehmerinnen am gegenseitigen Austausch unter in einer gemeinsamen Aufgabe engagierten Frauen getragen und wäre ohne fachliche Unterstützung weder zu Stande gekommen noch über die lange Zeit bestehen geblieben. Im letzten Kapitel werden die hier angeschnittenen, über die engere Projektarbeit hinausgehenden Gedanken weiter ausgeführt, die die Verortung der Gruppe im gesellschaftlichen Umfeld umschreiben.

6. Frühe Kindheit, Gesellschaft und Kultur

Die Auswertung der Prozesse, die sich im Gruppenverlauf entfaltet haben, sowie der in diesem Raum behandelten Themen zeugt vom Reichtum der emotionalen Erfahrung der Frau vor und nach der Geburt; sie zeichnet ihre allmähliche Entwicklung zur Mutter nach. Denn Mutter – im psychischen Sinne – ist sie nicht von Anfang an, sondern sie wird es, indem sie sich den Gefühlen und Gedanken aussetzt, die sie in der Beziehung zu ihrem Kind erlebt und die in den ersten Lebensmonaten des Babys ihre ganze Aufmerksamkeit beanspruchen. Diese Erfahrungen sind manchmal verwirrend oder überwältigend, und es fällt der jungen Mutter schwer, sie in Worten zu formulieren. In einer Gruppe von Müttern mit ihren Babys, wie sie beschrieben worden ist, kommen manchmal auch extreme Spannungssituationen zum Vorschein, die in ihrer Deutlichkeit nachträglich das Verständnis versteckter Konflikte erleichtern. Die Mütter befinden sich in einer Zeit intensiver Beschäftigung mit einer Vielzahl von Anforderungen, die für alle gemeinsame Züge aufweisen. Im Vordergrund steht die Alltagsnähe der Schwierigkeiten, die sich einstellen. Die Grenze zur Überforderung – zur Unfähigkeit, ein Problem zu lösen, oder zu unzweckmäßigen, unangepassten Reaktionsweisen – ist fließend. Es ist daher nicht verwunderlich, dass die Betroffenen sich zunächst gegen die Zuschreibung einer psychiatrischen Diagnose wehren. Im Zusammenhang mit der Tatsache, dass so viele junge Mütter psychisch dekompensieren und dass sie und ihre Familien die nötige Unterstützung durch ihre soziale Umgebung vermissen, stellt sich die Frage, ob dieser Zustand auch durch gesellschaftliche Bedingungen und Entwicklungen mit hervorgerufen worden ist. In diesen Abschlussbetrachtungen soll deshalb die Aufmerksamkeit auf einige Aspekte des Verhältnisses zwischen den mit der Betreuung kleiner Kindern betrauten Eltern oder deren Vertreter und der Gesellschaft als Ganzem gelenkt werden.

Die Geschichte des Begriffes der postpartalen Depression in der psychiatrischen Diagnostik (s. 1.2.1.), die auf das 19. Jahrhundert zurückgeht, zeugt von der Ambivalenz und Hemmung, diesem Syndrom überhaupt eine Spezifität zuzubilligen. Seit den Achtzigerjahren ist eine explosionsartige Zunahme der Forschung auf diesem Gebiet zu verzeichnen und damit einhergehend eine neuerliche Problematisierung dieser Störung innerhalb der Psychiatrie. Die Psychiatrie hat sich nun der postpartalen Dekompensierungen bei den Müttern angenommen und arbeitet daran, Therapien und andere Hilfsangebote zu entwickeln. Das ist ganz sicher auch der Entdeckung neuer Behandlungsansätze, die sich aus der Integration von Impulsen aus der Säuglingsforschung ergeben haben, zu verdanken. Aber das allein ist nicht der Grund für das gestiegene Interesse an dieser Diagnose. Die Psychiatrie nimmt einen Druck auf, der sich in den Jahrzehnten zuvor nicht so massiv ausgewirkt hat.

Die Erfahrungen der psychotherapeutischen Praxis deuten darauf hin, dass Familien mit kleinen Kindern vermehrt besonderen Belastungen ausgesetzt sind, die auf zwei gesellschaftliche Entwicklungstrends zurückzuführen sind. Zum einen gibt es immer weniger informelle Orte, in denen die Alltagssorgen junger Eltern in einem solidarischen Rahmen geteilt und mitgetragen werden. Dabei spielen die Veränderungen der Familienformen in der urbanisierten Gesellschaft eine große Rolle, insbesondere das Wegfallen der früher im Kontext der erweiterten und mehrgenerationalen Familiennetze geleisteten Unterstützung. Darüber hinaus ist in letzter Zeit eine allgemein vorhandene, überhöhte Anforderung zu spüren, sich in jeder Lebenslage möglichst autonom behaupten zu können, eine Anforderung, die sich zuerst in der Geschäfts- und Arbeitswelt durchgesetzt hat und jetzt auch im häuslichen Bereich wirksam wird. Als Reaktion auf diese Entwicklung ist es erforderlich, dass – neben der punktuellen Hilfe, die in individuellen Behandlungen angeboten werden kann – eine neue soziale Kultur entwickelt wird, die in Krisen in der Zeit um die Geburt neue Formen der Begleitung bereitstellt, die an die Stelle der früheren, in die Familie integrierten Formen der Unterstützung treten.»Krise« ist hier im weitesten Sinne als eine Zeit von Entscheidungen und Veränderungen zu verstehen.

Eine Erfahrung aus der Projektgruppe:
Bedeutung der Gruppenkultur

Eine Gruppe von Müttern mit ihren Babys, wie sie im vorliegenden Projektbericht beschrieben und zuvor erprobt worden ist, ist ein solcher vorübergehender, geschützter Ort, an dem ein bedeutender Teil der Sorgen und Fragen der postpartalen Zeit vertreten und aufgehoben ist. Die Mütter können darauf zählen, dass sie andere Frauen antreffen, die ihre Ängste und ihre Bedürfnisse ohne umständliche Erklärungen verstehen. Sie können hoffen, dass andere Mütter Interesse und Geduld aufbringen, sich in Probleme hineinzudenken, die Nichtbetroffenen schwer zu vermitteln sind. Sie werden erfahren, dass sie sich nicht für Verhaltensweisen rechtfertigen müssen, die sich im Umgang mit Babys einstellen und von Unbeteiligten zu schnell als regressiv abgewertet werden.

Die Eigenschaften, die diesen haltenden Kontext ausmachen, wurden in dieser Arbeit unter dem Begriff der Gruppenkultur subsumiert. Diese hat sich als der notwendige Boden erwiesen, auf dem sich weitergehende therapeutische Prozesse entfalten können und der immer wieder als Orientierung für die teilnehmenden Mütter, die in vieler Hinsicht sehr unterschiedliche Ziele und Perspektiven verfolgen, dient. Die Wahrnehmung dieses gemeinsamen Bodens bedeutet für die einzelne Mutter, dass sie die Bereitschaft der anderen, sich der bewegenden und noch unklaren Gefühle und Gedanken um das Muttersein anzunehmen und sich damit zu befassen, als etwas Selbstverständliches voraussetzen kann.

Aber es ist ein angreifbarer Boden, der erst bereitet und dann aufrechterhalten werden muss. Er ist bestimmt durch den besonderen Stellenwert, der der Anwesenheit der Babys und ihrer Kommunikationsweise, die ein Teil der Kommunikationswelt ihrer Mütter wird, zuerkannt wird. Diese spezifische Gruppenkultur wird in starkem Maße durch die averbalen Aspekte der Mutter-Kind-Interaktion, die sich von der averbalen Kommunikation unter Erwachsenen unterscheiden, geprägt. Einer davon ist die hohe physische Aktivität, die neben dem Gespräch zum Teil in Form von Babypflege und Betreuung und zum Teil aus eigenständiger Initiative der Kinder stattfindet. Weitere Aspekte sind die Körperlichkeit und die Sinnlichkeit, die in der frühen Mutter-Kind-Beziehung viel Platz einnehmen, wie auch eine Reihe von dem Alter des Kindes angepassten Verhaltensweisen. Die Lebenserfahrung der Kinder entwickelt sich entlang der Beschäftigung mit kleinen Dingen und Auseinandersetzungen, die eine gezielte Aufmerksamkeit und Sensibilität erfordern. Typisch für die Entwicklung der Mütter und der Kinder in dieser veränderungsreichen Zeit ist das schnelle Tempo im Wechsel der Stimmungen und der Beziehungsqualität, der sich zuweilen in Sekunden vollziehen kann.

Eine Gruppe wie die beschriebene wird zu einem sozialen Übungsraum sowohl für die Mütter wie auch für die Babys und Kleinkinder. Beide können in gelebten Interaktionen das richtige Maß an Nähe und Distanz erkunden. Die Mütter können, indem sie andere Mutter-Kind-Interaktionen sehen und wahrnehmen, ihre eigene Palette an Umgangsformen mit dem wachsenden Kind erweitern und etwas über die Eigenheiten anderer Altersstufen lernen. Die Kinder finden viele Gelegenheiten, sich mit anderen Kindern und anderen Erwachsenen auszutauschen, nachzuahmen und auszuprobieren. Vieles findet in der Aktion statt. Das Klima in der Gruppe, das nicht nur vertrauensvoll, sondern auch für das Zusammensein mit Kleinkindern sensibel ist, macht es möglich, dass viele Gesten schon wortlos verstanden werden.

Inszenierungen von unverstandenen Konflikten in der Mutter-Kind-Interaktion bieten die Chance, dass diese – oft mit einer zeitlichen Verzögerung und angestoßen durch eine für den betreffenden Konflikt besonders sensible Mutter – zur Sprache gebracht werden und in der Diskussion unter den Müttern reflektiert werden können. Im gelingenden Fall öffnet sich für die betroffene Mutter dadurch der Weg, nicht weiter den überwältigenden Emotionen ausgeliefert zu sein, sondern die Erfahrungen, die sie gemacht hat, zu verstehen und somit einen Spielraum an Verfügbarkeit zu gewinnen. Auf diese Weise werden in den Gruppendiskussionen Konflikte geklärt und Perspektiven eröffnet. Eine therapeutisch geleitete Mutter-Baby-Gruppe hat den Vorteil, dass darin die immer wieder drohenden Abbrüche der Gruppenzugehörigkeit aufgefangen und die eingeleiteten Lernprozesse unterstützt werden. Die Mütter können so in ihrer Kompetenz, mit den postpartalen Veränderungen umzugehen, gezielter Fortschritte machen. Sie begreifen zunehmend, was in ihnen vorgeht, und werden nicht mehr so leicht von Ängsten überschwemmt. Die Tatsache, dass informelle Gruppen von Müttern mit ihren Babys sich häufig als instabil erweisen, und vor allem, dass »schwierigere« Mütter kaum Anschluss finden, spricht dafür, dass eine fachliche Begleitung einen wichtigen Beitrag für die kontinuierliche Verarbeitung der anfallenden Verunsicherungen in einem solidarischen Rahmen leistet. Trotz der therapeutischen Unterstützung werden aber die persönlichen Entwicklungen, die die Mütter in diesem Rahmen durchmachen, als dieser Lebensphase zugehörig und als normal empfunden.

Mütter-Baby-Gruppe zwischen Therapie und Begleitung

Die Erfahrungen mit der Projektgruppe haben zu der wichtigen Einsicht geführt, dass es von Vorteil und angemessen ist, die Frage der Pathologie der mütterlichen Krise offen zu lassen. Die Gruppe umfasst Mütter mit ähnlichen Fragestellungen und Problemen: Einige haben viele Ressourcen, um diese zu bewältigen, andere sind bezüglich ihrer Fähigkeit, damit fertig zu werden, und bezüglich ihrer psychischen Verfassung gefährdet. Die therapeutische Mütter-Baby-Gruppe ist dabei eine Chance auch für die gefährdeten Mütter, die von einer Dekompensation bedroht oder schon mehr oder weniger eindeutig davon betroffen sind. Es ist bei der Erstbegegnung und beim weiteren Austausch mit ihnen wichtig, nicht die Seite der Gefährdung in den Vordergrund zu rücken, sondern die Alltäglichkeit der Krisensituation, die alle Mütter betrifft, und die Perspektive der möglichen Bewältigung vor Augen zu haben.

Für die Therapeuten bedeutet dies einen Verzicht auf die diagnostische Etikettierung beim Eintritt in die Gruppe, da die Diagnose »postpartale Depression« die Unterwerfung unter einen anderen, von außen aufgedrängten Diskurs und damit eine Aufgabe der Selbstdefinition, um die ja gerade gerungen wird, bedeutet. Diese Nichtetikettierung vonseiten des Therapeuten ist eine wichtige Voraussetzung, damit der Mutter die Gratwanderung der Selbstwahrnehmung bei der Aufgabe, sich neu zu definieren und im Spannungsfeld der allgegenwärtigen Thematik des Abhängigkeits-Autonomie-Konfliktes zu einer eigenständigen Entwicklung zu finden, gelingt.

Nichtsdestoweniger muss der Therapeut seine Aufmerksamkeit auf das zu wenig Anerkannte, die persönliche Leidenserfahrung jeder Mutter richten. Erst diese Anerkennung befreit die Mutter von ihrer Isolation und öffnet ihr den Weg für deren Überwindung. Dies gilt sowohl für die von psychischer Dekompensierung gefährdeten Mütter wie auch für diejenigen, die über genügend Ressourcen verfügen und nicht grundsätzlich überfordert sind.

Diese Position steht insofern im Konflikt mit den gegenwärtigen gesundheitspolitischen Konventionen, dass Psychotherapie in den Zuständigkeitsbereich der Krankenversicherungen fällt und diese ihre Leistungen von der Zuschreibung einer Diagnose, die das psychische Leiden im Sinne einer anerkannten Pathologie spezifiziert, abhängig macht. Es besteht aber kein Zweifel, dass die therapeutische Leitung beim beschriebenen Gruppenangebot notwendig ist, und auch, dass Kosten einer solchen Gruppe für Mütter in Krise vom Gemeinwesen übernommen werden sollten. Die Mütter-Baby-Gruppe ist ein Angebot, das dem offensichtlich gewordenen Bedürfnis nach vermehrter Unterstützung von Familien mit kleinen Kindern in der heutigen Gesellschaft Rechnung trägt.

Einbettung der frühen Kindheit in der Kultur

Die Mutterschaftserfahrung ist häufig durch soziale Isolation – bei allen Müttern der Projektgruppe war dies der Fall – begleitet. Ein Teil dieser Isolation ist jeder Erfahrung eines tief greifenden Wechsels immanent. Ein weiterer Teil der Isolation hat mit psychodynamisch relevanten Projektionen und Polarisierungen zu tun, die auf der Suche nach persönlichen Lösungen aus den Mutterschaftskonflikten inszeniert werden. Aber ein nicht unerheblicher Teil dieser Isolation hat mit dem ungenügenden Blick auf die Mutterschaft und die frühe Kindheit oder der ideologisch verzerrten Sichtweise zu tun, mit der die Gesellschaft und die gegenwärtige Kultur ihnen gegenübertreten. Die Leistung, die Eltern für die Sozialisation der Kleinkinder als neue Mitglieder der Gemeinschaft erbringen, wird zu wenig beachtet und gewertet. Kinder großzuziehen, gilt immer noch vor allem als privates Vergnügen und wird weit gehend der privaten Verantwortung überlassen.

In rechtlicher Hinsicht sind in den letzten Jahrzehnten sicher Fortschritte erzielt worden, indem das Recht auf Arbeitsurlaub und auf eine gewisse finanzielle Unterstützung nach der Geburt festgeschrieben wurden. Allerdings bestehen in den westeuropäischen Staaten große Unterschiede, und in einigen davon – insbesondere in der Schweiz – sind diese Rahmenbedingungen bei weitem nicht genügend. Für die psychische Anforderung, mit der die Mütter bei der Babypflege und -erziehung in der heutigen urbanen Gesellschaft konfrontiert sind, besteht hingegen bis heute kein soziales Bewusstsein. Am ehesten wird noch über die Dekompensation überforderter Mütter diskutiert. Die Thematisierung der postpartalen Depression in den öffentlichen Medien ist aber nicht unbedingt der richtige Weg, um die Mütter zu entlasten. Sie greift in eine verwundbare individuelle Dynamik ein und riskiert, Fronten zu verhärten, dort, wo flexible Lösungen nötig wären.

Gefordert wäre eine größere Aufmerksamkeit in der ganzen Gesellschaft gegenüber Bedürfnissen von Müttern, die im heute üblichen Rahmen der Kleinfamilie in der Aufgabe der Kleinkinderziehung bestehen müssen. In diesem Sinne will diese Schrift auch einen Beitrag zur Sensibilisierung der Öffentlichkeit für die feineren Mechanismen und Umstellungen der frühen Mutterschaft leisten. Für die jungen Mütter wäre es hilfreich, wenn die in der Projektgruppe erarbeitete Haltung weiter verbreitet wäre. Es sollte möglich sein, dass sie in ihrer Nachbarschaft Verständnis für die eintretenden Veränderungen, Respekt und Bereitschaft zum Entgegenkommen erleben. Dazu gehört Toleranz gegenüber den schnellen Stimmungswechseln und kurzfristigen Änderungen ihrer Absichten. Die Schwierigkeit, sich zuverlässig an Abmachungen zu halten, sollte als vorübergehende Unterordnung der Aktivitäten der Mütter unter die Rhythmen des Babys in Kauf genommen werden.

Darüber hinaus sollten Initiativen unterstützt werden, die halböffentlichen Räume für Mütter oder Väter mit ihren kleinen Kindern schaffen, in denen ein weitergehender Austausch zu den Fragen, die Eltern in dieser Zeit bewegen, möglich würde. In solchen gezielt hergestellten Räumen – etwa durch Angebote in Quartierzentren oder ähnlichen Institutionen – sind die Voraussetzungen gegeben, die Rückmeldungen zum Umgang mit dem Kind durch erfahrenere Eltern und die emotionale Spiegelung bezüglich den intimen Veränderungen, die sich bei der Erarbeitung der elterlichen Identität einstellen, ermöglichen.

Junge Mütter erfüllen eine Aufgabe, die für sie zu einer der wichtigsten Lebenserfahrungen und zur persönlichen Weiterentwicklung führt und die zugleich für die ganze Gesellschaft von unschätzbarer Bedeutung ist. Weil die herkömmlichen informellen und familiären Unterstützungsformen schwinden, können wir sie in dieser anspruchsvollen Lebensphase nicht alleine lassen.

Literatur

Abraham, K. (1912). Ansätze zur psychoanalytischen Erforschung und Behandlung des manisch-depressiven Irreseins und verwandter Zustände. In K. Abraham, *Psychoanalytische Studien (1982)*, Band 1, 146-162. Frankfurt am Main: Fischer.

Ahlin, G. (1985). On thinking about the group matrix. *Group Analysis,* 18(2), 111-119.

Ahlin, G. (1988). Reaching for the group matrix? *Group Analysis,* 21, 211-226.

Ainsworth, M. D. S., & Witting, B. A. (1969). Attachment and the exploratory behavior of one-years-olds in a strange situation. In B. M. Foss (ed.), *Determinants of infant behavior.* New York: Basic Books.

Arbeitskreis OPD (Hrsg). (1996). *Operationalisierte psychodynamische Diagnostik. Grundlagen und Manual.* Bern: Hans Huber.

Ballard, C. G., Stanley, A. K., & Brockington, I. F. (1995). Post-traumatic stress disorder (PTDS) after childbirth. *British Journal of Psychiatry,* 166, 525-528.

Ballou, J. (1978). The significance of reconciliative themes in the psychology of pregnancy. *Bulletin of the Menninger Clinic,* 42(5), 383-413.

Barrows, P. (1999). Fathers in parent-infant psychotherapy. *Infant Mental Health Journal,* 20(3), 333-345.

Barth, R. (1998). Psychotherapie und Beratung im Säuglings- und Kleinkindalter. In K. von Klitzing (Hrsg.), *Psychotherapie in der frühen Kindheit,* 72-87. Göttingen: Vandenhoek & Ruprecht.

Baumgart, M. (1991). Psychoanalyse und Säuglingsforschung: Versuch einer Integration unter Berücksichtigung methodischer Unterschiede. *Psyche,* 45(9), 780-809.

Baumgart, M. (1994). Die psychoanalytische Metapsychologie im Lichte der Säuglingsorschung: verwerfen oder überdenken? In F. Pedrina, E. Garstick, M. Mögel & E. Burkhard (Hrsg.), *Spielräume. Begegnungen zwischen Kinder- und Erwachsenenanalyse,* 51-82. Tübingen: edition diskord.

Beck, A. T., Rush, A. J., Shaw, B. F., & Emery, G. (1979). *Cognitive therapy of depression.* New York: The Guilford Press.

Behr, H. L., Hearst, L. E., & Kleij, v. d. (1985). Der Beitrag von S. H. Foulkes zur Entwicklung einer analytisch fundierten Gruppendynamik. In P. Kutter (Hrsg.), *Methoden und Theorien der Gruppenpsychotherapie.* Stuttgart-Bad Cannstatt: frommann-holzboog.

Benedek, T. (1959). Parenthood as a developmental phase. *Journal of the American Psychoanalytic Association,* 7, 389-417.

Bettes, B. A. (1988). Maternal depression an motherese: temporal and intonational features. *Child Development,* 59, 1089-1096.

Beutel, M. (2000). Trauerreaktionen und ihre therapeutische Begleitung. In N. Hoffmann & H. Schauenburg (Hrsg.), *Psychotherapie der Depression,* 156-165. Stuttgart: Thieme.

Bibring, G. L., Dwyer, T. F., Huntington, D. S., & Valenstein, A. F. (1961). A study of the psychological processes in pregnancy and of the earliest mother-child-relationship. *The Psychoanalytic Study of the Child,* 16, 9-72.

Bion, W. R. (1967). *Second thoughts: selected papers on psychoanalysis.* London: Heinemann Medical Books.

Böker, H. (Hrsg.). (2000). *Depression, Manie und schizoaffektive Psychosen. Psychodynamische Theorien, einzelfallorientierte Forschung und Psychotherapie.* Giessen: Psychosozial-Verlag.

Bowlby, J. (1958). The nature of the child's tie to his mother. International *Journal of Psychoanalysis,* 39, 350-373.

Bowlby, J. (1969). *Attachment and loss.* Vol. 1: Attachment. New York: Basic Books.

Bowlby, J. (1988). *A secure base.* London: Routledge.

Bowlby, J., Robertson, J., & Rosenbluth, D. (1952). A two-year-old goes to hospital. *The Psychoanalytic Study of the Child,* 7, 82-94.

Brazelton, T. B., & Cramer, B. (1990). *The earliest relationship: parents, infants and the drama of attachment.* Reading, Mass: Addison-Wesley.

Brisch, K. H. (1999). *Bindungsstörungen. Von der Bindungstheorie zur Therapie.* Stuttgart: Klett-Cotta.

Brockington, I. F. (1996). *Motherhood and mental health.* Oxford: Oxford University Press.

Campbell, S. B., Cohn, J. F., Flanagan, C., Popper, S., & Meyera, T. (1992). Course and correlates of postpartum depression during the transition to parenthood. *Development and Psychopathology,* 4, 29-47.

Caplan, H. L., Cogill, S. R., Alexandra, H., Robson, K. M., Katz, R., & Kumar, R. (1989). Maternal depression and the emotional development of the child. *British Journal of Psychiatry,* 154, 818-822.

Cogill, S. R., Caplan, H. L., Alexandra, H., Robson, K. M., & Kumar, R. (1986). Impact of maternal postnatal depression on cognitive development of young children. *British Medical Journal,* 292, 1165-1167.

Cohn, J. S., Campbell, S. B., Matias, R., & Hopkins, J. (1990). Face-to-face interaction of postpartum depressed and nondepressed mother-infant pairs at 2 months. *Developmental Psychology,* 26, 15-23.

Cohn, J. S., & Tronick, E. Z. (1983). Three-month-old infant's reaction to simulated maternal depression. *Child Development,* 54, 185-193.

Cooper, P. J., Campbell, E. A., Day, A., Kennerley, H., & Bond, A. (1988). Non-psychotic psychiatric disorder after childbirth. A prospective study of prevalence, incidence, course and nature. *British Journal of Psychiatry, 152*, 799-806.

Cooper, P. J., & Murray, L. (1995). Course and recurrence of postnatal depression. Evidence for the specifity of the diagnostic concept. *British Journal of Psychiatry, 166*, 191-195.

Cooper, P. J., & Murray, L. (1997). The impact of psychological treatments of post-partum depression on maternal mood and infant development. In L. Murray & P. J. Cooper (Eds.), *Postpartum Depression and child development* (pp. 201-220). New York: The Guilford Press.

Corboz-Warnery, A., Fivaz-Depeursinge, E., Bettens, C., & Favez, N. (1993). Systemic analysis of father-mother-baby interactions: The Lausanne Triadic Play. *Infant Mental Health Journal, 14*, 298-316.

Cox, J. L., Holden, J. M., & Sagovsky, R. (1987). Detection of postnatal Depression. Development of the 10-item Edinburgh Postnatal Depression Scale. *British Journal of Psychiatry, 150*, 782-786.

Cox, J. L., Murray, D., & Chapman, G. (1993). A controlled study of the onset, duration and prevalence of postnatal depression. *British Journal of Psychiatry, 163*, 27-31.

Coyne, J. C. (1976). Toward an interactional description of depression. *Psychiatry, 39*, 28-40.

Cramer, B. (1993). Are postpartum depressions a mother-infant relationship disorder? *Infant Mental Health Journal, 14*(4), 283-297.

Cramer, B. (1996). Vicissitudes des identifications maternelles. In J. Manzano (éd.), *Les relations précoces parents-enfants et leurs troubles*, 21-36. Chêne-Bourg: Médecine et Hygiène.

Cramer, B., & Palacio-Espasa, F. (1993). *La pratique des psychothérapies mères-bébés. Etudes cliniques et techniques*. Paris: Presses Universitaires de France.

Cramer, B., Robert-Tissot, C., Stern, D. N., Serpa-Rusconi, S., de Muralt, M., Besson, G., et al. (1990). Outcome evaluation in brief mother-infant psychotherapy: a preliminary report. *Infant Mental Health Journal, 11*(3), 278-300.

Dalton, K. (1980). *Depression after childbirth: how to recognize and treat postnatal illness*. Oxford, New York: Oxford University Press.

Dilling, H., Mombour, W., & Schmidt, M. H. (Hrsg.). (1991). *Internationale Klassifikation psychischer Störungen*, ICD-10 Kapitel V (F). Klinisch-diagnostische Leitlinien. Bern, Göttingen, Toronto: Hans Huber.

Dix, C. (1985). *New mother syndrome: coping with postpartum stress and depression*. Garden City, N.Y.: Doubleday.

Dunitz, M., & Scheer, P. J. (1998). Psychotherapie auf der neonatologischen Intensiv-station. In K. von Klitzing (Hrsg.), *Psychotherapie in der frühen Kindheit*, 154-163. Göttingen: Vandenhoek & Ruprecht.

Eicke, M. (1977). Zur Entwicklung der Theorie der Depression. *Psyche,* 31, 1079-1125.

Erikson, E. (1950). *Childhood and society.* New York: Norton.

Faller, H. (1994). Das Forschungsprogramm »Qualitative Psychotherapieforschung«. Versuch einer Standortbestimmung. In H. Faller & J. Frommer (Hrsg.), *Qualitative Psychotherapieforschung. Grundlagen und Methoden,* 15-37. Heidelberg: Asanger Verlag.

Faller, H., & Frommer, J. (Hrsg.). (1994). *Qualitative Psychotherapieforschung. Grundlagen und Methoden.* Heidelberg: Asanger Verlag.

Feldman, L. B. (1976). Depression and marital interaction. *Family Process,* 15, 389-395.

Field, T. M. (1984). Early interactions between infants and their postpartum depressed mothers. *Infant Behavior and Development,* 7, 517-522.

Fonagy, P., Gergely, G., Jurist, E., & Target, M. (2002). Affect regulation, mentalization and the development of the self. New York: Other Press LLC.

Fornari, F. (1981). *Il codice vivente.* Torino: Boringhieri.

Foulkes, S. H. (1964). *Therapeutic group analysis.* London: Allen & Unwin.

Foulkes, S. H. (1975). *Group-analytic psychotherapy.* London: Gordon Breach, Science Publishers.

Foulkes, S. H. (1978 (1975)). *Praxis der gruppenanalytischen Psychotherapie.* München: Ernst Reinhardt.

Foulkes, S. H. (1992 (1964)). *Gruppenanalytische Psychotherapie.* München: Pfeiffer.

Fraiberg, S. (1980). *Clinical studies in infant mental health. The first year of life.* New York: Basic Books.

Fraiberg, S., & Freedman, D. A. (1964). Studies in the ego development of the congenitally blind child. *Psychoanalytic Study of the Child,* 19, 113-169.

Fraiberg, S., Adelson, E., & Shapiro, V. (1975). Ghosts in the nursery. J. Amer. Acad. *Child Psychiatry,* 14, 387-422.

Frankenberg, W. K., & Dodds, J. B. (1968). *The Denver Developmental Screening Test.* Denver: University of Colorado Press.

Freud, S. (1917). Trauer und Melancholie, Int. Zeitschrift für ärztl. Psychoanal. 4, 288-301. In S. Freud, *Studienausgabe* (1980), Band 3, 193-212. Frankfurt am Main: Fischer.

Fries, M. E. (1977). Longitudinal study: prenatal period to parenthood. *Journal of the American Psychoanalytic Association,* 125(1), 115-140.

Frommer, J., & Rennie, D. L. (Eds.). (2001). *Qualitative psychotherapy research. Methods and methodology.* Lengerich: Pabst Science Publishers.

Gaensbauer, T. (1995). Trauma in the preverbal period. Symptoms, memories and developmental impact. *The Psychoanalytic Study of the Child,* 50, 122-149.

Gelfand, D. M., & Teti, D. M. (1990). The effects of maternal depression on children. *Clinical Psychology Review,* 10, 329-353.

Gilbert, P. (1992). *Depression. The evolution of powerlessness.* New York: The Guilford Press.

Glaser, B. G., & Strauss, A. L. (1967). *The discovery of grounded theory: Strategies for qualitative research.* Chicago: Aldine Pub.

Gruen, D. S. (1993). A group psychotherapy approach to postpartum depression. *International Journal of Group Psychotherapy,* 43(2), 191-203.

Hamilton, J. A. (1962). Postpartum psychiatric problems. St. Louis: Mosby.

Hamilton, J. A., & Harberger, P. (Eds.). (1992). *Postpartum psychiatric illness.* Philadelphia: University of Pennsylvania Press.

Hammen, C. (1991). *Depression runs in families. The social context of risk and resilience in children of depressed mothers.* New York: Springer.

Hay, D., Pawlby, S., Sharp, D., & al, e. (2001). Intellectual problems shown by 11-year old children whose mothers had postnatal depression. *Journal of Child Psychology and Psychiatry,* 42, 871-889.

Hédervari-Heller, E. (2000). Klinische Relevanz der Bindungstheorie in der therapeutischen Arbeit mit Klinkindern und Eltern. *Praxis der Kinderpsychologie und Kinderpsychiatrie,* 49(8), 580-595.

Hell, D., Böker, H., & Marty, T. (2001). Integrative Therapie der Depression. *Schweizerisches Medizin-Forum,* 1(19), 491-499.

Herzog, J. (1980). Sleep disturbance and father hunger in 18- to 28-month old boys. *The Psychoanalytic Study of the Child,* 35, 219-233.

Hinchliffe, M. K., Hooper, D., & Roberts, F. J. (1978). *The melancholy marriage.* New York: Wiley.

Hirschmüller, B. (2000). Von der Säuglingsbeobachtung zur analytischen Psychotherapie von Müttern mit Säuglingen und sehr kleinen Kindern. *Analytische Kinder- und Jugendlichenpsychotherapie,* 108(4), 419-450.

Hoffmann, N., & Schauenburg, H. (Hrsg.). (2000). *Psychotherapie der Depression.* Stuttgart: Thieme.

Hossain, Z., Field, T., Gonzalez, J., Malphurs, J., & Del Valle, C. (1994). Infant of depressed mothers interact better with their nondepressed fathers. *Infant Mental Health Journal,* 15(4), 348-357.

Houzel, D. (1994). *Les applications thérapeutiques de l'observation directe dans le champ de la psychiatrie de l'enfant.* Devenir, 6(2), 79-86.

Jacobson, E. (1964). *The self and the object world.* New York: International Universities Press.

Jacobson, E. (1971). *Depression. Comparative studies of normal, neurotic and psychotic conditions.* New York: International Universities Press.

James, J. (2002). Developing a culture for change in group analytic psychotherapy for mothers and babies. *British Journal of Psychotherapy,* 19(1), 77-91.

Kendell, R. E., Chalmers, J. C., & Platz, C. (1987). Epidemiology of puerperal psychoses. *British Journal of Psychiatry,* 150, 662-673.

Klein, M. (1935). A contribution to the psychogenesis of manic-depressive states. International Journal of Psychoanalysis, 16. Deutsch in: (1983) M. Klein, *Das Seelenleeben des Kleinkindes,* 55-94. Stuttgart: Klett-Cotta.

Klein, M. (1940). Mourning and its relation to manic-depressive states. International Journal of Psychoanalysis, 21. Deutsch in: (1983) M. Klein, *Das Seelenleeben des Kleinkindes,* 95-130. Stuttgart: Klett-Cotta.

Klein, M. (1946). Notes on some schizoid mechanism. International Journal of Psychoanalysis, 27. Deutsch in: (1983) M. Klein, *Das Seelenleeben des Kleinkindes,* 131-163. Stuttgart: Klett-Cotta.

Klein, M. (1952). Some theoretical conclusions regarding the emotional life of the infant. In M. Klein, P. Heimann & R. E. Money-Kyrle (Eds.), *New directions in psycho-analysis.* London: Tavistock.

Klein, M. (1957). *Envy and gratitude.* London: Tavistock.

Klier, C. M., Muzik, M., Rosenblum, K. L., & Lenz, G. (2001). Interpersonal psychotherapy adapted for the group setting in the treatment of postpartum depression. *Journal of psychotherapy practice and research,* 10(2), 124-131.

Knott, M. (2003). Psychoanalytische Arbeit mit Säuglingen, Kleinkindern und deren Eltern, dargestellt am statistischen Material aus der Psychotherapeutischen Babyambulanz Stuttgart. *Analytische Kinder- und Jugendlichenpsychotherapie,* 120(4), 527-544.

Köhler-Weisker, A., & Wegeler-Schardt, C. (2004). Psychoanalytische Arbeit mit Säuglingen und Eltern. *Analytische Kinder- und Jugendlichenpsychotherapie,* 122(2), 276-296.

Kumar, R., & Brockington, I. F. (Eds.). (1988). *Motherhood and mental illness 2. Causes and consequences.* London, Boston: Wright.

Kumar, R., & Robson, K. M. (1984). A prospective study af emotional disorders in childbearing women. *Britisch Journal of Psychiatry,* 144, 35-47.

Lebovici, S. (1983). Le nourrisson, la mère et le psychanalyste. Les interactions précoces. Paris: Le Centurion.

Lichtenberg, J. D., Lachmann, F. M., & Fosshage, J. L. (1992). *Self and motivational systems. Toward a theory of psychoanalytic technique.* Hillsdale NJ: The Analytic Press.

Mahler, M. S. (1968). *On human symbiosis and the vicissitudes of individuation. Infantile psychosis.* New York: International Universities Press.

Mahler, M. S., Pine, F., & Bergman, A. (1975). *The psychological birth of the human infant. Symbiosis and individuation.* New York: Basic Books.

Malcove, L. (1945). Margaret Fries research in problems of infancy and childhood. *The Psychoanalytic Study of the Child,* 1, 405-414.

Manzano, J. (1998). La dépression des parents et la dépression de l'enfant: une revue. *Schweizer Archiv für Neurologie und Psychiatrie*, 149(3), 118-121.

Manzano, J., Righetti, M., & Conne-Perreard, E. (1995). Psycho-pathologie du post-partum: signes prédictif et facteurs de risque. *Recherche du Fonds National Suisse de la Recherche Scientifique*, Berne.

Manzano, J., Righetti-Valtema, M., & Conne-Perréard, E. (1996). Le syndrome de dépression du pré-partum: un nouveau concept. In J. Manzano (éd.), *Les relations précoces parents-enfants et leurs troubles*, 133-142. Chêne-Bourg: Médecine et Hygiène.

Marcé, L. V. (1858). *Traité de la folie des femmes enceintes, des nouvelles accouchées et des nourrices*. Paris: J.B. Baillière et fils.

McDonough, S. (1993). Interaction guidance: understanding and treating early infant-caregiver relationsship disorders. In C. Zeanah (ed.), *Handbook of infant mental health*, 414-426. New York: Guilford Press.

Milgrom, J. (1996). Programme thérapeutique de groupe et interaction mère-bébé. *Devenir*, 8(1), 7-24.

Morris, J. B. (1987). Group psychotherapy for prolonged postnatal depression. *British Journal of Medical Psychology*, 60, 279-281.

Murray, L. (1988). Effects of postnatal depression on infant development: direct studies of early mother-infant interactions. In R. Kumar & I. F. Brockington (eds.), *Motherhood and mental illness 2: causes and consequences*, 159-190. London, Boston: Wright.

Murray, L. (1992). The impact of postnatal depression on infant development. *Journal of Child Psychology and Psychiatry*, 33(3), 543-561.

Murray, L., Cooper, P. J., Wilson, A., & Romaniuk, H. (2003). Controlled trial of the short- and long-term effects of psychological treatment of post-partum depression. *Britisch Journal of Psychiatry*, 182, 420-427.

Muzik, M., Klier, C. M., Rosenblum, K. L., Holzinger, A., Umek, W., & Latschnig, H. (2000). Are commonly used self-report inventories suitable for screening postpartum depression and anxiety disorders? *Acta psychiatrica scandinavica*, 101, 1-3.

Nissen, G. (Hrsg.). (1999). *Depressionen. Ursachen, Erkennung, Behandlung*. Stuttgart: Kohlhammer.

Norman, J. (2001). The psychoanalyst and the baby: a new look at work with infants. *International Journal of Psychoanalysis*, 82, 83-100.

O'Hara, M. W. (1985). Depression and marital adjustment during pregnancy and after delivery. *American Journal of Family Therapy*, 13(4), 49-55.

O'Hara, M. W., Neunaber, D. J., & Zekoski, E. M. (1984). A prospective study of postpartum depression: prevalence, course and predictive factors. *Journal of abnormal psychology*, 93, 158-171.

O'Hara, M. W., & Zekoski, E. M. (1988). Postpartum depression: a comprehensive review. In R. Kumar & I. F. Brockington (eds.), *Motherhood and mental illness 2. Causes and consequences* (pp. 17-63). London, Boston: Wright.

Palacio-Espasa, F. (1996). Le développement des représenattions mentales et de la vie phantasmatique du bébé du point de vue psychodynamique. In J. Manzano (éd.), *Les relations précoces parents-enfants et leurs troubles*, 47-56. Chène-Bourg: Médecine et Hygiène.

Papousek, H., & Papousek, M. (1994). Intuitive parenting. In M. H. Bornstein (ed.), *Handbook of parenting* (Vol. Vol.2: Ecology and biology of parenting). Hillsdale NJ: Erlbaum.

Papousek, M. (1994). *Vom ersten Schrei zum ersten Wort. Anfänge der Sprachentwicklung in der vorsprachlichen Kommunikation.* Bern: Hans Huber.

Paul, C., & Thompson-Salo, F. (1997). Infant-led innovations in a mother-baby therapy group. *Journal of Child Psychotherapy, 23*(2), 219-244.

Pedrina, F. (1984). Psychotherapie mit einem Säugling. *Arbeitshefte Kinderpsychoanalyse, 4*, 90-103.

Pedrina, F. (1991a). Zum Kind sprechen. Mutter und Säugling in der psychoanalytischen Praxis. *Arbeitshefte Kinderpsychoanalyse, 13*, 33-50.

Pedrina, F. (1991b). Säugling, Mutter, Familie. Umfeld und Hintergründe zur psychotherapeutischen Arbeit mit Säuglingen und Kindern im vorsprachlichen Alter. *Journal des Psychoanalytischen Seminars Zürich, 24*, 59-66.

Pedrina, F. (1994). Postpartum Depression in Native and Immigrant Families: Dynamics and Psychotherapeutic Approaches. *The Signal*, Newsletter of WAIMH, 2(3), 6-8.

Pedrina, F. (1997). Intrapsychisches und interaktionelles Geschehen in den Säuglings-Eltern-Therapien. *Arbeitshefte Kinderpsychoanalyse, 24*, 119-133.

Pedrina, F. (1998a). Eltern-Kind-Therapien bei postpartalen Depressionen. In K. v. Klitzing (Hrsg.), *Psychotherapie in der frühen Kindheit*, 132-153. Göttingen: Vandenhoeck & Ruprecht.

Pedrina, F. (1998b). Mütterliche Phantasien und Symptome des Kindes in den ersten Lebensmonaten. *Arbeitshefte Kinderpsychoanalyse, 26*, 71-92.

Pedrina, F. (2000). Gruppentherapie mit Müttern und Babys in postpartalen Krisen. Ausschnitte aus der qualitativen Auswertung eines Pilotprojektes. *Analytische Kinder- und Jugendlichenpsychotherapie, 108*(4), 469-484.

Pedrina, F. (Hrsg.). (2001a). *Beziehung und Entwicklung in der frühen Kindheit. Psychoanalytische Interventionen in interdisziplinären Kontexten.* Tübingen: edition diskord.

Pedrina, F. (2001b). Psychoanalytische Interventionen mit Babys und Eltern in interdisziplinären Kontexten. Eine Einführung. In F. Pedrina (Hrsg.), *Beziehung und Entwicklung in der frühen Kindheit*, 11-30. Tübingen: edition diskord.

Pedrina, F. (2001c). Eltern und Babys im Exil. Orientierungspunkte für die therapeutische Arbeit mit Migrantenfamilien. In F. Pedrina (Hrsg.), *Beziehung und Entwicklung in der frühen Kindheit Psychoanalytische Interventionen in interdisziplinären Kontexten*, 103-118. Tübingen: edition diskord.

Pedrina, F. (2001d). Postpartum crisis in migrant families: dealing with cultural differences in situations of special distress. *The Signal*, Newsletter of WAIMH, 8(4), 8-11.

Pedrina, F. (2002). Körperliche Symptome in der frühen Kindheit: zwischen elterlichen Phantasien und kindlicher Symbolisierungsfähigkeit. In M. Hirsch (Hrsg.), *Der eigene Körper als Symbol? Der Körper in der Psychoanalyse von heute*, 147-164. Giessen: Psychosozial-Verlag.

Pedrina, F. (2003). Psychoanalytische Arbeit mit Babys und Eltern. Entwicklung und aktuelle Herausforderungen für Diagnostik und Behandlung. *Kinderanalyse*, 11(1), 20-40.

Pedrina, F. (2004). Baby und Kleinkind als Subjekte in therapeutischen Settings. Anmerkungen zur Beziehung der/s Therapeutin/en mit Kindern vor dem Spracherwerb. *Analytische Kinder- und Jugendlichenpsychotherapie*, 122(2), 221-243.

Pedrina, F. (2004). Group therapy with mothers and babies in postpartum crisis: preliminary evaluation of a pilot project. *Group Analysis*, 37(1), 137-151.

Pelaez-Nogueras, M., Field, T., Cigales, M., Gonzales, A., & Clasky, S. (1994). Infants of depressed mothers show less »depressed« behavior with their nursery teachers. *Infant Mental Health Journal*, 15(4), 358-367.

Pitt, B. (1968). »Atypical« depression following childbirth. *Britisch Journal of Psychiatry*, 114, 1325-1335.

Prat, R. (1996). Le miroir de la dépendance ou le traumatisme de la naissance vu du côté des parents. *Devenir*, 8(4), 7-21.

Rado, S. (1927). Das Problem der Melancholie. *Int. Zeitschrift für Psychoanalyse*, 13, 439-455.

Rennie, D. L. (2001). Grounded theory methodology as methodical hermeneutics: Reconciling realism and relativism. In J. Frommer & D. L. Rennie (eds.), *Qualitative psychotherapy research. Methods and methodology*, 32-49. Lengerich: Pabst Science Publishers.

Robert-Tissot, C., Cramer, B., Stern, D. N., Rusconi-Serpa, S., Bachmann, J.-P., Palacio-Espasa, F., et al. (1996). Outcome evaluation in brief mother-infant psychotherapies: report on 75 cases. *Infant Mental Health Journal*, 17, 97-114.

Rudolf, G. (1996). Psychotherapieforschung bezogen auf die psychotherapeutische Praxis. *Psychotherapie Forum*, 4(3), 124-134.

Rudolf, G. (1998). Taxonomie der Psychotherapieforschung. *Psychotherapie Forum*, 6(2), 80-91.

Sander, J. (1993). *Depressive Störungen, dyadische Interaktion und Paarbeziehung*. Göttingen: Ernst Oberdieck Verlag.

Sandner, D. (1976). Der Beitrag von S. H. Foulkes zur Entwicklung einer analytisch fundierten Gruppendynamik. *Gruppenpsychotherapie und Gruppendynamik,* 10, 203-219.

Seligman, M. E. P. (1995). The effectiveness of psychotherapy. The Consumer Reports study. *American Psychologist,* 50(12), 965-974.

Siksou, J. (1990). Thérapies en groupe des troubles précoces de la relation mère-bébé. *Devenir,* 2(2), 35-46.

Soulé, M. (1982). L'enfant dans la tête, l'enfant imaginaire. In T. B. Brazelton, B. Cramer, L. Kreisler, R. Schäppi & M. Soulé (éd.), *La dynamique du nourrisson,* 135-175. Paris: Les Editions ESF.

Spitz, R. A. (1945). Hospitalism: an inquiry into the genesis of psychiatric conditions in early childhood. *The Psychoanalytic Study of the Child,* 1, 53-74.

Spitz, R. A. (1946). Anaclitic depression: an inquiry into the genesis of psychiatric conditions in early childhood, II. *The Psychoanalytic Study of the Child,* 2, 313-342.

Spitz, R. A. (1950). Psychiatric therapy in infancy. *American Journal of Orthopsychiatry,* 20, 623-633.

Spitz, R. A. (1964). The derailment of dialogue: stimulus overload, action cycles and the completion gradient. *Journal of the American Psychoanalytic Association,* 12, 752 775.

Spitz, R. A. (1965). *The first year of life. A psychoanalytic study of normal and deviant development of object relations.* New York: International Universities Press.

Stadlmayr, W. (2001). Gedanken zur Entwicklung eines intergriert-psychosomatischen Modells zum Verständnis des Gebärprozesses. In F. Pedrina (Hrsg.), *Beziehung und Entwicklung: psychoanalytische Interventionen in interdisziplinären Kontexten,* 167-190. Tübingen: edition diskord.

Stein, A., Cooper, P. J., Campbell, E. A., Day, A., & Altman, P. E. M. (1989). Social adversity and perinatal complications: their relationship to postnatal depression. *British Medical Journal,* 298, 1073-1074.

Stein, A., Gath, D. H., Bucher, J., Bond, A., Day, A., & Cooper, P. J. (1991). The relationship between postnatal depression and mother-child interaction. *British Journal of Psychiatry,* 158, 46-52.

Stein, G. (1982). The maternity blues. In I. F. Brockington & R. Kumar (eds.), *Motherhood and mental illness,* 119-154. London: Academic Press.

Stern, D. N. (1985). *The interpersonal world of the infant. A view from psychoanalysis and developmental psychology.* New York: Basic Books.

Stern, D. N. (1995). *The motherhood constellation. A unified view of parent-infant psychotherapy.* New York: Basic Books.

Stone, J., Smith, H., & Murphy, L. (eds.). (1973). *The competent infant.* New York: Basic Books.

Stork, J. (Hrsg.). (1986a). *Zur Psychologie und Psychopathologie des Säuglings – neue Ergebnisse in der psychoanalytischen Refelexion*. Stuttgart – Bad Cannstatt: frommann-holzboog.

Stork, J. (Hrsg.). (1986b). *Das Vaterbild in Kontinuität und Wandlung. Zur Rolle und Bedeutung des Vaters aus psychopathologischer Betrachtung und in psychoanalytischer Refelxion*. Stuttgart-Bad Cannstatt: frommann-holzboog.

Stork, J. (Hrsg.). (1990). *Neue Wege im Verständnis der allerfrühesten Entwicklung des Kindes: Erkenntnise der Psychopathologie des Säuglingsalter*. Stuttgart-Bad Cannstatt: frommann-holzboog.

Strauss, A. L. (1994). *Grundlagen qualitativer Sozialforschung: Datenanalyse und Theoriebildung in der empirischen und soziologischen Forschung*. München: Wilhelm Fink Verlag.

Trad, P. V. (1994). Mother-infant psychotherapy: integrating techniques of group, family, and individual therapy. *International Journal of Group Psychotherapy, 44*(1), 53-78.

von Klitzing, K. (Hrsg.). (1998a). *Psychotherapie in der frühen Kindheit*. Göttingen: Vandenhoek & Ruprecht.

von Klitzing, K. (1998b). Die Bedeutung des Vaters für die frühe Entwicklung: entwicklungspsychologische Argumente für die Einbeziehung des »Dritten« in den therapeutischen Prozess. In K. von Klitzing (Hrsg.), *Psychotherapie in der frühen Kindheit*, 119-131. Göttingen: Vandenhoek & Ruprecht.

von Klitzing, K., Bürgin, D., Antusch, D., & Amsler, F. (1995). Enfant imaginaire, enfant réel et triade. *Devenir, 7*(4), 59-75.

von Klitzing, K., Simoni, H., Amsler, F., & Bürgin, D. (1999). The role of the father in early family interactions. *Infant Mental Health Journal, 20*(3), 222-237.

Wiegand, G. (2001). Psychoanalyse und Bindungstheorie. *Psychotherapie und Sozialwissenschaft, 3*(2), 119-142.

Wilke, S. (1994). Einige Überlegungen zur Angemessenheit qualitativer Methoden für die Untersuchung psychoanalytischer Dialoge. In H. Faller & J. Frommer (Hrsg.), *Qualitativer Psychotherapieforschung. Grundlagen und Methoden*, 73-93. Heidelberg: Asanger Verlag.

Winnicott, D. W. (1941). *The observation of infants in a set situation. In Collected papers: through paediatrics to psycho-analysis*. London: Hogarth Press.

Winnicott, D. W. (1958). *Collected papers: through paediatrics to psycho-analysis*. London: Tavistock.

Winnicott, D. W. (1965a). *The maturational processes and the facilitating environment*. London: Hogarth Press.

Winnicott, D. W. (1965b). *Ego distortion in terms of true and false self. In D. W. Winnicott, The maturational processes and the facilitating environment*. London: Hogarth Press.

Winnicott, D. W. (1971). *Playing and Reality*. London: Tavistock.

Yalom, I. D. (1985 [1970]). *The theory and practice of group psychotherapy* (3rd ed.). New York: Basic Books.

Zeneah, C. H., Mammen, O. K., & Liebermann, A. F. (1993). Disorders of attachment. In C. H. Zeneah (Ed.), *Handbook of infant mental health* (pp. 332-349). New York: Guilford.

Zero To Three: National Center for Clinical Infant Programs (1994). *Diagnostic Classification: 0-3. Diagnostic classification of mental health and developmental disorders of infancy and early childhood.* Arlington: ZTT National Center.

Anhang

Regeln zur Wahrung der Anonymität:

1. Die Namen der Gruppenteilnehmerinnen werden durch eine von der Untersucherin festgelegte Initiale ersetzt, die den Vornamen symbolisiert (im Umgang in der Gruppe hatte sich die Du-Form etabliert). Die Namen ihrer Kinder werden durch frei festgelegte Namen ersetzt, die jeweils mit der zugewiesenen Initiale der Mutter beginnen (die Kinder von E. heißen zum Beispiel Eva und Enzo). Die Partner beziehungsweise Väter werden jeweils durch die gleiche Initiale wie die ihrer Frauen und die Ansprache »Herr« gekennzeichnet.
2. Spezifische Merkmale, die auf die einzelnen Personen hinweisen könnten (zum Beispiel Herkunft, Beruf), werden soweit wie möglich durch allgemeine Bezeichnungen ersetzt.
3. In den tabellarischen Zusammenfassungen, die Altersangaben und Diagnosen enthalten, werden keine Namen zugewiesen.

Vorlage 1

Vorgesprächsprotokoll

A. Chronologisches Protokoll
   Gesprächsinhalt, szenische Beobachtungen
B. Standardisiertes Protokoll

1. Aktuelle Situation/Probleme/Befindlichkeit

1a. Fragestellungen, die zur Gruppenteilnahme führten (Zuweisungsgrund)
1b. Befindlichkeit der Mutter / evtl. Diagnose
    (somatisch, psychosomatisch, psychisch. Insbesondere Depression –
    ICD-10 F32 – EPDS)
1c. Befindlichkeit des Vaters / evtl. Diagnose
    (wie 1b) (wie aus Angaben der Mutter eruierbar)
1d. Befindlichkeit des Kindes / evtl. Diagnose
    (somatisch, psychosomatisch, psychomotorische Entwicklung, Ess- und
    Schlafverhalten, Stimmung)
1e. Interaktionsverhalten
    (Intensität, Modalität, affektive Qualität, Initiative)

2. Anamnestische Informationen
    (objektive Daten und subjektives Erleben inkl. vorbewusster Phantasien)

2a. Entstehung der Schwangerschaft, Verlauf der Schwangerschaft (soma-
    tisch, Umfeld), Vorstellungen zu
    zukünftigem Kind und Familie
2b. Erleben der Geburt, Verlauf der Geburt (für Mutter, postnatale Adaptati-
    on des Neugeborenen)
2c. Beziehung zu Herkunftsfamilien
2d. soziokulturelles Umfeld, tradierte Pflege- und Erziehungsmodelle (evtl.
    Migration, Akkulturation)
2e. psychiatrische Vorgeschichte
    (evtl. psychiatrische Episoden, auffallende Persönlichkeitszüge, Flexibi-
    lität)
    (evtl. psychiatrische Störungen in den Herkunftsfamilien)

3. Erste psychodynamische Hypothesen
(Charakterisierung psychodynamischer Prozesse, evtl. unbewusster Phantasien)

3a. Psychodynamische Hypothesen zur Struktur der Mutter
3b. Psychodynamische Hypothesen zur Struktur des Vaters
(wie aus Angaben der Mutter ableitbar)
3c. Psychodynamische Hypothesen zur Paarbeziehung und zur Familiendynamik
3d. Beurteilung des Individuationsprozesses des Kindes (altersabhängig)
(Aktivität in der Initiierung von Interaktionen, Fähigkeit zur Selbstregulation, Umgang mit Objekten und
Fremden)
3e. Erwartungen an das Kind, Stellenwert in der Familie (transgenerationale Bestimmung), Flexibilität
projektiver Bilder der Eltern
3f. Erwartungen an die Familie/Elternschaft
3g. Erwartungen an die Gruppe

Vorlage 2

Gruppensitzungsprotokoll

A. Chronologisches Protokoll
Gesprächsinhalt, szenische Beobachtungen
B. Zusammenfassende Kommentare

    1. Psychodynamische Hypothesen zum Gruppenverlauf
    2. Psychodynamischen Hypothesen zu den einzelnen Teilnehmerinnen bzw. Mutter-Kind-Dyaden

Vorlage 3a

Individuelles Abschlussprotokoll der Gruppenleiterin

A1. Chronologische Epikrise für Mutter und Baby
A2. Chronologische Epikrise für den Vater*
B. Standardisiertes Protokoll zum Schlusszustand

1. Aktuelle Situation/Befindlichkeit

1a. Befindlichkeit der Mutter / evtl. Diagnose
(somatisch, psychosomatisch, psychisch. Insbesondere Depression –
ICD-10 F32)
1b. Befindlichkeit des Vaters / evtl. Diagnose
(wie 1a)
1c. Befindlichkeit des Kindes (der Kinder) / evtl. Diagnose
(somatisch, psychosomatisch, Entwicklungsstand, Stimmung/Regulation/
Ess- und Schlafverhalten/Kommunikationsfähigkeit)
1d. Interaktionsverhalten
(Intensität, Modalität, affektive Qualität, Initiative)

2. Informationen über den Verlauf seit dem Vorgespräch
(objektive Daten und subjektives Erleben inkl. vorbewusster Phantasien)

2a. Allgemeiner Verlauf, bedeutende Ereignisse. Insbesondere Verlauf des
psychopathologischen Ausgangszustandes
2b. Persönliche Entwicklung von Mutter und Vater (Entwicklung der Elter-
nidentität)
2c. Entwicklung des Bild des Kindes und des Familienbildes (bei Mutter und
Vater, Gemeinsamkeiten und Unterschiede)
2d. Verlauf der Beziehung zu Herkunftsfamilien
2e. Verlauf der soziokulturellen Integration, evtl. Ausbildung eigener Erziehungsmodelle

3. Nachträgliche psychodynamische Hypothesen zum Verlauf und zum aktuellen Zustand
(Charakterisierung psychodynamischer Prozesse, evtl. unbewusster
Phantasien)

3a. Psychodynamische Hypothesen zum Verlauf und zur aktuellen Struktur
der Mutter

---

* Nur für die Väter, die an der freiwilligen Vätergruppe teilnahmen

3b. Psychodynamische Hypothesen zum Verlauf und zur aktuellen Struktur des Vaters

3c. Psychodynamische Hypothesen zur Weiterentwicklung von Paarbeziehung und Familiendynamik

3d. Beurteilung des Individuationsprozesses des Kindes (altersabhängig) (Aktivität in der Initiierung von Interaktionen, Fähigkeit zur Selbstregulation, Umgang mit Objekten und Fremden)

3e. Stellenwert des Kindes in der Familie. Nachträgliche Beurteilung des Einflusses projektiver Bilder der Eltern

4. Beurteilung der durchgeführten psychotherapeutischen Intervention

4a. Meinung der Mutter: über eigene Gruppenerfahrung für sich und für Baby, über die begleitende Vätergruppe

4b. Meinung des Vaters: über eigene Gruppentreffen, über therapeutische Gruppe von Müttern und Babys

4c. evtl. Vorschläge

Vorlage 3b

Nachgesprächsprotokoll

A. Chronologisches Protokoll
   Gesprächsinhalt, szenische Beobachtungen
B. Standardisiertes Protokoll

1. Aktuelle Situation/Befindlichkeit

1a. Befindlichkeit der Mutter / evtl. Diagnose
    (somatisch, psychosomatisch, psychisch. Insbesondere Depression –
    ICD-10 F32 – EPDS)
1b. Befindlichkeit des Vaters / evtl. Diagnose
    (wie 1a., ohne EPDS)
1c. Befindlichkeit des Kindes (der Kinder) / evtl. Diagnose
    (somatisch, psychosomatisch, Entwicklungsstand, Stimmung/Regulation/
    Ess- und Schlafverhalten/Kommunikationsfähigkeit)
1d. Interaktionsverhalten
    (Intensität, Modalität, affektive Qualität, Initiative)

2. Informationen über den Verlauf seit dem Vorgespräch
   (objektive Daten und subjektives Erleben inkl. vorbewusster Phantasien)

2a. Allgemeiner Verlauf, bedeutende Ereignisse. Insbesondere Verlauf des
    psychopathologischen Ausgangszustandes
2b. Persönliche Entwicklung von Mutter und Vater (Entwicklung der Elter-
    nidentität)
2c. Entwicklung des Bild des Kindes und des Familienbildes (bei Mutter und
    Vater, Gemeinsamkeiten und Unterschiede)
2d. Verlauf der Beziehung zu Herkunftsfamilien
2e. Verlauf der soziokulturellen Integration, evtl. Ausbildung eigener Erzie-
    hungsmodelle

**3. Nachträgliche psychodynamische Hypothesen zum Verlauf und zum
   aktuellen Zustand**
   (Charakterisierung psychodynamischer Prozesse, evtl. unbewusster
   Phantasien)

3a. Psychodynamische Hypothesen zum Verlauf und zur aktuellen Struktur
    der Mutter

3b. Psychodynamische Hypothesen zum Verlauf und zur aktuellen Struktur des Vaters

3c. Psychodynamische Hypothesen zur Weiterentwicklung von Paarbeziehung und Familiendynamik

3d. Beurteilung des Individuationsprozesses des Kindes (altersabhängig) (Aktivität in der Initiierung von Interaktionen, Fähigkeit zur Selbstregulation, Umgang mit Objekten und Fremden)

3e. Stellenwert des Kindes in der Familie. Nachträgliche Beurteilung des Einflusses projektiver Bilder der Eltern

4. Beurteilung der durchgeführten psychotherapeutischen Intervention

4a. Meinung der Mutter: über eigene Gruppenerfahrung für sich und für Baby, über die begleitende Vätergruppe

4b. Meinung des Vaters: über eigene Gruppentreffen, über therapeutische Gruppe von Müttern und Babys

4c. evtl. Vorschläge

Leitfaden Depressionsdiagnostik nach ICD-10

I. gedrückte Stimmung
Verlust von Interesse oder Freude
erhöhte Ermüdbarkeit und Aktivitätseinschränkung
II. Verminderung des Antriebes
verminderte Konzentration und Aufmerksamkeit
vermindertes Selbstwertgefühl und Selbstvertrauen
Schuldgefühle und Gefühle von Wertlosigkeit
negative und pessimistische Zukunftsperspektiven
Gedanken (oder erfolgte) Selbstverletzung oder Suizidhandlungen
Schlafstörungen
verminderter Appetit

Angst
motorische Unruhe
Reizbarkeit
Verstärkung früher vorhandener neurotischer Symptome
III. evtl. mit somatischem Syndrom (vier von acht spezifischen Symptomen)
evtl. mit psychotischen Symptomen

Dauer mindestens zwei Wochen

Diagnostische Kategorien:

leichte depressive Episode	Mindestens zwei von I. und mindestens zwei der übrigen Symptome. Kein Symptom ist besonders ausgeprägt.
mittelgradige depressive Episode:	Mindestens zwei von I. und mindestens drei (besser vier) der übrigen Symptome. Einige der Symptome sind besonders ausgeprägt oder es ist ein besonders breites Spektrum von Symptomen vorhanden.
schwere depressive Episode	Erhebliche Verzweiflung/Agitiertheit oder aber Hemmung. Verlust des Selbstwertgefühls, Gefühle der Nutzlosigkeit oder Schuld vorherrschend. Evtl. Suizidalität. Fast immer somatisches Syndrom. Mit oder ohne psychotische Symptome.

| rezidivierende depressive Störung | Einzelne Episoden von drei bis zwölf Monaten Dauer. Keine unabhängigen manischen Episoden. |
| anhaltende depressive Störung | Meistens, oft monatelang müde und depressiv, grüblerisch, beklagend, unzulänglich, mit Schlafstörungen – aber fähig, mit den Anforderungen des täglichen Lebens fertig zu werden (anders als leichte depressive Episode). |

Leitfaden 2

Leitfaden für die Beurteilung des Kindes

I. somatische Ebene (beobachtbare Auffälligkeiten, von Eltern erwähnte Auffälligkeiten, evtl. Aussagen des Kinderarztes oder der Mütterberaterin)

II. Entwicklungsstand (wie oben)
Grobe eigene Einschätzung in den üblich beurteilten vier Bereichen Motorik/Tonus, sozialer Kontakt, Auge/Feinmotorik, Gehör/Sprache

III. Regulation, Schlafverhalten, Essverhalten (nach Aussagen der Eltern: objektive Daten und subjektives Erleben)

IV. Affekte (eigene Beobachtungen):
undifferenziertes Wohlgefühl, Unwohlsein
Ekel, Interesse (ab 1. Mt.)
Freude (ab 1–11/2 Mt.)
Traurigkeit, Ärger (ab 3–4 Mt.)
Angst (ab 6–8 Mt.)
Depressionssymptome, Störung des emotionalen Ausdrucks

V. Beziehungsverhalten/Interaktionen (eigene Beobachtungen, evtl. Aussagen der Eltern)
a) Intensität, Frequenz, Dauer
b) Verhaltensmodi: körperliche Interaktionen (proximal, distal), Blickkontakt, Vokalisation/Schreien, Lächeln
c) affektive Qualität: harmonisch/ängstlich, gespannt/ablehnend, feindselig/ambivalent
d) Initiative, Reziprozität, Kontingenz
A) dyadisch: Mutter–Kind
B) dyadisch: Vater–Kind
C) triadisch: Mutter–Vater–Kind. Wechseln zwischen Dyaden und von Dyade zu Triade
D) evtl. mit anwesenden Geschwistern
E) mit dem fremden Beobachter in Anwesenheit der Eltern

Das neue Werk von Daniel Stern
»Der Gegenwartsmoment«

Daniel N. Stern

Der
Gegenwartsmoment

Veränderungsprozesse
in Psychoanalyse,
Psychotherapie und Alltag

Brandes & Apsel

Hardcover
288 S., € 29,–, ISBN 3-86099-817-X

Indem er den Gegenwartsmoment ins Zentrum der Psychotherapie rückt, läßt Stern wichtige Themen in einem ganz neuen Licht erscheinen, etwa die Fragen, wie sich therapeutische Veränderung vollzieht, was in einer Therapie wirklich wichtig ist und wie unser Zusammensein mit dem Anderen unsere Vergangenheit umschreiben und unsere Zukunft verändern kann.

Ein monumentales Werk über die Welt der Psychotherapie von einem der führenden Repräsentanten des Feldes.
Antonio R. Damasio

Daniel Sterns *Der Gegenwartsmoment* ist ein höchst innovatives, ja radikal innovatives Buch. [...] Das Buch ist ein Meisterwerk der phänomenologischen Analyse und zugleich reich an empirischen Erkenntnissen aus neurophysiologischen und entwicklungspsychologischen Untersuchungen. Sterns Anwendung dieser neuen Funde auf die klinische Psychoanalyse ist faszinierend und überzeugend zugleich.
Jerome Bruner

Peter Bründl/Ilany Kogan (Hrsg.)

Kindheit jenseits von Trauma und Fremdheit

Hardcover
320 S., € 29,–, ISBN 3-86099-819-6

Beiträge von Hans Abeken, Juliane Bründl, Peter Bründl, Dieter Bürgin, Yecheskiel Cohen, Manfred Endres, Igor Haluszczynski, Gerhard Hummel, Vera King, Ilany Kogan, Fernanda Pedrina, Sieglinde Tömmel, Karin Trübel, Hediaty Utari-Witt

Das Buch entstand aus der Zusammenarbeit von zehn Dozenten und Lehranalytikern, die über acht Jahre behandlungstechnische Besonderheiten in den Behandlungen von Migranten diskutierten. Fast alle Gruppenmitglieder verfügten über langjährige Erfahrungen in der psychoanalytischen Arbeit mit Kindern und Jugendlichen. Dementsprechend sicherte ein flexibler entwicklungsfördernder Bezugsrahmen den tragfähigen gemeinsamen Hintergrund für die Behandlungen.

Dies war insofern wichtig für die im Buch dargestellten 14 Behandlungsverläufe, da die Migrationen der Patienten über geographisch weit auseinander liegende Regionen (Korea, Vietnam, Israel, Türkei, Nordafrika, Schwarzafrika, Mittel- und Osteuropa, Brasilien) individuell sehr komplexe und widerspruchsvolle Muster der Sozialisation, der Kontinuität und Diskontinuität zwischen den Generationen sowie von Identifikationsmöglichkeiten hervorgebracht haben.

Frank Dammasch/Hans-Geert Metzger (Hrsg.)

Die Bedeutung des Vaters

Frank Dammasch/
Hans-Geert Metzger (Hrsg.)

**Die Bedeutung
des Vaters**

Psychoanalytische Perspektiven

Brandes & Apsel

Die Beiträge dieses Buches schildern in eindrucksvoller Weise, wie vielfältig die Bedeutungsfacetten des Väterlichen sein können. Sie führen uns vor Augen, dass es für Erziehungswissenschaft und Entwicklungspsychologie genauso wie für Eltern und Kinder sowie für Kinder- und Erwachsenenpsychoanalytik er wichtig ist, sich der prägenden Bedeutung des väterlichen Dritten bewusst zu werden.

Hardcover
336 S., € 29,-, ISBN 3-86099-820-X

Beiträge von Andrea Bambey, Heribert Blaß, Raymond Borens, Ronald Britton, Frank Dammasch, Walter Gumbinger, Britta Heberle, Dorothea Lenkisch-Gnädiger, Joyce McDougall, Hans-Geert Metzger, Anita Weinreb Katz, Biddy Youell

Viviane Green (Hrsg.)

Emotionale Entwicklung in Psychoanalyse, Bindungstheorie und Neurowissenschaften

Hardcover
344 Seiten, € 32,–
ISBN 3-86099-812-9

Emotionale Entwicklung in Psychoanalyse, Bindungstheorie und Neurowissenschaften bietet einen multidisziplinären Einblick in die psychische und emotionale Entwicklung vom Säuglings- bis zum Erwachsenenalter.

Gestützt auf eine Vielfalt detaillierter Fallgeschichten aus der Analyse von Kindern, Jugendlichen und Erwachsenen, gibt dieses Buch bahnbrechende Einblicke in eine Zusammenarbeit verschiedener Denkrichtungen, die sich besonders in der Behandlung schwieriger Patienten als nützlich erweist.

In einzigartiger Weise integriert der Band Ergebnisse aus der Bindungsforschung und der Neurophysiologie mit dem psychoanalytischen Denken und zeigt damit eine ungewöhnlich vielseitige und ausgewogene Perspektive auf.

Beiträge von Tessa Baradon, Peter Fonagy, Viviane Green, Willem Heuves, Marta Neil, Inji Ralph, Allan N. Schore, Mark Solms, Miriam Steele, Oliver Turnbull, Marie Zaphiriou Woods

Analytische Kinder- und Jugendlichen-Psychotherapie
Die führende Fachzeitschrift der
Kinder- und Jugendlichen-Psychoanalyse

D 12986 F

ANALYTISCHE
KINDER-
UND
JUGENDLICHEN-
PSYCHO-
THERAPIE

Zeitschrift für Theorie und Praxis
der Kinder- und Jugendlichen-Psychoanalyse und
der tiefenpsychologisch fundierten Psychotherapie

FRÜHES TRAUMA

Heft 128, XXXVI. Jg., 4/2005

Brandes & Apsel Verlag

Ausgewählte Hefte:

Heft 127
Enuresis und Enkopresis

Heft 128
Frühes Trauma

✂ -

Name/Vorname
_____

Straße/Hausnr.
_____

PLZ/Ort
_____

Ich möchte...

☐ ... die »AKJP« ab dem Heft 129 als Jahresabo 2006
   für Euro 59,– bestellen.

☐ ... ein Einzelheft Nr.: _____ für je 15,50 Euro bestellen.

☐ ... zum Kennenlernen ein Probeheft bestellen.
   (Zutreffendes ankreuzen)

Datum/1. Unterschrift
_____

Inlandsporto und Versandkosten sind eingerechnet. Das Abonnement verlängert sich automatisch um 1 Jahr zum jeweils gültigen Bezugspreis, wenn ich nicht vier Wochen vor Ablauf schriftlich kündige. Diese Bestellung kann innerhalb von 7 Tagen (Poststempel) schriftlich widerrufen werden. Davon habe ich Kenntnis genommen.

Datum/2. Unterschrift
_____